湛庐CHEERS

与最聪明的人共同进化

HERE COMES EVERYBODY

华尔街史上最大的对冲基金交易案

[马来西亚]安妮塔·拉加万 著
Anita Raghavan

汪涛 郭宁 杨刚 译

The Billionaire's Apprentice

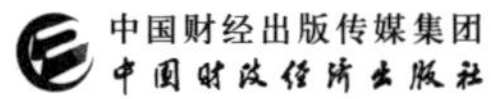

无名之辈的崛起

2009 年 11 月 24 日，星期二，拉贾特·库马尔·古普塔（Rajat Kumar Gupta）前往白宫，参加由时任美国总统奥巴马及第一夫人米歇尔举办的首次国宴。奥巴马与米歇尔是继肯尼迪夫妇之后最具人格魅力的美国总统夫妇。那时，距古普塔从咨询巨头麦肯锡卸任全球董事总经理一职已长达 6 年时间。如今，年过 60 岁的古普塔却比从前更加繁忙。在诸如高盛、宝洁、美国航空等一系列著名公司董事会的名单里，仍然可以看到古普塔的名字。古普塔的夫人安妮塔·古普塔（Anita Gupta）原本希望他从麦肯锡卸任后，生活节奏可以放缓，然而现实却不是安妮塔所想象的那样美好。古普塔又开始致力于建立属于自己的私募股权公司。为了新的事业，他常年穿梭于各大洲之间，旅行箱不离身。古普塔希望能够改变私募股权行业与慈善行业的游戏规则，继续自己在咨询行业创造的传奇。

古普塔身着印度“尼赫鲁式”黑色套装，口袋中插着红色方巾，去参加在白宫东厅举行的晚宴。古普塔穿过金碧辉煌的白宫东厅，来到南草坪的白色帐篷里，这里是晚宴的准备区。每走几步，他都能遇见熟人。古普塔与迪帕克·乔普拉（Deepak

Chopra）攀谈起来。迪帕克·乔普拉是当代著名的医学家，为了这场盛大的宴会，他专门佩戴了一副镶着宝石的眼镜。古普塔接着又与普里塔·班索尔（Preeta Bansal）和博比·金达尔（Bobby Jindal）围在一起叙旧聊天，班索尔是新一届美国政府的顶尖律师之一，而共和党人金达尔曾是麦肯锡的咨询顾问，时任路易斯安那州的州长。金达尔原名叫皮尤什，出生在路易斯安那州的首府巴吞鲁日（Baton Rouge），他的父母在他出生6个月前从印度的旁遮普省移民到美国。

金达尔是那晚白宫宴请的客人中比较有代表性的一位，这场宴会的主题是欢迎印度总理曼莫汉·辛格（Manmohan Singh）的到访；同时，这场宴会又像一个标尺，丈量着美籍印度人群体成长与崛起的程度与速度。在短短一个世纪里，美籍印度人从最初令人讨厌的局外人，一跃成为美国社会各界的精英。

如果古普塔想与《财富》（*Fortune*）“世界500强”企业的首席执行官（CEO）探讨商业话题，他可以找到美国通用电气公司（GE）总裁杰弗里·伊梅尔特（Jeffrey Immelt）或在印度钦奈出生并长大的百事公司首席执行官卢英德（Indra Nooyi）。如果想领略影视界人物的风采，古普塔可以找到美国电视名嘴凯蒂·库里克（Katie Couric），以及出生于孟买的著名时事评论家法里德·扎卡利亚（Fareed Zakaria）。一些来自好莱坞的导演亦出席了当晚的宴会，包括史蒂文·斯皮尔伯格（Steven Spielberg），以及《灵异第六感》（*The Sixth Sense*）的美籍印度裔导演M. 奈特·沙马兰（M. Night Shyamalan），沙马兰导演出生于印度的本地治里。

作为在美国颇有成就的印度代表人物之一，古普塔对在场的绝大多数美籍印度人都十分熟悉。作为麦肯锡的传奇人物，他跟其他非印度裔的来宾也很熟悉。古普塔和很多人一起共过事，也是很多人的长辈与导师。时任美国代理首席检察官的尼尔·库马尔·凯泰尔（Neal Kumar Katyal）曾在高中时迫于父母的压力而学医，古普塔则鼓励他要勇于追寻自己的梦想。凯泰尔最终谋到一份美国司法部的工作，并成为美国联邦最高法院的首席检察官之一，这进一步证明了美籍印度人在美国社会取得的成就。

时任美国驻印度大使的提摩西·J. 罗摩尔（Timothy J. Roemer）自豪地回忆道：“当晚的宴会聚集了各行各业的杰出代表，包括企业家、首席执行官、医生、酒店老板和作家，以及仕途光明的政界人士。他们中的很多人都出生于印度的贫苦家庭，但来到美国后，通过自己的奋斗成为企业的首席执行官，他们都对美国平等自由的竞争环境心怀感恩，这就是鲜活美国梦的真实写照。”

扫清路上的所有障碍

学者维杰·普拉沙德（Vijay Prashad）认为，古普塔及与他同时代的杰出美籍印度人拥有着“双重好运”。第一重好运是在 1947 年 8 月 15 日，午夜钟声敲响时，印度脱离了大英帝国的统治，宣布独立。这个拥有 3.4 亿人口的年轻国家，在 1947 年独立之后迎来了好运，不仅经历了国内政治的改变，其文化影响力也不断扩大，教育与社会启蒙持续发展。

第二重好运发生在美国民权运动的高潮时期。1965 年，美国《哈特 – 塞勒法案》（*Hart-Celler Act*）生效，此法案是 1964 年美国《民权法案》（*Civil Rights Act*）的延伸，解除了对印度长期实行的孤立主义政策，这种孤立主义政策规定每年印度移民不得超过 100 人。《哈特 – 塞勒法案》意味着，不论是否具有美国的种族、血统、基因，高学历、高技术的人才都有进入美国社会的机会。美籍印度人多半受过良好的教育,《哈特 – 塞勒法案》的生效是有深远影响的重大历史性突破。

在《哈特 – 塞勒法案》的支持下，涌向美国的印度移民从涓涓细流汇聚成滔滔洪流。经过几代人的不懈努力，美籍印度人成功地实现了转变，他们之前从事的是清理下水道之类的工作，而如今，他们却可以在政府部门担任重要岗位。与之前几代大规模移民不一样的是，印度的这代移民受过高等教育，有更为远大的抱负。“在美国，有大量针对印度人的选择性移民政策。”马塞洛·M. 苏亚雷斯 – 奥罗斯科（Marcelo M. Suarez-Orozco）说。苏亚雷斯 – 奥罗斯科是美国移民专家，现任加州大学洛杉矶分校教育和信息研究院院长。美籍印度人拥有博士学位的比例，是印度本土拥有博士学位比例的 1 万倍。换句话说，美籍印度人，几乎是印度最聪明、最优秀的一群人，直到今天，这个铁一般的事实仍然摆在我们面前。

在 320 万美籍印度人中，70% 的人拥有学士及以上学位，而印度本土这一比例平均只有 28%。在美国，美籍印度人的平均家庭年收入达 8.8 万美元，几乎是美国大多数家庭平均年收入的 2 倍，比美籍华人的平均年收入高出 33%。在 21 世纪到来之际，像古普塔这样的美籍印度人已经深入美国的各行各业，他们在医学、法律、企业管理、金融等领域，都做出了卓越的贡献。他们中有些人甚至掌管着或正准备掌管美国的巨型企业，例如花旗集团和万事达卡。另外一些人则是全美知名企业高管职位的有力竞争者，这些企业包括沃伦·巴菲特的伯克希尔·哈撒韦公司（Berkshire Hathaway）。

这一切都是像古普塔这样的精英所取得的成绩，在他们的身上，没有什么事情是不可能发生的，而古普塔就是努力奋斗的这代人中最成功的代表。对努力工作的美籍印度人来说，尽管美国与印度相距超过 12 000 千米，但古普塔的奋斗为他们提供了一条清晰的路径。在古普塔的职业生涯中，他取得的辉煌成绩，挣脱了传统的美国商业环境设立的各种羁绊，使他成为时代的楷模和榜样，不仅激励着他们这一代人，同样激励着后来者。

谁会参加白宫晚宴

在白宫晚宴举行之前的几个星期里，很多问题被人们再次提起：谁将被邀请来参加欢迎印度总理的宴会？是否还会邀请之前参加过国宴的嘉宾？“在竞争激烈的美国政治舞台上，人们往往更关注出局的人，而不是出席或缺席的人。”著名的花旗集团前首席执行官潘伟迪（Vikram Pandit）曾用低沉的、默哀般的语气如此说道。

毫无疑问，古普塔会受到邀请。在美国，古普塔是涉猎甚广的美籍印度人，在诸多领域都取得了不俗的成绩。从商业到慈善，从印度到美国，古普塔的每一步都走得很稳健。陪同印度总理访问美国的印度商业领袖，几乎都是古普塔的朋友。

古普塔与穆克什·安巴尼（Mukesh Ambani）的关系很好，安巴尼掌管着印度的大型垄断集团印度信实工业集团。在安巴尼看来，像古普塔这样在美国一流公司出类拔萃的公众人物，是印度输出的国宝级人才，难能可贵的是，古普塔对自己的祖国有着深深的眷恋。古普塔也认识拉坦·塔塔（Ratan Tata），拉坦·塔塔被视作印度的大卫·洛克菲勒（David Rockefeller），他控股的印度帝国企业塔塔集团，其旗下产业从捷豹、路虎汽车到酒店业无所不包，甚至包括孟买的标志性酒店泰姬陵皇宫酒店。拉坦·塔塔也是古普塔早期在印度建立商学院的主要赞助者之一。

那晚宴请的尊贵客人印度总理辛格与古普塔的关系非同一般，这也是古普塔能够出席宴会最关键的原因。古普塔是美籍印度高管中，少数能够与印度总理互通私人电话的人。尽管麦肯锡在印度也有很高的知名度，但在 20 世纪 90 年代早期，古普塔和辛格并不认识。当时在麦肯锡，古普塔还是一颗冉冉升起的新星。辛格时任印度财政部部长，为人非常低调。辛格上台后，主导了印度的经济改革，废除了很多烦琐的政府规章制度，开启了一个让企业家精神自由发挥的创业时代。当印度在辛格总理的改革推动下变得欣欣向荣时，麦肯锡公司在印度的业务也开始扩张，麦肯锡协助众多印度公司进行重组改革，在印度打造离岸中心的过程中发挥着极为重要的作用。

当古普塔担任麦肯锡全球董事总经理时，麦肯锡在新德里郊区开启了建立“知识中心”的宏伟计划，并雇用了一批印度研究员为其分析手机普及率等数据，其中许多研究员都拥有工商管理硕士（MBA）学位。

当麦肯锡的知识中心大获成功时，古普塔希望这种做法能够在全球推广。古普塔向那些迫切希望降低经营成本的美国大公司宣传离岸外包，劝说他们在印度建立后台服务中心，包括研发部门、法律部门及财务分析部门。麦肯锡在印度的客户数量也水涨船高。古普塔是一位“企业摇滚明星”，他在孟买的知名度也不逊色于摩根大通集团的首席执行官杰米·戴蒙（Jamie Dimon）。

然而，具有讽刺意味的是，那晚在白宫与古普塔共进晚宴的还有美国的工会领导人安迪·斯特恩（Andy Stern），斯特恩是美国第二大工会组织——服务业雇员国际联盟（The Service Employees International Union）的主席。斯特恩所执掌的工会正是为奥巴马总统竞选筹款最多的组织。在当晚的宴会上，斯特恩就坐在古普塔夫妇旁边，他们面前的宴会桌布置精美，镶着金边的餐碟、紫色和洋红色的玫瑰、甜豆和绣球花摆放于苹果绿的桌布上。佳肴有咖喱虾、羽衣甘蓝及椰香满溢的印度香米。就餐期间，斯特恩抓住机会与古普塔进行了工作上的交流，他对美国当前的工人就业及福利情况提出质疑：为什么高盛很多的投资资金都来自公共养老基金计划，但诸如高盛这样的公司却不关注普通工人阶层的利益。古普塔温和而坚定地表示，高盛其实十分关注普通员工的待遇，高盛给那些需要帮助的组织捐赠了很多资金。但斯特恩并不这么想，他认为高盛的盈利大多分配给了中高层员工，而非普通员工。

时任美国财政部部长的蒂莫西·盖特纳（Timothy Geithner）和北达科他州参议员肯特·康拉德（Kent Conrad）在一旁默默地听着两个人的争论，他们都是极其聪明的人。想象一下，当古普塔还在印度加尔各答过着快乐的童年生活时，有人告诉他，有朝一日他会在麦肯锡工作，并被邀请参加白宫晚宴，他会做何反应。这似乎是天方夜谭，基本上不可能会实现，还不如预测古普塔未来会登月，那可能更容易让人相信。此刻古普塔所达到的人生高度，与接下来他将面临的一系列事件相比，之后的遭遇更让人感叹不已。

内幕交易案件浮出水面

17 天后，当古普塔正拖着行李匆匆通过机场安检的时候，他的手机响了。那是 2009 年 12 月 11 日，星期五上午，电话是格雷戈里·K. 帕姆（Gregory K. Palm）打来的，他是高盛的法律总顾问。自 2006 年以来，古普塔一直是高盛的董事会成员。古普塔同高盛的董事长劳埃德·布兰克费恩（Lloyd Blankfein）每个季度至少会通一次电话，布兰克费恩认为让董事会成员知道高盛每个季度的运营状况是自己工作的一个重要组成部分。不过，对古普塔来说，接到帕姆打来的电话还是很罕见的。

在华尔街的投资银行界，法律总顾问是银行最有权力的隐性团队成员之一，他们是秘密的守护者，他们知道公司的死穴在哪里。虽然帕姆是该公司最有影响力和享受最高薪酬的高管之一，他的言行却格外谨慎。自 2002 年以来，高盛奖励给帕姆的股票和期权价值总和为 6 730 万美元。但帕姆非常低调，在高盛的 3.3 万名员工中，很多人甚至不知道他是谁。

与布兰克费恩和古普塔一样，帕姆同样来自普通家庭，是美国精英教育的代表人物之一。帕姆是电工的儿子，曾在麻省理工学院（MIT）获得美国国家科学基金会奖学金。从麻省理工学院毕业之后，帕姆又去哈佛大学深造，在那里他参加了法学士和工商管理硕士（JD-MBA）课程。在哈佛商学院，帕姆跟古普塔是同学，只不过他们参加了不同的课程，所以彼此并不认识。1992 年，在担任高盛外聘法律顾问 10 年后，这位苏利文·克伦威尔律师事务所最聪明的律师正式加入高盛。

在接通了古普塔的电话后，帕姆的语气异常严肃，他说，有重要的事情要与德高望重的高盛董事古普塔讨论。

前一天晚上，在结束了一天的工作之后，帕姆坐在位于纽约露天广场第三十七层的大办公室里，悠闲地俯瞰着自由女神像。漆黑的夜里，大多数同事都已经离开了。高盛的外聘律师、同样来自苏利文·克伦威尔律师事务所的史蒂文·R. 佩金（Steven R. Peikin）打来电话。像许多前辈一样，佩金在纽约南区的美国联邦检察官办公室有着10余年的从业经历，他在入职苏利文·克伦威尔律师事务所之前，已经跃升为证券和商品欺诈特别小组的组长，现如今，他守护的正是他曾经审查过的公司的利益。佩金告诉帕姆，他通过合法途径得知，高盛董事拉贾特·古普塔很有可能卷入了一桩内幕交易案件，相关证据已经浮出水面。

次日清晨，当古普塔正准备赶飞机时，帕姆来到了位于布罗德大街85号的高盛集团总部，向他的老板简短地汇报了这件事。布兰克费恩听到帕姆的话后大吃一惊，因为古普塔有着无可挑剔的资历和良好的声誉。“我们需要弄清事情的真相，”布兰克费恩对帕姆说，2008年金融危机之后，高盛经历了太多的审查，布兰克费恩生怕此事会滋生更多负面消息，“很显然，这件事比较严重，我们现在还不知道事态严重到什么程度，但无论如何，我们都要确保不要给古普塔先生的声誉带来任何伤害。”

你对华尔街史上最大对冲基金交易案了解多少

扫码鉴别正版图书
获取您的专属福利

扫码获取全部测试题及答案，
了解华尔街史上最大的
对冲基金交易案

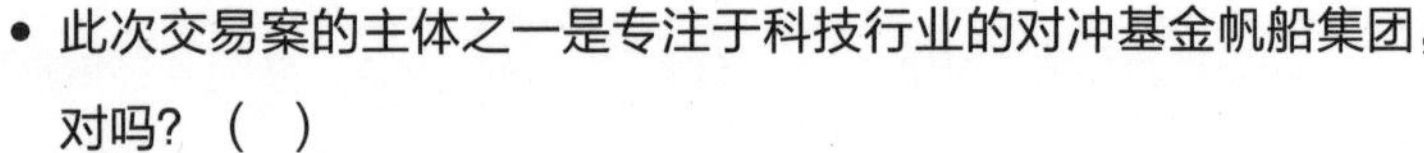

- 此次交易案的主体之一是专注于科技行业的对冲基金帆船集团，对吗？（ ）

  A. 对

  B. 不对

- 1965 年，美国通过了《哈特–塞勒法案》，这一法案为南亚移民大规模迁徙到美国打开了幸福之门，对吗？

  A. 对

  B. 不对

- 拉杰·拉贾拉特南是帆船集团创始人。他的名字在印地语里是“王中之王”的意思，对吗？

  A. 对

  B. 不对

扫描左侧二维码查看本书更多测试题

目 录

THE

BILLIONAIRE'S APPRENTICE

THE RISE OF
THE INDIAN-AMERICAN ELITE
AND THE FALL OF
THE GALLEON
HEDGE FUND

第一部分

商界精英初露头角

第 1 章 正直的精神写入骨血

从一出生，拉贾特・古普塔就长得很像他的父亲阿什维尼·古普塔（Ashwini Gupta）。古普塔与他的父亲一样英俊潇洒，有着轮廓分明的下巴，这也成为他们标志性的特征，并给人一种很神奇的感觉，就好像他们来自某个超越财富、智慧或血统的神秘特权世界。在一个肤色决定命运的社会里，古普塔和他的父亲都因为是白种人而具有天然的优势。他们俩都是出了名的慷慨大方，这种乐于助人的作风贯穿了他们一生，他们也因此收获了坚贞的友谊和一大批忠实的追随者。然而，在这些相同的表象背后，他们却拥有完全不一样的内在。

最热血的自由斗士

与儿子的成长经历不同的是，阿什维尼自 1908 年出生，一直到成年，印度都处于殖民主义统治时期，不得不顺从帝国主义的宗主国英国。阿什维尼是拥有印度最古老血统的家族之一的后代，但具有讽刺意味的是，他还是英国选中的中间代理人。阿什维尼被选中并接受了各种严格的培训，英国人的目的是使他不再将自己视作印度人，而将自己视作英国人，并为印度的最高统治者英国国王服务。尽管阿什维尼可以像其他家族成员那样，接受纯正的英式教育，但他的内心极其抗拒。

1612 年，英国东印度公司首次挺进印度，大肆收购黑胡椒和肉桂。很少会有人预想到，有一天英国的商业冒险会演变成殖民需求。欧洲的其他国家，包括法国、葡萄牙、荷兰和丹麦，早已在印度东北部的孟加拉邦设立了自由贸易区。直到 17 世纪末，当英国东印度公司的代理人约伯·查诺克（Job Charnock）在印度恒河一条湍急的支流胡格利河河畔安营扎寨时，英国的权势才开始崛起。

在英国东印度公司的统治时期，加尔各答迅速发展成为一个商业据点，各种各样的交易蜂拥而至，包括香料和印度东部其他富余的产品，如黄麻和棉布。伴随着商业贸易的兴起，英国人的生活方式也融入他们的日常生活中。除了杜松子酒、各类滋补药和高尔夫球[①]之外，贸易也将英式教育带入加尔各答。英国为印度土著提供高等教育并非源自其利他主义的善心，正如在英国高等法院负责印度事务的法官托马斯·巴宾顿·麦考利（Thomas Babington Macaulay）所说的那样："就当前的情况来说，我们必须尽最大的努力，培养出一批中间人，连接我们与被我们统治的数百万居民。这个充当翻译的中间人阶层，不仅要拥有印度人的血统和肤色，还要具备英国人的品位、见解、道德和智慧。"

印度总督威廉·本廷克（William Bentinck）赞同麦考利的观点，他将英语定为印度高等教育的官方语言，这一决定带来的重大影响持续了数百年。

时至 1858 年，接受过高等教育的印度人在内心深处并没有完全认可英国人的身份。尽管接受西方最好的高等教育促使他们的社会地位得到了提升，但他们的经济状况并没有因此得到任何改善。不管他们是否具有科研能力或专业技能，贫穷和物资匮乏仍旧是印度土著的常态。直到印度土著发动民族起义，即第一次印度独立战争，英国王室才撤销了英国东印度公司的特权，而改为直接统治印度。维多利亚女王最终成了印度这颗南亚明珠的最高统治者。

---

① 高尔夫球运动于 1829 年进入加尔各答，而它进入纽约则是 1889 年之后的事情。

1908 年，当阿什维尼出生时，英属印度正处于英国的严厉管控中，阿什维尼的出生地孟加拉邦又正好处于权力的中心。作为印度社会运动、教育运动、政治运动和经济运动的先锋阵地，孟加拉邦融合了纽约、巴黎、伦敦和中国香港的各种元素。孟加拉邦的影响力非凡，以至于一位印度国大党领导人打趣道："孟加拉邦今天产生的想法，明天就会成为整个印度的想法。"

古普塔家族是孟加拉邦一个古老而显赫的家族，他们自认是受过英式教育的精英阶层。20 世纪初，这个家族的人口相当稀少，不到全印度人口的 0.1%。古普塔家族发祥于一个名叫格拉的小山村，那个时候，这个地方还属于东孟加拉邦，现在，它属于孟加拉国。尽管古普塔家族接受过高等教育，但经济上依然很拮据。他们定居在北加尔各答，这里俗称"黑镇"，因为居住在这里的人都是肤色比较深的印度土著；英国人更喜欢居住的南加尔各答则被称为"白镇"。对于大多数印度土著而言，他们从未拥有过受教育的权利和改善经济状况的机会。而古普塔家族受过良好的教育，对他们而言，接受良好的教育，不仅仅是为了练就一项专业技能，更是神圣的使命。

鉴于古普塔家族的受教育背景和优良血统，大家都期待阿什维尼能从事一份体面的学术性工作。当然，阿什维尼也没有让人失望。他头脑聪明，在加尔各答大学读书的时候就是一名优秀的学生，并获得了经济学硕士学位。尽管阿什维尼接受了良好的教育，能够说一口流利的英语，但他并不想成为一个英国式公子哥。阿什维尼非常热爱自己的故乡孟加拉邦，他的思想、生活方式乃至衣着，无处不展现出一个纯正的孟加拉邦人的风采。

"与那个时代所有的孟加拉邦人一样，阿什维尼也是一个激进分子。"记者因德尔·马尔霍特拉（Inder Malhotra）说道。20 世纪 50 年代，马尔霍特拉在新德里与阿什维尼相识。新德里的冬天非常寒冷，阿什维尼缠着印度腰布，这是孟加拉人非常流行的穿着打扮。印度腰布指的是将一块长方形的白布围在腰间，一直垂到脚面。腰布由印度土布做成，土布是一种粗糙的纺织物，靠手工织成。阿什维尼几乎没有穿过其他衣服，一直都保持着这样的着装。

对于蓬勃发展的自由运动来说，土布是最有号召力的视觉符号之一，它是印度中坚力量的绝佳选择。首先推崇土布的是接受过英式教育的大律师莫罕达斯·卡拉姆昌德·甘地（Mohandas Karamchand Gandhi），他主张印度人应该联合起来抵制外国布料，支持印度土布，这很快就成为印度独立前国民大会党的主旨思想。就是这样一块布，与阿什维尼的政治情感完美地结合在一起。

阿什维尼是印度最热血的自由斗士之一，他极其反感中间代理人的身份。他特别渴望成为成千上万缠着腰布的民族独立主义者中的杰出人物。1929 年，当阿什维尼还在加尔各答大学读书的时候，他就加入了全孟加拉邦学生联合会组织（All-Bengal Student's Association）。这个组织听起来不带有任何政治色彩，与印度追求民族独立的斗争似乎不沾边儿。但实际上，这是一个充满革命斗志、追求民族独立的组织。

阿什维尼全身心地投入这个联合会中，他甚至经常逃课，目的就是参加联合会组织的会议。阿普巴·迈特拉（Apurba Maitra）是阿什维尼最好的朋友，迈特拉在大学里的学号正好挨着阿什维尼的学号，因此，每次上课开始点名的时候，他都会大声替阿什维尼答到。迈特拉经常拜访他的好朋友阿什维尼，他发现，在联合会的 22 个激进成员里，阿什维尼就像一位资深政治家，非常有魄力。

1932 年 1 月 26 日，当迈特拉正在加尔各答大学学习法律的时候，学校发布了这样一则公告：禁止所有的学生在大学校园里挥舞印度国旗。谁这么做了，就要承担相应的后果。那个时候，加尔各答的警察局局长是臭名昭著的查尔斯·奥古斯塔斯·特加特（Charles Augustus Tegart）爵士。特加特的名声之所以这么差，一方面是因为他经常折磨关在监狱里的犯人，特别是青年学生，另一方面是因为他拥有躲避暗杀的神奇能力。印度的爱国者将 1 月 26 日视作国民表达爱国立场的日子：你愿意成为独立的印度人还是英国王室的奴仆？早在两年前，印度国民大会党就通过了一项决议，满足全国抗议者的要求，将这一日子固定下来，目的是支持印度的完全独立。对于身着腰布的印度人来说，因为害怕英国人的报复而变得奴颜婢膝，是极不光彩的行为，是懦弱的表现。对学生们而言，挥舞手中的旗帜，是将坚定的爱国者与装模作样的伪爱国者区分开来的最好方式。

受到爱国情绪的感染，迈特拉和他的 19 个好朋友一起挥舞旗帜，并共同签署了一项声明，反对学校发布的公告。不久后，当迈特拉在学校板球场运动时，一封特别的信件寄到了他的宿舍。信封上标注着“为陛下服务”的字眼。宿舍里的其他人看到这封信后都感到十分恐惧，于是，他们顾不上保护个人隐私，立即拆开了它。在信里，他们发现了一张传票，要求迈特拉去面见孟加拉邦政府布政司[①]。布政司住在位于达尔豪西广场的作家大厦，那里是英国在加尔各答的权力中心。

迈特拉的朋友设计了一个方案：他们陪同迈特拉一起去达尔豪西广场，让迈特拉独自会见布政司，而他们就在外面等他。由于担心这次见面可能会导致他们入狱，这群激进分子将一些生活必需品，比如睡衣和书籍，都准备好了。如果警察逮捕他们，这些必需品在监狱里也可以派上用场。

当阿什维尼无意中听到他们的计划时，责骂道：“你们这群白痴，如果你们集体出现在达尔豪西广场，隐藏在作家大厦附近的便衣间谍就会怀疑你们是贝诺伊·巴苏（Benoy Basu）的支持者或同伙。”两年前，巴苏和两名同伙开枪射杀了英国总监狱长，那位性情残暴的总监狱长纵容监狱里滥用酷刑。自从那次袭击后，疯狂的暗杀活动便彻底打乱了孟加拉邦的平静。暴力事件不断升级，甚至惊动了伦敦的白金汉宫。1932 年，英国国王乔治五世对关于孟加拉邦的暴力报道感到疑惑不已，他急切地要求孟加拉邦政府官员解释清楚：“孟加拉邦到底出了什么问题？”

阿什维尼能力出众，非常擅长出谋划策，是一个很好的谋士。阿什维尼建议：“大家都不要去，让迈特拉一个人带着信去就行。”迈特拉听从了阿什维尼的建议。到达作家大厦后，迈特拉被护送进了罗伯特·尼尔·里德爵士（Sir Robert Niel Reid）富丽堂皇的办公室。

里德爵士对迈特拉说的第一句话是：“年轻人，你知道你现在的处境很糟糕吗？”迈特拉很快承认了自己所犯的罪行。迈特拉和朋友们都准备接受因挥舞印

① 这一职位相当于政府的首席秘书。——编者注

度国旗而必须受到的惩罚，不过，他们不会为此道歉。“你疯了，”在解释这张传票其实跟挥舞印度国旗没有任何关系之前，里德爵士对迈特拉说道，“一封匿名信就让你魂飞魄散了？说话没头没脑，能不能有点儿骨气？也许不会有任何惩罚的。”迈特拉感到非常疑惑：“为什么说我没有骨气？”里德爵士对迈特拉说：“你的父亲是为英国服务的地方官，是被袭击的目标。想象一下你自己、你的母亲和兄弟姐妹的处境，要知道，你是5个孩子中最大的那个。你应该考虑得更周全些。”

为了缓解迈特拉父亲面临的困境，里德爵士建议迈特拉中断他的法律学业，接受孟加拉邦监狱看守这个职位，这个工作不但稳定，而且收入也不错。“爵士阁下，如果我不接受您的建议呢？”迈特拉反问道。里德爵士提醒迈特拉，在英国政府官员的授意下，如果迈特拉不接受这一职位，全副武装的警察将为他的父亲提供24小时安保服务。无须里德爵士再多说什么，迈特拉便接受了他的安排。

在迈特拉前往位于大吉岭连绵起伏的青山上的监狱那天，阿什维尼设法进入了迈特拉的卧铺包厢。迈特拉的选择最后被他的朋友们识破了。阿什维尼通过自己广阔的人脉关系，知道了迈特拉并不是去监狱服刑，而是去监狱工作，成为一名看守。

“迈特拉，”阿什维尼说，“站台上几乎没有朋友为你送行，你的卧铺上放着鲜花，向你表达我们曾经对你的爱，不过，你能感觉得到自己的行李里实际装着什么吗？”迈特拉没有说话，低下了头。“是我们对你永远的恨！”阿什维尼怒道。随后，阿什维尼用尽全身的力气，将腰布朝着迈特拉的眼睛扔去，旋即下了火车。

在随后的日子里，阿什维尼和迈特拉的生活轨迹变得完全不同。迈特拉在大吉岭的一个小监狱里担任看守。监狱的四周是一片茶园，监狱里囚禁的是一些罪行较轻的罪犯和著名的民主人士。有时候，迈特拉也会回忆自己作为激进分子的那些时光，心里涌起淡淡的忧愁。不过，迈特拉很清楚，那样的生活已经离他远去。与此同时，阿什维尼仍然生活在加尔各答，他有一阵子曾在里邦学院（Ripon College）教授经济学。不过，教学只是阿什维尼的日常工作，在课余时间，他与印度著名的激进派领导人建立了密切的关系。

要不是阿什维尼参加了 1942 年的“退出印度”运动，他与迈特拉的生活也许不会再产生任何交集。阿什维尼是孟加拉邦数万名“退出印度”运动的成员之一，他受到逮捕后被送往加尔各答的总统监狱。此时，迈特拉已经是总统监狱的一名管理人员。当迈特拉在监狱里见到阿什维尼的时候，他感到十分震惊。

迈特拉将手放在阿什维尼瘦削的肩膀上，惊讶地问道：“阿什维尼，你怎么瘦得只剩下皮包骨头了……怎么会这样呢？”“我染上了肺结核，其中一个肺还大出血，每天晚上都在发烧，已经瘦了 9 千克……迈特拉，你别靠我太近，你会被传染的。”阿什维尼答道。

为了追求印度独立，阿什维尼经受了各种严刑拷打，身体已然很虚弱，再加上多年肺结核的影响，如果没有及时服用抗生素，34 岁的阿什维尼或许早就没命了。不过，这一切都在阿什维尼与迈特拉相遇的那天晚上发生了改变。迈特拉借口外出看电影，离开监狱去拜访了当地一位非常著名的医生，并请求他务必治好阿什维尼的病。两个星期后，监狱来了一辆救护车，迈特拉看着如落叶般干枯的阿什维尼被抬上了车。阿什维尼在医院里待了 6 个月，经过多次手术，并抽掉了几根肋骨，他的身体总算恢复了元气，笑容又重新浮现在了他的脸上。

阿什维尼被送回监狱之后，迈特拉一直照顾着他。当迈特拉审查阿什维尼在狱中和狱外收到的信件时发现，阿什维尼正在跟一个非常不错的女孩交往，这个女孩很有可能会成为阿什维尼的妻子，但这个女孩不是孟加拉人。阿什维尼曾发誓要等到印度独立才结婚。不过，在阿什维尼最后一次被拘禁前，他已经与普兰·库玛丽（Pran Kumari）坠入爱河。这个女孩是阿什维尼之前教授经济学时认识的一个白求恩学院（Bethune College）的学生。他们的爱恋跨越了世俗的羁绊。

阿什维尼和库玛丽来自印度的不同地方，一个来自印度的文化中心，另一个来自印度的产粮大邦。阿什维尼是一个典型的孟加拉人，库玛丽从小也生活在孟加拉邦，但她的家人最初来自旁遮普省。由于地处印度的侧翼，旁遮普省是侵略者袭击的首要目标，在一顿狂轰滥炸下，它已经千疮百孔。战前的旁遮普省十分美丽，蔚蓝的天空下，金色的麦浪翻滚，田里的玉米、甘蔗与自然景观交相辉映，如今却只留下满目疮痍的破败景象。如果说孟加拉邦是印度的灵魂之地，播种了印度文化和知识遗产的种子，那么旁遮普省便是印度的躯体，生活在这片土地上的印度人，凭借寒耕热耘，养活了自己。

在阿什维尼身处监狱的那些日子里，尽管阿什维尼与库玛丽之间的信件会被审查，但他们的爱情之火越烧越旺。1947 年年初，也就是印度独立前夕，在朋友们的催促下，阿什维尼与库玛丽结婚了。他们本来属于不同的阶层和团体，但他们的思想超前，所以并不在意这些。古普塔家族都不爱张扬，所以他们只在白求恩学院的校园里举行了简单而低调的婚礼。不过，阿什维尼被监禁之后，他的家庭已经入不敷出，虽然当时很少有人知道这件事情。

结婚后不久，阿什维尼和库玛丽便开始了真正的家庭生活，他们渴望弥补失去的时光。阿什维尼和库玛丽的第一个孩子是女孩，于 1947 年出生。13 个月后，也就是 1948 年 12 月 2 日，拉贾特·古普塔出生了，小家伙的乳名叫拉坦，在印地语中意为“宝石”。紧接着，两年后，库玛丽又为阿什维尼诞下一女。一家五口挤在三室一厅的公寓里，公寓位于北加尔各答一条车水马龙的主干道旁。

英雄早逝

1964 年 11 月 5 日，星期四，迈特拉已经成为印度独立时代的公民，这天早上，他在翻阅报纸的时候发现，阿什维尼的照片及其去世的消息出现在报纸头版。

11 月的印度仍然有些闷热。在这一天早上，阿什维尼的长子，15 岁的古普塔小心翼翼地穿衣打扮，将自己最好的白色腰布围在身上。20 世纪 50 年代，古普塔全家搬到新德里，他最小的弟弟就出生在那里。生长在有两个女孩儿和两个男孩儿且关系亲密的印度家庭，古普塔习惯了肩负照顾家庭的重任。为了更好地满足家庭开支需要，古普塔的父母都外出工作，那时印度的双职工家庭并不多。古普塔的母亲在当地的蒙台梭利学校教书，而阿什维尼在出狱之后就开始从事新闻工作，以此养家糊口。

凭借与新兴印度领导人的革命情谊，阿什维尼一路升迁。印度独立后，阿什维尼被委派从事德里版的孟加拉邦英语报纸《印度斯坦标准》(*Hindusthan*

Standard）的撰写工作。阿什维尼是印度总统府里的常客，在德里新闻界也颇有名望。印度独立后的第一任总理贾瓦哈拉尔·尼赫鲁（Jawaharlal Nehru）跟阿什维尼相熟，经常直呼其名。阿什维尼深受政府高官的信任，官员往往就如何与媒体打交道征询他的意见。尽管生来就被英国政府选为中间代理人，但阿什维尼通过自己不懈的努力和无私奉献的精神，成长为现代印度的精英分子。

送别阿什维尼

古普塔强迫自己要坚强起来。古普塔走进叔叔家的前厅，跟父亲告别。古普塔的父亲躺在被玫瑰、金盏花、茉莉花环绕的棺材里。按照印度的传统，阿什维尼的身体已经被清水冲洗干净，身着白色的无领长衫和腰布。

此前一天，当古普塔赶到医院时，得知他的父亲已经去世。然而，当古普塔站在父亲的病房门口，看见父亲仍然戴着塑料面罩，父亲最后的喘息让面罩里面起了一层水汽。他一度觉得是医生弄错了。事实上，多年的斗争及牢狱之灾让阿什维尼受尽了折磨，他死于肾衰竭，享年 56 岁。

在父亲去世前的几个月，年轻的古普塔花了很多时间陪伴在父亲身边，陪他一起散步，听他讲述自己年轻时参加自由运动的故事。古普塔得知父亲在监狱里染上肺结核是有人故意为之，最终他只剩一个肺可以呼吸。父亲背上一道长达 60 厘米的坑坑洼洼的伤疤，是在严刑拷打中，皮肤一次又一次开裂留下的。尽管如此，古普塔知道父亲的内心是善良的，而且是乐于助人的。许多年后，古普塔回忆道："我的父亲从不说任何人的坏话，我本以为他将很多的不满藏在内心深处，事实上，他并没有。这种人生态度是父亲那代人所特有的……他们对物质生活的追求比较简单，但思想境界很高，而且不会恶意揣度别人。"

那天清晨，在古普塔叔叔的家门前聚集了一大堆人，有邻居、朋友及仰慕者。他们蜂拥而至。灵柩被安放在一个玻璃罩罩着的灵车内，灵车停在带有绿色百叶窗的红砖房前，葬仪人员牵着他们的驴守在旁边。为表敬意，葬仪人员牵着驴，将前来悼念的群众与灵车分开，为灵车开路。

那天上午9点，灵车向前驶出，紧随其后的是载着亲属的小汽车。在阿什维尼生前的工作单位前稍停片刻后，古普塔随灵车前往火葬场。

在市区的另一边，迈特拉正马不停蹄地赶路，希望能见到阿什维尼最后一面。迈特拉跑到火葬场，又行至殡仪馆，但徒劳无果。凭借着最后一次猜测，迈特拉终于找到了灵车所在的位置。迈特拉紧握一束花，用胳膊肘挤开人群，来到准备火化的尸体前。最后，迈特拉推开挡在他前面的阿什维尼的弟弟来到灵柩前。阿什维尼未成年的儿子古普塔刚刚完成最后的葬礼仪式。短暂的沉寂之后，迈特拉将手中的那束花放在已经去世的朋友的脚边。随后，古普塔帮工作人员抬起担架，将自己深爱的父亲，送进加尔各答电力火葬场橙色的火焰中。

在平复了悲伤的情绪之后，迈特拉喃喃地为死去的朋友阿什维尼祷告："祈祷你不会遗留一丝仇恨，我会为自己赎罪。"如果迈特拉没有沉浸在阿什维尼这位印度独立英雄过早逝世的悲痛中，他或许会听到另外一个声音，这个声音来自古普塔，他听起来柔软稚嫩，祈求无所不能的上苍："谁将是我的引路人呢？"

THE BILLIONAIRE'S APPRENTICE

第2章 突如其来的指控

距圣诞节还有3天的时候，拉贾特·古普塔身着灰色细条纹西装，在两位律师的陪同下，来到美国证券交易委员会（SEC）纽约分部4楼的接待处。古普塔的白衬衫熨得平平整整，乌黑发亮的头发中带有几分灰色，这身打扮看上去干净利落、无可挑剔。古普塔和他的首席法律顾问加里·纳夫塔利斯（Gary Naftalis），看起来好像是电影《天生冤家》（*The Odd Couple*）里面的两位主角，正从某个地方剧院走出来。纳夫塔利斯满头白发，而且衣服皱巴巴的，好像一位心不在焉的教授。而尊贵的拉贾特·古普塔，穿得像政府首脑一样。想必古普塔也未曾预料到，2010年12月的某个早晨，刚刚过完62岁生日的自己就会陷入这样的境地，惹上美国证券交易委员会的官司。毫无疑问，这是一个误会，肯定可以化解。

一年前，高盛首席法律顾问曾经告知古普塔，他与一桩政府正在调查的案件有关。古普塔在黑暗中挣扎了很长时间，被旋涡般的流言蜚语所折磨，却无力平息这一切。古普塔无论在私底下还是公开场合都否认对自己的指控，在他完美无瑕的职业生涯中，绝不存在这个污点。现在，在美国最著名的辩护律师的陪伴下，古普塔将与政府部门的律师代表首次会面。事情可能与塞德纳公司（Sedna Capital Management LLC）有关，这是纽约一家鲜为人知的、现已解体的对冲基金公司。

瓦德瓦的成长历程

为了调查塞德纳公司，美国证券交易委员会负责调查市场舞弊的部门副主任桑杰·瓦德瓦（Sanjay Wadhwa）花费了整整 4 年时间。这是美国证券交易委员会对纽约对冲基金经理的调查历史中，遇到的最大规模的案件。现在桑杰·瓦德瓦正着手准备另外一个案子的调查，其涉案规模可能会更大。经历多次的周旋和无数次的拖延后，瓦德瓦和美国证券交易委员会律师团队终于决定，与在美国企业界备受尊敬的美籍印度高管古普塔进行面谈。古普塔为年轻的美籍印度人树立了成功的典范，包括桑杰·瓦德瓦在内的美籍印度人都视他为楷模。

尽管桑杰·瓦德瓦乌黑的头发上点缀着几丝斑白，但 44 岁的他看起来比实际年龄要年轻 10 岁。瓦德瓦身材修长，戴着金属框架眼镜，有一张看上去很温和、总是若有所思的脸。桑杰·瓦德瓦出生在新德里，19 岁的时候来到美国。通过作为税务律师的历练，他这样一个从印度旁遮普省走出来的孩子，最终成长为像古普塔一样令人尊敬的时代楷模。古普塔是印度年轻一代的榜样，他从印度的后街小巷成功地走到了美国的权力阶层。从德里的现代中学，到竞争激烈的印度理工学院，再到哈佛商学院，古普塔的成长轨迹在美籍印度人中广为流传。桑杰·瓦德瓦正是沿着类似的轨迹前行的，他虽然没有古普塔那么有名，但仍然具有很强的代表性。

桑杰·瓦德瓦的父亲名叫阿琼，阿琼于 1937 年 1 月出生在拉合尔市的一个工人家庭。拉合尔市是位于印度西北部的城市，在历经一连串的侵略之后，繁华不再。但莫卧儿帝国赋予拉合尔市美丽的花园和诸多启迪心智的建筑，而英国统治者给这座城市留下了很多不朽的维多利亚风格的建筑。瓦德瓦的母亲名叫拉什米，比阿琼小一岁半，出生在萨戈达市。萨戈达市在拉合尔市的西北方向，两个城市大约相距 160 千米，自拉合尔市去往阿富汗也是同样的方向。

印度宣布独立之前，拉合尔市和萨戈达市都是旁遮普省的一部分。旁遮普省有 17 932 个城镇和村庄。尽管此地宗教派别较多，历史上他们之间亦曾短兵相见，不过在英国的统治下，他们都能和平共处。就像那句经得起时间考验的谚语所说："敌人的敌人就是朋友。"这句话在旁遮普省得到了很好的印证。

然而，政治利益改变了这一切。印度在 1947 年脱离了英国的殖民管辖，其分裂也是从这个时候开始的。对瓦德瓦的家庭来说，与许多旁遮普人一样，地区的分割意味着生活发生重大改变。1947 年 6 月，阿琼和两个妹妹及两个弟弟一起跟母亲坐火车来到了分割后仍属于印度的哈德瓦，他们的父亲则留在了拉合尔市。

当他们准备离开拉合尔市时，10 岁的阿琼对逃离的情形深感震惊。"每当火车停下时，人们都会奋力挤进车厢，甚至直接坐在通道上，"阿琼回忆道，"即使没有火车票，人们也会挤上火车，因为他们都想活下来。"与此同时，在另一列火车上，阿琼未来的妻子、8 岁的拉什米，离开了萨戈达市。

印巴分治引发人群大规模迁移，100 万人在迁徙途中失去了宝贵的生命，制止因分治而引发的流血冲突，是新成立的共和国的一项重要的政治任务。印度独立后的第一任总理贾瓦哈拉尔·尼赫鲁，鼓励全国民众"与命运共舞"，以及"追求独立和自由的生活"。在首次公开演讲中，尼赫鲁发誓要在年轻的印度共和国消灭"贫穷、无知和疾病，以及机会不平等"。1966 年 10 月，阿琼和拉什米迎来了儿子桑杰·瓦德瓦，但尼赫鲁对全国民众的承诺还没有变为现实。20 世纪 70 年代，在尼赫鲁的女儿、时任印度总理英迪拉·甘地（Indira Gandhi）的领导下，印度国民经济深陷沼泽，停滞不前。

对于普通的印度人而言，生活的重担让人步履维艰。食物短缺，糖和大米都只能定量配给。人们常常排着长长的队伍领取这些食品。虽然旁遮普省的小麦供给很充足，但是因为其道路崎岖，运输困难，大量饥饿人群还是很难获得小麦供给。安装一部私人电话要花费数月甚至数年的时间。有了议员的信件作为支持，安装第二部电话或者获得一罐煤气才容易了很多。

腐败的猖獗令人震惊，加上失业率飙升，阿琼对未来的日子忧心忡忡，他并不是担心自己的生活，而是为十几岁的儿子瓦德瓦和两个女儿担忧。受到加尔各答男孩拉贾特·古普塔前往美国马萨诸塞州剑桥市打拼的成功故事的鼓励，1971年，包括阿琼兄弟在内的很多人背井离乡，外出闯荡去寻找机会。如果阿琼没有及时加入外出的队伍，他的家庭可能也会深陷印度的绝望旋涡之中。1985 年，阿琼的兄弟从美国发出邀请，帮助他申请了美国绿卡。

48 岁那年，阿琼离开在加尔各答生活的妻子和孩子，前往美国佛罗里达州的莱克沃思，开始了全新的生活。尽管阿琼在印度拥有丰富的商业管理经验，但在美国，他还是得从基层做起。阿琼以管理实习生的身份加入佛罗里达州的一家药品连锁店。仅仅一年后，阿琼就把家人接到了美国。不久后，阿琼又晋升为药店经理助理。阿琼的妻子和 3 个孩子打包了几个手提箱的行李，离开了他们的家乡。当时，瓦德瓦的母亲手头仅有 100 美元，这时刻在提醒他们，尽管心中满是悲伤，但他们所做的一切都是必要的。为了保存印度岌岌可危的外汇储备，印度政府尽可能限制每个人出国时所携带的外汇金额。

在美国，阿琼很难凭借药店经理助理的薪水养活一个五口之家，所以他的孩子们都是通过勤工俭学读完的大学。瓦德瓦主修会计，从名不见经传的佛罗里达大西洋大学（Florida Atlantic University）获得了工商管理专业学士学位。瓦德瓦之所以选择这所大学，是因为它是唯一提供优质的会计课程，且距离父母的家仅几分钟车程的学校。瓦德瓦没有办法住在校园里，因为他们家负担不起住宿费。虽然课业安排得很满，但瓦德瓦仍然在当地一家药店兼职做仓库保管员和收银员，每个星期工作 50 小时，以赚取下学期所需的学费。毕业后，瓦德瓦继续学业，在南得克萨斯法学院（South Texas College of Law）获得了法学博士学位。随后，他前往曼哈顿区谋求发展。

瓦德瓦一直梦想去纽约工作，他觉得像他爸爸这样拥有 MBA 学历的人，当年如果选择去纽约，而不是留在佛罗里达州，可能会有更多机会。不过，瓦德瓦也知道，如果没有顶级的法学院文凭，在纽约被一家“白鞋公司”[①] 雇用只是小概率

---

① 白鞋公司（White-shoe Firm），通常形容经营时间超过一个世纪、信誉卓著、专做大生意的专业服务机构，如投资银行、律师事务所等。——译者注

事件。于是，瓦德瓦按照一般印度人在美国奋斗的路径前行。他又重新回到法学院深造，选择在纽约大学专攻税收法律方向，而且以全班第一名的成绩毕业。如果说有什么能够让你捧到“铁饭碗”的话，那就是学习税法专业。

兰德尔律师事务所直接从纽约大学进行校招，瓦德瓦有幸被录取。然后他又继续努力，通过了律师职业资格考试，之后跳槽到更具吸引力的世达律师事务所。在法律行业工作，不仅是对智力的极大挑战，更是对灵魂的冲击。瓦德瓦负责给诸如美林、高盛这样的投资银行设计深奥难懂的结构性金融产品，再向普通美国人兜售养老基金，这个工作让他十分难受。

瓦德瓦知道，如果他的巨额工资是通过保护某些公司贪婪的欲望而获得的话，他的父母在印度也会觉得不开心。父母给瓦德瓦灌输的思想是，要重视工作带来的社会价值，而不能只看重其财富效应。瓦德瓦的叔叔自牛津大学和剑桥大学毕业之后，毅然选择回到印度的大学任教。一旦瓦德瓦偿还完读法学院时所申请的贷款，他也准备做出一些改变。

2003 年 7 月，当拉贾特·古普塔卸去任期长达 9 年的麦肯锡全球董事总经理一职时，瓦德瓦恰好成为美国证券交易委员会在纽约的专职律师。戴维·马科维茨（David Markowitz）是美国证券交易委员会纽约地区的负责人，他把瓦德瓦带入伍尔沃斯大楼的一间临时会议室，首次让瓦德瓦参与案件的调查。这个会议室是“9·11”事件后，美国证券交易委员会在下曼哈顿区的临时指挥部。在“9·11”恐怖袭击事件发生之前，美国证券交易委员会纽约分部位于世界贸易中心大厦。在那次恐怖活动中，美国证券交易委员会数以万计的文件，以及与之相关的案件资料都被毁掉了。在没有窗户的房间里，从地板到屋顶堆满了大量未分类的银行文件箱。马科维茨用手指了指房间，说道：“犯罪证据就在这 72 箱文件中。”然后，马科维茨便离开了房间。

瓦德瓦花了两年的时间来梳理这些材料。2005 年 4 月，他在美国证券交易委员会负责的第一桩内幕交易案浮出水面。这是一桩针对法国兴业证券前董事总经理的诉讼案件，法国兴业证券是法国兴业银行在美国设立的经纪公司。不久之后，另一桩更大的案件浮出水面。此案件涉及内幕交易，在克罗地亚一家内衣厂工作的退休裁缝，投资了锐步国际（Reebok International），仅两天时间就净赚200万美元。在这位裁缝获利的背后，隐藏着华尔街的一个神秘集团，他们经常在世界金融中心的冬季花园中庭交换信息，瓦德瓦也经常去那里喝咖啡。让瓦德瓦苦恼的是，内幕交易者竟然在美国证券交易委员会的眼皮底下猖狂作案。其实，在法国兴业银行和锐步国际案件中赢得诉讼所需的毅力，与瓦德瓦即将接手的下一个案件相比，只能算是一个小小的预演，而他对此一无所知。

2010年12月22日，上午10点，瓦德瓦像往常一样，在办公室仔细阅读卷宗，突然他听到电子邮件的提醒声。发邮件的同事名叫贾森·E. 弗里德曼（Jason E. Friedman），“刚刚接到电话，”弗里德曼在邮件里面写道，“他们来了。”

我恭敬地拒绝回答这个问题

美国证券交易委员会纽约分部的419号证供室空间狭小，墙壁是黄色的，有关银行家的资料箱堆满房间，让人感到有些窒息。房间的一角挂着美国国旗，在一面墙上，视线齐平处，挂有一张美国现任总统的照片。

一名警卫将古普塔和纳夫塔利斯及两个助手带进证供室。尽管纳夫塔利斯的穿着看起来皱皱巴巴，他却是纽约最著名的白领辩护律师之一。《华尔街日报》（*Wall Street Journal*）形容纳夫塔利斯为“白领人群中的变色龙：他无所不能”。纳夫塔利斯曾为迪士尼公司前首席执行官迈克尔 · D. 艾斯纳（Michael D. Eisner）和华尔街炙手可热的金融家肯尼思 · 朗格尼（Kenneth Langone）等名流打过官司。像许多辩护律师一样，纳夫塔利斯曾在纽约南部地区的美国联邦检察官办公室工作过6年，这里也是鲁迪·朱利安尼（Rudy Giuliani）[①] 声名鹊起的地方。在私人执业前，纳夫塔利斯已经升职为刑事案件部门的副主任。纳夫塔利斯曾无数次陪同诉讼委托人参加这样的面谈，他非常熟悉这里的流程。纳夫塔利斯在会议室里表现得游刃有余，他是高手中的高手。

---

① 美国著名律师、检察官和政治人物，曾任美国纽约市市长，因为“9 · 11”事件中展现出色的领导力而闻名全球。——编者注

当古普塔及其律师团队在房间里坐下后，瓦德瓦、弗里德曼和另外一位美国证券交易委员会的律师约翰·亨德森（John Henderson）进来了。当发现古普塔及其律师团队已经在房间里时，瓦德瓦稍感惊讶。通常情况下，美国证券交易委员会的律师都会在证人抵达前进入证供室，以便安排座位。律师通常安排证人坐在面对窗户的位置，这样可以让证人放松警惕，从而套出更多实话。在警卫的护送下，老谋深算的纳夫塔利斯让古普塔背对窗户，坐在他旁边。

纳夫塔利斯热情地跟亨德森打招呼，与这位年轻的美国证券交易委员会律师寒暄。亨德森是美国职业棒球大联盟纽约洋基队的铁杆球迷，在加入美国证券交易委员会之前，曾在纳夫塔利斯的法律事务所工作。亨德森以前住的地方离纳夫塔利斯仅有 270 多米，但纳夫塔利斯是纽约大都会队的球迷。礼节性的寒暄之后，古普塔与瓦德瓦握手，并朝他微微一笑，之后证人开始宣誓。瓦德瓦发现古普塔的情绪掌控能力很强，而且看起来神秘莫测。就算美国证券交易委员会邀请古普塔来做证令他很恼怒，古普塔也不会表现出来。亨德森开始美国证券交易委员会式的讯问，而瓦德瓦则一直关注着古普塔，看他是否会出现紧张的肢体语言或者故意躲闪回避。不过什么都没有发生，古普塔没有任何异常表现。

“古普塔先生，您是否正在接受治疗或者服用药物，从而会影响到您的记忆力或如实回答问题的能力？”亨德森提问。“没有。”古普塔回答。随后，亨德森直接切入案件的核心。亨德森询问古普塔是否为应对此次证供阅读过相关文件。“在律师的建议下，根据美国宪法第五修正案赋予证人的不被强迫自证其罪的权利，我恭敬地拒绝回答这个问题。”古普塔回应说。“对此权利的界定有多种不同的方式。”亨德森说话的口吻很正式，但他对古普塔的回答感到很惊讶。亨德森告诉古普塔，如果其想维护自己不被强迫自证其罪的权利，“你只需要说你拒绝回答，理由是回答可能会连累你。换句话说，如果你觉得真实地回答问题将会表露你犯了罪，同时你希望通过美国宪法维护自己不被强迫自证其罪的权利，在这种情况下，你不会被强迫回答任何问题”。

亨德森询问古普塔是否听懂他刚刚所说的。古普塔出乎意料地给出和几分钟前一模一样的回答，这个回答正是精明的律师纳夫塔利斯为他准备的。随后，纳夫塔利斯要求接下来的对话不要记录在案。几分钟后，亨德森对速记员记录的要点进行总结："基于效率的考虑，我们认为如果你说'我使用美国宪法第五修正案赋予的权利'或'五'，均表示'根据美国宪法第五修正案赋予证人的不被强迫自证其罪的权利，我恭敬地拒绝回答这个问题'。"亨德森抬起头来问纳夫塔利斯："纳夫塔利斯，这种表述方式你觉得还可以吧？"

纳夫塔利斯直截了当地回答："我不是很喜欢这个说法。"纳夫塔利斯深知，如果公开记录里记载古普塔"我使用美国宪法第五修正案赋予的权利"，无异于毁掉古普塔的形象。瓦德瓦忽然明白了，这可能就是古普塔及其律师一直极力拖延与美国证券交易委员会谈话，直至拉杰·拉贾拉特南（Raj Rajaratnam）庭审结束的原因。纳夫塔利斯建议美国证券交易委员会记录古普塔"用同样的方式回答了问题"。

贾森·弗里德曼此时插话了。弗里德曼希望大家明白，"用同样的方式回答了问题"表明古普塔使用了美国宪法第五修正案，而这一解释正是纳夫塔利斯无论如何不想记录在案的。"那么，我们是不是可以认为，古普塔第一次给出的答案是在声称，他有行使美国宪法第五修正案赋予的不被强迫自证其罪的权利？""是的。"纳夫塔利斯回答。接下来的 15 分钟里，亨德森询问了古普塔 53 个问题，然而古普塔的所有回应都是"用同样的方式回答了问题"。

瓦德瓦默默地观察着这场荒谬的交谈，他察觉到古普塔面部表情的变化，从稳如泰山的坚忍到慢慢显现出来的正常人的反应。古普塔似乎心不在焉，沉浸在巨大的悲伤中。这种场景看上去就好像古普塔正在回忆自己的过往，他一定在沉思："我怎么会坐在这里呢？"

坚强的意志方可成就自我

随着拉贾特·古普塔慢慢长大，他的朋友都隐约感到，他会像他爸爸一样了不起。"古普塔继承了他父亲的优点。"尤德彦·巴特查里亚（Udayan Bhattarcharyya）说道，此人当年与古普塔在新德里同住一个大院。"一旦决定做某件事，他就一定会做成。”古普塔的表妹达玛扬蒂·古普塔－威克兰德（Damayanti Gupta-Wicklander）说，有一次家人准备前往新德里郊游，年幼的拉贾特·古普塔非要爬到汽车的引擎盖上平躺着。不管家人如何劝说和哄骗，古普塔都不下来。最后家人没办法，用之前常用也管用的一招，用糖果诱骗古普塔下来，那次还加了一根香蕉。古普塔对此简直毫无抵抗力，很快就“屈服”了。

拉贾特·古普塔 5 岁时，他的父亲阿什维尼接到了一个艰巨的任务：搬到首都，创建德里版的孟加拉邦英语报纸《印度斯坦标准》。之所以称其艰巨，是因为当时的人们只看本地的报纸。

尽管需要应对各种挑战，但古普塔一家早年在德里的生活非常幸福。他们过着中产阶级的惬意生活，住在公司提供的一个约 10 平方米的公寓里。公寓坐落在离旧德里火车站不远的一个封闭式大院，这里与外界相对隔离，各种生活设施齐全，还有自己的足球场。在周末的晚上，阿什维尼一般都会和几个朋友一起，前往位于新德里市中心商业区的康诺特广场（Connaught Place），观看一部好莱坞出品的英语电影。有时，男人们会打桥牌，而男孩子们则喜欢下棋，古普塔很快就成为一名技艺高超的棋手。

当古普塔一家搬到新德里时，城里有两所精英学校：一个是圣哥伦比亚天主教男校，另一个是位于巴拉卡哈姆巴路（Barakhamba Road）的现代学校，离康诺特广场不远。成立于英国统治鼎盛时期的现代学校，融合了传统的印度教育方法与现代教育理念，它是“那个年代里唯一使用这种教育方式的一所学校”。已退休的旁遮普省和哈里亚纳邦高等法院的首席法官穆库尔·穆德加尔（Mukul Mudgal）这样回忆道。

如果让 20 世纪 50 年代和 60 年代的学生回忆自己当初如何进入这所学校，他们每个人都会讲出一大段故事。有些人凭借的是金钱或影响力，其他人也绝不会承认自己是因为运气好。我们不太清楚阿什维尼是否动用了自己的关系网，从而让年幼的拉贾特·古普塔进入这所学校。不过，这已经不重要了。拉贾特·古普塔很快便显示出自己跟其他人一样有资格来到这所学校。古普塔是这所学校校训活生生的写照，梵文的校训翻译成中文是“坚强的意志方可成就自我”。

跟父亲一样，拉贾特·古普塔读书非常用功，为了弥补自己的弱项科目，比如英语写作课程，他常常会连续苦读几个小时。有一次，拉贾特·古普塔的同班同学在物理学课堂关于动量部分随堂测验的分数非常高，年幼的拉贾特·古普塔便坚持要坐在那位同学旁边，观察他是如何学习的。后来古普塔还借来那位同学的试卷，进一步针对自己的问题查漏补缺。这是第一次也是最后一次，他的这位同学在班里拿到最高分。

现代学校的优势在于其汇聚了不同背景的学生。拉贾特·古普塔有一位同学出身尊贵，来自印度王公贵族，他家其实离学校很近，但有的时候，他还是会坐家里的保姆车上学，以此显示自己的身份。与此形成鲜明对比的是，年轻的拉贾特·古普塔每天背着卡其布背包，同三五好友一起，从德里乘坐嘎吱作响的公共汽车上学。

在现代学校里，权贵和民众之间的差别并不是那么明显。男孩子都穿着统一的制服，上身是蓝衬衫，下身搭配灰蓝色短裤。男孩子们的兴趣爱好得到充分的挖掘，骑马、踢足球、在一个带三柱门的板球草地场上打保龄球，他们获得的培训都是专业化的。拉贾特·古普塔非常享受这一切，全身心投入各项活动中，包括戏剧表演、诗歌朗诵、梵文学习等。古普塔和朋友们经常在午休时间，对着礼堂墙壁练习打网球，就像在打壁球。

当拉贾特·古普塔还是一个少年的时候，他就表现得很“轴”。拉贾特·古普塔留着小平头，他的头发仿佛是从发根底部冒出来一样立在头皮上，看起来像一个扁平的胡萝卜头。古普塔是一个出色的学生，很受大家欢迎。学校校史馆的D区，陈列着在自然科学领域取得杰出成就的校友，拉贾特·古普塔就占有一个席位，在印度，这通常意味着拿到了通往未来成功的门票。拉贾特·古普塔的一位同班同学表示：“大家敬佩他，因为他具有超强的专注力。”有一年，拉贾特·古普塔极其认真地准备了一次公开演讲比赛，他用英语背诵了一段截取自印度宗教手册中的文字，最后他在比赛中获得了第一名。令人印象深刻的是，在比赛中古普塔击败了一位早年曾在英国生活的同学，本来大家觉得那位同学肯定稳操胜券，可最后却败给了拉贾特·古普塔。

苦日子总会有到头的一天

1964 年，拉贾特 · 古普塔的父亲去世了。从那以后，朋友们发现拉贾特 · 古普塔变了许多，他的脸上很少出现笑容，他把更多的精力投入到学习中。

人们不知道的是，只有选择坚强和专注，拉贾特 · 古普塔才能暂时忘却痛苦。拉贾特 · 古普塔的母亲被诊断出患有心脏病，而且无法治愈，身体甚是虚弱。在拉贾特 · 古普塔的父亲去世的那一年，拉贾特 · 古普塔的弟弟坎钱才 7 岁，他还有一个小妹妹贾亚施丽。对弟弟妹妹来说，拉贾特 · 古普塔既是哥哥，又是父亲，全家的重担都落在他一个人身上。

每天清晨，拉贾特 · 古普塔都在破晓前起床，他要帮弟弟妹妹整理书包、穿衣梳洗，甚至细心地查看弟弟妹妹的鞋带有没有系好。晚上回家，古普塔要监督弟弟妹妹做家庭作业。有一次，年幼的妹妹哭着从学校回家，因为书包太重，还要挤公交车，实在是太辛苦了。拉贾特 · 古普塔轻轻拭去贾亚施丽脸上的泪水，安慰她说，苦日子总会有到头的一天。

尽管他们并不知道苦日子到底什么时候结束，但拉贾特 · 古普塔作为家中长子，管理好家庭的财务开支，是他的职责所在。面对越来越大的生活开销，与他父亲一样，拉贾特 · 古普塔开始通过辅导其他小孩子来赚钱补贴家用。跟拉贾特 · 古普塔一起在德里长大的朋友德巴西什 · 巴塔查娅（Debasish Bhattacharya）认为，拉贾特 · 古普塔在他父亲离世后，不得不成熟起来，因为他没有别的选择。“他们家又不是什么富裕家庭，他父亲也没有留下多少遗产。”巴塔查娅说。在拉贾特 · 古普塔的父亲去世后，古普塔一家人开始意识到“他们不得不自食其力了”。

拉贾特 · 古普塔很快就向大家证明：他确实可以自食其力。从现代学校毕业后，古普塔以全国第十五名的成绩被印度理工学院录取。当时，印度理工学院还是一所不为人知的公立大学，20 年后，这个学校却比哈佛大学或耶鲁大学更难考入。

THE BILLIONAIRE'S APPRENTICE

第3章

内幕交易初露端倪

要不是因为2006年8月22日出现在美国证券交易委员会律师办公桌上的一份简报，拉贾特·古普塔和桑杰·瓦德瓦的人生可能永远都不会有交集。

早在2002年，也就是2006年拉贾特·古普塔引用第五修正案为自己辩护的4年前，有个人在夏末秋初的一个下午，拜访了瓦德瓦和他的上司戴维·马科维茨。这个人就是纽约瑞银集团（UBS）的全职律师约翰·穆恩（John Moon），他专程前往世界金融中心大楼的美国证券交易委员会办公室，是来告发一家名为塞德纳公司的对冲基金。

约翰·穆恩所在的瑞银集团是华尔街的一家投资银行，以经纪业务为主要利润来源。这家投资银行为独立的对冲基金提供后台支持、办公场所、信息技术和托管服务，通过为对冲基金提供现金贷款和股票融资获取高额报酬。纵观瑞银集团的发展史，在大多数时间，经纪业务部都毫不起眼，并非投资银行的主要盈利部门。在一些“白鞋公司”中，经纪业务部门并未受到重视，比如摩根士丹利，其经纪业务部就被贬低到与后勤服务部一样的位置。直到20世纪90年代末，对冲基金开始涉足投资银行业务，且发展速度飞快，华尔街才再度发掘和重视经纪业务部门。摩根士丹利将其服务于对冲基金的经纪业务部门从布鲁克林搬到纽约曼哈顿区，这成为那个时代的标志性事件。

瑞银集团在2003年收购了荷兰银行的经纪业务部门，从此，瑞银集团服务于小型对冲基金公司的业务开始蓬勃发展起来。这些小型对冲基金公司吸引不了诸如高盛集团这样的投行巨头。瑞银集团的约翰·穆恩专门就他们服务的一家规模较小、名为塞德纳公司的对冲基金拜访过瓦德瓦和马科维茨，而这家基金的管理人就是35岁的拉贾伦甘·拉贾拉特南（Rajarengan Rajaratnam，以下简称伦甘）。

伦甘于1992年从宾夕法尼亚大学毕业后就一直在华尔街闯荡，先是在摩根士丹利工作，并担任赛克资本管理公司（SAC Capital）的顾问，在圈内小有名气。伦甘在赛克资本管理公司仅工作了8个月，这家公司是以公司创始人史蒂文·科恩（Steven Cohen）的名字命名的。有一次，科恩问伦甘为什么赛克资本管理公司没有参与电信设备行业股票的投资，那个时候这类股票的表现都很抢眼，伦甘所在的部门负责这个行业的投资。伦甘告诉科恩，几个月前他就买过这些股票。“那我们现在为什么不参与呢？”科恩问。没过多久，这个原本简单的讨论就演变成了激烈争吵，伦甘抱怨自己的工资太低，而科恩则对伦甘的表现不满。争吵结束后，科恩对伦甘说：“如果你不想干，那就走吧。”

在华尔街流传的版本是，科恩先发制人，打电话给伦甘那位在华尔街颇具影响力的哥哥拉杰·拉贾拉特南，向他道出了事情的原委。拉贾拉特南是华尔街的亿万富翁，同时也是对冲基金帆船集团（Galleon Group）的创始人。“有个人从楼下上来找我，并且一直向我抱怨自己的待遇低，于是我炒了他鱿鱼，”科恩在电话里说，“遗憾的是，这个人正好是你的弟弟。”

2004年5月，伦甘和拉杰·拉贾拉特南与曾经在赛克资本管理公司同一个办公室工作的交易员一起创建了塞德纳公司，他们绞尽脑汁为公司筹集原始资本，甚至从宾夕法尼亚大学的校友那里筹钱。为了保证基金业绩稳定，获得行业的平均收益，塞德纳公司将资金按比例投资到每只基金，截至2006年中期，塞德纳公司管理的资本总额已经超过了 8 000 万美元。同年夏天，拉贾拉特南一家去新墨西哥州的希拉（Gila）度假，伦甘和他的哥哥拉贾拉特南闲聊时，伦甘的脑海中闪现出一个想法，他准备创建一只高风险高回报的基金。拉贾拉特南觉得这个主意不错，鼓励他尝试一下。2006 年 7 月，伦甘创建了一只名为“塞德纳战略机会”的投资基金，其资金主要来源于朋友和家人。最开始筹资的时候，伦甘还是很谨慎的，他告诉朋友和家人：“注意啊，你们投的钱就当是打了水漂儿，你们最多能接受多少损失，那就投多少。”

这个新成立的投资基金的起始资金为伦甘 70 万美元的个人储蓄，其家人不断地加入投资队伍，这完全是一个家族基金。伦甘的姐姐瓦塞妮・拉贾拉特南（Vathani Rajaratnam）投入 5 万美元，绰号为 R. K. 的二哥拉加坎坦・拉贾拉特南（Ragakanthan Rajaratnam）投入 2.5 万美元。伦甘的父亲拒绝投资，因为他觉得这只基金的风险太高。不过伦甘的大哥拉杰・拉贾拉特南投入了 100 万美元，这也是该基金获得的最大的单笔投资。

这只基金几乎从成立开始就引起了瑞银集团的不满，但基金的业绩表现好得令人难以置信。这只基金从 2006 年 7 月下旬开始交易，到 8 月下旬，短短一个月的时间，基金净值竟然翻了一番，从 200 万美元的初始投资涨到了近 400 万美元，只用了 30 多天的时间，就取得了 100% 的收益率，这要归功于伦甘高超的投资技术。在这个巨额收益的背后有 10 次重要的交易作为支撑，并且每一次交易都稳赚不赔。还有另外一件反常的事情，在经过第一个月“一鸣惊人”的首秀之后，伦甘又强迫基金投资者赎回当初的投资。一般说来，投资者都希望将他们的钱留在基金里面，以便继续在市场上投资，赢得更多的收益。但是在 8 月下旬，伦甘就把基金赎回款分给初始投资者，拉杰・拉贾拉特南当时也拿到了一半的投资本金。

做空艾瑞斯集团

瑞银集团第一次注意到这只基金所取得的令人惊讶的成功，是在该基金于 2006 年 7 月 26 日卖空艾瑞斯集团（Arris Group）价值 140 万美元的股票之后，140 万美元是这只由朋友和家人投资的基金所能允许的最大卖空头寸。卖空表明投资者对这只股票看空，预期股票价格未来会下跌，也就是说，投资者先借入股票，将其卖掉，当股票下跌后，投资者再以更低的价格买入股票，还给出借人。当初借入的股票能够以更低的价格被买回并还给出借人时，投资者就可以获得相应的报酬。例如，投资者在股票价格为 20 美元时借入卖出，等股票价格回落到 19 美元时再买入归还，这样的话，每股就可以赚 1 美元。

在伦甘声称自己准备持有多头之后，他转换了投资风格，开始通过该基金重仓做空艾瑞斯集团的股票。用华尔街术语来说，多头就是对某个股票持乐观态度，对其公司盈利看好。事后来看，这一举动非常有先见之明。7 月 27 日，当主营业务为通信设备制造的艾瑞斯集团公布第二季度的盈利不及预期时，公司的股价重挫 20%。穆恩评论说："塞德纳公司这次卖出时机的选择真的是无可挑剔。"

单单交易艾瑞斯集团这一只股票，塞德纳公司就赚取了超过 110 万美元的利润，这只家族基金的唯一投资者就是伦甘，一夜之间，他个人就净赚 27 万美元。他获得了如此巨大的成功，以至于他的哥哥拉杰 · 拉贾拉特南也给予他高度评价。2006 年 7 月 27 日，上午 9 点 21 分，拉贾拉特南给伦甘发短信说："继续保持下去！"

在拉贾拉特南家族中，拉杰 · 拉贾拉特南一直扮演的是英雄的角色，兄弟俩的关系时有摩擦。伦甘曾经为拉杰 · 拉贾拉特南工作过，但是有传言说，伦甘与拉杰 · 拉贾拉特南闹翻后，被拉杰 · 拉贾拉特南赶出了帆船集团。不过，两人剑拔弩张的状态并未持续很长时间。拉杰 · 拉贾拉特南总是对他这个弟弟爱护有加，这令帆船集团的副总们感到不可思议，因为在他们看来，伦甘是一个非常自负、傲慢的人。伦甘总有办法让身边的人感到自惭形秽。有一次，伦甘问帆船集团的某个分析师："情人节那天，我该为我的女朋友做点什么呢？""为什么不为她做一顿晚餐呢？"分析师建议，"女性通常喜欢男性展现他们温柔的一面。""有一个南亚女佣给我们做饭。"伦甘立刻反驳道。

伦甘和拉杰 · 拉贾拉特南每天也会有许多次通话，通话的内容大都是投资思想与策略。在周末的时候，伦甘经常会去格林尼治小镇。伦甘很享受与拉杰 · 拉贾拉特南及其他家人一起在他们的大庄园里闲逛的时光，他们的庄园位于格林尼治一个被称为“后郊”的地方，这里曾是大片的养马场和大庄园的所在地。拉贾拉特南家族的豪宅远离主干道，在一堵石墙后面，有一条长长的车道通向豪宅门口，住处被保护得很隐秘，这也正是想要逃避雷达监视的对冲基金经理所期待的房子。

与哥哥不一样的是，伦甘还是单身，他承认自己很难遇到意中人。在福克斯新闻网站 2001 年推出的一档关于年轻单身女性人群数量稀少的报道中，记者采访了伦甘，伦甘回答：“感觉身边优质的单身女性越来越少了。”那时，伦甘已经 31 岁，单身的状态开始让他感到有些压力了，他觉得单身女性好像都被别人抢走了一样。作为更有成就的哥哥，拉杰·拉贾拉特南经常帮助伦甘，以自己的名义给他介绍一些生意，以及安排一些娱乐活动。

作为回馈，在有关艾瑞斯集团的交易上，伦甘看上去似乎帮了拉杰·拉贾拉特南一个大忙。7 月 26 日那天，在艾瑞斯集团发布盈利下降公告的几个小时前，托德·多伊奇（Todd Deutsch）管理的两只帆船基金卖出了价值 100 万美元以上的艾瑞斯集团的股票。托德·多伊奇是一个有点社交障碍的基金经理，不过，他有一项惊人的才能，即可以准确地报出 1 000 种不同的股票价格，这让他的同事想起电影《雨人》（*Rain Man*）中的主角。作为帆船合伙人基金和帆船离岸基金的基金经理，多伊奇在第二天上午 11 点 17 分发出的邮件中对拉杰·拉贾拉特南说：“谢谢你，让我们从艾瑞斯集团中脱身。”并且多伊奇在此次投资过程中，并没有被指控有任何不当的行为。

拉贾拉特南是徒有其表吗

对于桑杰·瓦德瓦而言，关于艾瑞斯集团的这笔买卖显得有些不同寻常，但这个案子并不能提供什么有力的证据。瑞银集团的律师穆恩认为塞德纳公司玩的是一种“樱桃采摘”模式，也就是，一个管理好几只基金的基金经理，将最佳投资分配给一个优选基金，确保构建的投资组合能够取得不错的业绩，而这个基金的投资者都是基金经理的朋友和家人。“樱桃采摘”投资模式的工作原理如下：基金经理先确定某一笔交易是否有利可图，之后，将股票分配到不同的基金中。通常情况下，股票应该在买入时就分配给基金，因为事先并不清楚这个投资是盈利的还是亏本的。“樱桃采摘”模式违反了美国证券交易的相关法律，但它不像内幕交易那种犯罪行为那么引人注目。很少有监管者会以“樱桃采摘”的名义对某种交易行为进行起诉，即便有的话，也非常少。如果有对冲基金涉嫌参与“樱桃采摘”，比如塞德纳公司，也是极少数的个案。难道对塞德纳公司的起诉正好是美国证券交易委员会应用特殊法律的最佳案例？对会议做出总结之后，瓦德瓦便起身回到办公室开始着手调查研究。

在谷歌上简单一搜便可得知，塞德纳公司只不过是对冲基金丛林中的一株小草。截至 2006 年，在蓬勃发展的投资领域里有 6 500 只对冲基金，这些基金大部分设立在格林尼治小镇和伦敦城，这些对冲基金管理的资产规模高达 1.1 万亿美元。将塞德纳公司与其他对冲基金区别开来的要素就是其创始人是伦甘，是帆船集团掌门人拉杰·拉贾拉特南的弟弟。帆船集团是纽约一家非常成功的对冲基金集团，其管理的资产规模超过 50 亿美元。随着瓦德瓦的追踪不断深入，他发现了大量关于拉杰·拉贾拉特南的报道，这些报道滔滔不绝地赞美了他那跑赢市场的惊人投资业绩。

桑杰·瓦德瓦厌倦了自己以往的办案经验，帆船集团的稳定收益，以及媒体对拉贾拉特南的极力赞美反而引起了他的怀疑。瓦德瓦很疑惑：拉贾拉特南果真如那些报道所描述的那样，是一位很厉害的对冲基金专家，还是徒有其表？

第 4 章

一生只有一次的机会

1966 年，拉贾特・古普塔孤身一人前往印度理工学院读书。他们班里的大部分男生都是第一次离开家乡，这群男生发现，自由自在的宿舍生活是如此令人神往。而古普塔却不是这样，他虽然只有 17 岁，却表现得比实际年龄要成熟得多。

“青春期的荷尔蒙加上新获得的自由，这两样东西混合在一起的感觉既奇特又冒险，我们好像一下子从 17 岁回到了 14 岁。”古普塔的室友哈宾德・吉尔（Harbinder Gill）这样描述他们刚入学时的情形，“我们只要醒着，就会制造一些疯狂的恶作剧或者别的事情。但古普塔是个例外，他像是一个 30 岁的人，而不是 17 岁的小伙子。印度理工学院的隔壁是男女混校德里大学，当其他同学在德里大学的校园里晃荡的时候，古普塔正忙着在印度理工学院做志愿者工作。”

跟其他同学不一样的是，古普塔没有享受美好青春时光的资本。在古普塔进入印度理工学院后不久，他的母亲便因心脏病去世了。古普塔和姐姐那时都在大学念书，但他们的弟弟和妹妹却需要人照顾。碰到这种情况，当时常见的做法，就是把弟弟妹妹托付给亲戚照顾，但古普塔并没有这样做，他请了一个未婚的姑姑在家里照顾他们。长兄如父，只要时间允许，古普塔都会去参加弟弟学校的家长会，这样就不至于让弟弟坎钱在看到其他同学家长都到场时感到失落。每个周末，古普塔都要回家，那个时候，印度理工学院还位于德里市郊区，周围是茂密的森林，野生动物随处可见。正是因为地处偏远，所以那些在德里闹市区拉活的三轮车都不愿意载印度理工学院的老师和学生回校园。古普塔每次回家，都需要倒好几趟公交车，所以错过校园的社交活动就成了常事。但是拉贾特·古普塔知道，弟弟坎钱正在焦急地等着他回来，他也从不让坎钱失望，拉贾特·古普塔每次回家都会准备一件小礼物，比如一罐果酱，在 20 世纪 60 年代的印度，那可算得上是奢侈品。

印度理工学院的崛起

当印度理工学院在 20 世纪 50 年代初招收第一批学生的时候，很多人认为这个“伟大的教育实验”注定会失败。当时的印度正在努力解决国民的温饱问题，国家财力如此紧张，怎么可能从零开始建立一个类似麻省理工学院的大学呢？但印度当时的确那样做了，这在很大程度上要归功于贾瓦哈拉尔·尼赫鲁的远见卓识。甚至在印度独立前夕，这位印度首任总理就预见到他们的国家未来需要能建造水坝、发电厂的技术专家，进而重振百废待兴的印度工业。

印度理工学院德里分校，也就是古普塔所在的校区，是印度理工学院众多校区里最后一个成立的，还是在英国的帮助下建成的。沙希·K. 古哈蒂（Shashi K. Gulhati）是古普塔在校期间学生课外活动的指导老师，也是《印度理工学院：衰落式崛起》（*The IITs: Slumping or Souring*）一书的作者。古哈蒂说道：“被印度理工学院录取并不是每个人都期待的事。”古哈蒂也经常接到咨询电话，有些家长会问：“我们孩子被印度理工学院录取了，我们应该送他去那里读书吗？”因为在那个时候，印度理工学院的名气与早已声名在外的圣史蒂芬学院（St. Stephen's College）相比，要逊色得多。

为寻求世界一流的教学师资队伍，印度理工学院的招聘小组向古哈蒂这样的本土学生抛出了橄榄枝，古哈蒂第一次听到“印度理工学院”这个名字是在麻省理工学院的一次讲座中。当古哈蒂来到德里分校任职时，他发现，与麻省理工学院先进的教学设施相比，印度理工学院的条件要差很多。古哈蒂谈到 1963 年首次参观印度理工学院时的感触，他感觉校园“看起来十分荒凉”，与麻省理工学院不同的是，印度理工学院“没有气势恢宏的多层建筑、图书馆，也没有带有别致的顶部设计的礼堂”。

时至今日，古哈蒂同样经常接到家长打来的咨询电话，但咨询的内容和以前大相径庭，其范围非常广泛，从如何让孩子考进印度理工学院德里分校，到如何用填鸭教学的方式为高考做准备。学校的吸引力，正是来自那些取得成就的优秀毕业生，他们把自己的成功归结于在学校接受的“印度工程训练营”式的磨炼。“当我在德里完成了印度理工学院的本科教育之后，来到卡耐基梅隆大学攻读硕士学位，我确信自己可以拿到硕士学位，因为与我在印度理工学院受到的教育相比，这里的课程实在是太简单了。”著名的风险投资家和太阳微系统的联合创始人维诺德·科斯拉（Vinod Khosla）这样说道。

除了科斯拉和他带领的科技队伍外，许多印度理工学院毕业的校友都通过努力跻身一些美国主流巨头公司的高层。维克托·梅内塞斯（Victor Menezes），花旗银行前高级副行长，就是毕业于印度理工学院孟买分校的幸运儿；全美航空公司（US Airways）的前首席执行官雷克什·甘沃尔（Rakesh Gangwal）毕业于印度理工学院坎普尔分校；美国联合航空公司的前总裁罗诺乔伊·杜塔（Rono joy Dutta）毕业于印度理工学院克勒格布尔分校。尽管他们来自印度理工学院不同的分校，但当让他们用一个词来描述在校期间的感受时，他们都给出了同一个答案，那就是：残酷。

印度理工学院正是由于专注于精英教育，才在裙带关系和官僚主义盛行的印度取得了如此杰出的成绩。印度理工学院要求学生入学时要有优异的学术表现，入学之后同样如此。纳拉亚纳·穆尔蒂（Narayana Murthy），印度软件业巨头印孚瑟斯的创始人之一，被公认为印度的比尔·盖茨，他在《60 分钟》（*60 Minutes*）栏目中遗憾地表示他的儿子没能收到印度理工学院计算机学科的录取通知书，所以只好让他去兜底的康奈尔大学。英迪拉·甘地是尼赫鲁的女儿，后当选为印度总理，她同样发现“财富和家庭关系并不能保证你获得印度理工学院的录取通知书”。尼赫鲁非常希望外孙拉吉夫·甘地（Rajiv Gandhi）能够被印度理工学院德里分校录取。印度理工学院德里分校第一任校长 R. N. 多格拉（R. N. Dogra）的妻子坎塔·多格拉（Kanta Dogra）回忆道：“尼赫鲁还邀请我们去喝茶了。尼赫鲁不好意思开口问我丈夫他外孙能否被录取的事，所以尼赫鲁离开了房间。不过英迪拉·甘地主动提出来了，我丈夫简单明了地告诉她，从拉吉夫过去的成绩来看，恐怕他不会被录取，因为竞争非常激烈。不过，我丈夫可以推荐拉吉夫去伦敦的帝国理工学院。后来拉吉夫确实去帝国理工学院读书了。”拉吉夫之后相继去了剑桥大学和帝国理工学院，但都没有获得任何学位。

多才多艺的古普塔

古普塔于 1971 年考入印度理工学院德里分校的机械工程班，这个由 62 个学生组成的班级被称为“工程 71”。从一开始，古普塔的突出并不是因为他的工程思维能力，而是源于他出色的领导能力。古普塔的领导能力早在他当选为娱乐和创意活动委员会秘书长时就展现出来了，该委员会在当时负责管理德里校区学生的课外活动。作为年轻的学生干部，古普塔在印度理工学院早期动荡不安的办学过程中就声名在外了。

1970 年，大概有 100 名学生受到几个学生头目的鼓动，在印度理工学院德里分校校长多格拉家附近游行示威。学生们对多格拉压制性的管理方式感到不满，希望建立一个学生会。除了强势的管理风格之外，在其他方面，多格拉还要求 85% 的到课率。只要某个学生缺了一次课，就会被开除。

抗议活动声势浩大，甚至有 3 名学生在多格拉办公室外面的走廊静坐，用绝食的方式表示抗议。最终，抗议学生中有一人被开除，而另外一些人被逐出学院一年。在那段动荡不安的日子里，古普塔与多格拉及管理部门一起，帮助学校重新步入正轨。“只要古普塔参与进来，他都是站在管理层的立场上考虑问题。”古普塔的同学安简·查特吉（Anjan Chatterjee）说道。曾经一度，在抗议活动的高潮时刻，古普塔与夹在抗议队伍中的查特吉正面交锋，他告诉查特吉：“我们并不害怕，如果你们放火烧毁教学楼，我们就会报警，让消防部门来灭火，并且会重建被你们烧毁的建筑。”古普塔不像他的父亲，他不愿意让自己的人生太过激进以至于自食其果。古普塔同情心的天平自然倾向于管理层这一边。

除了非凡的学术成就之外，古普塔对另外一件事情也充满激情，那就是表演。如果换一种生活环境，无须承担沉重的现实生活压力的话，古普塔可能会考虑做一名职业演员。与印度理工学院的其他所有事情一样，戏剧表演也是一件需要认真对待的事情。演员通常在晚餐后开始排练，常常持续到第二天早晨 4 点 30 分才结束。演员的服装是经过精心设计的，表演地点安排在印度理工学院的学术研讨厅，这个大厅位于印度理工学院主建筑的一楼，装修得很好，庄严肃穆。大概会有 500 名观众，包括 VIP 嘉宾多格拉校长及其妻子。而许多学生只能站在观众席的台阶上观看表演。

那个时候，改编英国和法国的戏剧，用印地语来表演是最常见的套路。古普塔是一个非常有表演天赋的演员，他多才多艺，能饰演各种类型的角色，是一个多面手。在印度理工学院 5 年的学习生涯中，古普塔出演过 17 部戏剧，印地语和英语、现代与古典的戏剧都有涉及。但到目前为止，古普塔最怀念的是他在琼 - 保罗・萨特（Jean-Paul Sartre）的存在主义戏剧《死无葬身之地》（*Men Without Shadows*）中所扮演的角色。

《死无葬身之地》讲述了第二次世界大战时，法国抵抗运动的 5 名战士在一次解放某村庄的战斗中不幸被俘，导致很多无辜百姓被杀的故事。5 名战士被捕后，被关在公社的地下室里，等待敌人的审讯。在整个戏剧中，这 5 个角色的扮演者都在考虑该如何应对即将来临的严刑拷打。他们应该积极配合还是放弃抵抗，抑或是出卖他们领导人的藏身之处？他们会乞求活命还是应该抗争到底？

古普塔无须展开大脑深处的想象力，就能理解角色当时所处的窘境。在印度理工学院德里分校改编的戏剧中的某一场景，剧中唯一的女性角色的扮演者问古普塔：“你的父母亲还在吗？”

“Nahi”，古普塔悲伤地摇了摇头，回答道。“Nahi” 在印地语里面的意思是“没有”。目睹这一场景，十分令人心碎。印度理工学院德里分校的圈子很小，观看表演的很多人都知道，在古普塔入学后不久，他的母亲就去世了。查特吉记得他跟古普塔说过这样的话，“听到你母亲去世的消息时，你肯定是悲痛欲绝的”。古普塔当时是这样回应查特吉的：“想想我母亲知道自己就要死了，独独留下我们是什么感受？”之后，古普塔对查特吉坦诚地说：“那些夜晚我总是忍不住流泪。没有父母的生活是很艰辛的。”

古普塔身边的同学几乎没有人能切身地体会到他的不易。不过，在 1968 年，一位来自斯利那加（Srinagar）的年轻女孩来到印度理工学院学习电子工程，她的名字叫安妮塔·玛图（Anita Mattoo）。安妮塔·玛图出身于颇具声望的克什米尔婆罗门家族，婆罗门是印度最高等级的姓氏，而斯利那加是印度最北部查谟和克什米尔的魅力夏都。在安妮塔考上印度理工学院的那个夏天，她的母亲在分娩中去世了，留下她的父亲照看 4 个大点儿的孩子外加一个刚刚出生的小生命。

跟古普塔一样，安妮塔同样感受到了家庭责任带来的压力。尽管她是一个女孩子，无须承担传统印度家庭中男孩子应该承担的责任，但她毕竟是家里最大的孩子，跟她年幼的兄弟姐妹分开生活多年。她来自关系紧密的家族，从小就在共享抚养计划下长大，就是世人所知的、印度人司空见惯的“联合家庭体系”。即使在今天，这一体系仍然存在。安妮塔跟她的叔叔、婶婶、堂兄妹共同居住在一个屋檐下。与古普塔一样，家庭对于安妮塔来说非常重要。

安妮塔与古普塔相识于一场英语独幕剧的表演，这部戏剧具体的名字安妮塔已经忘记了。两人的关系在同台表演舞台剧《吝啬》（*Kanjoos*）时得到了进一步的发展，这部舞台剧改编自莫里哀的作品《吝啬鬼》（*The Miser*）。在其他人看来，古普塔和安妮塔在舞台上的表演非常完美。古普塔称安妮塔为“奶奶”，因为她在剧中饰演一位老妇人。许多女生不愿意饰演这个角色就是因为“奶奶”这个剧中称谓，但安妮塔觉得无所谓，因而对此事淡然处之。安妮塔觉得风度翩翩的古普塔是一个令人着迷的对象，放眼整个校园，他就是自己最中意的那一个。

“我是 250 个毕业生里面唯一的女生，那个时候，我经常会感到害羞、惊恐，一直没有从母亲去世的阴影中解脱出来。”数年之后，安妮塔如此回忆，“古普塔是学校里面的风云人物，他身材高大、聪明能干、才华横溢、受人欢迎，是学生组织的带头人，积极参与管理学生课外活动……我是那种害羞、腼腆、似乎与这里格格不入的小镇女孩，但我永远不会忘记古普塔对我的好。”

古普塔和安妮塔在女生宿舍楼下的公共区域散步，这个地方正好紧挨着教师公寓，安妮塔的室友第一次感受到了两人不同寻常的友谊。后来，安妮塔的室友发现古普塔经常来找安妮塔，而古普塔的宿舍在校园的另一端，离得比较远。当时，男生是不允许进入女生宿舍的，古普塔与安妮塔就在安妮塔宿舍的访客区见面，两人的感情不断升温，最后确定了恋爱关系。

1971 年，当古普塔即将从印度理工学院德里分校毕业时，他走到了人生的十字路口。当时，印度私营经济的发展还处于初级阶段，大部分私营企业只能生产西方发达国家委托生产的低等产品，诸如电视机、汽车、饮料等，外国公司还大幅压低价格。企业家精神在当时的印度，还是一件不可想象的事情。那个时候的印度，官僚主义严重泛滥，挫伤了中小企业的创造力，扼杀了其商业野心。

不仅如此，印度还实施敌对的外商投资政策，使外商投资企业陷入困境。1970 年，政府打着外商投资“印度本土化”的旗号，通过了一项法案，要求外国公司将其持有的印度公司的股权稀释到 40% 以下。由于这一法案的实施，大量的西方企业退出了印度市场。最著名的逃离者是美国软饮料巨头可口可乐公司，与其遵守法规，倒不如直接从印度撤出。可口可乐退出印度市场多年之后，一瓶从尼泊尔走私到印度的可口可乐，可以在黑市上卖到天价。能够喝到可口可乐，而不是喝本土饮料“特赞”可乐（Thums Up），被认为是奢侈生活的表现。对普通人来说，这也是对印度独立之后的发展表现出的一种不满。

自然而然，像古普塔这样头脑聪明又求知若渴的高才生，就会将目光投向国外。印度著名的政治家，也是古普塔在印度理工学院德里分校读书时的经济学老师，萨勃拉曼尼亚 · 斯瓦米（Subramanian Swamy）这样说道：“那时古普塔跟我谈论的话题，都是关于如何去美国，以及如何被美国的商学院录取之类的事情。”萨勃拉曼尼亚 · 斯瓦米在加入印度理工学院德里分校之前，就已获得哈佛大学博士学位，并在哈佛大学任教。在古普塔的请求下，斯瓦米给哈佛商学院写了一封关于他的推荐信。当古普塔在学校咖啡馆准备哈佛商学院的申请书时，安妮塔一直陪伴在他左右。

是印度烟草公司，还是哈佛

在校的最后一年，古普塔收到了印度烟草公司（ITC）的工作邀请，该公司在印度理工学院德里分校只发出了两份邀请函。ITC 公司在印度非常有名，其在印度的地位就相当于菲利普－莫里斯公司（Philip-Morris）在美国的地位一样。ITC 公司的历史可追溯到 1910 年，当时印度还在英国人的殖民统治下。不过，ITC 是一家颇具声望的、在印度本土成长起来的大公司。一开始，ITC 的名字为印度帝国烟草公司。随着印度政局的变化，ITC 公司的所有权也发生了改变。印度独立之后，公司的所有权逐渐回到了印度人手中，公司名称也再次发生变化，以反映其所有权的变化，公司第一次更名为印度烟草公司，即我们现在所熟悉的 ITC。

每年 ITC 公司都会招聘一批管理学专业的研究生做管理培训生。公司也会吸收一些优秀的本科毕业生直接加入管理部门的培训项目。不过，ITC 公司在选人的时候还是有倾向的，有自己的一整套培养体系。整个公司最不缺的就是来自杜恩学校（The Doon School）的学生，杜恩学校是印度唯一一所只招收男生的独立寄宿制精英学校。

杜恩学校是于 1935 年由印度温和派民族独立主义者创建的，并由加尔各答市的著名律师领导，其初衷是建立一所印度版的英国伊顿公学，杜恩学校在印度一直享有特权。印度独立后的第一任总理尼赫鲁的孙子们，桑吉·甘地（Sanjay Gandhi）和哥哥拉吉夫·甘地都是杜恩学校的毕业生。桑吉于 1980 年坠机身亡；拉吉夫于 1984 年出任印度总理，1991 年被刺杀。在过去的几年里，学校培养出了畅销书作家维克拉姆·塞斯（Vikram Seth）和阿米塔夫·戈什（Amitav Ghosh），著名的电视访谈节目主持人、被誉为印度的麦克·华莱士（Mike Wallace）的卡兰·塔帕尔（Karan Thapar），以及商业巨子巴斯卡·梅农（Bhaskar Menon）。梅农是第一个在西方公司获得高层职位的印度人，他所就职的公司是百代唱片公司，这是一家跨国音乐制作及唱片公司，现为环球唱片旗下品牌。就连给古普塔提供职位的 ITC 公司的总经理也是杜恩学校毕业的。

在 20 世纪 70 年代的印度，在 ITC 工作就等于拿到了通往印度上流社会的门票。彼时，这家烟草公司已经涉足包装行业，并准备进军其他行业。在古普塔面试的时候，他的成熟和富有远见的洞察力给面试他的公司高管留下了深刻的印象。尽管古普塔当时只有 22 岁，但他却这样定义领导力，“能够激励他的同事将事情完成，并且不会让同事感觉这是领导的功劳”。虽然古普塔并不是杜恩学校的学生，但他是 ITC 所需要的人。

得知古普塔拒绝了 ITC 的盛情邀请，时任 ITC 董事会主席的哈克萨震惊了。哈克萨本人就是从 ITC 管培生开始，一点点成长起来的。哈克萨的与众不同在于他是印度大型垄断企业掌舵人中为数不多的具有 MBA 学位的人。哈克萨获得 MBA 学位是在 1948 年，那一年，古普塔才刚出生。

哈克萨被古普塔的任性所震惊，他要求这个年轻人亲自解释其中的原委。他给古普塔寄了张飞往 ITC 总部加尔各答的机票。古普塔接到机票后激动得手舞足蹈。“那是我第一次有机会坐飞机！”多年之后古普塔回忆说。此外，因为古普塔喜欢跟亲朋好友聚会，而加尔各答正好也有他的一些好朋友和亲戚，他感到很高兴。当古普塔见到哈克萨时，他告诉哈克萨自己正处于进退两难的境地：“我是应该加入贵公司，还是去哈佛商学院读书呢？”

作为哈佛商学院毕业的学生，哈克萨没有丝毫犹豫，他对古普塔说：“去哈佛吧，一生中只有一次这样的机会。”

第 5 章 美国证券交易委员会开启调查

“我们定案吧！”美国证券交易委员会纽约地区办公室主任助理戴维·马科维茨向他的部门负责人桑杰·瓦德瓦如此建议道。瑞银集团的约翰·穆恩一离开办公室，马科维茨和瓦德瓦就决定派出一个美国证券交易委员会调查组进驻塞德纳公司。马科维茨和瓦德瓦很清楚，很多大银行，比如瑞银集团，经常会对发生在塞德纳公司的“樱桃采摘”这类违法行为的报道做模糊处理，但他们又不得不报道，因为美国证券交易委员会要求他们这样做，他们也希望能够在美国证券交易委员会那里留下一个好口碑，仅此而已。既然如此，为什么不去塞德纳公司实地看看呢？算是对已注册的对冲基金的一次例行检查，确保其运作符合美国证券交易委员会的规定，这样做可以很好地掩盖此次调查的真实目的。直到工作人员进驻，美国证券交易委员会都没有事先打电话通知塞德纳公司。

通常情况下，当一家对冲基金公司获悉美国证券交易委员会执法人员将对其进行调查时，就会隐藏相关短信和电子邮件。瓦德瓦与马科维茨不想冒这个风险，检查人员也不想通过强制措施让员工将这些短信和电子邮件交出来。在穆恩接受问话后的两天内，一个检查小组就闪电般地进驻了塞德纳公司。

在正式调查之前，派遣检查工作组同样可以起到正常监管的作用。来自加利福尼亚州的议员克里斯托弗·考克斯（Christopher Cox）于2006年执管美国证券交易委员会，他经常拒绝美国证券交易委员会执法律师调查金融公司的要求。考克斯觉得应该信任诸如投资银行和对冲基金这样的金融玩家，相信他们完全能够自律。在考克斯执政美国证券交易委员会期间，许多令人震惊的金融欺诈者漏网，这其中就包括伯纳德·麦道夫（Bernard Madoff），而麦道夫的庞氏骗局存在了将近20年。美国证券交易委员会同样忽视了对很多问题交易的监管，其中就包括担保债务凭证（CDO），而担保债务凭证正是2008年金融危机的罪魁祸首。

美国证券交易委员会调查组进驻塞德纳公司，进行了为期一个月的检查工作。调查组调取了相关短信和电子邮件，这些记录往往会留下蛛丝马迹。至于具体情况到底是怎么样的，他们还不太清楚。2006年9月21日，瓦德瓦收到了“关于塞德纳公司的相关调查”的正式指令，这就给了美国证券交易委员会调取相关文件资料和证词的合法权利。本来调查一家规模较小的对冲基金公司通常不会引起多大的关注，也不算什么大事，但瓦德瓦却对此感到非常好奇，并且预感这背后一定还有更多故事。

美国证券交易委员会知道什么是“小鸟交易”吗？

比尔·莱昂斯（Bill Lyons）是塞德纳的一个交易员，他性格外向，酷爱即时通信的沟通方式，平时喜欢发一大堆短信与他的表哥调侃，给自己单调乏味的工作解闷儿。莱昂斯从罗格斯大学（Rutgers University）政治学专业毕业后，就一直居无定所，他曾在一家酒窖工作，在成为交易员之前，他还在亚特兰大脊骨医学院工作过。

调查人员梳理完莱昂斯所有的短信记录后，发现了一系列奇怪的信息，包括他们所熟悉的“小鸟交易”。其中有一条信息特别引人注目：2006年7月末，在惠普集团同意按照45亿美元的价格收购一家名叫美科利（Mercury Interactive）的以色列科技公司之后，莱昂斯给他的表哥马特·里德（Matt Read）发了一条短信，他告诉里德说塞德纳公司买了 14 万股美科利公司的股票，趁机大赚了一笔。而里德是另外一家公司的交易员。“你们太厉害了，”里德在短信中回复说，“实在是高手……可以趁此机会大赚特赚了……简直是送上门的好处。”

在另外一条短信里，莱昂斯警告里德说，所有塞德纳公司员工的短信都有记录，里德连忙问：“美国证券交易委员会知道什么是‘小鸟交易’吗？”由于这句有些神秘和模糊的话，在他们两个人打趣逗乐的对话中经常出现，便引起了美国证券交易委员会调查人员的注意。他们怀疑“小鸟交易”是某个行动的代号，其中小鸟可能就是暗指某个人，诸如为塞德纳公司提供了惠普收购美科利这样有重大价值的内幕消息的人。10 月，瓦德瓦让莱昂斯去录了证词。莱昂斯和他的表哥都没有受到任何指控，但就在莱昂斯从美国证券交易委员会做证回来后不久，瓦德瓦就为塞德纳案件吸纳了另外一位新同事。

两笔可疑交易

安德鲁·迈克尔森（Andrew Michaelson）于 2006 年 10 月加入位于纽约的美国证券交易委员会，他的妻子是一名城市规划师，一个月前，他们的第一个孩子出生了。当时迈克尔森已经 31 岁，希望集中精力研究上市公司的欺诈行为。迈克尔森在康涅狄格州长大，一直以来，他都想在政府部门工作。从哈佛法学院毕业之后，迈克尔森在新奥尔良做法官文书，随后他加入了 BSF 公司（Boies，Schiller & Flexner），这是一家规模虽小但非常有声望的公司，承接的都是一些非常有名的大案件，比如小布什诉戈尔案。

加入美国证券交易委员会之后，迈克尔森就积极着手处理此案。他认真梳理了成百上千页的交易记录和电子邮件，很快，他就意识到塞德纳案并不仅仅是“樱桃采摘”那么简单。有两笔交易引起了迈克尔森的注意。其中一个是伦甘运用此前建立的亲友基金账户豪赌艾瑞斯集团的交易，迈克尔森对伦甘如此急迫地想运用私人基金账户进行交易感到非常疑惑。从 7 月 25 日这天起，伦甘就开始积累大量空头头寸，他不断地催促公司的首席运营官（COO），让他时刻盯着账户，看看亲友基金账户里的钱什么时候能够到账。

"帮忙确认一下钱是否已经到账。"伦甘给他的首席运营官发短信道，"每隔一个小时就去检查一下，我必须用这些钱来做交易。"其中"必须做交易"这几个字被加粗强调。

伦甘的净资产规模远远没有他的哥哥拉贾拉特南多，大概在 170 万美元。如此急迫又坚定地将 70 万美元全部投资在一只股票上，迈克尔森推测伦甘这么做，肯定是有百分之百的把握。问题是伦甘是怎么知道的？迈克尔森只能从一堆电子邮件中寻找可能的线索，电子邮件是美国证券交易委员会在 10 月 3 日通过传讯塞德纳公司获得的。

伦甘在 7 月 17 日发了数封邮件，寻找雷杰吾·达尔（Rajive Dhar）的简历，雷杰吾·达尔是艾瑞斯集团的战略执行官。有一次在安佰深（Apax）私募股权投资集团，伦甘说达尔这个人对电信和有线电视行业了如指掌。达尔通常都在艾瑞斯集团的加利福尼亚州分公司工作，但在公司利润公布的前一个星期，他是待在亚特兰大的公司总部的。对于达尔来说，在艾瑞斯集团准备公布盈利前就知道具体数字，本来是很不寻常的一件事，但在那个季度，达尔正好忙于公司的某一笔交易，于是他就获得了公司准备对外发布的盈利数据。对于美国证券交易委员会来说，这是揭开谜团的第一条线索：伦甘和他准备投资的公司的内部人士有联系！达尔说，他与伦甘有过交流，但并没有讨论公司盈利。达尔声明自己从未被美国证券交易委员会的人找上门过，也从未泄露过公司的特定信息。达尔并没有被指控与塞德纳案有关系。为了能够证明伦甘涉嫌内幕交易，调查机构必须出示伦甘与达尔两人关于公司盈利状况讨论的确凿证据，这比预想的要难。

迈克尔森发现的第二个可疑交易是塞德纳公司这个亲友基金账户对美国超威半导体公司（Advance Micro Devices，AMD）看涨期权的大举购进，即对赌公司的股票未来会大涨。2006 年 7 月 31 日，伦甘的哥哥拉杰·拉贾拉特南向这个私募基金账户汇入 100 万美元。伦甘将自己所有的资金，以及之前在艾瑞斯集团的交易里所获得的盈利全部押在 AMD 的看涨期权上。这是这个基金账户里的唯一头寸，对一个交易记录正常的基金经理而言，这简直是过于鲁莽、冒进的赌博行为。

在迈克尔森看来，这笔交易稳赚不赔。在这个案件中，消息似乎是拉杰 · 拉贾拉特南传给伦甘的。迈克尔森确信如果没有百分之百的盈利把握，拉贾拉特南是不可能将 100 万美元汇入这个亲友基金账户的。同样，伦甘也不可能拿哥哥的这笔钱来冒这么大的风险，除非他知道这笔投资肯定只赚不赔。

7 月 31 日，晚上 8 点 32 分，彭博社报道，戴尔公司宣布最早从 10 月开始，其所销售的笔记本电脑将使用 AMD 芯片。美国证券交易委员会注意到在彭博社关于戴尔的新闻发布之前的数个小时，伦甘已下达了购买 AMD 公司看涨期权的交易指令。到了晚上，彭博社的这篇报道被大量转载。午夜后不久，也就是 8 月 1 日的凌晨,《华尔街日报》在引用这篇新闻报道时称："IBM 公司会增加对 AMD 生产的半导体材料的使用量。"

当拉贾拉特南兄弟在第二天早上醒来的时候，他们就知道自己赢了。有时候，他们所做的这些交易不管怎样周密计划和建仓，都是会留下痕迹的。不知道从什么时候开始，兄弟俩之间的短信经常夹带些粗鄙的语言，比如"蠢货……竟然跟我对着干"。有一次某家投资银行发布了一篇对拉杰 · 拉贾拉特南持有股票的公司的不利报告时，他给弟弟发了一条这样的短信。而伦甘的回复则是："灭了它。"

但在 2006 年 8 月 1 日上午，拉贾拉特南兄弟俩的短信则表现得非常积极。"看下 IBM、AMD 的新闻，在《华尔街日报》上。"早上 8 点 27 分的时候，拉杰 · 拉贾拉特南就给伦甘发了条短信。"好，你有没有看《电子时报》(*The Digitimes*)？关于戴尔和 AMD 的新闻。"伦甘回复。"关于戴尔的……看了。"拉杰 · 拉贾拉特南回复。大约一个小时之后，伦甘希望从哥哥那里得到一些关于 AMD 公司的建议。"你准备持有 AMD 公司的股票？"伦甘短信里这样问道。"是的，到 13 号。"拉杰·拉贾拉特南回答说，用了简短的"y"代表"yes"(是的)。"好，跟你一样。"伦甘说。

这些短信记录里出现的 13 号一度让迈克尔森感到很困惑。8 月 13 是个星期日，一般情况下，公司很少在星期日发布公告，除非是公布一些负面的或者披露一些兼并收购的消息。因为塞德纳公司在 AMD 操作上是坚定的多头，所以拉贾拉特南兄弟俩所期待的消息应该是正面的。拉贾拉特南兄弟短信交流的内容完全都符合迈克尔森一直以来的预感。跟获得艾瑞斯集团盈利情报所不同的是，这一次，有关 AMD 的信息是拉杰·拉贾拉特南告诉伦甘的。

在莱昂斯和里德短信闲聊的两个星期后，戴尔公司发布了其盈利情况的公告，并宣布他们生产的台式电脑将搭载 AMD 处理器。就在同一天，即 8 月 17 日，塞德纳的“亲友私募基金”执行了所有期权合约，共获得 280 万美元的收益。上午 11 点 34 分，马特·里德又发短信给在塞德纳公司工作的表弟比尔·莱昂斯。

“AMD”里德发来一条这样的消息。“很遗憾地告诉你，兄弟，就在这个星期。”莱昂斯回复。“‘小鸟交易’？”里德回复。“没什么大不了的，周末再说。”莱昂斯回复。“兄弟你经常那么做吗？”里德问道。

2006 年 10 月 19 日，美国证券交易委员会向伦甘发了传票。收到传票的时候，伦甘惊呆了。“我简直不敢相信，我会被叫去做证。”伦甘告诉哥哥。尽管拉杰·拉贾拉特南之前从未被要求做过证，但他熟悉如何应对监管部门的调查。2003 年美国证券交易委员会曾经调查过帆船集团。由于像帆船集团这样的对冲基金不可避免地会出现频繁交易，所以它的名字经常会出现在美国证券交易委员会的调查名单上。尽管这项调查费时费力，但调查结果却没有达到预期。2005 年时，拉贾拉特南向美国证券交易委员会支付了一笔 200 万美元的罚款，因为他在 17 家公司配股前大笔卖出了这 17 家公司的股票。到 2006 年秋季，虽然美国证券交易委员会对塞德纳公司的调查不断升级，但对帆船集团的监管则没有变化，帆船集团的发展也处于稳步上升阶段。2006 年年底，帆船集团搬进了位于麦迪逊大道 590 号的豪华办公室。

2006 年 12 月 20 日，距离圣诞节还有 5 天时间，伦甘·拉贾拉特南在他的律师的陪同下，来到位于世界金融中心 3 号楼的美国证券交易委员会纽约办事处，大步走进 4 楼的某间证供室。这是迈克尔森第一次在美国证券交易委员会做书面证词工作，他和他的上司瓦德瓦也很期待听到伦甘对自己与拉贾拉特南的一些令人生疑的交易和言谈的解释。伦甘做证供刚一开始，瓦德瓦就被他的谈话态度所震惊。伦甘一会儿趾高气扬，一会儿又变得焦躁不安，肢体语言也显得很紧张，还时不时对美国证券交易委员会的询问表示轻蔑。当被问到在大笔买进 AMD 股票期权是否咨询过他哥哥拉杰·拉贾拉特南的意见时，因为将这么多的钱置于危险境地毕竟不是件小事，伦甘回答说，他不记得了，并对接下来的询问表现出不屑一顾的样子。

“首先要搞清楚，”伦甘以一种命令式的口吻说道，这让美国证券交易委员会在场的律师感到很恼火，“100 万美元的交易跟我哥哥完全没有关系，他只做几百万美元以上的交易，根本不会在乎我这点儿小买卖。”

一分钟之后，迈克尔森向他出示了一条短信，短信的内容是伦甘向哥哥咨询“是否持有 AMD 公司的股票”，而拉杰·拉贾拉特南回复说他将持有到 13 号。伦甘解释说，他自己根本不知道这跟 13 号到底有什么关系，也想不起来任何当时能够影响 AMD 公司股价波动的新闻，诸如兼并收购之类的新闻。不管他怎么努力回忆，他仍然想不起来是否问过他哥哥该不该买 AMD 公司的股票期权这件事。在场的律师中爆发出一阵笑声，伦甘解释说，他曾经劝过他的兄弟，让他们赎回亲友基金的份额，因为他不想因为基金操作失误而被他们炮轰。

“即使他们是我的兄弟，但假如基金亏损了 30%，他们肯定还是会怨声载道的。”伦甘说，“我不想听到这些，我真的不想听到这些抱怨。交易是一场心理战。一旦有人凌驾于你之上，真的可以把你的心态搞得很糟糕。”

此外，伦甘高傲的姿态，以及对自己智力的吹嘘，也让美国证券交易委员会的律师感到十分惊讶。当谈到 2006 年 7 月卖空艾瑞斯集团股票的行为时，伦甘说他研读了分析师的预测模型，他们预期艾瑞斯集团的毛利率将大幅上升，毛利率就是我们所说的销售收入减去售出商品的成本。

“我无意冒犯分析师，但有些时候他们也是很懒散的，他们做趋势分析，只是粗略地勾勒一条直线，”伦甘说道，“他们并不是坐在那里认真地考虑各方面的因素，分析到底是什么因素让事情起了变化，他们只知道照抄公司公布的内容。”伦甘解释说，投资者购买分析师的报告，因此，他们的工作就应该更进一步，考虑各种可能会影响公司股票价格变化的因素。伦甘实际上是撇清了他大哥与这笔交易的关系。对股票价格的预测，是那些为华尔街证券公司工作的分析师提供的，这些所谓的卖方分析师其实是在游说投资者购买股票，即便这些分析结果事实上是错误的，但却不影响他们赚钱。拉杰·拉贾拉特南总是对他的买方分析师充满好感，因为他们的任务就是去挖掘“真相”，或者对卖方分析师的表现做出正确的评估。

这就是对冲基金偏爱的“常识套利”。对冲基金分析师与银行分析师不一样，评判银行分析师的标准是他们对未来预期的准确性程度，而对变化的预期反应迟钝，但像帆船集团这样的对冲基金操作非常灵活，可以随时调整对公司的判断及预期。跟共同基金不一样，对冲基金可以做空，或者看空某只股票。

即使有些时候伦甘想表现得谦虚点，但他还是不自觉地傲慢自大起来。当伦甘被问及投到塞德纳公司的 70 万美元是否属于他的全部家底时，他回答：“我是一个人，我还是单身汉，5 年来我一直住在同一所公寓里，租金是我最大的支出。我没有其他花销，即便这 70 万全部亏掉，也不会影响到我的生活。”

伦甘承认的唯一一项指控是塞德纳公司的会计记录质量。伦甘向美国证券交易委员会的律师承认，塞德纳公司的记录确实不好，经常不按照美国证券交易委员会对登记在册的对冲基金所要求的那样，保存所有的邮件往来。并不是所有的基金都在乎“监管部门认可的投资顾问”这一头衔，尽管这一头衔能够确保基金的合法性，但必须实施严格的报告要求，这对于像塞德纳公司这样的小基金来说，成本有些高。伦甘的前老板史蒂文·科恩创建的赛克资本管理公司，直到 2012 年才申请这一头衔，塞德纳公司成立两年后，也就是 2006 年 1 月，才去美国证券交易委员会申请这一头衔。

“这方面，我们确实做错了。”伦甘这样对美国证券交易委员会的律师说。伦甘还坦言：“塞德纳公司的分析师曾经将邮件刻录在光盘里，并把它带回位于布鲁克林的家中，好在纽约没出什么事情。”瓦德瓦怀疑伦甘的悔悟是事先设计好的，用含沙射影的方式暗讽“9·11”事件。美国证券交易委员会的律师经常会碰到对冲基金经理不能提供证监会所要求的电子邮件信息的情况，这种情况下，美国证券交易委员会会以其违反公司账簿保管的名义进行处罚，这样的处罚基本也就是皮毛。瓦德瓦觉得伦甘的话不可信，像他这样的基金管理者，曾在赛克资本管理公司工作过，看上去各方面都很不错，怎么可能放松对塞德纳公司邮件备份的管理。下午 4 点 57 分的时候，证供结束，一共持续了近 7 个小时。

伦甘对这次证供自我感觉良好。当拉杰·拉贾拉特南问伦甘事情处理得怎么样时，他回答说一切顺利。而在美国证券交易委员会，瓦德瓦和迈克尔森的感觉却正好相反：他们认为，伦甘在证供时故意隐藏了很多东西，这一点毫无疑问。

THE BILLIONAIRE'S APPRENTICE

第 6 章 踏上飞往美国的旅程

1971 年秋天，拉贾特·古普塔告别了大学时代的恋人安妮塔，在新德里登上荷兰皇家航空公司的航班，第一次踏上飞往美国的旅程。这是古普塔第一次离开印度，飞往他国。飞机在阿姆斯特丹做短暂停留，在这里，古普塔和另一个朋友对崭新的奔驰车感到十分好奇，他们像孩子一样欢呼，这些车与他们在德里街头看到的外国大使所开的那种笨重的样子完全不同。随后，飞机降落在伦敦。他们在伦敦看了场戏剧，古普塔还买了件伦敦雾（London Fog）品牌的雨衣。在买雨衣的时候，古普塔跟他的朋友商量应该买哪种款式，最后，古普塔明智地选择了一件带里衬但价格较贵的雨衣。很快古普塔就发现，波士顿的冬天非常阴冷。

我将一直信守诺言，直到长眠

在哈佛商学院，古普塔发现自己身边的人都很不一般，他们背景深厚，曾经在最好的私立学校读书、在欧洲度过暑假，在来哈佛商学院之前就通过家庭关系在《财富》世界500强企业或华尔街大银行谋得了工作。他们十分自信，气场强大。他们中的很多人，比如古普塔的同班同学爱德华·休恩（Edward Shoen），都有自己固定的朋友圈，这些圈子很私密，且里面都是有钱人。或许有一天，爱德华·休恩将会接手他父亲开创的移动存储运营公司（U-Haul International）。对于像瑞·达利欧（Ray Dalio）这样的人来说，哈佛大学是改变他人生轨迹的一个重要平台，虽然瑞·达利欧的父亲只是一个演奏单簧管跟萨克斯爵士乐的乐手，但达利欧却创立了世界最大的对冲基金公司“桥水基金”。

即使古普塔对这些同学的背景感到惊叹，他也不会显露出来。相反，他在被周围环境所同化与保持印度人特征两者之间找到了一个平衡点。工作日，古普塔会积极地从室友那里学习美国文化，但到了周末，他经常会去看一场印度电影或者去一个已婚的德里朋友那里吃一顿印度大餐。古普塔非常怀念家乡的辛辣美食，甚至在宿舍里准备了一罐辣泡菜。

虽然同学们都很优秀，但古普塔的内心依然自信平和，因为他是哈佛商学院1973级中年龄最小的一个，也是仅有的3个印度人之一。他们年级的768名学生中，只有30名女生，其中亚裔学生占了一半。“同学中有很多英国人和澳大利亚人，偶尔也可以看到日本人。”古普塔的同班同学格罗弗·T. 威克沙姆（Grover T. Wickersham）回忆说，“在那个年代，来自印度的学生还是很少见的。”

古普塔跟其他同学的成长经历不一样，在来哈佛商学院上学之前，古普塔的同学们要么在华尔街工作，要么在军队服兵役，但古普塔在这方面的履历是空白的，他是直接从印度理工学院德里分校来到哈佛商学院的。约翰·卡伯里（John Carberry）是古普塔的室友，开学第一天就跟古普塔在名为“莫里斯”的宿舍碰面了。和当时哈佛商学院的所有宿舍一样，他们给自己的宿舍命名也用了金融领域的大人物的名字，纪念为独立战争筹款的罗伯特·莫里斯（Robert Morris）。“我对古普塔的第一印象就是他人不错，”约翰·卡伯里说，“他一点儿都不张扬，如果非要说感觉的话，他看上去很乖、很善良，或许带有那么一点儿天真，不过是那种积极向上、令人愉悦的感觉。”

古普塔和卡伯里同住一个大套间，这个大套间有 4 个房间，每个房间可以住两个人，但这 4 个房间又共用一个洗漱间。古普塔第一年的室友是戴维·曼利（David Manly），如果说古普塔是外国人，那么曼利就是乡下人。曼利是从纽约北部地区的一个小镇考到哈佛商学院的，他被古普塔彬彬有礼的态度以及其来自“神秘东方”的背景所吸引。在古普塔宿舍的书桌上，有一张便笺，上面写着：“我将一直信守诺言，直到长眠——罗伯特·弗罗斯特。”这是古普塔的父亲临终前给他留下的话。因为跟尼赫鲁走得比较近，古普塔知道这首诗是这位印度领导人的最爱。

这个大套间的 8 位成员非常团结，经常互相串门讨论商业案例，或者是闲聊到深夜，聊以慰藉日常学习的辛苦。每天晚上，他们 8 个人都会“长途跋涉”400 多米去克莱思大厦吃晚饭，波士顿的冬天寒冷刺骨，他们通常走地下通道，这个通道算是哈佛商学院的一大特色。卡伯里说：“我们走路和吃饭的时候，不是在讨论白天研究的商业案例，就是看看是否有人已经开始研究明天的课上要讨论的商业案例。”

哈佛商学院的选才模式与世界顶级音乐学院的选才模式类似，顶级音乐学院挑选有天赋的钢琴家、小提琴家，培养他们成为殿堂级的音乐大师；哈佛商学院则是选择商业领域里的奇才，然后再将他们培养成为全球商界的精英或领袖。跟顶级音乐学院的想法一样，哈佛商学院意识到仅仅是有天赋还不足以成为卓有成就的领导者。因此，基于这一哲学思想的教学基石就是重视实践、实践、再实践。用弗雷德·斯特迪文特（Fred Sturdivant）的话说，这一理念就是“你不用教学生读书来获得做生意的本领，你只需要在他们读书的两年时间里，让他们自己做各种决策，从而明白商业到底是怎么回事”。

时年 32 岁的斯特迪文特自称是狂妄自大的人，但他在同学们心中的印象却不是这样，大家都觉得他像 1973 年的电影《平步青云》（*The Paper Chase*）里面，以严格著称的哈佛法学院教授小查尔斯·金斯菲尔德（Charles Kingsfield Jr.）。与金斯菲尔德教授的课堂教学风格类似，哈佛商学院课堂教学中的关键方法之一就是“冷点名”，也就是老师会随机选择学生来回答问题。每次上课，斯特迪文特就像"盖世太保军官"那样径直走进阶梯教室，卡伯里回忆道。转身之后头也不抬，斯特迪文特就开口说："克拉克先生，从你这里开始吧。"汤森·克拉克（Townsend Clarke）总是一副精神抖擞的样子。克拉克身高大约 1.9 米，体重约 110 千克，纤细的金发，方下巴。据说，他是从西点军校毕业的，是足球运动员，服完兵役后，就来到了哈佛商学院读书。克拉克用了 15 分钟的时间对 Hesper Silver 公司的银制餐具市场营销案例做出深入透彻的分析。当克拉克分析结束的时候，斯特迪文特面无表情，说道："克拉克先生，如果你只会引用案例而没有自己的想法，我们还是问问别人吧。"

克拉克在新学期的第一节课上被第一个点名并不是偶然的。在新学期前一天晚上的聚会中，斯特迪文特说他准备找一个"学霸"，此人抗压能力必须很强大，能够在新课堂上压得住阵。当同学们跟斯特迪文特说克拉克可以担当此任时，斯特迪文特教授对克拉克似乎并不是很满意。"当我问到'克拉克先生，可以从你这里开始吗'的时候，这个年轻人一下子跳起来，并大声回答'长官，是，长官'，"斯特迪文特说，"他当时这个回答吓了我一大跳。每个在座的人都受到了惊吓，都在思考，难道我也必须这么做？"

商界的"洛奇"

当卡伯里和其他同学在哈佛商学院艰难地度过第一学期时，古普塔却悠闲自在。"古普塔能够轻松地处理这一切，"卡伯里说，"哈佛商学院的课业压力对古普塔来说，根本算不上什么，我们对此印象深刻。"尽管古普塔在商界没有任何实际工作经验，但他驾驭一份财务报表的熟练度跟之前在公司工作过的哈佛商学院同学一样。朋友们都惊叹古普塔处理难题的能力，他总能比别的同学更快地发现核心问题所在。"如果你在案例分析方面遇到麻烦，古普塔会很乐意把你从麻烦中解救出来。"卡伯里说，"但是他不会直接告诉你答案，他会说'你有没有这样考虑过？'他总能给你一些有价值的启发。"

作为哈佛商学院的“阿尔法雄性”[①]自然有着让人自豪的光环，但古普塔成名靠的不是阿尔法雄性。在一张班级宣传照上，古普塔看上去有些内敛。“当你看到这个人时，你能感觉到他跟尼赫鲁神似。即使没有穿夹克，他也会穿一件高领衬衫。”威克沙姆回忆当年的情形时说道，“在小组讨论的时候，同学经常会问，‘古普塔，你有什么看法？’”很少有人能体会到在印度理工学院学习是怎样的一种感受，除非你能够想象出比在麻省理工学院学习还要辛苦3倍是什么样的感受。每个进入印度理工学院学习的学生都证明了自己非同寻常的聪明。他们在印度理工学院都是用一把简单的尺子来完成作业的，而在麻省理工学院，学生则可以使用计算机。威克沙姆对古普塔印象很深的一点是他平凡的出身，他与那些含着金钥匙长大的哈佛商学院学生有很大区别。“看到古普塔，我总觉得他就是那个证明这个系统能够运转下去的例子。”威克沙姆说，“这是美国的精英教育方式，不管你是谁或是来自什么样的家庭。如果你相信精英教育，你就可以成为其中的一员，古普塔就是这样的一员，就是精英。对我来说，古普塔就是那道闪亮的光，渐行渐远。如果他们拍一部像《洛奇》（*Rocky*）这样的商业题材电影，古普塔一定是主角。”

威克沙姆说，古普塔在刚到哈佛商学院的6个星期里，作为一个工科学生过得如鱼得水，是因为这些课程都是基于数量关系的。但是，当课程慢慢加入更多人文社科的知识时，威克沙姆以为古普塔肯定会觉得很难，像很多数学天才那样，但古普塔并没有这样的感觉。尽管古普塔在课堂上并不活跃，但他仍然非常优秀，这让大家都感到很神奇。众所周知，总评成绩很大一部分来源于课堂参与度，这种方式能通过课堂激励，唤起学生们争强好胜的斗志，每个同学都期待自己比别人表现得更出色。

在随后的几年里，古普塔意识到他在课堂上的沉默表现是在哈佛商学院学习的一大短板，也许这归因于他在印度的成长方式，印度学生的成绩评价通过书面表现完成，而不依赖于课堂参与。最后，古普塔与给他上过课的5位教授中的3位

---

① “阿尔法雄性”为生物学名词，用来指称狼群中的领袖，这一类型的物种，天然具有成为领导者、占绝对优势的基因。——译者注

协商一致，他的所有成绩都依照期末考卷的卷面成绩评定，而不考虑他的平时课堂表现。

虽然古普塔在课堂上很安静，但他在哈佛商学院还是学到了很多，不管是课内还是课外。卡伯里说，有时候他晚上 11 点钟从图书馆回来，会发现古普塔一边做案例分析，一边还看着电视，古普塔经常看星期一的《足球之夜》（*Monday Night Football*）这档节目。古普塔的学习能力很强。在第一学期，11 月中旬的时候，古普塔常常大谈比赛的细节，告诉卡伯里某支球队的战略设计及队员的构成。在古普塔来美国两三个月的时候，他和卡伯里在宿舍看一场足球比赛，"我记得那场比赛是维京队对阵巨人队，"卡伯里说，"在比赛的关键时刻，维京队控球，古普塔跟我说，他想巨人队此时需要'红狗'[①]。"

其他几次，当卡伯里很晚才回到"莫里斯"宿舍的时候，他发现室友古普塔正在看约翰尼·卡森（Johnny Carson）的节目。"他正在汲取美国文化。"当回顾古普塔来美国后第一年的表现时，卡伯里如此说道。

尽管古普塔热切地渴望浸泡在美国文化里，但他对美国人一度非常活跃的话题却保持沉默。"古普塔会一直保持沉默，"约翰·霍克（John Hook）说，霍克现在是一家对冲基金公司全球宏观经济走势的顾问，"古普塔不想跟任何人争辩，这其实并不是他的问题。"古普塔在印度长大，别人总是拿他跟他父亲比较，他确实也继承了他父亲的智慧与英俊的外表。但随着古普塔在美国变得越来越成熟，他跟父亲的共同点越来越少，而差异则越来越大。

---

① "红狗"意思是老话中的"闪电战"。我们可以从中看出古普塔希望学习地道的美国人用语，以融入美国文化。——编者注

THE BILLIONAIRE'S APPRENTICE

第 7 章 塞德纳-帆船案

2007 年 1 月底，瓦德瓦和马科维茨决定从美国证券交易委员会调查队伍中抽调人员进驻拉杰·拉贾拉特南的帆船集团。他们对伦甘和拉贾拉特南之间关于股票交易的短信很感兴趣，美国证券交易委员会怀疑伦甘和拉贾拉特南可能涉嫌内幕交易。

帆船集团总部大楼位于麦迪逊大道 590 号，是 57 街上一幢高达 180 米的摩天大楼，大楼之前属于 IBM，在调查人员还没有进驻帆船集团的时候，他们就已经知道要去寻找什么线索了。数月前，调查队伍中有一部分人曾在塞德纳公司蹲点，所以他们很快就摸清了兄弟俩公司之间的往来关系。

调查内幕交易的绝佳机会

2007 年 2 月 12 日，星期一的早上，4 位美国证券交易委员会调查人员会见了帆船集团的接待团队，包括外部律师林迪·E. 博德罗特（Lindi E. Beaudreault）、首席合规官乔治·劳（George Lau）、帆船集团投资关系部门负责人汤姆·费尔南德斯（Tom Fernandez）。费尔南德斯是拉贾拉特南的大学好友，在欢迎会期间，拉贾拉特南还顺路过来跟他们打招呼。博德罗特详解了一幅公司运营图，说他们的对冲基金投资完全符合美国证券法律的操作规范。博德罗特告诉美国证券交易委员会调查人员，帆船集团关于内幕交易有一整套的详细审查流程，每年有 100 名对冲基金雇员对这套流程进行内部审查，检查的主要对象包括投资组合经理、交易员和分析师。美国证券交易委员会调查人员微笑着点头示意。这种说辞，他们并不是第一次听到。

在接下来几个星期的时间里，随着调查人员对帆船集团的电子邮件和短信记录调查工作的深入，博德罗特之前所勾勒的公司运营图便被逐渐否决了。特别是一些短信交流引起了调查人员强烈的好奇心。其中一条，2006 年 4 月 21 日，就在上市交易股票代码为 CA 的美国国际联合电脑公司（Computer Associates）公布季度业绩报告之前，拉贾拉特南跟他投资的峰形对称基金（Symmetry Peak）的基金经理昆特·斯莱特里（Quint Slattery）就开始讨论 CA 的情况。

斯莱特里：我们投的 CA 最近如何操作？还是坚持要做空它吗？

拉贾拉特南：是的。我的人已经看到新闻通稿。

斯莱特里：我知道你肯定是开玩笑的。我觉得我们这里的信息会被机器日志记录的……

拉贾拉特南：该死！

斯莱特里：没什么大不了的。我对信息很小心。

拉贾拉特南：洋基队可能会让德瑞克·基特（Derek Jeter）承担责任。

斯莱特里：这我听说了。但他很可能会继续留下。

这种愚蠢的交流简直就是对监管机构的侮辱。难道拉贾拉特南真的觉得调查人员会相信他所指的仅仅是对洋基队棒球明星德瑞克·基特的新闻报道？事情需要一些回应交流，但仅从休闲聊天就立一个案件，这是不容易做到的。当迈克尔森更加细致地研究帆船集团的记录后，他发现对冲基金对联合电脑公司股票交易的时间，正好与他们短信交流的时间段重合。但给拉贾拉特南提供线索的这个人，也就是拉贾拉特南所吹嘘的那个看过新闻通稿、与内幕交易存在千丝万缕联系的人，却完全逃过了迈克尔森的眼睛。

迈克尔森检查了拉贾拉特南在微软 Outlook 电子邮箱文件夹里的联系人信息，他浏览了拉贾拉特南所有的短信记录和电子邮件，追踪其电话记录，但仍一无所获。迈克尔森甚至与联合电脑公司联系，让其发给他一份关于公司内部或者外部人士谁会提前知道公司利润状况的厚厚的文件，这一切努力并没有让他发现任何蛛丝马迹。要想给案件定性为内幕交易，美国证券交易委员会除了要证明存在非公开信息，还要证明相关人员在获得非公开信息后违规将其泄露。但经过数个星期的缜密调研，迈克尔森还是没有找出那个给拉贾拉特南提供消息的人。找不到这个人，是很难指控拉贾拉特南违法的。拉贾拉特南有各种各样的消息来源，消息可能来自中间人，比如对冲基金的基金经理，美国证券交易委员会总是能够找到消息的最终出处的。

从一开始，马科维茨就相信塞德纳 – 帆船案肯定是那种需要美国证券交易委员会移交给相关部门的犯罪案件。不像摞在他办公桌上的其他内幕交易案件，尽管大多数人都试图从企业新闻中获利，但他们互相之间是独立的。早期迹象表明，拉贾拉特南兄弟运营的两只对冲基金是靠内幕消息进行交易的，这在坊间也早有流传，这样的话，案件定性就会上升到犯罪行为。以犯罪来定性整个事件，同样会带来一些负面影响。每当美国证券交易委员会需要相关执法部门帮助的时候，就会失去对整个案件的控制。美国证券交易委员会是一个民事主体，通常情况下，相较美国联邦检察官办公室而言，它处理案件的门槛比较低，而美国联邦检察官办公室对案件的处理存在着“超越合理怀疑”尺度的权力。通常，美国证券交易委员会必须等待公诉人提起公诉，才可以采取行动。公诉人都希望自己是“赢家”，这意味着所立案调查的犯罪案件必须是铁证如山的。

美国证券交易委员会还有另外一层考虑。瓦德瓦和马科维茨都听到风声说，早在 20 世纪 90 年代末，就曾针对拉贾拉特南进行过内幕交易的调查，不过之后都不了了之了。

尽管将美国联邦检察官办公室卷进来会对案件带来潜在的不利影响，马科维茨还是决定在 2007 年 3 月将此案移送纽约南部地区的美国联邦检察官办公室。美国联邦检察官办公室因为其独立性，赢得了传奇般的声誉，被人们称为“纽约的主权区”，包括曼哈顿区、布朗克斯区和有更多积压案件的地区，都会找他们处理重要案件。瓦德瓦和马科维茨知道他们必须说服执法部门，证明对帆船集团立案侦查是值得投入时间和精力的。当检察官说他们愿意来美国证券交易委员会办公室面谈时，马科维茨深受鼓舞。通常情况下，都是美国证券交易委员会的律师穿过下曼哈顿区到美国联邦检察官办公室面谈的。

“这是我们调查对冲基金涉嫌内幕交易的绝佳机会。”马科维茨说，他的潜台词是，这是一个引人注目的案子。美国证券交易委员会的律师与美国联邦检察官办公室的工作人员共享了一些可疑的短信记录。威廉·F. 约翰逊（William F. Johnson），证券及大宗商品欺诈专案组副组长，对此案产生了兴趣。“哇，这些证据不错啊。”约翰逊说。然后，迈克尔森向约翰逊移交了记录有 AMD 公司和艾瑞斯集团两只股票交易情况的活页文件夹，以及两张刻录有电子邮件的 DVD 光盘和一张录有交易记录和一些短信的 CD 盘。会议结束后，位于曼哈顿区的美国联邦检察官办公室就即刻着手展开犯罪调查。瓦德瓦和马科维茨都感到很兴奋，因为他们向美国联邦检察官办公室的请愿得到了响应。

匿名信

与此同时，美国证券交易委员会办公室收到了一封匿名信。邮戳显示来自纽约皇后区，收件人是美国证券交易委员会纽约地区办公室主任。“像帆船集团这样的对冲基金公司，为股东和他们自己创造了财富，无辜的投资者却要为他们的财富买单。”信的开头这样写道。写信人接着写道，帆船集团的有限合伙人都是“业内高管……和大型上市公司董事会成员……在上市公司季度报告结果未向公众发布之前，他们就向基金管理人员透露了相应的数据。作为回报，对冲基金会为他们赚取更多的钱”。

写这封匿名信的人声称从来没有在帆船集团工作过，但他似乎对他们骇人听闻的执业操作甚是了解。“诸如上市公司的财务状况、产品结构数据的传真都会在公司准备对外发布的前一天到达帆船集团管理层的办公桌上。”写信人在描述帆船集团企业文化时的措辞像打了蜡那样绚丽多彩："访问帆船集团的公司高管会猖獗地招嫖。帆船集团会出资为高管举办色情派对，包括嫖娼和其他形式的非法娱乐活动。作为回报，高管会向帆船集团提供不公平的优势倾斜，向他们提供融资便利支持。"这信封的结尾是在给美国证券交易委员会下战书："我敢肯定你们不用深挖就足以揭开对冲基金操纵市场的幕后真相。"信的落款是"追求商界公平"，但作者是谁却无从考证，美国证券交易委员会的律师怀疑是一名对帆船集团心怀不满的员工。

美国证券交易委员会的关注重心

到 4 月的时候，帆船集团的律师很清楚地意识到：美国证券交易委员会的关注焦点应该落在了帆船集团而非塞德纳公司。在一次针对塞德纳公司员工的证词会上，塞德纳公司的律师杰里·伊森伯格（Jerry Isenberg）直截了当地问瓦德瓦："这到底是在调查帆船集团还是调查塞德纳公司？"

令人不可思议的是，瓦德瓦没有回答。当然，瓦德瓦也没有回应的义务。在帆船集团内部，拉贾拉特南善于培养自己的亲信，以保持其秘密的管理风格，除了拉贾拉特南最亲密的助手之外，很少有人知道调查在不断升级。不过，任何人只要稍微留意一下，还是能够发现一些线索的。塞德纳公司是伦甘打理的对冲基金，正是因为其存在可疑交易活动而引发了美国证券交易委员会对帆船集团的调查，由于塞德纳公司的业绩很差，公司突然宣布倒闭。很显然，塞德纳公司的员工之后都被帆船集团录用了。

美国证券交易委员会对帆船集团和塞德纳公司的调查持续了整个春季，于是，这两家公司的律师都沉不住气了。4 月，博德罗特打电话给瓦德瓦，指控美国证券交易委员会以调查塞德纳公司为幌子，开展针对帆船集团的不当调查。瓦德瓦并没有做任何回应。于是，博德罗特的同事伊森伯格将电话打到瓦德瓦的老板戴维·马科维茨那里，声称美国证券交易委员会是在钓鱼执法。瓦德瓦对此感到很愤怒，但马科维茨是支持他的。马科维茨告诉伊森伯格说如果他认为这种策略是钓鱼执法，那说明他根本不知道美国证券交易委员会是如何办案的。

从最初发现伦甘可能在从事一些可疑交易开始，美国证券交易委员会已经做了近 9 个月的调查。2007 年 5 月 14 日，美国证券交易委员会发出传票，要求帆船集团提供所有的交易活动的信息。帆船集团需要提供从 2005 年 9 月到现在的所有交易记录簿、记录在案的购买活动和买卖证券的情况，包括日志、记事册和日历以及所有有关特定证券买卖的资料，比如 AMD 这只让塞德纳的“亲友私募基金”在 2006 年大赚特赚的股票。美国证券交易委员会同时对伦甘发出证词传票。帆船集团立即予以回击，取消了之前商定的美国证券交易委员会与帆船集团投资关系部门负责人汤姆·费尔南德斯的会晤，这一举措有效地终止了调查。

“我的团队被排挤出来了。”乔治·迪安杰利斯（George DeAngelis）告诉瓦德瓦，迪安杰利斯是美国证券交易委员会投资公司调查项目纽约地区的负责人。迪安杰利斯的团队成员主要是巡视警察，他们巡视诸如经纪自营商、对冲基金和共同基金行业，以及国家其他金融基础设施。如果发现了问题或者渗透行为，他们可以向瓦德瓦及其执法队伍寻求帮助。

“别担心。”瓦德瓦回复。这一次，瓦德瓦很自信美国证券交易委员会已经掌握了很多可以证明帆船集团存在可疑交易的证据。比如，2006 年帆船集团在股票交易中赚取了巨额收益就是一个很好的证据。伦甘豪赌 ATI 公司，而 ATI 公司又正好被 AMD 公司并购，帆船集团在这笔交易上赚了不少。当然，拉贾拉特南和他的弟弟伦甘几个星期后关于 AMD 公司之间可疑的短信往来，也绝不会是一个巧合。目前，虽然美国证券交易委员会还无法拿出确凿的证据，但瓦德瓦和迈克尔森几乎可以肯定拉贾拉特南有 AMD 公司的内幕消息，并且还将这个内幕消息透露给了他弟弟。

拉贾拉特南做证

美国证券交易委员会的律师目前面临的问题是立即让拉杰·拉贾拉特南来做证，还是传唤更多文件后再让他来。最终，律师决定让拉贾拉特南现在就来，这样做并没有什么不妥。拉贾拉特南可能会对美国证券交易委员会发现的可疑线索给出可信的解释。经过几个星期对电子邮件和短信记录的梳理，美国证券交易委员会调查小组并没有弄清拉贾拉特南的内部消息来源渠道。当然，如果有必要的话，美国证券交易委员会可以放拉贾拉特南离开并有权要求他再来，中间可以有间隔。如果拉贾拉特南在证词中说谎，那么这些谎言可以作为将来指控他时的罪证。拉贾拉特南甚至可能会说漏了嘴，将透露给他内幕消息的那个人的名字说出来，那样的话就为立案提供了不可或缺的要素。

2007 年 6 月 7 日的早上，当瓦德瓦与他的同事迪安杰利斯去取拉贾拉特南的证词时，迪安杰利斯的黑莓手机提示收到了一封邮件。迪安杰利斯的一个下属在一堆短信记录里发现了“一些有趣的对话”，是拉贾拉特南与某个代号为“鲁米 81”（Roomy81）的人之间互发的短信。

这是瓦德瓦和迈克尔森第一次听说“鲁米 81”。因为不知道这个代号为“鲁米 81”的人是谁，加上瓦德瓦和迈克尔森又希望能够挖掘出更多有价值的信息，所以他们将这个名字存档了。瓦德瓦和迈克尔森下意识地决定不去问拉贾拉特南他和“鲁米 81”对话的内容都有些什么。瓦德瓦和迈克尔森最不希望的是让拉贾拉特南察觉到他们要调查“鲁米 81”。如果拉贾拉特南确实有内幕交易的嫌疑，他可以把后面的事情处理掉，打个圆场来掩盖一切不妥的地方。现在，瓦德瓦和迈克尔森表现出对“鲁米 81”知道得越少，可能效果就越好。走向证词室的过程中，瓦德瓦和迈克尔森很快就想出了一个办法，这个办法是用一种看上去很随意的方式问拉贾拉特南短信代码的那个人是谁。

上午 10 点整，拉杰·拉贾拉特南在两位律师的陪同下来到了美国证券交易委员会的 416 证词室。同他一起来的律师正是上次陪同他弟弟伦甘的那两位。416 证词室的房间是长方形的，透过窗户，可以看到纽约世界金融中心的冬季花园，房间里铺着米黄色的地毯。拉贾拉特南穿着蓝色夹克，看起来很放松。与他弟弟不同，拉贾拉特南显得非常圆滑老到，他以一种平静、还原事实真相的方式解释了所有可疑的交易，整个解释过程没有失去冷静，他的脸上也没有出现傲慢和专横的神情。

然而，跟伦甘一样，拉贾拉特南对美国证券交易委员会的律师只说了一半真话。美国证券交易委员会的律师对此也并不感到惊讶。对他们来说，这已经是家常便饭了。当人们被美国证券交易委员会叫去做证，一般有3个选择：他们可以选择说出全部真相，这可能会导致美国证券交易委员会对他们立案调查；也可以提起申请，免于自证其罪，靠第五修正案申请豁免，根据第五修正案，美国证券交易委员会可以将案件以民事案件的方式提交美国证券交易委员会行政法律陪审团裁决；或者，他们可以选择说谎。如果被传唤的人援引第五修正案，这不可作为刑事诉讼中的证据，但可以用于民事诉讼。一些高管会孤注一掷赌上一把，在宣誓后撒谎，而不是援引第五修正案。因为援引第五修正案会给高管带来民事诉讼，这反而会带来更多的麻烦。

在7个小时的取证过程中，拉贾拉特南给自己挖了一个大坑。

迈克尔森为此次拉贾拉特南的证词工作做了精心准备，一上午的时间，他都在努力地让拉贾拉特南放松，进入工作状态，并且保持愉悦的心情。迈克尔森通过询问一些简单的问题让拉贾拉特南进入状态，比如，问他出生在何时何地，用什么牌子的电脑以及如何记录各种预约。拉贾拉特南很轻松地应对这些问题，回答得很干脆。当拉贾拉特南被问到是否获得过一些非公开信息时，他回答说："就我个人而言，没有。"有些时候，拉贾拉特南的回答会透露一些信息。当迈克尔森问拉贾拉特南所投资过的对冲基金有哪些时，他说出了一连串公司的名字。有些是初创公司，比如伦甘的塞德纳公司和斯莱特里的峰形对称基金。但其他的都是比较成熟的对冲基金，像都铎基金（Tudor funds），这是由著名大宗商品交易商保罗·都铎·琼斯（Paul Tudor Jones）创办的，还有他的好友斯坦利·德鲁肯米勒（Stanley Druckenmiller）创立的杜肯资本管理公司（Duquesne Capital）。德鲁肯米勒同样是个传奇人物，他是乔治·索罗斯的得力干将，一手策划了索罗斯最辉煌的一笔交易：在1992年做空英镑的那次投机活动中，迫使英镑贬值，大赚10亿美元。

当迈克尔森问到他们基金的投资者中是否有上市公司的董事或者高管人员时，拉贾拉特南报出了一串儿名字，包括KLA仪器公司的肯·利维（Ken Levy）、思科公司的查利·詹卡洛（Charlie Giancarlo）、赛灵思公司（Xilinx）的克里斯·切拉姆（Kris Chellam）。但拉贾拉特南没有提到拉贾特·古普塔，而古普塔当时正是高盛集团的董事会成员，同时也是帆船航海家基金的投资者。

到 12 点 30 分的时候，伊森伯格请求暂停。因为拉贾拉特南是糖尿病患者，他的血糖很低。

午餐后，会议继续，迈克尔森开始盘问拉贾拉特南关于 AMD 公司的事情，问他是什么消息让他决定购买这只股票。

拉贾拉特南说他在 2006 年 7 月 24 日至8 月 11 日这段时间里，买了约 4 000 万美元的 AMD 公司的股票，因为股票的价格比较便宜。AMD 公司还推出了一个新的产品，皓龙处理器（Opteron），这款产品比英特尔有技术优势。拉贾拉特南回忆说，关于新芯片的信息来源可能是《个人电脑杂志》（*PC Magazine*）或行业内流传的一些小道消息。

帆船集团的投资决策是建立在 100 个不同的变量基础之上的，包括分析师的报告、资金的流向、拉贾拉特南对市场的看法及其风险承受度等。其中，对冲基金有 34 名分析师，为了获得高品质的分析报告，拉贾拉特南每年一共要向他们支付 3 000 万 ~ 6 000 万美元的薪水。分析师关注公司公告和媒体文章、股票分析师的研究报告、交易模式以及资金动向等，对这些进行综合分析以形成自己的投资理念。当律师追问拉贾拉特南是否看到戴尔和 IBM 将在其生产的电脑上安装 AMD 公司的产品的特别信息时，拉贾拉特南回应说没有。

然后，迈克尔森有些随意地说，在休会前，他还有一些简短的问题要问。“你熟悉‘鲁米 81’这个人吗？”迈克尔森问。“是的。”拉贾拉特南回答。“那是谁？”迈克尔森问。“她曾在帆船集团工作，然后离开帆船集团创建了自己的基金公司。我想她主要是在打理自己的钱。”拉贾拉特南回答。“她叫什么？”迈克尔森问。“鲁米（Roomy）……可汗（Khan）。”拉贾拉特南说，拼出她的姓名。迈克尔森问拉贾拉特南是否跟可汗讨论过 AMD 公司的股票。“她可能给过我信息，但我记不起来了。”拉贾拉特南回答。然后，迈克尔森停止了问询，休息片刻。

在最后的一个小时里，当迈克尔森追问拉贾拉特南 2006 年 8 月 2 日，他和一位分析师阿普吉特 · 瓦利亚（Apjit Walia）短信交流的内容时，拉贾拉特南搪塞、推诿的表现达到了顶点。在瓦利亚还没当证券分析师之前，他的奋斗目标是成为一名战斗机飞行员。瓦利亚曾在加拿大皇家银行的投资银行部门工作过。瓦利亚和他的同事曾经拜访过帆船集团，因为帆船集团是他们的客户，在拜访的时候，瓦利亚第一次见到拉贾拉特南。由合作关系变成朋友关系，这在华尔街很常见。瓦利亚和拉贾拉特南有时会在一起喝上一杯，还有一次，瓦利亚陪拉贾拉特南这位狂热的板球运动粉丝去特立尼达看了一场激动人心的比赛：印度对阵西印度群岛。

“8 月 1 日，买入 AMD，持有到 13 日。”拉贾拉特南假装把那天的短信重新还原，将“13th”故意写成“13eh”。“嘿，我要选‘B 计划’吗？”分析师阿普吉特·瓦利亚如此回应。迈克尔森想知道他们短信交流的内容到底是什么，他试图找出“B 计划”和 AMD 之间的联系，AMD 是超威半导体公司的股票代码。股票代码是华尔街公众公司的股票交易行话，例如谷歌的股票代码就是 GOOG。

“我们准备去特立尼达看板球比赛，”拉贾拉特南回应，“我们在谈论板球比赛计划，我们还要买门票。不同的比赛计划有不同的观看选择，好比有人喜欢去巴巴多斯看比赛，也有人喜欢去特立尼达看比赛。”瓦利亚没有被指控与帆船案有牵扯，他向美国证券交易委员会自愿做证，他所说的内容指的是板球比赛。

起初，似乎迈克尔森提出每一个问题，拉贾拉特南都准备了现成的回答。拉贾拉特南说，“B 计划”指的是一些旅游经销商提供的住宿和门票服务计划。当迈克尔森接着问他们用了哪家旅游公司提供的服务时，拉贾拉特南反驳说：“这是我们自己的事情。”但随后拉贾拉特南便有些不知所措。“你买了‘B 计划’吗？”迈克尔森问。“什么？”拉贾拉特南回应道。迈克尔森将问题重复了一遍。那一刻，拉贾拉特南似乎心事重重。“‘B 计划’是什么来着？”拉贾拉特南反问道。很快，拉贾拉特南就反应过来了，他说并没有买‘B 计划’，因为这场板球比赛当时已经没有票了。

美国证券交易委员会的律师对“B 计划”的理解出现了分歧。像马科维茨就深信“B 计划”指的是某个证券的代码。拉贾拉特南否认了这些猜测。证词工作结束后，迈克尔森花了几个小时搜索板球比赛计划。迈克尔森的直觉是所谓的“B

计划”可能真的是指住宿和门票服务计划，就像拉贾拉特南所说的那样。这种表达方式只是看起来像是在交流买卖证券而已。

从迈克尔森的角度来看，时间维度明显有问题。“8 月 1 日，买入 AMD，持有到 13 日。”当迈克尔森再次追问拉贾拉特南这到底是什么意思时，拉贾拉特南声称不知道“13eh”这个词的意思。“我知道我们肯定是在讨论板球，”拉贾拉特南对美国证券交易委员会的律师说，“别的我不知道。我们就是在讨论板球。我记得‘B 计划’和门票，我们绝对是在说门票。其他的，我就真不知道了。”拉贾拉特南说他催促瓦利亚早点选择买好门票，瓦利亚同样也在提醒他，所以他把瓦利亚称为“火箭队专家”。“我们要敲定最后的购买时间，”拉贾拉特南说，“我不清楚截止时间是哪一天，也许是 8 月的第十三天或第十五天。”

讨论延迟了数秒钟，在这期间，瓦德瓦和马科维茨插话进来，迈克尔森给拉贾拉特南展示了他跟瓦利亚聊天的前一天，他和他弟弟伦甘的聊天记录。“你准备持有 AMD？”伦甘问。“嗯，准备持有到 13 号。”拉贾拉特南回复说，用一个字母 y 表示默认的意思。

迈克尔森再次问拉贾拉特南，是否能告诉美国证券交易委员会的律师，13 号的重要性。“我真不记得第十三到底表示什么意思。”拉贾拉特南说。为了唤起拉贾拉特南的记忆，迈克尔森指出，24 小时内的两条短信，似乎说的都是第十三，一个拼写正确，而另一个则写成了“13eh”。但就在迈克尔森快完成他的提问之时，拉贾拉特南的律师杰里・伊森伯格介入谈话中。“你是说‘13eh’的意思是第十三？”伊森伯格问，“你是不是有什么我们其他人都不知道的秘密知识，所以能这么解读？”美国证券交易委员会的律师坚持他们提问的底线，拉贾拉特南固执地坚守他的防线。“我的记忆不会有错，”拉贾拉特南说，“我不知道你到底想表达什么。”

在美国证券交易委员会即将结束询问时，迈克尔森问拉贾拉特南是如何支付“B 计划”的费用的，拉贾拉特南说他是用信用卡支付的。

第二天，也就是 2007 年 6 月 8 日，美国证券交易委员会发出了长达 5 页的传票，向帆船集团索要拉贾拉特南的电子邮件和手机联系人，要求提供他个人的证券和经纪账户、银行账户，以及向私人持股公司的投资和一切有关证券交易的手写便条。在这 5 页的传票中，夹带着一项要求拉贾拉特南出示信用卡账单的要求。

然后，美国证券交易委员会便没有了任何动作，既没有再发传票，也没有再要求帆船集团的任何人来做证。就拉贾拉特南而言，尽管前面的调查让他费时费钱，还搞得头大，但似乎一切都结束了。现在，拉贾拉特南又可以重新回到他的老本行，专注于内幕消息交易了。

THE

BILLIONAIRE'S APPRENTICE

THE RISE OF
THE INDIAN-AMERICAN ELITE
AND THE FALL OF
THE GALLEON
HEDGE FUND

第二部分

走向美国的权力阶层

THE BILLIONAIRE'S APPRENTICE

第 8 章

加入麦肯锡

1973 年的春季学期，在沃尔特·萨蒙（Walter Salmon）教授刚刚结束哈佛商学院的某堂课时，他注意到班里最优秀学生之一拉贾特·古普塔的眼神里流露出一丝失落。萨蒙跟拉贾特·古普塔并没有什么私交。萨蒙教授的家在马萨诸塞州的林肯郡。有时候，萨蒙会邀请学生去他家吃顿午餐或者来场鸡尾酒会，不过，一般情况下，同学们都是成群结队地过去，他不会特地邀请他认识的某一个学生。与大多数教授类似，萨蒙与古普塔变得熟悉也是由于他与这位年轻的印度人在工作方面的互动。不过这次的工作有些与众不同。让萨蒙感到不解的是，这个大有前途的学生竟然非常沮丧。

古普塔让人感觉颇为亲切，可以说他的性格是非常温和的，也很积极乐观。萨蒙的一些同事认为古普塔沉默寡言，但萨蒙作为市场营销学的教授，对此却有不一样的看法。萨蒙给大二的学生上市场营销这门选修课，在这门课的教学过程中，古普塔具有洞察力的见解给他留下了深刻印象。萨蒙很清楚，以他对古普塔的了解，古普塔那天的表现与之前相比，绝对是判若两人。

"出什么事了吗？"在收拾笔记和材料的时候，萨蒙问古普塔。

20 世纪 70 年代初期，萨蒙是哈佛商学院最有影响力的教师之一，他将头发染成红色，显得年轻时尚，他还有一个特别的爱好，就是在办公室里嚼橡皮筋。萨蒙获得 MBA 学位后，进入陆军服役两年，之后重返哈佛商学院，于 1956 年成为哈佛商学院的助理研究员。从那时起，由于工作成绩突出，萨蒙在校园内外都声名远扬。萨蒙帮助人们更好地理解了企业特种产品的盈利能力，并找到激励和补偿零售组织管理部门的有效途径。像许多商学院的教授一样，萨蒙的学术研究都取材于真实生活中的经验。萨蒙不提供自由咨询服务，因为他更喜欢有稳定收入的工作。不过，萨蒙却是许多公司的董事会成员，包括汉纳福德兄弟公司（Hannaford Brothers）、缅因州连锁超市斯卡伯勒（Scarborough）和新泰莱鞋业公司（Stride Rite）。

当获知古普塔没有收到任何"回请"时，萨蒙感到非常惊讶。

哈佛商学院的校园招聘

哈佛商学院的校园招聘是一个非常重要的仪式，形式很像一场高级舞会。每年秋天，美国最大和最有名的公司，比如宝洁、高盛、麦肯锡，以及其他知名企业都会来到哈佛商学院，面试这群全美最聪明、最有商业头脑的学生。在参加一场或两场校园招聘企业的面试之后，学生们会角逐"回请"机会，即获得免费去公司总部参观的邀请。"回请"就与在舞会上再次邀请别人类似，表明公司很认真地在考虑是否要雇用这个学生了，甚至愿意自掏腰包邀请学生来参观公司。有些学生会钻"回请"的空子。他们之所以会接受那些并不是很感兴趣的公司的"回请"，只是因为那些公司的总部所在地很不错，比如旧金山或洛杉矶。为了降低新生来纽约旅途中可能出现的风险，在 20 世纪 70 年代的时候，精明的华尔街投资银行把未来拟录用员工组成小团体，带他们到当时热门的波士顿餐馆，比如去梅森 – 罗伯特酒庄（Maison-Robert）吃顿大餐。这并不算是一个正式的雇用邀请，只能算是"正式约会"的序曲。

回到当时，对哈佛商学院的毕业生来说，通向美好前程的传统求职路径是选择去主流行业（制造业、零售业、能源行业）内的企业，而不是去华尔街从事证券交易和银行业工作。20 世纪 60 年代后期，美国市场发展迅猛，甚至到 1973 年年中，古普塔和他的同学从哈佛毕业的时候，3 个影响股票投资的重要变量都在暴涨，这 3 个变量的首字母都是 I，分别是：利率（Interest Rate）、通货膨胀率（Inflation Rate）和尼克松总统弹劾指数（the Impeachment of President Richard Nixon）。哈佛商学院的毕业生倾向于驻扎在“公司总部”，就像医学院毕业生去当驻院实习生那样，他们选择如美国钢铁、3M、宝洁、通用磨坊这种有声望的公司。这些来哈佛读 MBA 的人，大多是白人男性，极少数是女性和其他肤色的男性，在 20 世纪 70 年代初，他们传统的职业生涯路径都是从企业基层干起，从哈佛获得的 MBA 学位让他们的晋升之路变得更加容易，能让他们在毕业之后过上乡村俱乐部般的生活。

与此同时，美国的商业文化正默默地在阵痛中转型，一代又一代的哈佛后起之秀，其职业生涯都是从企业基层干起，慢慢成了企业的专家和顾问。一些规模庞大、牌子响亮的企业，由于他们固有的“回请”等级思维，其地位被一群新的非销售类初创公司所取代。跟大公司不一样的是，这些公司出售的是对策建议。在接下来的几十年里，股票市场和为股票市场发展提供交易决策咨询服务的公司之中，会诞生一批富翁，他们会成为美国后现代的成功代表。服务业将成为美国经济增长的新动力，以拥有不可思议的财富为诱饵，吸引着不仅仅是美国的，更是世界上最优秀、最聪明的人加入进来。咨询公司成了美国企业中的“暴发户”，在众多咨询公司里，没有比麦肯锡更广为人知的了。

麦肯锡是世界上最老牌的咨询公司之一。1926 年，麦肯锡由注册会计师兼芝加哥大学教授詹姆斯·麦肯锡（James Mckinsey）创立。第一次世界大战期间，麦肯锡曾在陆军军械部负责供应商的工作，他看到咨询业有很多发展机会。在第一次世界大战结束后，麦肯锡成立了一家以他的姓氏命名的会计公司，当时，这家公司以“管理工程”而闻名。

咨询行业三巨头的崛起

如果不是1933年哈佛商学院的毕业生马文·鲍尔（Marvin Bower）的出现，麦肯锡公司也许不会在历史长河中留下什么印迹。在长达60年的职业生涯里，鲍尔以一己之力塑造了麦肯锡公司，并将我们今天所称的管理咨询业发扬光大。咨询顾问的工作内容最初只是帮助公司董事总经理规划企业的战略，但随着时间的推移，他们的工作内容已经扩展到帮助企业解决一些很不起眼的小问题，比如降低成本、提高销售业绩。

鲍尔接手的第一个项目，就是现代咨询顾问工作的蓝本。1935年，芝加哥马歇尔菲尔德百货公司（Marshall Field & Co）雇用麦肯锡公司对其所处的行业进行研究。鲍尔和麦肯锡建议马歇尔菲尔德百货公司的经营领域集中在商业百货并舍弃其他资产业务。此次研究让马歇尔菲尔德百货公司的董事会印象深刻，于是，他们邀请詹姆斯·麦肯锡做公司的首席执行官。麦肯锡接受了马歇尔菲尔德公司的邀请，这让鲍尔可以按照自己的意志来发展咨询业务，同时，这也为麦肯锡公司在随后的日子里专注于咨询行业提供了可能性。

在管理公司的60年间，鲍尔将咨询业看成是一种非竞争类职业，而不是一味地追逐利益的行业，麦肯锡也不是一个把利益看得高于一切的企业。虽然麦肯锡公司员工通过有偿帮助企业解决问题为自己赢得了舒适的生活，但是，鲍尔坚信剥削客户是卑鄙的行为。作为一个曾在布朗大学、哈佛法学院、哈佛商学院求学的人，鲍尔希望将那些跟他有类似经历的人招进公司。

那个时候，古普塔正在找工作，麦肯锡是一个由在常春藤大学联盟受过教育的年轻人组建的阵营，他们与美国主流家庭和企业的关系密切。一次坚定的握手和进入纽约上流社会花名册的入场券远比学习成绩更重要。“波士顿咨询公司（Boston Consulting Group，BCG）和贝恩咨询公司（Bain & Co）雇用‘最能干、最聪明’的人，而麦肯锡只雇用最合适的人。”杰弗里·斯基林（Jeffrey Skilling）曾如此说道。自1979年从哈佛商学院毕业后，斯基林就直接加入了麦肯锡达拉斯办事处。

正如斯基林所说的那样，麦肯锡不是哈佛 MBA 毕业生从事咨询工作的唯一途径。在鲍尔的成功故事的激励下，毕业于哈佛商学院的布鲁斯 · D. 亨德森（Bruce D. Henderson），一个曾经的圣经推销员，于 1963 年创办了波士顿咨询公司。波士顿咨询公司最开始只有两名咨询顾问，开业的第一个月，仅有 500 美元进账。与麦肯锡通过当地办事处与客户建立关系，花费大量的时间建立俱乐部的运营模式不同，波士顿咨询公司则通过提供“思想领导力”凸显他们的竞争优势，通过开发新思维和具有创新性的想法赢得客户。这是众所周知的“飞进，飞出”（fly in, fly out）的基础专家咨询模式，凭借这一模式，他们夺走了麦肯锡的部分市场份额。

到 1973 年的时候，波士顿咨询公司已经拥有了 142 名咨询顾问，与麦肯锡类似，在伦敦和巴黎都设有办事处。管理咨询是非常有前途的职业，充满了吸引力，就在同一年，贝恩带着自己小圈子的一拨人，退出波士顿咨询公司，创建了贝恩咨询公司。于是，这就有了管理咨询行业的三巨头，其中贝恩咨询公司成立的时间最晚。贝恩咨询公司依赖明星顾问的力量，通过培养高端人才与其他知名企业竞争。贝恩咨询公司招募毕业于哈佛商学院、成绩排名前 5% 的学生，授予他们“贝克学者奖”，在这些毕业生中，就包括未竞选成功的总统候选人米特 · 罗姆尼（Mitt Romney）。尽管古普塔第一年的成绩很出色，但却没有获得“贝克学者奖”。

除了智力上的挑战，咨询业能够吸引像拉贾特 · 古普塔这样年轻的哈佛商学院毕业生还有一个重要的原因，那就是，咨询公司会让你比别人早一步明白从事什么样的职业是一个非常重要的决定。正如 40 年前，即 1933 年，詹姆斯 · 麦肯锡所意识到的那样，咨询工作是走向美国大企业的捷径。它让年轻人有机会可以与大企业的高管建立密切的关系，这些年轻人未来很有可能会被这些大企业雇用。很多在麦肯锡工作过的咨询人员，包括哈维 · 葛洛柏（Harvey Golub）、迈克尔 · 乔丹（Michael Jordan），路易斯 · 郭士纳（Louis V. Gerstner Jr.），他们先后在 20 世纪 70 年代和 80 年代离开，并最终跳槽到著名的公司，如美国运通公司（American Express）、西屋电气公司（Westinghouse）和 IBM。在随后的几年里，无数其他麦肯锡咨询顾问沿着相似的路径，加入了其他著名的大公司，例如，杰弗里 · 斯基林去了安然公司；詹姆斯 · 戈尔曼（James Gorman）这个土生土长的澳大利亚墨尔本人，成了魅力十足的约翰 · 麦克（John Mack）的继任者，当选为摩根士丹利的首席执行官。2008 年，今日美国（USA Today）的一项研究发现，麦肯锡公司的雇员成为大公司首席执行官的可能性是世界上最高的，比例为 1：690。而在 1973 年，对于年轻又犹豫不定的古普塔而言，去咨询业工作是能让自己继续保有生活选择权的最佳方式。

梦寐以求的“回请”

虽然古普塔是班上第一学期就获得最高成绩的两个人之一，但在麦肯锡的第二次面试时，他竟然没有通过，比起同龄人，挫折对于他来说冲击力更大。毕业后，古普塔计划要结婚，他要娶他在印度理工学院的恋人安妮塔。当古普塔离开印度时，安妮塔觉得那会是她最后一次见他。好心的朋友告诉安妮塔，当人们去美国时，感情通常会发生变故。但古普塔没有忘记安妮塔，古普塔每天给安妮塔写长长的信，并期待着安妮塔的回信。在古普塔的钱包里，有一张 5 卢比的钞票，因为安妮塔在纸币上面签了字，钱包里还有一张她的小照片。

安妮塔的专业是电气工程。安妮塔是一名出色的学生，获得了梦寐以求的印度理工学院金质奖章，古普塔喜欢说安妮塔比自己聪明。因为古普塔表现出的谦虚与谦让，让熟悉他们这对情侣的人都觉得，单纯从智力方面来看，安妮塔·玛图更胜一筹。

为了能留在美国，并把安妮塔接过来，古普塔需要找一份工作。走出学校大门，古普塔遇到了很多挑战。许多公司甚至不会考虑给持有学生签证的求职者面试的机会。这些公司告诉哈佛商学院就业办公室，外国留学生没有必要申请工作，不存在例外情况，即使是有出色工作经验的优秀学生也不行。

1972 年的夏天，古普塔曾在纽约北部的一个食品加工公司兼职。古普塔之所以能够得到这个工作机会，是因为他的舍友戴维·曼利（David Manly）的父亲是该公司的一位高管。在古普塔工作期间，他为果酱和果冻的制造设计出一套全新的生产计划系统，即使在今天，公司仍在使用这套系统，并将其命名为“古普塔系统”。“这个年轻人的专业精神非常了得。”40 年后，道格·曼利（Doug Manly）

如此说道。

但当古普塔在 1973 年准备毕业的时候，他所有的能力和成绩似乎都没有起到作用。“如果你不是美国公民或持有绿卡，你就永远得不到面试的机会。”古普塔在数年后说道。唯一的例外就是外国留学生可以在三大咨询公司找到称心如意的工作岗位。因为此时这 3 家公司都在积极地向海外扩张业务，希望能够战胜竞争对手，所以他们热衷于接纳外国人当咨询顾问。

古普塔参加了两场背对背式的麦肯锡面试。第二次面试后，麦肯锡的招聘主管比尔·克莱门斯（Bill Clemens）告诉古普塔，他的经历非常不错。不过，当时行业内存在一个悠久的传统，克莱门斯在字里行间都在暗示古普塔：“很显然，你非常聪明，但你需要先去其他地方工作三四年，我们才会考虑你。”

“其他公司根本就不会给我面试的机会，我怎么去别的地方工作？”古普塔尖锐地问道。克莱门斯不为所动。古普塔被麦肯锡拒绝确实让人感到奇怪，特别是麦肯锡的主要竞争对手波士顿咨询公司每年都会跟麦肯锡抢哈佛商学院的“贝克学者奖”获得者。那个时候，超过三分之一的麦肯锡咨询师都是来自哈佛商学院的毕业生。一直以来，这家咨询巨头就喜欢像古普塔这样的优秀学生。当古普塔被麦肯锡拒绝的消息在班里传开时，有的学生认为这涉嫌歧视。出于必要，在 20 世纪 60 年代末和 70 年代初，美国的大学和医院已经开始将印度人力资源加以整合。1979 年安简·查特吉被招募到麦肯锡，他回忆道，面试他的一位公司合伙人告诉他：“你们非常优秀，你们天生就适合做咨询顾问。问题是，不知道我们的高级客户是否愿意接纳你们。”

哈佛商学院沃尔特·萨蒙教授专注地聆听着古普塔因为自己缺乏经验而被麦肯锡拒绝的故事。“根据你在我课堂上的表现，这件事让我感到很惊讶。”萨蒙说。萨蒙非常清楚地知道古普塔是一个屈指可数的、聪明的学生。萨蒙与麦肯锡的一些合伙人的关系挺不错，他清楚被麦肯锡公司雇用的人的素质都不错。在萨蒙看来，古普塔完全满足麦肯锡的要求。古普塔能很快理解哈佛商学院教学案例的核心问题，并有效地提供自己的分析。

“他特别能干，人也很好。”如今萨蒙这样评价古普塔。萨蒙告诉古普塔，麦肯锡纽约办事处的主管 D. 罗纳德 · 丹尼尔（D. Ronald Daniel）是他的老同学，他俩曾在哈佛商学院同一个部门工作过。萨蒙会给丹尼尔打电话，建议麦肯锡重新考虑对古普塔的决定。通常情况下，萨蒙不会这么做。事实上，萨蒙说，40 多年来，这是唯一的一次，他为了向麦肯锡推荐古普塔而劝说别人改变决定，他不记得还有其他类似的事情发生过，不论是在这之前还是在这之后。“这种情况很少见，就算是有的话，也很少发生。”他说。

当萨蒙联系上丹尼尔的时候，萨蒙没有费太多口舌。萨蒙是哈佛商学院一颗冉冉升起的新星，他是市场营销系的主任，一年后，他将会升职为哈佛商学院的副院长。丹尼尔知道，萨蒙不会轻易以自己的名义为任何人说情。萨蒙让他坚信，麦肯锡刚刚拒绝的学生是与众不同的。“这是一个非常聪明的学生，”萨蒙告诉丹尼尔，“我觉得你可以再考虑考虑。”尽管萨蒙的话看上去轻描淡写，但他传递的信息是非常明确的。这次通话后不久，古普塔便收到了梦寐以求的“回请”。古普塔被邀请去麦肯锡纽约办事处参加一整天的面试，然后，他如愿收到了麦肯锡的工作邀请函。

THE BILLIONAIRE'S APPRENTICE

第 9 章 华尔街的“王中之王”

1983 年的秋天，一个健硕的年轻人大步走进大通曼哈顿区大厦，这是他第一天来这里上班，他面带微笑、眼里透着一股特有的神情。拉杰·拉贾拉特南刚刚从宾夕法尼亚大学沃顿商学院拿到 MBA 学位，就非常准时地出现在华尔街，开始了他的职业生涯。大通曼哈顿区银行的信用分析计划项目是从 2 000 多名申请者中招聘 50 位分析师，而拉贾拉特南有幸成为其中之一。在这个项目完成之后，许多分析师都会得到那些令人羡慕的投资银行的工作，比如高盛、摩根士丹利等。读书的时候，班里只有拉贾拉特南一个人来自斯里兰卡，他的数学天赋可以帮助他在新的工作岗位上发挥应有的作用。拉贾拉特南这份工作的起始年薪是 34 000 美元。

华尔街的南亚人

经历了 20 世纪 70 年代的磕磕绊绊，多亏了罗纳德·里根总统对个人和企业的减税政策，以及解除美国的经济管制，才促进了华尔街的快速发展。从 1981 年开始，市场就进入了一个近20年的持续上涨阶段，当然，这期间也有过一些小插曲。这个小插曲就是1987年10月，华尔街经历的那场恐怖的单日暴跌。股票市场的持续繁荣，使得市场对股票经纪人的需求量日益增多。市场需要经纪人去推销股票，需要银行家帮忙筹集资金，交易员也需要在每天的市场波动中赚钱。这一切也改变着华尔街的构成，以前华尔街只雇用白人，而此时，各种各样的人都聚集在华尔街，包括妇女、美籍南亚人和一小部分美籍非洲人。这些新来的人让华尔街的人种肤色变得多样化，这也打破了存续悠久的华尔街藩篱。这种藩篱以往主要表现为高盛、雷曼兄弟跟摩根士丹利、第一波士顿银行之间存在的隔阂。在这个过程中，美籍南亚人开始形成自己的圈子。

几十年来，长期且稳定的客户关系为华尔街证券公司的业务发展提供了动力。华尔街的投资银行家都是特别有才能且善于处理关系的人，能够培育和发展华尔街最好的客户。但早在20世纪80年代初，随着资本市场的开放和技术的进步，以高深数学模式为导向的交易策略得到了快速发展，亦推动了华尔街的改变。证券公司需要的人才大多数是金融怪杰，那些真正有头脑的人，开发出新奇的金融产品，即衍生产品和垃圾债券，并将这些产品卖给规模日益增大的客户、储蓄和贷款机构、养老基金和高净值个人投资者。这就要求分析师要完全理解这些复杂的金融产品和他们所分析的公司的技术，而不是一味地相信公司提供给他们的随意的、填鸭式的解释。来自南亚的新移民能够出色地做好这些工作，因为他们拥有良好的定量分析知识背景。

正是在这一背景下，来自印度本土的、花旗集团的前首席执行官维克拉姆·庞迪特（Vikram Pandit）和来自斯里兰卡的拉杰·拉贾拉特南得到了华尔街的重用。其他人亦紧随其后。安舒·贾因（Anshu Jain），今天的德意志银行（Deutsche Bank AG）联席首席执行官，之前他在马萨诸塞大学艾摩斯特分校获得MBA学位后，于1985年以研究分析师的身份加入了基德–皮博迪商行（Kidder，Peabody & Co）。阿沙德·扎卡里亚（Arshad Zakaria）是新闻记者法里德的兄弟，1987年从哈佛商学院毕业后直接去了美林证券，并一跃成为这家公司强有力的全球市场部和投行部主管。尽管华尔街新招募的美籍南亚员工因其精通数学和金融而受到赞赏，但除此之外，他们却并没有因为其他方面的表现得到过尊重。

“每一次我都想赢”

“对我们来说，进入华尔街是很困难的，”几十年后，拉贾拉特南如此说道，“恕我直言，但当时，他们只雇用自己人，有他们自己的社会交际圈。”拉贾拉特南很清楚这个体系是如何运转的。如果拉贾拉特南不能成功地进入别人的圈子，那么，他就会建立属于自己的圈子。

在大通，拉贾拉特南发现有两个行业小组非常火，分析师都争相加入，一个是电子行业，另一个是石油行业。信用分析项目完成后，拉贾拉特南申请加入了电子行业小组，在那里他赢得了“惠普拉杰”的绰号。与拉贾拉特南的同事不一样的是，他根本不需要惠普计算器来做数学计算；他的大脑就可以完成一系列复杂的计算。

除了拉贾拉特南在数学上的过人之处，其他方面，他在大通的表现都很低调。拉贾拉特南的谦卑和恭敬给他的上级留下了深刻印象。有一次，拉贾拉特南与几个同事一起去拜访客户。工作小组成员分坐在两辆汽车上。拉贾拉特南驾驶其中一辆，另外一辆是由一位经验丰富、资历更深的同事驾驶。尽管从大通出发的工作小组都要迟到了，但那位头发灰白的先生依然不加速。拉贾拉特南的同事跟他做个手势，示意他加快速度，超过他们。尽管同事们的情绪都很激动，但拉贾拉特南还是慢慢地跟在后面，拒绝超车。后来被问及此事，拉贾拉特南说超老绅士的车，他感到很不舒服。拉贾拉特南说，在他看来，这说明对人不够尊重。拉贾拉特南的同事发现他举手投足间非常有魅力，他们并不是很在意亚洲人尊老的传统思维。拉贾拉特南所有的表现都是他从小所受的教育使然。

尽管拉贾拉特南在大通干得风生水起，但同事依然能够感觉到他的心在别处。“给我一个科特龙。”拉贾拉特南常打趣说。科特龙指的是曾经在华尔街交易大厅普遍使用的股票报价机器。拉贾拉特南喜欢市场，尽管市场是无情的、会让你很谦卑，但他喜欢这种“竞技游戏”和赢得比赛的快感。这是一种能量，拉贾拉特南将这份能量融入他生活的每一部分。每当拉贾拉特南打网球的时候，他都会尽力打好每一个球。数年后，当拉贾拉特南开始经营自己的公司时，他是这样描述自己的竞争动力的："不久之后，赚钱已不再是唯一目的。每一次我都想赢。冒险会让我的肾上腺素升高。"拉贾拉特南很快就会成为肾上腺素的"瘾君子"。

加入尼达姆公司

1985年，拉贾拉特南从大通辞职，加入了尼达姆公司（Needham & Co.），这是一家处于二线、但战斗力旺盛的投资银行，非常擅长科学技术和医疗保健类股票交易。这家公司由乔治·尼达姆（George Needham）创立，他之前是瑞士信贷第一波士顿银行（CS First Boston）的投资银行家，他的这家新公司通过招募的优秀人才，在华尔街拥有一席之地。尼达姆经常说："我可以雇用'只有一条腿的残疾人'，然后把他们的价值完全压榨出来。"员工商务出差要乘坐红眼航班并且还会在飞机上度过星期六的晚上，因为这样可以帮公司节省开支。尼达姆本人则因为每天从成堆的快递中筛选联邦的包裹而出名，他要看看哪些员工用联邦快递寄送包裹，而不是选择公司首选的更便宜的航空快递。尼达姆从来没有想过要解雇他的员工，他称自己的银行集团为"孤岛上的怪异玩偶"，称他的分析师为"几十万美元的门闩"。

在尼达姆极度压抑的企业文化里，拉贾拉特南却茁壮成长。拉贾拉特南富有远见，做事有毅力。当大量廉价的日本电脑芯片涌入市场，美国的半导体公司在苦苦挣扎时，大多数分析师都放弃了这个行业，认为这个行业没有希望和出路，但拉贾拉特南决定在荆棘丛生中开辟一条新的道路。

锐气中混杂着孩子气的拉贾拉特南来到硅谷，以他平易近人的方式吸引着这代靠自我努力成长起来的技术主管。拉贾拉特南告诉他们，在印地语里他的名字意味着"王"，再连同他的姓，那就是"王中之王"的意思。拉贾拉特南迷惑着这群人，用"神话故事"来取悦他们。

当拉贾拉特南在社交场合施展他的魅力时，处于困境中的他展现出来的形象更是令人印象深刻。拉贾拉特南在技术领域超越了典型的分析师，在华尔街却没有引起波澜，此刻，拉贾拉特南展现出他惊人的行业视角，他能够非常敏锐地预见到处于领先地位的公司的发展愿景。“当你面临强技术性的新行业时，找到一个真正懂技术的分析师是很难的，”KLA 仪器的创始人之一鲍勃·安德森（Bob Anderson）说，“很显然，拉贾拉特南有能力理解新技术的未来发展态势。”

拉贾拉特南的南亚帮派

也许是机缘巧合，当拉贾拉特南来到华尔街的时候，正赶上美籍南亚人涌入硅谷。拉贾拉特南与硅谷那边规模小但具成长性的印度侨民社区保持着多方面的联系。与拉贾拉特南最早接触的联系人之一就是克里斯·切拉姆，一位在英特尔工作的科技行业资深人士。他们俩从最开始的职业关系发展成朋友，特别是 1991 年 9 月，当切拉姆加入爱特梅尔公司（Atmel）之后，两人的关系进一步拉近了。不论切拉姆何时来到纽约市，拉贾拉特南都会租一辆豪华轿车，载着他去大西洋城。

“拉贾拉特南组建了一个南亚帮派。”尼达姆的分析师弗莱明如此说道，“拉贾拉特南可以打电话给某些人，获得很多公司的盈利数字，这个数字可以精确到分。”弗莱明回忆说，自己曾经坐在拉贾拉特南的办公室，看着他打电话给 AMD 公司。过了一会儿，拉贾拉特南的秘书进来了，说有一个听起来像印度名字的人回电话了。拉贾拉特南接了电话，走到交易大厅，并告知利润数据。“拉贾拉特南所说的利润数据完全正确。”弗莱明说，他当时感到很惊讶。

随着拉贾拉特南在尼达姆公司的影响力越来越大，他将原来那种低调的个人风格悄悄地藏了起来，并逐渐显露出华尔街那种利益至上的冒险精神。在尼达姆公司，“拉贾拉特南跟你现在看到的某些人很类似，他专横，名声响亮，虽然他不是一个特别好的人，但他却是公司的得力干将，”莉萨·莱蒂耶里（Lisa Lettieri）于 20 世纪 80 年代中期在尼达姆公司担任销售助理，她曾说：“拉贾拉特南一直都离不开美女的怀抱。他想要很多钱。他最钟爱的就是钱和女人。”

如果拉贾拉特南在工作时突然特别关注美食，那么，这个时候他一定是很认真地在跟某个女人约会。阿莎·帕布莱（Asha Pabla）是一个安静的旁遮普省锡克教女人，在纺织厂工作。帕布莱是白皮肤，而拉贾拉特南的肤色很黑。尽管拉贾拉特南公开否认这些，但跟他关系亲密的人都知道，他非常在意自己的肤色。多年以后，即便拉贾拉特南一跃成为明星对冲基金经理，他也会经常感叹自己这样一个皮肤黝黑、长得也不帅的人，是如何从一个徘徊在华尔街边缘的局外人，变成了跟华尔街融为一体的人的。不过拉贾拉特南也曾通过发言人向《福布斯》（*Forbes*）声明他从未在意过自己的外表。

拉贾拉特南曾告诉朋友，他对帕布莱是一见钟情，但帕布莱花了很长时间才确信想将和拉贾拉特南的关系稳定下来。帕布莱的父母坚决反对这桩婚姻，因为他们的出身不一样，但拉贾拉特南发誓他很快会赚到100万美元，然后就向帕布莱求婚。1988年，拉贾拉特南还远没有赚到100万美元，但两人依然结婚了。不过，他们结婚后不久，拉贾拉特南就赚到了大钱。

有时，拉贾拉特南做事情很会投机取巧。在20世纪90年代初，诺发系统公司（Novellus Systems Inc.）得知拉贾拉特南为了获得其公司主要的竞争对手应用材料公司（Applied Materials）的证券发行业务，正在千方百计地讨好应用材料公司。当时，拉贾拉特南在尼达姆公司负责证券发行方面的业务。诺发系统公司是由一批从应用材料公司出来的“难民”创建的，两家公司的竞争一直都很激烈。当诺发系统公司高管发现拉贾拉特南从应用材料公司获得了授权时，他们就怀疑拉贾拉特南可能是通过向应用材料公司透露诺发系统公司开发的尖端技术而成功的，因为在这之前，诺发系统公司向拉贾拉特南展示过这些技术。至于拉贾拉特南是否真的这样做了，旁人无从知晓。诺发系统公司对拉贾拉特南火冒三丈，这件事之后，诺发系统公司断绝了与拉贾拉特南，以及尼达姆公司投资银行领域的业务往来。

1991年，乔治·尼达姆对拉贾拉特南所取得的成就很满意，于是晋升他为公司总裁。作为一个老板，拉贾拉特南对员工和自己的要求都十分严苛。有一次，当得知一个分析师飞完红眼航班后回家小睡之后，拉贾拉特南便将他骂了一顿。“你不应该让别人觉得你累了，或者你已经被打败了。”拉贾拉特南告诉分析师。拉贾拉特南非常明白表面工作的重要性。在之后的时间里，当他创建自己的对冲基金时，他雇用了一批分析师，公开称他们为“粉饰门面”的工具。拉贾拉特南认为有分析师傍身，会让投资者认为他非常重视研究工作，尽管在真正做交易决策的时候，他很少用到分析师的建议。

在尼达姆公司，建立促进个人和企业不断前进的目标，是拉贾拉特南颇感骄傲的闪光点。有一次，拉贾拉特南跟他的同事吹嘘说他可以承受任何类型的辣椒酱，一位同事便决定试试他的味觉。在众目睽睽下，拉贾拉特南将一瓶名为“世界末日”（Armageddon）的辣椒酱涂抹到两个鸡翅上。就在吃进嘴里的一瞬间，眼泪便从拉贾拉特南的眼睛里往外流，他还不停地咳嗽，随即立刻冲到茶水间漱口去了。那一天，拉贾拉特南不得不提前回家了，对他来说，这是一个极其罕见的行为。后来，拉贾拉特南再提起这段插曲时只是淡淡一笑。

1994 年年初，拉贾拉特南拥有了尼达姆公司 17% 的股份，排在尼达姆之后，成为这家小型精品投资银行的第二大股东，而尼达姆本人拥有该公司 26% 的股份。拉贾拉特南一年可以挣 100 万美元，大型的投资银行不断向他抛来橄榄枝，他也一直向尼达姆传递着这一信息。为了巩固自己的权力，拉贾拉特南开始建立自己的圈子，圈子里的人大多来自南亚，包括他在沃顿商学院的老朋友克里申·萨德（Krishen Sud）。这些雇员一度非常闹腾，以至于乔治·尼达姆甚至为此专门找过拉贾拉特南。于是，拉贾拉特南在交易柜台上直接叫出了这些闹腾的员工的名字，他们大部分是犹太人。

尼达姆很快就明白了拉贾拉特南的意图：如果你有你的圈子，那我也会有我的圈子。每个星期五，萨德、拉贾拉特南和另外一个同事阿里·阿贾瓦林甘（Ari Arjavalingam）几乎都会一起前往孟买宫印度餐厅共进午餐，这是纽约的一家老牌印度餐馆，午餐一般都会吃很长时间。当他们吃完午餐从餐馆回来时，由于吃了比较辣的食物，所以显得格外兴奋，这个时候，乔治·尼达姆通常会痛骂他们。

多年来，拉贾拉特南都渴望能够从事资金管理的工作。1992 年，为了从硅谷的科技公司获得更多业务，拉贾拉特南在尼达姆公司旗下建立了一只小型对冲基金。拉贾拉特南服务过的许多公司都准备上市，而上市后，这些公司的高管瞬间成了富翁。拉贾拉特南明白这些新富豪需要为他们的财富找到合理的投资渠道，还有什么投资渠道比服务于他们的投资银行家管理的对冲基金更好的呢？很快，拉贾拉特南就从部分最优质的客户群那里筹集了 25 000 万美元的资本，这在当时是一个相当可观的数目。

拉贾拉特南对新成立的对冲基金感到十分兴奋，但并不是每个尼达姆的员工都像他一样有激情。一些高管开始收到客户的投诉，他们担心拉贾拉特南身兼数职，分身乏术：他是公司的总裁，是一位银行家，同时他还为银行客户做私人财富管理。风险是显而易见的。在这样的一个位置，拉贾拉特南很容易就能从银行客户那里得到信息，从而利用这些信息为对冲基金交易服务。为了避免此类不当行为，最常见的做法是在投资银行内部设立防火墙，将投资银行的业务从交易中分离出去；同时，为企业提供交易建议的投资银行家禁止与交易大厅里的同事讨论交易事项。

1993—1996 年，尼达姆公司的高管告诉尼达姆，他们担心拉贾拉特南的执业操守，这种话他们至少说了 5 次。1996 年 11 月，拉贾拉特南与他为之立下汗马功劳的公司之间的关系日益紧张，有一天，乔治・尼达姆告诉员工说："我非常遗憾地告诉大家，作为我的朋友与合伙人的拉贾拉特南，从公司离职了。"

拉贾拉特南离开公司不久，半导体行业分析师西奥多·奥尼尔（Theodore O' Neill）便搬进了拉贾拉特南原来的办公室。在一面墙上，奥尼尔发现这里记录着一排排呼入的电话号码，这些电话均来自硅谷的技术主管。

怎样才能让这些家伙打电话给我呢？奥尼尔深思着。

THE BILLIONAIRE'S APPRENTICE

第 10 章 不进则退，麦肯锡的工作哲学

自从 1973 年 9 月，古普塔搬进麦肯锡办公室以后，按照他本人的说法，他便一直处于挣扎状态之中。古普塔跟卡尔·怀斯（Karl Wyss）在同一间办公室，而怀斯在来到麦肯锡之前，已经在业界打拼多年，有着令人印象深刻的履历。他们完全不在一个级别。古普塔年轻、羽翼未丰，而怀斯成熟、聪明，对公司的经营状况了如指掌。古普塔只是一个刚刚从商学院毕业的学生，相比之下，他的同事怀斯则经验丰富，在成为咨询师之前，怀斯已在计算机巨头 IBM 工作多年，管理着 2 000 多人的团队。怀斯晋升得非常迅速。仅仅加入麦肯锡 9 个月，怀斯便开始负责项目，肩上被赋予了更多责任。

与此同时，古普塔正处于缓慢的学习过程中，对咨询工作也只能简单地试试水。像麦肯锡这样的公司，对员工要求非常高，评估本公司员工与评估客户公司一样严格，古普塔不断被告诫，要注意自己的缺陷与不足。他曾因在小组会议中表现得太安静而受到批评，这都是为特定的项目而召开的例行会议。尽管古普塔一直是学霸，但他发现，从精心准备的书面回复向当面口头陈述的转换是非常难的。

“我坐在那里，思维混乱，会自我怀疑说：我是不是来错地方了？我真的不行了吗？”多年之后，古普塔如此说道，“我所做的每件事都要比别人慢半拍。”与怀斯截然不同，在经历了 4 年漫长的努力和等待之后，古普塔才有了第一次独自负责一个项目的机会。

虽然古普塔对自己在麦肯锡的早期工作生涯感到不安，却也没有让怀斯发现任何漏洞。“古普塔看上去一点儿也没有不知所措。”怀斯说。通常情况下，当古普塔完成自己的工作后，大概下午 2 点 30 分，他就收拾东西回家了。“古普塔非常有主见，”怀斯说，“如果有人让他做他不想做的事，他会懂得如何拒绝。”

怀斯和古普塔在一间办公室里待了两年时间，怀斯始终记得古普塔“非常注意保护个人隐私”，他很少在休息时间谈论自己的事情。古普塔从未提及父母的离世，即使这件事情时刻都在他脑海中盘旋。怀斯说：“直到今天，古普塔都是一个意志坚定，不会轻易受人影响的人。”虽然古普塔在麦肯锡真正有作为是在怀斯离开公司以后，但怀斯很早就发现古普塔身上有某种品质，这种品质会帮助他在以后的岁月里不断地升职。“古普塔是一个不会与人为敌的合作伙伴，”怀斯说，“他总是很擅长与人建立良好的沟通关系。如果你了解麦肯锡的内部运作，你就会明白，能成为董事总经理是需要相当高超的政治智慧的。从这个角度来看，古普塔是一个非常优秀的政治家。”

最开始的时候，尽管古普塔对咨询问题的分析得到了中肯的评价，但由于他太沉默，所以他并不令人印象深刻。汤姆·彼得斯（Tom Peters）和罗伯特·沃特曼（Robert Waterman Jr.）都觉得古普塔是一个“非常乖巧可爱的孩子”，沃特曼回忆说。沃特曼与彼得斯合著了畅销书《追求卓越》（*In Search of Excellence*），这本畅销书是公认的管理圣经。20 世纪 70 年代末期，古普塔参加了一个名为“卓越计划”的培训课程，沃特曼就是在这个培训课上认识了古普塔。“我并不觉得古普塔比别的麦肯锡员工更有野心。”沃特曼回忆说。事实上，沃特曼甚至认为古普塔“可能没有野心”，因为他“在当时表现得有些害羞，人也很乖”。不过，古普塔的工作却很出色，正是因为表现突出，他还获得了“优秀培训师”的称号。

古普塔加入麦肯锡的时候正是麦肯锡发展史上最困难的时期之一，但古普塔当时对此并不知情。“20 世纪 70 年代对于麦肯锡来说是迷失的 10 年，”杰弗里·斯基林说，他于 1979 年加入麦肯锡，当时麦肯锡正从危难中奋起，“在经历了 20 世纪 50 年代和 60 年代的飞速成长之后，到了 20 世纪 70 年代，麦肯锡开始走下坡路了。20 世纪 50 年代和 60 年代的那些‘伟大想法’，比如事业部制、产品管理和定量决策（麦克纳马拉式的神童思维），到 20 世纪 70 年代早期时已经落伍了。20 世纪 70 年代，日本企业的竞争力变得越来越强，其在某种程度上冲击了麦肯锡的美国管理模式。实际上更大的威胁可能还是来自波士顿咨询公司及贝恩咨询公司的崛起。”

麦肯锡所面临的挑战是，尽管原有的市场已逐渐饱和，“但新兴市场业务却受到了波士顿咨询公司和贝恩咨询公司这两家新的竞争对手的围追堵截”，斯基林在许多电子邮件中这样回忆道，这些邮件都发自科罗拉多州恩格尔伍德的联邦监狱。斯基林因对能源巨头安然公司的倒闭负有责任，被判了 24 年监禁，而安然公司曾经是麦肯锡的大客户，“事实上，在 20 世纪 70 年代初期，麦肯锡的员工规模和办公室的数量都在缩小。”与波士顿咨询公司和贝恩咨询公司的快速增长势头相比，麦肯锡对于求职者来说已经没有什么吸引力了。由于公司发展缓慢，从副主管晋升为合伙人的机会开始明显减少。

始终保有“学习的心态”

古普塔习惯了印度的混乱和萧条，所以他对麦肯锡所面临的问题倒不是很担心。他反而对公司提供的成为副主管的新机遇感到很兴奋。加入公司后不久，古普塔便遇到了巴德·迈尔斯（Bud Miles），迈尔斯是耶鲁大学的毕业生，在麦肯锡机构部任职。迈尔斯是麦肯锡的“人事协调员”，他在麦肯锡的工作职责是根据咨询顾问和他们的利益诉求，将客户分配给与之相匹配的咨询顾问。拜访迈尔斯就像是逛糖果店一样，糖果店里有各种各样的糖果，而迈尔斯这里总是有各种各样的客户需求，既有为世界上一些超级大公司提供复杂的咨询工作，也有为某些特定的神秘领域安排的一些咨询工作，比如运营领域。

“你会有这种感觉：世界因你而存在，你可以选择你想做的事。”多年以后，古普塔这样说道。很多年轻的咨询师试图接下知名公司的咨询业务，为自己的职业生涯奠定坚实的基础。当古普塔见到迈尔斯的时候，迈尔斯给他安排了6项任务，并给他几天的时间来决定自己想接哪些工作。古普塔没有浪费任何时间，立即开展工作。为了获得更多信息，古普塔与负责相关任务的同事深入交流。古普塔试图抓住那些对自己和工作有帮助的每个细节，也试图搞明白，每一项任务能够让他学到什么经验。

有一天，当他正在考虑这些任务并在走廊里边走边陷入沉思的时候，一位合伙人把他喊进了办公室。因为古普塔以很不认真的态度完成了一项研究报告，而这个报告的主题正与这位合伙人准备开展的业务相关。不过这位经验丰富的合伙人很清楚地意识到古普塔是被各种各样的选择扰乱了阵脚，古普塔根本不知道自己到底想要什么。于是，这位合伙人向古普塔提出了一些非常有价值的建议。

"你不应该只是简单地考虑哪些东西是好的，然后就去追求这些东西，因为你现在还没有能力做出准确的判断，"合伙人告诉他，"我做咨询行业有很长时间了，每当我想要找出什么才最适合我的时候，我就会发现，这是一件很困难的事情。"合伙人继续解释说，越是你以为会学到很多东西的项目，结果却往往都是以失望告终，越是看上去并不起眼的小任务，反而价值连城，因为它为咨询师提供了一个全新的视角来考虑问题。最重要的是，要始终保有"学习的心态"，只有这样，你才会从你想做的任何事情，以及你做过的所有事情中学到东西。这就是这位合伙人给古普塔的忠告。

这一建议与古普塔的想法不谋而合，有共鸣之处。在古普塔的成长过程中，延迟满足已成为他的生活常态。当其他人都已争相加入那些看似很有前途的咨询项目的团队中时，古普塔似乎才刚刚用禅宗的方法找到入门的诀窍。无论何时去造访迈尔斯，古普塔都会说："迈尔斯，我真的不想知道我能做什么。你只要告诉我该怎么做就行了。"

古普塔服务的第一家大公司就是电话巨头美国电话电报公司（AT&T），麦肯锡之所以拥有这一超级大客户是因为咨询师弗雷德里克·格鲁克（Frederick W. Gluck）强大的个人能力。格鲁克曾经在美国电话电报公司工作过，他是一位受过培训的电气工程师。1967年，在进驻贝尔实验室之后，格鲁克来到美国电话电报公司。格鲁克在贝尔实验室工作时，是负责斯巴达导弹任务的项目经理。

那个时候，并不是每个人都能拥有手机。相反，客户自己选择安装一部电话，还要向 AT&T 公司支付月租费。这个系统存在一个悬而未决的难题：电话机经常会丢失。当人们搬家时，他们会带走 AT&T 公司提供的电话机。为了解决这个并不是那么体面的难题，AT&T 公司选择向麦肯锡公司求教，希望他们能够帮忙扭转电话机不断流失的局面。

古普塔全身心地投入这个项目中，他深入 AT&T 公司实地考察，与公司基层员工交谈，目的是找到问题的核心。在一次访谈中，古普塔被眼前的景象震惊了，这远远超出了他之前所设想的情形。当古普塔从墙上挪动电话的时候，一群蟑螂爬出来了。“感觉整面墙都动了。”查特吉回忆说。查特吉是古普塔在印度理工学院的同学，同时也是其麦肯锡的同事。随后，公司给出的咨询建议带有典型的麦肯锡风格：AT&T 公司关注的重点存在偏差。在大多数情况下，公司为回收电话所花费的成本远远高于话机本身的价值。

要么积极向上，要么惨淡离开

其实，麦肯锡内部的竞争异常惨烈，古普塔非常清楚麦肯锡内部的工作哲学，即“不进则退”，这意味着在麦肯锡工作，你要么积极努力寻求上升通道，要么就只能乖乖收拾行李离开公司。尽管麦肯锡的合伙人对这一工作哲学描述得很微妙，但“不进则退”的理念已经成为公司不可或缺的组成部分，也是确保公司能够盈利的一个重要因素。这一哲学理念让公司的发展有着非常坚实的根基，它不仅适用于董事会成员、高级合伙人，也适用于公司主管，从而让公司可以始终保持积极向上的发展态势。

在古普塔工作的最初几年，每隔半年，麦肯锡公司内部的公司主管评估委员会都会召开会议选举新的合伙人。平均来说，在20世纪70年代，要想从副主管升到主管，大概需要6年的时间，这也是麦肯锡为初级合伙人留出的工作时限。

有些牛人可能不需要6年就能升为主管，比如麦肯锡的前任老板、来自德国的赫伯特·亨兹勒（Herbert Henzler）只用了4年半的时间就实现了这一目标。

一开始在麦肯锡工作的时候，古普塔似乎凡事都要比别人慢半拍，他成为合伙人的时间也比别人晚。每次，当合伙人选举会议召开时，古普塔的朋友都会问他："嗯，怎么搞的？这次又没有选上？"每当遇到这种情形，古普塔总是努力表现出不在意的样子，回复说："我也搞不清楚这是怎么回事。"古普塔只能眼睁睁地看着他的同事比他更早地成为麦肯锡的合伙人。尽管古普塔并没有向谁诉苦过，但这的确让他心烦意乱。1980年1月，在麦肯锡经过7年的漫长等待，古普塔终于成了公司的初级合伙人。

在20世纪70年代，当古普塔在工作上艰难前进时，他的家庭生活却是非常幸福的。1973年夏天，拉贾特·古普塔和安妮塔·玛图在新德里结婚了。这对新婚夫妇随后在哥伦比亚大学附近租了一套一居室的公寓，因为安妮塔被哥伦比亚大学录取，正准备攻读博士学位。当时，古普塔的年薪有2.5万美元，虽然很高，但经济状况仍然有些紧张。跟那个时代很多美籍印度人类似，古普塔精打细算，努力攒钱，这样他就可以帮助还在国内的弟弟妹妹。古普塔曾在菲林地下商城花2美元买了两件T恤，他一共就只有两件T恤，一件洗了，另外一件便熨好准备第二天穿。在一年时间里，古普塔省吃俭用，将钱节省下来汇给国内的兄弟姐妹，好让他们在国内安一个家。

虽然经济上并不宽裕，但对古普塔和安妮塔来说，他们最开始在曼哈顿区生活的那几年是他们感到最幸福的时刻。虽然居住的公寓很小，但这对年轻的夫妻却觉得非常完美，住在小公寓能帮助他们更好地了解彼此。每逢周末，他们俩都会到纽约的街头转转，一起感受大都市的繁华。一些同样从印度来美国读书的朋友也经常会在周末的时候拜访他们俩，挤进他俩简陋的小屋里，分享各种有趣的事情。古普塔在印度理工学院读书时的好友安简·查特吉曾经这样说过："我在美国的第一晚就是在那间小屋里度过的。"当查特吉在华盛顿特区安顿下来以后，他经常跟他的室友一起，在周末的时候驾车到曼哈顿区拜访古普塔。那个时候，这些来纽约玩的朋友会去参观纽约的标志性建筑，比如帝国大厦和自由女神像。到了晚上，他们就在古普塔的家里打地铺。通常情况下，他们晚上都是在抽烟、打桥牌或者玩拼字游戏中度过。与彼此信任的好朋友一起生活，总是那么简单快乐，古普塔似乎又回到了当初在新德里与父母和朋友在一起生活的状态。

古普塔第一次被派到斯堪的纳维亚半岛（Scandinavia）的麦肯锡办事处工作，当时的任务其实就是做一项简单的研究。不过，麦肯锡办事处希望古普塔可以喜欢上斯堪的纳维亚，并且暂时留在那里。1972 年 1 月，自从麦肯锡在丹麦的哥本哈根设立了新办事处以来，这个办事处已经亏了不少钱，这与早年间麦肯锡在海外设立的大多数办事处没什么不同，但与其他办事处不同的是，它还没有扭亏为盈。古普塔担心自己如果被派往海外，离纽约太远，就会远离麦肯锡公司的权力中心。显而易见，每一个在麦肯锡工作的人，都希望通过努力，能够留在位于纽约的麦肯锡总部。

古普塔已经在纽约安家了。为什么他还要接受一个让他离开纽约的工作呢?这说不过去啊！不过，古普塔表示自己还是愿意考虑去斯堪的纳维亚的工作机会，但是，与之前被派往海外的人碰到的问题类似，他还必须做好准备，因为他的新婚妻子安妮塔可能不会同意他外派。

从哥伦比亚大学研究生毕业后，安妮塔在位于新泽西州霍姆德尔的贝尔实验室工作。为了方便安妮塔上下班，古普塔夫妇在新泽西州买了一套房子，并于 1977 年 3 月搬进了新居。这套位于新泽西州的房子价值 7.5 万美元，离安妮塔的工作单位仅 5 分钟的车程。当古普塔不需要拜访客户的时候，他每天都要坐一个半小时的火车去纽约上班。在古普塔夫妇搬到新泽西州一年后，他们的第一个孩子出生了，是一个女儿，名叫吉檀迦利 · 古普塔（Geetanjali Gupta）。为了向孟加拉邦血统致敬，古普塔夫妇用获得诺贝尔奖的著作《吉檀迦利》（*Gitanjali*）为女儿命名，这本书是著名诗人罗宾德拉纳特 · 泰戈尔（Rabindranath Tagore）的杰出代表作。短暂休息之后，安妮塔就回到了工作岗位上。她的事业蒸蒸日上，但与大多数职场女性面临的问题一样，她总是感觉时间不够用，她必须在工作与生活之间找到一个平衡点，既能满足自己的职业追求又能兼顾对孩子的抚养。

让古普塔惊讶的是，当他告诉安妮塔，他要去斯堪的纳维亚工作时，安妮塔欣然接受了。因为安妮塔的工作刚刚步入正轨，而且他们的第一个孩子还很小，各个方面的压力让安妮塔感到有些紧张。但让她放弃自己的工作，也不是很容易的一件事情，毕竟，她所在的贝尔实验室非常不错，而且她未来的成长空间还很大。然而，当得知古普塔有去斯堪的纳维亚工作的机会时，安妮塔觉得自己还是应该放弃贝尔实验室的工作，跟随古普塔的脚步前行。

尽管古普塔一开始对这样的改变感到很畏惧，但他越想越觉得去斯堪的纳维亚并不会失去什么。当查特吉问他对工作变动是否有想法时，他回答："我想我没有什么好顾虑的。"古普塔认为自己在麦肯锡纽约总部往上爬可能会越来越难，"那就看看去哥本哈根会有什么惊喜？"古普塔这样对查特吉说。

来到美国后，古普塔迎来了人生中的第一次大转变，这一切都是在平静中进行的，既没有紧张不安也没有大肆宣扬。麦肯锡公司为古普塔提供了这样的一个机会，在他同意外派前，他可以先去哥本哈根的办事处感受一下。古普塔感觉很疑惑，自己有必要先去麦肯锡海外办事处看看吗？古普塔非常了解麦肯锡公司的员工状态，以及他们的背景资料。事先参观访问对他来讲，完全没有必要。为什么浪费公司的钱呢？

在古普塔夫妇准备启程前，他们参加了公司举办的一场房屋交易旅行活动。但他们不能去太远的地方，因为他们的女儿才刚刚学会走路。在花了一天时间，看过十几套房子之后，他们意识到在离开之前，也许不可能搞定所有的事情。古普塔是一个当之无愧的经验丰富的心理学家，他能够提出合理化建议，并促使他的新同事做出最终的决定。"这是我们最满意的3套房子，你可以从中帮我们选一个，或者选择条件类似的房子也行。"最终，古普塔的一个同事选好了房子。1981年，古普塔夫妇前往哥本哈根生活。

多年之后，古普塔回忆说，斯堪的纳维亚地区的"人种非常单一"。"在我去那儿之前，他们似乎没有见过黑皮肤和黑眼睛的人，我不知道是不是这样。反正，那里很封闭。"

展现领导才能

在哥本哈根，不善言辞的古普塔终于有机会向他的上司展示自己的领导才能。多年以来，大家对麦肯锡在哥本哈根办事处的负责人及其酗酒行为颇有微词，然而，古普塔在来此仅仅一年的时间里，就成功地解决了这个难题。

“他是一个非常聪明的人，不过，他确实喜欢酗酒，”多年之后，古普塔这样描述当时的负责人，“开始的时候，这会影响到他自己的工作，以及他跟客户和同事之间的关系。”最初，古普塔和他的两个办事处同事试图帮他掩盖，并在与客户会谈的过程中给他大力支持，确保他不出洋相。但是，“在某些关键时刻，不可思议的状况会突然出现，”古普塔说，“还发生了很多让客户感到尴尬的事情。”

古普塔和他的同事花了好几个星期的时间来解决麻烦，想了不少解决办法，但这些办法刚一提出就被他们自己否定了。如果古普塔将这些事情向纽约总部汇报，他的上司肯定会认为他是一个叛徒，这样对他的职业发展也非常不利。然而，办事处的负责人又确实需要帮助。“办事处负责人有很大的权力，没有人有这样的勇气敢反对他。”查特吉说。古普塔所做的就是联合其他同事，说服他们必须有所行动，将这里的情况告知时任麦肯锡董事总经理的丹尼尔。古普塔将大家团结起来，并成为这个队伍的负责人。

当古普塔和另外两个同事一同拜访丹尼尔的时候，丹尼尔正好在巴黎参加公司执行董事会议。陪同古普塔的两名同事分别来自瑞典和丹麦。“我们碰到了一个非常棘手的问题。”古普塔对丹尼尔说，随后他就向丹尼尔详细解释了办事处面临的麻烦。第二天，丹尼尔就让哥本哈根办事处的经理来巴黎见他，解除了他的职务，并将他送到贝蒂·福特中心进行治疗，这里专门收治药物和酒精成瘾者。

正如古普塔所预料的那样，他的上司非常生气，感觉自己被古普塔出卖了一样。不过，在他得到治疗的两年后，他们俩又和好了。在古普塔的上司完成治疗，回到了斯堪的纳维亚之后，他邀请古普塔和另外两名一起“参他一本”的同事共进晚餐。考虑到他们最后一次会面时那种深深的敌意和怨恨，他们三个是怀着恐惧和担忧赴宴的。然而，这名合伙人，虽然曾经是酒精依赖者，但现在基本医治好了，他非常感谢这三位咨询师为他所做的一切。

“我的上司已经意识到，是我们挽救了他，”多年以后，古普塔这样说，“他请我们是为了表示感谢……因为如果他还是按照原来的方式继续生活的话，他可能活不了那么久。”

也有一些麦肯锡的同事将古普塔的这种谦逊和不善言辞的表现看成是懦弱。但麦肯锡的当家人罗恩·丹尼尔（Ron Daniel）却通过自己的切身经历，认识到古普塔是一个有进取心的人，可以提升到更高层次的岗位上。于是，在古普塔 32 岁的时候，丹尼尔就将其升为负责斯堪的纳维亚办事处的负责人，同时他也成为麦肯锡最年轻的中层管理者之一。

在与客户打交道的过程中，古普塔这种沉默寡言的风格变成他强有力的工具。麦肯锡一个名叫克里斯琴·卡斯珀（Christian Caspar）的员工记得古普塔的这种性格帮助他们顺利地拿下了一个大客户的管理变革项目。在一个关键时刻，当客户对做出不可避免的改变是否值得感到犹豫不决的时候，古普塔没有发表任何意见，什么话都没有说。“古普塔只是用眼睛盯着他们，”卡斯珀说，“大概就这样安静地过了一分钟，效果就显现了，客户立马下定了决心。注意，这不是我们帮客户做的决定，而是客户自己做的决定。”

古普塔的升职伴随着丹尼尔对麦肯锡的重塑。丹尼尔意识到麦肯锡需要进行创新，为客户提供比附近的办事处更方便和更多的咨询服务。这就要求具备更多的战略、组织和运营方面的咨询经验。在每个领域，麦肯锡都会安排最优秀的咨询师去负责，从而为公司的发展带来新思维：弗雷德里克·格鲁克负责战略，汤姆·彼得斯和鲍勃·沃特曼（Bob Waterman）负责组织，而来自克利夫兰和德国的新星们负责运营。“这得是多大的改变啊，”斯基林感叹，“在与波士顿咨询公司等其他咨询公司的竞争与较量中，通过思想的撞击，出版了《追求卓越》这样的著作，并在战略上提出了世界一流的想法。即便是在运营领域，这些年轻的分析师也研发出了很多非常有效的工具。一时间，麦肯锡成为引领咨询界的变革者。”

与其竞争对手波士顿咨询公司和贝恩咨询公司不一样，麦肯锡每个办事处的规模都比较小，而竞争对手的规模都比较大，这就使得每个办事处的负责人都必须有非常强烈的团结合作精神。公司的一些保守势力，特别是对自己的一亩三分地经营得非常稳固的办事处负责人，为了固守各自的地盘，拒绝做出改变。不过，古普塔却积极响应变革。

斯基林记得自己有过两次被古普塔邀请与客户谈判的经历。第一次，斯基林扮演的角色是麦肯锡天然气项目的负责人，与斯堪的纳维亚地区的一家能源公司谈放松管制的影响；还有一次，他扮演的是麦肯锡北美地区化学项目的负责人，与客户探讨大宗化学品价格的微观经济学分析，为帮助客户更好地模拟收购活动的经济效益。在这两次会谈中，斯基林被古普塔与客户负责人的那种“低调而又和谐的关系”所折服。“古普塔并不会向客户彰显自己什么都懂，”斯基林说，“有很多问题需要问客户，古普塔也确实会问这些问题，他非常愿意向客户表明，他也有很多东西不懂，有很多情况不清楚。他觉得没有必要什么都明白。但是，很多合伙人都很难做到这一点。”

斯基林在斯堪的纳维亚与古普塔客户的这种会谈，跟他在其他办事处参加过的会谈，有很多不同之处。在其他地方的会谈，当地办事处的负责人扮演的是中间人的角色，而不是同事的角色。办事处的负责人与总部派出的到访人员会保持距离，直到客户明确表示同意到访人员的建议。“我非常理解各个办事处负责人的心境，如果出了什么差错，办事处的负责人会吃不了兜着走，但这种合作确实让人不舒服。”斯基林这样说道，“但古普塔就不一样，他不会这样做，他总是非常坦诚。每次看到古普塔，我的脑海中就会冒出这样的想法，那就是：他是一个‘值得信赖’的人。”

1986 年，当古普塔准备离开斯堪的纳维亚的时候，他已将麦肯锡在该地区的项目数量从原来的 15 个增加到 125 个，并将业务拓展到了挪威，而且这些项目为公司带来了不少盈利。“直到今天，我们的竞争对手在该地区都很难与我们竞争。”在谈到麦肯锡的业务在斯堪的纳维亚地区的业务发展历史优势时，丹尼尔这样说。斯基林认为古普塔在斯堪的纳维亚地区所取得的成绩意义非凡，他所做的“可能就是在 20 世纪 80 年代后期和 90 年代早期，麦肯锡公司在全世界范围取得巨大成功的先兆”。

圣诞假期，古普塔准备离开斯堪的纳维亚。古普塔的继任者，克里斯琴·卡斯珀为他举行了一个告别宴会，来感谢他所做的一切，宴会邀请了斯堪的纳维亚地区所有的同事。卡斯珀除了安排孩子们为古普塔演唱圣诞颂歌外，还专门安排了一个圣诞老人为宴会助兴。

当圣诞老人出现的时候，卡斯珀让古普塔猜猜这个圣诞老人是谁扮演的。尽管古普塔很努力地去猜，但还是不能确定，因为圣诞老人一直都没有开口讲话。当古普塔准备放弃的时候，圣诞老人开口说话了。公司的灵魂人物专门飞了4 000多千米来到这里对古普塔表示他个人的感谢。

对，这个圣诞老人就是马文·鲍尔。

THE BILLIONAIRE'S APPRENTICE

第 11 章

相机不会撒谎

1998 年春天，英特尔公司做了一件很特别的事情：将一台隐形摄像机安装在办公室的一台新型传真机上。按照设计，传真传送器要求将文件正面朝上放在传真机上，这样头顶上的摄像机就能捕捉到正在传真的文件的图像。英特尔公司同时也在传真机的分隔板上安装了一台摄像机，这样的话就可以将发传真的人的面部记录下来。无须专业的技术知识，这家半导体巨头就可以将隐形摄像机安装在传真机上，并且记录所有的往来信息。摄像机上的时钟与传真机上的时钟是完全同步的，这样的话，摄像机记录下来的文件的实际传真时间就不存在任何争议了。

自从两年前投资者对英特尔公司内部消息的泄露感到不满之后，英特尔公司便采取了一些史无前例的措施以免公司的一些敏感信息外泄。通过调查早期的电话记录，公司将怀疑对象锁定在产品营销领域的一名基层员工身上。这名员工是自己主动暴露的，因为她将自己能够拿到公司芯片销售方面的重要数据的事告诉了一个同事。“如果将这些信息卖给那些想要的人，肯定会发大财的。”她这样说道。

20 世纪 90 年代中期，一些大型机构的投资者发现，英特尔公司的一些最为敏感的财务数据，在对外公布之前就泄露出去了。这些机构投资者是共同基金、保险公司、银行、对冲基金和养老基金，资金实力都非常雄厚。它们每天都要买卖数亿美元的类似英特尔这样的公司的股票。每个公司季度报告中所公布的盈利数据，决定着机构投资者的生死。上市公司被要求每个季度都要对外公布其盈利或亏损情况，机构投资者在股票市场上会根据公司盈利的预期变化押下大笔赌注。如果公司盈利超过分析师的预期，公司的股票价格通常就会上涨。如果公司没有达到预期的效果，公司的股票价格就会下跌。

如果某位投资者能够事先知道上市公司的季度盈利数据，那么他一定可以大发横财，将其他对手甩得远远的。那些业绩下滑的公司，便面临客户流失的风险。如果在上市公司对外宣布盈利之前，投资者就获得了这些数据，那就好比在信息搜集游戏中拥有了必杀技。以英特尔这样的科技公司为例，其芯片销售数量及价格都是非常有价值的信息，悟性很高的投资者通过产品的生产数据就能够准确地估算出公司的收入和盈利情况。

许多投资者认为，英特尔公司的某个内部员工，在公司对外宣布盈利数据之前，就将相关的机密信息泄露出去了。大家都认为信息的接收者是一个在尼达姆小型投资银行工作且声名鹊起的分析师。拿到信息的正是在尼达姆投资银行工作的分析师拉杰·拉贾拉特南，他通过拿到的这些信息出版了一本名为《第一声音》（*First Call*）的必读时事资讯。投资者对泄露消息一事大为光火。到了 1998 年，拉贾拉特南开始从一个撰写投资分析报告的幕后分析师转变为明星交易员，成了机构投资者的可怕对手。现在，拉贾拉特南跟其他的投资者一样，自己筹集资金进行投资。拉贾拉特南信心满满，准备大干一场。

就在一年前，也就是 1997 年，在尼达姆公司工作满 12 年后，拉贾拉特南开始自己创业。拉贾拉特南已经为此烦恼了很久，实在是厌倦了作为经理人每天处理一些日常事务的工作。“每天我都要花 2 到 3 个小时处理同事关系、组织结构和战略规划问题。”拉贾拉特南这样回忆道。此外，拉贾拉特南对公司的创始人乔治·尼达姆也有些失望，因为尼达姆并不愿意与大家分享自己的目标计划，并不想让公司变得更加强大。尼达姆经常说自己可以从公司赚的每一块钱上看到每个客户。而公司员工则怀疑尼达姆并不关心是谁的钱进了公司账户，他只是希望公司账户上的钱越多越好。

1997 年 1 月，拉贾拉特南与尼达姆公司的另外三个中层管理者一起创立了帆船集团，这三个人分别是加里·罗森巴赫（Gary Rosenbach）、从沃顿商学院时期就是拉贾拉特南的好朋友的克里申·萨德，以及阿里·阿贾瓦林甘。帆船集团同时还是一只对冲基金，是成千上万只对冲基金中的普通一只，目标客户是富人和机构。这些对冲基金只收取客户托管投资的一小部分作为管理费，它们是靠投资所获得的收益赚钱的。通常情况下，为客户所赚总利润的 20% 要归基金公司所有。

当时几乎没有人知道，拉贾拉特南正好赶上对冲基金发展历史上最繁荣的时期。在拉贾拉特南成立帆船集团 10 年之后，也即 2007 年，对冲基金所管理的资金规模从 1996 年的 2 570 亿美元暴增到近 1.5 万亿美元的水平，对冲基金的数量，从 2 400 多家增加到超过 7 000 家的水平。一路发展过来，对冲基金行业也成就了一批新的亿万富翁。与过去实业时代的企业大亨不一样，投资基金巨头的财富都来得非常迅速，而企业家的财富都是一点一点积累起来的。最典型的例子就是赛克资本管理公司的史蒂文·科恩，在 2012 年的福布斯美国富豪 400 强排行榜上排名第 40 位。作为拉贾拉特南在沃顿商学院的校友，科恩的赛克资本管理公司在 1992 年时，资产规模仅为 2 500 万美元，而到了 2013 年，公司资产则高达 140 亿美元。科恩现在居住在美国康涅狄格州格林尼治北部、一座建于 20 世纪 20 年代的豪宅中。1998 年他花了 1 480 万美元买下了这幢豪宅。然后，科恩又修建了一个面积达 1 080 平方米的篮球场、一个室内游泳池和一个可以容纳 20 人的家庭影院。这座宫殿般的建筑同时也是科恩的私人艺术收藏馆。科恩的收藏品包罗万象，有不同时期名家的作品，这些名家包括塞尚、毕加索、达米恩·赫斯特（Damien Hirst）[①] 和杰夫·昆斯（Jeff Koons）[②]。

---

① 新一代英国艺术家的主要代表人物之一，代表作是《生者对死者无动于衷》。——编者注

② 美国当代著名波普艺术家，代表作有《小狗》《气球狗》。——编者注

当拉贾拉特南刚进入对冲基金行业时，他的办公室狭小又简陋，位于莱克星敦 57 街，与他的老东家尼达姆公司仅隔了一个街区，他所管理的总资产规模大约为 3.5 亿美元，这些钱大多数是从亲戚和朋友那里筹集的。公司的名字为帆船集团，得名于拉贾拉特南的出生地斯里兰卡用来进行香料和象牙贸易的大型船只，斯里兰卡在古时被称为塞伦迪普岛（Isle of Serendip）。拉贾拉特南在自己擅长的领域，希望帆船集团可以通过对科技类公司的股票投资活动获得更多的盈利。在拉贾拉特新办公室的墙上，挂满了各种帆船的画，在房间的另一边，摆放着很多帆船模型。在拉贾拉特南的办公桌上，竖着一面小小的旗帜。为了迅速打开工作局面，拉贾拉特南前往著名的硅谷拜访各大公司的高管。毕竟，拉贾拉特南在硅谷深耕多年，与很多公司高管的关系还是不错的。

作为一名分析师，拉贾拉特南为那些刚刚成立的小公司写过不少分析报告，而这些新成立的小公司基本上都入不了华尔街那些大型投资银行的法眼。只有拉贾拉特南会第一时间将这些公司介绍给机构投资者。正是因为拉贾拉特南在尼达姆公司掌管一家小型对冲基金的时候，取得了巨大的成功，于是，拉贾拉特南又回来找这些人，希望他们能够支持自己成立的帆船集团。之前的投资人中，有很多是硅谷的名人，诸如 KLA 仪器公司的肯·利维，伊智公司的尼尔·邦基奥（Neil Bonkeo）和赛灵思公司的克里斯·切拉姆。正如拉贾拉特南在尼达姆公司所做的那样，他会从这些人中找一些可靠的人作为他的眼线，帮他紧盯行业的发展，其中就有切拉姆。拉贾拉特南从不掩饰这些人为帆船集团的成功所发挥的重要作用。在公司市场营销和项目建议书中，拉贾拉特南都会特别强调这样的一个事实，那就是，大约有 75 名硅谷高科技公司的高管是帆船集团的投资者。

跟很多南亚人的习惯一样，拉贾拉特南跟他的父母关系很亲密。拉贾拉特南的家人被他接连取得的成功所震撼，连他的父亲，原本是一个性格温和、对风险非常厌恶的保守型商人，都开始投资他的新基金。拉贾拉特南和妻子、儿子、儿媳一起生活在萨顿酒店，这是一套豪华的公寓式酒店，可以远眺东河。玛丽莲·梦露和她当时的丈夫、剧作家亚瑟·米勒（Arthur Miller）也曾经住过这个地方。如今，居住在这里的名人还包括纽约州前州长科莫（Mario Cuomo）。当拉贾拉特南第一次搬到这个地方的时候，他在华尔街并没有什么名气。邻居甚至怀疑，他之所以买下了社区里最不受欢迎的一栋建筑，是因为他没有资格购买这里最豪华的房子。然而，这并不能阻止拉贾拉特南在华尔街的购买行动。2000 年时，当拉贾拉特南将萨顿酒店 60 层的两套公寓打通合并在一起时，他向市政官员申请说，由于宗教信仰的缘故，他需要两间厨房。通常情况下，每套公寓只允许配一间厨房。拉贾拉特南喜欢跟体制博弈，不仅在工作中，甚至在家庭生活中也是如此。

想要将资金投入科技类公司的股票上，没有什么时机是比现在更好的了。科技行业的发展正处于泡沫刚刚吹起的阶段，一切都那么令人兴奋，这个泡沫会让冲动的年轻人，也即科技世界的企业家一夜暴富。这场科技热潮发端于 1995 年 8 月 9 日，在这一天，23 岁的电脑天才马克·安德森（Marc Andreessen）创立的网景公司公开上市了。网景公司主要是做网页浏览器的，这是每个人上网都需要的工具，它让无数的网民可以通过浏览器拥抱互联网。网页浏览器催生了一个虚拟世界，这个虚拟世界构建了一个革命性的商业平台。一时间，上千亿美元的资金涌入这个行业。1995—1999 年，共有 435 家科技公司实现了首次公开发行上市，其中包括我们今天所熟知的雅虎、亚马逊和阿卡迈科技公司，它们从资本市场上至少融到了 210 亿美元的资金。

拉贾拉特南对互联网行业的发展有着自己独特的判断和远见，正是因为有过对科技公司跟踪分析的经验，他相信随着技术的不断发展，必将会带来个人电脑领域革命性的变化，因为技术的进步为个人电脑的普及提供了可能，其中蕴藏着巨大的经济效益。很多人都觉得拉贾拉特南疯了，尽管他的分析有理有据。在 1997 年 4 月接受《对冲基金新闻》（*Hedge Fund News*）杂志专访的时候，拉贾拉特南告诉安托万·伯恩海姆（Antoine Bernheim）："大概只需要 6 年的时间，个人电脑用户将会超过 1 000 万。"而此时，他才刚刚创业 4 个月。与此形成鲜明对比的是，仅仅过了 10 个月，互联网用户就超过了 1 000 万。

拉贾拉特南非常清楚地意识到，仅仅追踪热点进行投资是不够的。如果帆船集团想从事对冲基金业务，那就必须拿到牌照，还得有相应的队伍。于是拉贾拉特南便召集董事会顾问开会，这其中就包括著名的对冲基金大牛斯坦利·德鲁肯米勒和佩因韦伯公司（Paine Webber）的首席执行官唐·马伦（Don Marron）。德鲁肯米勒与拉贾拉特南很早就认识，那个时候，德鲁肯米勒还在所罗门公司，而拉贾拉特南在尼达姆公司。德鲁肯米勒认识一大批自认为非常靠谱的华尔街分析师，而拉贾拉特南正是其中的一员，那个时候，拉贾拉特南是半导体行业的明星分析师。当拉贾拉特南成立帆船集团的时候，德鲁肯米勒和他的良师益友乔治·索罗斯都以自己的方式做了投资。当拉贾拉特南还是尼达姆公司的分析师时，他就为这两位大佬赚过大钱。所以，德鲁肯米勒和索罗斯没有理由不相信当拉贾拉特南自己做对冲基金的时候会再次为他们赚大钱。

很快，拉贾拉特南就从华尔街的常青藤联盟、高盛和摩根士丹利等公司招募到了他想要的分析师和投资经理。从尼达姆公司带来的团队不能继续为投资者赚到钱，于是，拉贾拉特南便组建了一支一流的队伍。拉贾拉特南雇用了来自高盛公司的健康医疗分析师普雷姆·拉赫曼（Prem Lachman）和来自摩根士丹利的交易员戴维·斯莱恩（David Slaine）。随着帆船集团的逐步壮大，拉贾拉特南又从高盛公司挖来了里克·舒特（Rick Schutte）和里克·舍伦德（Rick Sherlund），他们曾帮助微软公司上市。

帆船集团的秘密武器

从表面上看，帆船基金作为一只让人敬佩的对冲基金，其业绩主要源于拉贾拉特南作为技术分析师的专业经验。拉贾拉特南是帆船基金的最高负责人，树立了一个正面的基金经理形象。每天早上，在与家人共进早餐之后，拉贾拉特南通常会步行到办公室，办公室距他在萨顿酒店的公寓仅几步之遥。因此，每天 8 点 30 分的时候，帆船集团的分析师、投资经理和交易员都会聚集在一起开会，分析各自所研究公司的盈利状况，并讨论其他影响市场发展的因素。在一张长长的会议桌的尽头，拉贾拉特南就像将军一样坐在那里，不断地发问。拉贾拉特南的时间观念非常强，特别强调守时的重要性。帆船集团每年都会发放好几百万美元的奖金，每次开会，分析师和投资经理都会争先恐后准时进入会议室，相互之间经常被绊倒，他们这么做就是为了避免惩罚，虽然拉贾拉特南只是对迟到的人每次罚款 25 美元，但是大家都不愿意被抓到。

随着公司规模的不断壮大，拉贾拉特南会特别强调要注意这样的一个现象，那就是，分析师建议买入的股票在买入后下跌了，或者分析师建议卖出的股票在卖出后上涨了。当这种情形出现的时候，拉贾拉特南就会运用传说中的酷刑加以惩罚。通过将人放在麻布袋里摇晃，灭掉男人的威风，当然，拉贾拉特南会把握好尺度。作为聪明的领导，拉贾拉特南非常清楚什么时候应该表现得冷酷一些。

公司的一名餐饮行业分析师预测麦当劳门店的销售业绩数据将会下降，而实际情况则是，麦当劳公布的数据比预期的要好，股价不跌反涨。拉贾拉特南当面质问这名分析师："告诉我到底是怎么回事。"分析师面无表情地回答说："可能这个月人们吃了太多的汉堡包。"无人敢发出笑声。

尽管帆船集团并没有根据分析师的报告做出相应的头寸调整，但拉贾拉特南还是非常生气。他不敢相信他手下的分析师竟然有胆量拿这么严重的事情开玩笑。拉贾拉特南知道现在不是发作的时机，现在大发脾气是失控的表现。拉贾拉特南选择了别的做法，一个星期之后，这名分析师进入了待岗行列。

拉贾拉特南告诉那些潜在的投资者，基金的收益来源于分析师团队的"从下到上的研究分析"，他们的分析师团队，每个月调研的企业数量都在 300 家以上。他要求分析师尽可能多地外出调研，并尽可能多地拜访不同的企业。拉贾拉特南对他们只有一个要求：每天工作结束后，分析师必须通过邮件或者传真汇报他们在调研企业时获得的信息。如果分析师没有这样做，那么，他们的差旅费就不能报销。

帆船集团在刚起步阶段，80% 的分析师都是受过训练且在科技公司工作过的。戴维・布劳斯坦（David Blaustein）曾经负责过帆船集团的医疗基金，他是在 20 世纪 90 年代中期来到华尔街求职的，在此之前，他曾在耶鲁大学当过急诊室的医生。拉贾拉特南喜欢吹嘘他手下的分析师，没有"被市场炒作搞得措手不及"。工程师可以自我培养，拉贾拉特南经常说，教工程师如何选股票远比教投资者学工程要容易得多。

拉贾拉特南以他娱乐和搞笑的风格感染着帆船集团的每个员工。每个星期四，员工都可以在办公室享受按摩服务。在帆船集团交易大厅上演的温室文化秀中，拉贾拉特南会放纵自己，尽情享受恶作剧带来的快乐。那些打赌赌输了的交易员必须整天只穿着内衣工作。如果哪个员工能够一次性喝下 10 瓶龙舌兰，拉贾拉特南便会奖励 5 000 美元；如果某个员工可以吃下一整条面包而不喝一口水的话，他愿意奖励 1 000 美元。即便公司越来越大，拉贾拉特南的职位越来越高，他还是默许公司存在这种随心所欲的文化氛围。

2008 年夏天，随着美国经济快速衰退，拉贾拉特南给了一名基层女性员工一项非常有趣的任务：他给她一笔钱，让她去露露乐檬零售店（Lulwemon）购买衣服和配饰。在第二天的晨会上，拉贾拉特南假装已经做过深入的分析，他向大家阐述，在经济衰退时期，很少有消费者愿意购买价格过高的商品。然后，拉贾拉特南让这名女员工向以男性为主的分析师和投资经理队伍解释，零售店的服装引起消费者共鸣的原因所在。作为展示的一部分，这名女员工穿着黑色氨纶材质的衣服在会议室里转了一圈。当有人建议这名女员工应该站在会议桌上，像 T 台模特一样来展示服装时，帆船集团的首席运营官里克·舒特阻止了这一行为。

在很多方面，拉贾拉特南传统的行事方式与他在尼达姆公司的做法类似。与授业恩师乔治·尼达姆一样，拉贾拉特南同样精打细算，他十分关注办公室在纸张等生活必需品上的开销。员工外出调研只能坐经济舱，住宾馆也不许消费宾馆房间中提供的收费商品。员工外出调研之前，相关的活动经费都是预算好的。同时，拉贾拉特南也习惯快速而又松散的管理方式，早在尼达姆公司的时候，他就很欣赏这样的工作方式。在早期的市场拓展活动中，拉贾拉特南向投资者推荐他新成立的基金时，他都会自称自己过去的投资回报率都很高，尽管帆船集团是在 1997 年 1 月才成立的。在宣传的时候，拉贾拉特南都会强调他在尼达姆公司工作时，他所掌管的那只小型对冲基金所取得的良好业绩。

深入细致的分析和严格的支出控制并不是帆船集团唯一的核心竞争力。拉贾拉特南的秘密武器在于他还是一名操控高手。拉贾拉特南非常熟悉如何将上市公司的机密财务数据在对外公布前就弄到手。由于帆船集团是拉贾拉特南自己的钱，所以，在这方面，拉贾拉特南比以往任何时候都要积极。

詹姆斯·巴格利（James Bagley）早在 20 世纪 90 年代就认识拉贾拉特南，那个时候，巴格利是加利福尼亚州圣克拉拉应用材料公司的总裁和首席运营官，这是一家硅芯片机器制造商。巴格利说：“拉贾拉特南总是很殷勤，总是迫切地希望从你这里获得点消息。”拉贾拉特南希望得到客户，以及其他公司的详细信息，但巴格利拒绝透露。巴格利说：“很多时候，拉贾拉特南都会向你提供一大堆消息，然后，希望你帮他确认这些消息是否属实。这样的事情有过很多回了，特别是在拉贾拉特南自己创建帆船集团之后，他会询问你可否做信息交易。”但是，巴格利称自己的态度非常明确。“我不想跟拉贾拉特南在这种事情上有交集。”巴格利这样说道。

并不是每个人都与巴格利的感受相同。拉贾拉特南先后任职摩根大通和尼达姆公司，在前后 10 年的职业生涯中，他与在硅谷工作的美籍南亚人群体建立了密切的联系。在 20 世纪 80 年代，不管是拉贾拉特南所在的华尔街，还是硅谷，来自南亚国家的员工都非常少。由于被本土同事孤立，这些来自南亚的开拓者很容易抱团，在工作中形成非常稳固的关系。

这种不正常联盟的出现，通常情况下，并不是真情实感的流露，而是各自实际利益的需要。为了谋求事业上的发展，一个人需要团结更多的力量。拉贾拉特南在硅谷的好友除了爱特梅尔公司的首席执行官克里斯·切拉姆，另外一个特别要好的朋友就是 39 岁的英特尔公司产品市场工程师，她的名字叫鲁米·可汗。

与其他美籍南亚人类似，可汗原来生活在印度新德里，1982 年秋季的时候来美国读书。那个时候，她已经 24 岁了，错过了找男朋友的最佳时机。但可汗并不是那种墨守成规的人，在她还是一个小姑娘的时候，她就勇气十足，活泼可爱，这多少受她身边的男性朋友的影响，这些在印度的男性朋友并不是那种适合结婚的对象，尽管在印度通过相亲结婚仍然很普遍。当可汗获得了奖学金可以去美国读书时，她立刻就抓住了这个机会。可汗告诉她的父母说，如果他们不给她机票钱，那她就自己借钱买机票。

拉贾拉特南与可汗的相识是在 1995 年，当时，拉贾拉特南还在尼达姆公司工作，而可汗是英特尔公司微处理器工作小组的成员。作为可汗工作的一部分，她需要跟踪半导体行业分析师的研究成果，而在半导体方面，拉贾拉特南无疑是最棒的。有一天，可汗给拉贾拉特南打电话询问英特尔公司的竞争对手 AMD 公司的相关事情。两人一见如故，他们有很多相似之处，拉贾拉特南的妻子与可汗一样，来自印度的旁遮普省。隔了一阵子之后，可汗与拉贾拉特南的妻子碰面时，她们竟然说的是相同的方言，这个方言就是旁遮普语。

“我真希望几个月前就跟你通话了，”可汗跟拉贾拉特南开玩笑说，因为在加入英特尔公司之前，她的梦想是去华尔街工作，而不是留在英特尔公司做着无聊的半导体行业的市场调研。

“哦，那你现在还可以继续你的梦想啊。”拉贾拉特南这样回复说。

凑巧的是，当可汗再次找拉贾拉特南时，他正在招聘一名半导体分析师，而可汗完全满足他的要求。可汗受过高等教育，从肯特州立大学毕业后，她在哥伦比亚大学获得了电气工程硕士学位并在加州大学伯克利分校获得了 MBA 学位，更重要的是，她曾在很多科技公司工作过，包括像英特尔这样的行业巨头。这一年年末，拉贾拉特南便与可汗在加利福尼亚州的门洛帕克碰面了，正如他所承诺的那样，他为可汗提供了一个工作岗位。唯一的前提条件是，可汗必须去纽约接受培训。

这让可汗感到左右为难，有一种被撕裂的感觉。可汗非常期待能够去华尔街工作，但她清楚地知道，如果她接受这份工作邀请，便有可能保不住她的婚姻。她的丈夫萨卡沃特是一个传统观念很强的男人，他希望自己的妻子就在自己身边，而不可能接受自己的妻子为了工作跑到 3 000 千米之外的地方生活。于是，可汗拒绝了这份工作邀请，但拉贾拉特南却一直记得她。有时候，拉贾拉特南会帮助可汗获得一些经纪公司的面试机会，比如培基证券（Prudential Securities）和罗伯逊·斯蒂芬斯公司（Robertson Stephens）。可汗知道，拉贾拉特南与其他分析师不一样，他们俩更像是朋友而不是生意上的熟人。每当拉贾拉特南去加利福尼亚州的时候，他们俩都会一起吃顿饭，有时候，还会带上彼此的配偶。

对拉贾拉特南来说，这也是生意的一部分，他这样对待可汗，就是为了让可汗成为帮助他获取内部消息的线人。在拉贾拉特南向可汗询问相关内幕消息之前，他会让可汗觉得她欠他的。拉贾拉特南尽自己所能帮助可汗在华尔街谋求工作机会，而这个工作又是可汗梦寐以求的，或者将可汗介绍给其他公司，甚至自己的公司也向可汗发出工作邀请。于是，某一天，当拉贾拉特南向可汗索求她所在的英特尔公司的内部资料时，她就很痛快地告诉了他。1996 年 12 月，可汗给拉贾拉特南打电话，得知他已经离开尼达姆公司并准备自己创业。这时，拉贾拉特南觉得他们应该继续保持联络。

拉贾拉特南的帆船集团在第一年所取得的成绩就让人感到非常兴奋。在对冲基金成立之后的 4 个月，基金市值增加了 3%。大量的资金开始涌入，投资者对帆船集团取得的投资业绩，以及高科技行业的成长信心满满。“大街上随便问一下，证券市场上谁投资科技股最厉害，你听到的答案一定是拉杰 · 拉贾拉特南。”1997 年 11 月的《巴伦周刊》(*Barron's*) 这样宣传道。

一派繁荣的景象掩盖了帆船集团在 1997 年秋季犯下的错误。帆船集团大力做多科技类公司的股票。但在亚洲金融危机引发了不确定性之后，投资者更偏爱低风险资产，开始降低科技类公司的股票头寸。仅 10 月一个月，帆船集团的净值就下跌了 10% ~ 12%。拉贾拉特南必须为帆船集团做点什么事情，否则，价值 8 亿美元的基金就会离他而去。

拉贾拉特南拿起电话，打给了在英特尔工作的老朋友可汗。拉贾拉特南非常明确地表示他想知道英特尔的现状如何。

这么多年来，可汗非常了解拉贾拉特南，他从未跟她探讨过英特尔公司的情况。在讨论其他方面的事情时，拉贾拉特南从来都很自然，不会觉得有什么不好意思，他的行为表明他打电话给可汗是不到万不得已不会这样做的。而可汗所处的职位可以很轻松地获得英特尔的微处理器订单，这个订单表明公司客户未来对产品的需求量有多大，这意味着在接下来的几个月里，公司需要生产多少芯片，不仅要满足客户订单的需求，还要满足英特尔库存生产的需要。这些报告列有前 20 位个人电脑生产商，以及他们对英特尔芯片的未来需求数据。对于分析公司未来业绩的股票投资者来说，这些重要的信息无疑就是宝库。投资者很容易就可以估算出英特尔公司的预期收益将会是多少，芯片的销售数量乘以销售价格就是公司的销售收入。

从那时起，每个星期拉贾拉特南都厚颜无耻地给可汗打电话，让她给他提供英特尔公司的订单报告。拉贾拉特南还会向可汗求证他从市场上听到的关于英特尔公司的各种传闻。不久，可汗就自愿主动地向拉贾拉特南提供这方面的信息。她将从同事那里获得的数据全部传给了拉贾拉特南。一开始，可汗还非常谨慎，只用英特尔的专用电话线交流。这并没有引起任何人的怀疑，这是她的工作职责所在，作为市场研究人员，她有必要经常跟对冲基金经理和分析师保持沟通。但后来，由于时间紧迫，她便会给拉贾拉特南传真一些文件。可汗从来没有问过拉贾拉特南获得这些信息到底要做什么，但是考虑到他现在所做的事情，她很自然地就想到获得这些数据是为了更好地进行股票交易。现在，当可汗向拉贾拉特南抱怨英特尔的工作时，拉贾拉特南便会劝她继续留在英特尔。拉贾拉特南甚至提出，只要可汗留在英特尔工作，他愿意为她提供额外的补助。

1998 年 3 月 6 日，可汗将标有“英特尔机密”字样的一系列表格文件传给了纽约的某台传真机。这些文件非常详细地展示了英特尔内部最为敏感、高度机密的客户订单信息。这份名为“设备订单出货报告”的文件不仅罗列了几十家主要个人电脑（PC）制造商预订的芯片数量，而且还详细地注明了已经发货装运的实际芯片数量。有了这些数据，任何一个懂行的分析师都能够测算出英特尔未来的财务状况。两个多星期后，也就是 3 月 24 日，可汗将手写的几页文件传真给了某个号码，后来英特尔公司才知道这个传真号码是帆船集团的。传真的文件上面明确标出了 1998 年第一季度英特尔公司的芯片平均销售价格和销售数量。分析师只要做一些简单的计算，将这两个数字相乘，就可以算出这个季度英特尔公司的销售收入是多少。将英特公司的平均销售价格的机密数据与其之前每个季度对外公布的数据相结合，任何一个普通的分析师都能够完整地掌握英特尔公司的财务状况和运行情况。只需稍加努力，分析师很快就可以知晓英特尔公司的新品如何，以及最赚钱的电脑芯片是哪一款。令可汗意想不到的是，每次当她传真这些文件的时候，英特尔公司安装在传真机上的隐形摄像头都会将她所有的行为记录下来。

THE BILLIONAIRE'S APPRENTICE

第 12 章 成为麦肯锡的掌舵人

在斯堪的纳维亚外派一圈之后，拉贾特・古普塔回到麦肯锡美国总部并有了新的职位。古普塔并没有回纽约办事处，而是选择去芝加哥，一个他之前非常陌生的城市。这是因为跟古普塔关系非常好的一个纽约办事处前合伙人在多年前去了芝加哥，并且游说古普塔也跟着他去芝加哥，于是古普塔便听从了他的建议。在古普塔去斯堪的纳维亚之前，他曾经通过房屋交易中介将自己的房子卖给了同事。这一次，他并不准备亲自操办房屋交易。古普塔的同事夫妇帮助古普塔夫妇找到了一套不错的房子，而他在没有看到房子之前就将房子买下了。因为古普塔非常相信这位同事，所以也相信他们的眼光，这简直是爱屋及乌。

想要自己成功，必须让其他人也成功

在 20 世纪 80 年代的麦肯锡，获得升迁的方式有好几种。一些人通过与客户建立密切关系及增加业务量的方式获得升迁；另外一些人，则是通过他们的聪明才智获得升迁，他们做了很多创新性研究，这些研究对重构整个咨询行业体系有很大的帮助；还有一种罕见的升迁路径，就是通过管理上的改革和创新。古普塔正是凭借其在管理方面的完美表现才在公司建立起不错的声誉，然而，他所在的公司恰恰对管理最不重视。

麦肯锡公司总是将最高荣誉授予那些为客户提供至高无上服务的合伙人。在麦肯锡公司内部，很少有合伙人因为管理能力强而走上领导岗位。不过，古普塔知道自己在麦肯锡最大的优势就是管理能力突出。尽管古普塔是以外派的身份进驻斯堪的纳维亚的，但他在那里取得了巨大的成功，其原因就在于他有着非常强的资源整合能力，他能够将麦肯锡各个层面的同事团结起来，而且还能有效地帮助他的团队为客户提供服务。拉贾特·古普塔的父亲阿什维尼·古普塔可以将 8 张车票送给一批没有买到票的年轻人，跟他父亲一样，拉贾特·古普塔也会为有需求的客户提供贴心的服务。

在古普塔还很年轻的时候，当他看到大多数同事相互比拼向上爬时，他就悟到了激励管理的艺术。古普塔明白，想要自己获得成功就必须让其他人也成功。前几年，当古普塔努力想成为合伙人时，他把主要精力放在如何取悦他的上司们上，而不是专注于工作。随着古普塔慢慢成熟起来，年轻时候的经验教训让他有所改变，这些经验是他在很小的时候，跟着父亲参加尼赫鲁总理新闻发布会时学到的东西。古普塔发现尼赫鲁总理总是按照自己的方式，亲自跟每个人接触。许多年之后，古普塔也是这么做的，直接跟每个人接触，让每个人都有一种成就感，感觉自己很重要，这跟当年尼赫鲁的做法完全一样。

当古普塔在芝加哥工作 3 年后，芝加哥办事处的经理迈克尔·默里（Michael Murray）因为工作轮换的原因离开了芝加哥，他是古普塔的好朋友兼导师。办事处负责人或者麦肯锡人力资源委员会都是令人垂涎、有实权的职位。人力资源委员会控制着公司员工的升迁，并且在很多情况下还掌控着薪酬的核定。而麦肯锡在各地办事处的负责人决定着员工职业生涯的升迁或转变。他们之所以有这样的权力，主要是因为他们掌控着客户资源的分配，他们可以直接决定将什么样的客户分配给哪一类员工。他们的亲信接到的都是不错的差事，而不能进入他们核心朋友圈的那些员工，就只能挑剩下的客户。用斯基林的话说，这就“好比政治庇护似的”。

古普塔很快就获悉麦肯锡的全球董事总经理弗雷德里克·格鲁克准备派另外一个人做芝加哥办事处的负责人，而不会考虑自己。格鲁克觉得古普塔在斯堪的纳维亚锻炼之后，就不需要再在管理岗位上锻炼了。此外，他已经想好了准备让谁来接替芝加哥办事处负责人的位置。这个人就是年轻的董事迪克·阿什利（Dick Ashley），他是芝加哥办事处的老员工，对这里的情况非常熟悉。

古普塔认真琢磨了一下，如果芝加哥办事处负责人不是自己而是别人的话，自己未来的前景将会是一番怎样的景象。可是，过了一会儿，古普塔又告诫自己不应该这么想。不过，古普塔的内心是矛盾的，他的确非常想成为芝加哥办事处的负责人。尽管来芝加哥的时间并不是很长，但他却赢得了所有同事的尊重。麦肯锡芝加哥办事处的咨询师团队是一个非常团结的队伍，他们中的许多人，包括古普塔在内，彼此都住得很近，他们都住在芝加哥最有名的温尼卡或者威尔梅特地区。每个周末，他们都会携家带口一起去参加聚会。

除了大女儿吉檀迦利之外，古普塔的家庭又增添了两位成员，是两个女儿，分别是梅加和阿迪蒂。尽管作为咨询师需要不断地出差，让人筋疲力尽，但古普塔总是尽可能地挤出时间陪他的孩子们，帮她们换尿布、洗澡。有很多次，妻子安妮塔发现古普塔由于倒时差而睡眠严重不足，在带孩子的时候，躺在客厅的沙发上睡着了，而孩子在他胸前静静地趴着。

随着女儿们逐渐长大，古普塔在她们的教育上开始发挥作用了。古普塔的专长是数学。尽管星期五晚上飞机抵达已经很晚了，但每个星期六的早上，古普塔还是会很早起床，这样的话，他就可以有更多的时间辅导大女儿的数学了。阿迪蒂回忆说，尽管父亲陪伴她们的时间很少，但他确实是在用心陪伴着她们，而不只是跟她们待在一起。古普塔的几个孩子都非常喜爱阅读，但他经常要求她们放下手中的书，参加家庭集体活动，比如一起吃早餐和家庭大扫除。古普塔最常说的一句口头禅是“我在精神上支持你”。如果哪个女儿被分配打扫房间这样的重活，古普塔就会鼓励其他孩子帮她一起干。梅加回忆说：“如果我们表示反对，要求爸爸一起干，他就会拿出这违背了‘精神上支持’的原则来搪塞我们。”

正如古普塔在哈佛大学读书时所表现的那样，他总能在吸收新事物与保持印度价值观和生活方式上找到一个平衡点。在古普塔装修房子的时候，保持着印度的装修风格，女儿们称呼自己的爸爸也是用印地语。同样，他喊女儿们的名字，用的也是印度昵称。

当古普塔第一次踏上美国领土时，圣诞节和感恩节刚过去，所以他对这些节日并不是很在意。但随着女儿们逐渐长大，他们家也开始像庆祝印度排灯节一样去庆祝这些西方的节日。一个大家族会从全国各地赶来，有时候连印度裔流浪汉也会接待。在假日的前一天，大家会组团去购物，一般都是 30 多人一起去，为盛宴做准备。这个时候，作为这个家族的大家长，古普塔总是一身传统装束，上身穿着长长的、宽松无领衬衫，搭配一条肥肥的长裤。

在宴会上，古普塔是最不爱说话的人之一。不过，在饭后，古普塔愿意邀请客人一起打牌或者玩玩诸如拼字游戏、你猜我画这样的游戏。游戏过程中，竞争还很激烈，古普塔乐在其中。在玩你猜我画游戏的时候，平时安静的古普塔可以胜过任何人。朋友都感到很奇怪，热爱桥牌游戏的古普塔会在智力游戏赢了之后如此兴奋。拼字游戏对古普塔而言，不仅仅是文字活动，而是一个练习制定策略的机会。古普塔有着某种很神奇的本领，他知道哪些空格应该填哪些文字。不管古普塔玩的是什么游戏，他都会全身心地投入，在工作和生活中也是如此。有一次，古普塔的朋友的儿子沉迷于溜溜球游戏，而且熟悉这个游戏里面所有的诀窍。古普塔也想这样玩，于是，他按照这个 11 岁男孩的方法练习，最后真的完全掌握了这个游戏的奥妙。

与其他美籍印度人所做的一样，古普塔夫妇特别重视对教育和家庭的投入，这个家庭不仅仅是指自己的小家庭，还包括跟他们关系密切的大家族。古普塔是自己女儿的爸爸，同时也是在印度生活的侄儿侄女、外甥和外甥女的“大爸爸”。这些亲戚都记得，每当圣诞节快要来临时，他们的“大爸爸”就会来看他们。每次，古普塔和安妮塔都会带着装满礼物、巧克力和衣服的大箱子来。20 世纪 70 年代和 80 年代的印度还是一个物质匮乏的国家，古普塔夫妇非常清楚这些礼物对孩子们的重要意义。随着时间的变迁，古普塔夫妇送给孩子们的礼物变得更加昂贵了，比如苹果笔记本电脑。古普塔夫妇的这种做法是典型的新生代美籍印度人的做法，他们这代人依靠自己的辛勤努力和奋斗，在美国取得了辉煌的成绩，并且愿意将他们的成功喜悦与还在印度的亲戚分享。

1984 年，古普塔的岳父因为意外去世了，这让玛图家族一下子失去了一位大家长。古普塔立即接过了这一重任，尽自己最大的能力确保玛图家族还能够在政府员工宿舍多住一年时间。古普塔像父亲一样照顾安妮塔最小的弟弟，因为他跟古普塔一样，十几岁的时候就成了孤儿。每到假期的时候，古普塔夫妇都会把小弟弟接到美国跟他们一起生活。安妮塔父亲的去世给家庭带来了不小的压力，安妮塔的妹妹想通过嫁人来缓解这一困境，面对这一状况，古普塔给出了另外一条路：不要嫁人，来美国读商科学校。古普塔帮助安妮塔的妹妹选择目标学校，指导她写申请书，并借给她上学所需要的费用。

顺从内心，表明野心

古普塔很清楚，如果他想成为芝加哥办事处的负责人就必须赢得大家的支持。然而，自己主动争取这样的岗位与麦肯锡公司的文化相悖。“这只是你自己的决定，”古普塔告诉格鲁克说，“但我还是想试一试，我不会让你为难。不过，你确实有必要考虑一下，是否让我来负责这里，或者其他人也行。”

格鲁克从小在纽约布鲁克林地区长大，跟自己的祖母、父母，以及 5 个兄弟姐妹居住在一居室里，这养成了他非常坚毅的性格，他的决定不会轻易受他人的影响而发生改变。但在芝加哥办事处负责人的考虑上，格鲁克确实好好琢磨了一番，办事处的其他高级咨询师都向他表示，如果在古普塔和阿什利两人之间选择，他们更愿意支持古普塔。关键时刻，格鲁克接到了芝加哥办事处前负责人迈克尔·默里的电话，默里说他是代表芝加哥办事处提出建议，默里的建议又是什么呢？当然是支持古普塔！

最后，古普塔相信格鲁克会让他做芝加哥办事处的负责人，“这虽然与格鲁克最初的想法相违背，但从某种意义上说，他希望其他人来当办事处负责人……并不是说他不喜欢我或者其他什么原因”。然而，“我的经验和经历都非常不错，而且下面的人都非常支持我，所以，他只能选择我来坐这个位置”。这一段插曲非常有教育意义。古普塔是那种很容易安于现状、不会抗争的人，但是，这一次，古普塔对自己非常满意，他顺从了自己的内心，主动向格卢鲁表明自己的意愿。“坦白地说，如果我当年没有这么积极争取，我肯定会后悔的。”多年之后，古普塔这样说。

20 世纪 80 年代后期，古普塔在麦肯锡的升迁速度明显加快了。古普塔再也不是那个有点害羞、略显尴尬的哈佛商学院毕业生。作为芝加哥办事处的负责人，古普塔凭借他那低调又高效的管理再次名声大噪。尽管麦肯锡实施的是“公司统一薪酬制”，这意味着每个合伙人的薪酬是根据全公司的业绩来核定的，但员工们还是在 80 年代后期了解到芝加哥办事处，以及古普塔之前负责过的斯堪的纳维亚办事处都为公司创造了丰厚的利润。如果不是这些办事处为公司创造如此辉煌的业绩，麦肯锡也不可能发展得这么快。

商业上取得的成功让古普塔开始成为大家关注的焦点。1988 年，当古普塔当选公司董事总经理时，他实际上已经获得了“最后拍板 7 人组”的候选人提名。那个时候，古普塔还不到 40 岁，但他的名字已经出现在选票上，而他的竞争对手普遍比他大 10 岁以上。“这是一个 360 度无死角、全透明的圈子，一直以来我都记得，在麦肯锡，我总是慢人一拍。”多年之后，古普塔这样回忆说，“但这一次，我好像事事都赶在了别人前面。”

在古普塔负责芝加哥办事处的那几年里，麦肯锡公司的管理层慢慢发生了转变，这是由于 20 世纪 70 年代，公司面临经济压力而实施的改变，但从外界来看，这种变化并不是很明显。以客户为中心的上一代领导层慢慢将接力棒传给了以公司收入为重心的新一代管理层。而古普塔负责的区域，不管是之前的斯堪的纳维亚还是后来的芝加哥，都为公司带来了非常丰厚的收入。

到格鲁克准备退休的时候，麦肯锡公司的业务飞速增长，在 6 年的时间里，公司收入翻了一番，达到 12 亿美元。但从未来的兆头来看，公司 60% 的收入来源于海外。海外业务之所以有这么迅猛的发展，首先要得益于公司有一位非美国人的董事总经理。1993 年 9 月出版的一期《商业周刊》(*Business Week*) 杂志上刊登了约翰 · A. 伯恩（John A. Byrne）的一篇文章，这篇文章站在行业发展的视角，对麦肯锡公司所取得的成功作了非常深入的分析。“很多内部人士都觉得麦肯锡会选择一位非美裔人士担任公司的领头人。这个领头人可能从以下四位中产生：斯堪的纳维亚的克里斯琴 · 卡斯珀、瑞士的卢卡斯 · 米莱曼（Lukas Muehlemann）、伦敦的诺曼 · 桑松（Norman Sanson）和德国的亨兹勒。”除了这四位非美裔之外，也有一位美裔的候选人，他就是纽约办事处的负责人唐 · 维特（Don Waite）。不过，麦肯锡并没有对外公布最终答案。

卡斯珀是公司老员工，成名比较早。即便是古普塔在斯堪的纳维亚大力拓展业务，该地区总体的业务量还是很小，没什么分量。桑松的情况基本相同：只不过是另外一个盎格鲁 – 撒克逊候选人。在最后时刻，麦肯锡瑞士地区负责人卢卡斯 · 米莱曼退出了角逐。米莱曼离开了麦肯锡，到瑞士再保险公司任首席执行官，而瑞士再保险公司是麦肯锡的客户，之前，很多麦肯锡的咨询师都这么跳过槽。

作为同时代的候选人，维特是麦肯锡首要董事审查委员会的主席，他成为大家一致看好的将会成为格鲁克继任者的候选人。毫无疑问，在纽约，维特有着非常强大的支持队伍，而纽约又是麦肯锡公司最有分量的选区之一。维特行事胆大心细，考虑问题非常周全，从 20 世纪 70 年代中期开始，他的重心就放在拓展麦肯锡的银行业务上，当时，银行业务仅占麦肯锡业务的 3%。到 1983 年的时候，包括保险公司在内的金融机构的业务量，在纽约和伦敦两地就占到麦肯锡总业务的 25%。金融机构已经成为公司最大的客户群。但如果保守的维特当选麦肯锡最高领导者的话，毫无疑问，这样的发展势头肯定会被叫停。维特一直都觉得在 20 世纪 80 年代的时候，麦肯锡发展的速度太快，“有必要收紧一下”。

与维特的看法不一样，赫伯特 · 亨兹勒一直推崇快速扩张，并且取得了不小的成绩，成为麦肯锡公司的明星。亨兹勒本身也是那种带有传奇色彩的人物，他的绰号是“德国巨人”，这倒与他的形象非常吻合。亨兹勒的客户都是传统的德国老牌巨头企业，包括西门子公司和汽车制造商戴姆勒公司，今天戴姆勒公司已经和克莱斯勒公司合并成为新的汽车业巨头。亨兹勒所做的每一件事，包括滑雪，都将他的个性和冲劲完美地展现出来了。由于亨兹勒在德国帮麦肯锡取得了巨大的成功，他便成了最有力的竞争者。除了1990年时因为东德和西德的统一带来短暂的下降外，麦肯锡在德国所取得的成绩，是美国本土之外做得最好的，无论是招募新员工、拓展客户规模，还是市场渗透，德国市场都做得非常不错。

但是很少有人会认为亨兹勒会赢得合伙人的支持并当选公司最高领导人，因为他过于特立独行，从不掩饰自己的想法。当亨兹勒回答如何评价纽约办事处的成绩时，他尖锐的批评让合伙人觉得很不舒服。有时候，麦肯锡会对总部在大城市的财富500强企业数量加以跟踪分析，纽约经常不在排行榜上。亨兹勒就曾公开地向总部在曼哈顿区的部分企业表示，纽约的麦肯锡同僚不值得信赖。这种警告虽然切中要害，但太不讲究策略了，容易引来非议。

从历史上看，被选为麦肯锡公司的最高领导者的人往往代表着公司未来发展的方向。在格鲁克当选之前，麦肯锡公司的目标很明确，就是要构建自己的专家人才队伍，这也是为了应对竞争对手波士顿咨询公司和贝恩咨询公司的挑战。1994年，当格鲁克准备卸任的时候，人们希望新选出来的领导人能够带领麦肯锡朝着多元化发展，将以客户为中心的战略进一步发扬光大。

“到20世纪80年代末期，公司内部有一部分人认为公司过度重视以业务拓展为核心的发展方式，而且这部分人的数量还在不断上升，”斯基林这样说道，“弗雷德·格鲁克创造的业务发展模式已经超过了公司的能力范围，导致公司不能很好地为一些特殊的客户提供相应的服务。从这个角度来看，我想古普塔可能是平衡各方势力的一个比较好的选择……我们强烈地感觉到，格鲁克在80年代的做法引来了越来越多的批评，但古普塔可能会在未来对此加以修正。这一思想在所有的合伙人和董事中间引起比较大的共鸣，特别是年轻的一代。”

1994年3月，古普塔当选麦肯锡全球董事总经理，这是麦肯锡68年发展史上的转折点。选择一个印度人作为公司的舵手，毫无疑问，麦肯锡正信心十足地去拥抱一个全球化的未来，并抛弃一个同质化的过去。古普塔经常明确地表示，那些批评麦肯锡过于精英贵族化的论调已经过时了。“我在升迁的过程中遭遇过‘职场天花板’吗？”多年之后，古普塔很巧妙地问到，“我从来没有觉得自己遭遇过这方面的限制，因为麦肯锡崇尚的是任人唯贤，很多时候，人们所说的天花板，其实就是他们脑海里的想象，这在真实的工作环境中其实并不常见。”

尽管选一个非美裔人士成为麦肯锡的舵手有着非同寻常的象征意义，然而，古普塔的升迁还有一个很少被人谈及的重要作用。在古普塔 45 岁的时候，他就成为麦肯锡后备领导之一，在斯堪的纳维亚收到马文·鲍尔的祝福之后，他就成为麦肯锡内部填补两代人鸿沟的最佳人选。古普塔话不多，但行事周密，这些同样满足麦肯锡所需要的领导风格需求，这也是让麦肯锡合伙人选择他作为非美裔董事总经理的重要原因。有些人，比如来自德国的亨兹勒，就让麦肯锡很多内部人士感到不满。“古普塔之所以最终能够被选中，是因为他身上具备两个重要的特质，这两大个性为他加分不少，”来自芝加哥的古普塔的好友巴拉·巴拉钱德兰（Bala Balachandran）这样说道，“古普塔是最优的折中选择。古普塔很容易让大家形成统一意见，而不会搞分裂对抗。大家喜欢古普塔是因为他不会让你觉得有威胁。”

然而，老一辈的高管还是没有料到古普塔的能量如此之大。一些年纪比较大的合伙人因为偏向传统的候选人，所以试图贬损古普塔所取得的成绩。这些合伙人宣称古普塔为了赢得选举，严阵以待，组织人马进行游说，并给不同地方办事处的负责人及公司董事打电话。麦肯锡官方从未正式培训过有表决权的董事应该如何对待候选人。由于给各个办事处打电话介绍潜在候选人的现象并不少见，但一些守旧派认为 1994 年公司选举之前的游说是史无前例的。然而，古普塔的朋友坚定地站在他这边。

当格卢克听到这些抱怨和非议的时候，他很想知道，这一切是不是古普塔自己精心安排和策划的。这与 1990 年发生的事情很像，那个时候，他准备提拔迪克·阿什利为芝加哥办事处的负责人，但他接到默里的电话，劝他说古普塔才是办事处负责人的最佳选择。

可能格鲁克低估了斯基林这一代人的投票能力。如果斯基林没有在 1990 年离开麦肯锡加入安然能源公司，他就是麦肯锡公司新生代的代表之一。站在斯基林的角度来审视，古普塔的升迁是麦肯锡公司在面临外在挑战和资本化压力下的必然选择。“麦肯锡全球董事总经理的候选人必然要反映出公司未来的发展方向。我觉得没有人能够像古普塔那样完全满足公司未来发展的需要，”斯基林说，“他为公司人力资本的发展开辟了一条新路。我觉得古普塔在麦肯锡全球董事总经理选举中获得胜利是十拿九稳的事情。坦率地说，我认为任何人都没有能力挑战他。古普塔就是那么优秀！”

THE BILLIONAIRE'S APPRENTICE

第 13 章 拉贾拉特南的“优势”

1998 年 3 月末，英特尔公司没有继续对鲁米·可汗将机密财务数据传真给拉杰·拉贾拉特南的行为进行拍照。对于这个半导体巨头来说，内部调查看起来总是显得有些违和。一名员工注意到了安装在传真机侧面的隐藏摄像机，并试图将这个摄像机拿下来。大家猜测公司是为了防止员工偷窃传真纸张，才安装摄像头来监视。谣言不利于员工士气的提振。

与此同时，可汗决定离职，因为她收到一份自己表现较差的评估报告，而这个报告却是由一位并不熟悉公司情况的经理写的。可汗的离职让调查陷入了困境。如果没有可汗打电话和传真机密文件泄密给拉贾拉特南的证据，便很难针对帆船集团创始人立案，除非让可汗承认这些电话都是她自愿拨打的。调查陷入了僵局，而可汗也找到了一份新的工作。

圣诞狂欢会

1999 年，由于市场回暖，科技股泡沫又被吹起，拉贾拉特南的公司业绩再次爆发了。拉贾拉特南旗下的科技基金收益率高达96.3%。同年6月，拉贾拉特南又成立了一只新基金，名为帆船新媒体基金，专门投资互联网公司的股票。由于获得了可观的回报，拉贾拉特南名下管理的资产规模从1998年的10亿美元激增到50亿美元，2000年4月1日，拉贾拉特南宣布帆船集团不再接纳新的投资者。为了庆祝帆船集团所取得的辉煌业绩，在新千年前夕，拉贾拉特南举办了一场盛大的圣诞狂欢会。

大约有300名经纪人和客户聚集在曼哈顿中心区的一个超级大舞厅，那里有一个露天酒吧，酒吧被气球和彩带装饰得非常漂亮，大家静候巨星登场，她就是传奇流行歌手唐娜·桑默（Donna Summer）。尽管客人来得很早，但舞台一直是空的，因为桑默迟到了一个多小时。虽然拉贾拉特南的表情看上去很轻松，但实际上，让他一直等着，他还是很生气的。不过，拉贾拉特南倒是不用太担心狂欢会的氛围。因为当桑默在晚上10点左右出现在舞厅时，人群立刻沸腾了，她引吭高歌，唱着她的老歌，以及那几首带点色情味道的成名曲《性感者》（*Hot Stuff*）和《她为钱而努力工作着》（*She Works Hard for the Money*），还有她的新曲目。晚会一直到第二天凌晨才结束。在华尔街，经纪人用美酒和美食引诱客户将更多的钱投向他们，就像帆船集团所做的那样，但这是法律所禁止的。果然，拉贾拉特南通过美食和娱乐活动来吸引客户的做法引起了监管者的注意。

诱惑

随着生意越做越大，1998年，拉贾拉特南在加利福尼亚州的硅谷核心地带设立了一间办公室。为了不让外界对他这个新设立的办公室过分关注，拉贾拉特南连办公室的电话都没有对外公布。公司的新员工之一就是可汗，其工作任务就是分析个人电脑行业的股票，拉贾拉特南每年支付她12万美元外加年终奖金。科技领域的一些大名鼎鼎的公司开始进入可汗的研究视线，这些公司包括戴尔、康柏、太阳计算机系统有限公司、IBM、阿尔特拉及其他公司。

拉贾拉特南告诉可汗，她应该在这些公司内部找到一些值得信赖的线人，这样的话，这些线人便能够为她提供有价值的“边料”。当拉贾拉特南跟她说到“边料”这个词时，可汗立即就明白了他所指的“边料”到底是什么意思。拉贾拉特南希望可汗能够获得一些公司的内部机密信息，这样的话，帆船集团对股票的分析就会跟华尔街的常规套路不同。如果可汗所获得的内部信息完全准确的话，投资者一定会意识到帆船集团所选择的股票头寸是对的，而市场却是错的，这样的话，帆船集团就会大赚一笔。

与可汗在英特尔工作时的环境不一样，她发现在帆船集团的工作压力更大、强度更高。1999 年春天，当可汗所做的事情违背了拉贾拉特南所设定的原则时，她离开了帆船集团，而一开始，拉贾拉特南答应过她，在这方面会对她网开一面。可汗用她的个人账户进行交易，这是拉贾拉特南绝对不允许的。对监管者来说，在对冲基金公司工作的员工用自己的私人账户买卖股票是坚决不能触碰的红线，这就是内幕交易。但是对可汗来说，这个诱惑实在是太大了。在 20 世纪 90 年代的互联网泡沫中，可汗跟其他人一样，通过购买互联网公司的股票赚了大钱。

在可汗加入帆船集团几个月后的某一天，拉贾拉特南跟她说：“听着，你必须将你的个人账户转到公司基金名下。每一个在这里工作的人都得遵守这一原则。”可汗怀疑是她讨厌的某个圣克拉拉办公室的同事向拉贾拉特南施压，要求他对自己强制执行这一公司规定。可汗回家跟丈夫谈论这个事情，然后告诉拉贾拉特南，她并不想将自己的个人账户转到公司基金名下。“那你只能离职了。”拉贾拉特南回答说。他们俩就这样友好地分开了。拉贾拉特南说他很佩服可汗，因为她的工作确实做得非常棒。

1999 年 4 月 15 日，在可汗离开帆船集团一个月后，两个 FBI 的特派探员敲开了她家的门，她的家位于加利福尼亚州的森尼韦尔市。联邦探员询问了可汗与拉贾拉特南往来的一些事情。可汗推测联邦探员所说的事情是她在英特尔工作时与拉贾拉特南之间的谈话。可汗说，从那个时候起，她就经常向拉贾拉特南提起去他们公司工作的事情。那个时候，可汗与拉贾拉特南会讨论股票，以及如何操作，但可汗坚持自己从来没有跟拉贾拉特南探讨过她的前东家英特尔公司的相关情况。可汗始终坚持这个观点，她从来没有从英特尔向拉贾拉特南传送过任何财务报告，她从来没有向他泄露过任何消息，也从未将英特尔公司的盈利数据或者生产数据等消息告诉过他。

随后，联邦探员向可汗出示了当时安装在传真机上的隐形摄像机拍摄到的照片，照片都是她给拉贾拉特南传真英特尔的各种报告。联邦探员告诉可汗，他们掌握了大量的照片证据，证明她曾经将英特尔的财务报告传真给拉贾拉特南，而就在几分钟之前，她还坚决否认自己做过这样的事情。

“好吧。”可汗坦然自若地回答说，丝毫不为撒谎被抓住这件事而感到羞愧。可汗跟联邦探员讲自己可以跟他们合作，但必须确保自己的身份不能“暴露”。可汗告诉联邦探员，她并没有通过传送这些消息“赚到很多钱”。

第 14 章 构建麦肯锡海外中心

当全世界的离岸资本都开始寻找新的出路时，拉贾特·古普塔即将为他的祖国带来一个全新的未来。1994 年的某一天，麦肯锡印度办事处突然收到了一项请求。一位德国的咨询人员准备在印度南部的喀拉拉邦建立一个幻灯片生产中心，希望在当地找一些已经在从事该业务的厂商。当麦肯锡咨询师美籍印度人尼拉吉·巴尔加瓦（Neeraj Bhargava）接到这位德国人的电话时，他感觉喀拉拉邦的同事可能会对这个业务感兴趣。喀拉拉邦是印度植被最茂密、环境最好的一个省，还有着非常漂亮、从未被破坏的沙滩。

德国人非常渴望在该邦的省会城市建立生产中心，但从小在喀拉拉邦长大的巴尔加瓦知道当地政府过于彪悍的行事风格，所以建议德国人将地点选在与喀拉拉邦相邻的泰米尔纳德邦的首府金奈。麦肯锡大胆地迈出了第一步，其第一笔海外业务就这样完成了。

如果不是因为一位在麦肯锡新德里办事处工作的年轻而又充满上进心的初级合伙人，这个事情或许就这样了结了。阿尼尔·库马尔（Anil Kumar）一直负责这块神秘土地上的远程服务，不管客户的具体位置在哪里，他都可以为客户提供相应的咨询服务。库马尔的想法是利用20世纪90年代全球通信资费下跌的时机，将大量的商业服务转移到劳动力成本低廉的远东地区，这些可以转移的业务包括企业研究、财务分析、法律文本起草，以及任何简单、重复性质的白领工作。考虑到印度有大量受过高等教育且英语水平比较好的人才储备，库马尔对自己的这一设想非常有信心。幸运的是，库马尔的导师就是古普塔，而此时公司的最高领导人也是古普塔。

尽管库马尔非常聪明，而且善于解决各类难题，但自从1986年加入麦肯锡旧金山办事处以来，几乎没有给别人留下什么深刻印象。库马尔不苟言笑，除了跟来自南亚的一对夫妇或是他想讨好的合伙人的关系比较亲密外，他跟其他人几乎不打交道。“我记得，有一次我们正在开会的时候，库马尔走进来了，他巡视了一番，看见没有一个高级合伙人在场，便径自走了出去。”曾经与库马尔共事过的一位同事这样说道。一些人觉得，可能因为库马尔是外国人，所以被排斥在核心权力圈外。库马尔不是在麦肯锡的文化和价值观中成长的，而是从惠普跳槽到麦肯锡的。

库马尔很快意识到，如果想要在麦肯锡崭露头角，他就必须充分发挥自己的聪明才智，为公司提供一定的智力支持。1988年，库马尔负责协助在加利福尼亚州圣荷塞市建立麦肯锡硅谷办事处，那个时候，硅谷的高科技产业还没有火起来。在没有任何客户的情况下，库马尔和另外一位同事挨家挨户进行陌生拜访。库马尔和同事开着合伙人的车，沿着硅谷一家家企业走访，每完成一户，他们都会做好记录。然后，库马尔和同事会向潜在的客户打电话，向他们介绍麦肯锡能够为他们提供的商业咨询服务有哪些。这些努力没有白费，经过5年多的时间，也即1993年，办事处的工作人员增加到35人，而库马尔也于1992年顺利晋升为合伙人。

如果不是被蒂诺·普里（Tino Puri）招募到麦肯锡印度办事处工作的话，库马尔可能只是一个不知名的顾问。普里是麦肯锡公司的第一位印度裔员工，是一个富有传奇色彩的人物。在高手云集、天才扎堆的麦肯锡，普里成了精英中的精英，赢得了同事的一致尊敬，大家甚至纵容了他的一个嗜好，那就是抽烟。

1988年，在格鲁克接手麦肯锡帝国后不久，普里陪同他一起访问印度。那一次，格鲁克和普里在印度会见了印度几大家族企业的掌舵人，包括伯拉家族企业和手工业巨头塔塔集团。此行的目的，就是要拓展麦肯锡在印度的业务，并计划将来在印度设立办事处。通过这次访问，格鲁克更加坚信，在印度设立办事处是正确的。然而，格鲁克却很难说服普里。因为在普里看来，在印度没有人明白管理咨询是怎么回事，这样的话，客户便很难接受麦肯锡的服务。这次访问让普里有了这样的一个观点：麦肯锡在印度设立办事处还为时过早。

尽管格鲁克迫切地想要在印度开展新业务，但他的行动却受到了各方面的限制。从历史经验来看，只要有合伙人想要开拓新业务，不论在哪里，麦肯锡都非常愿意设立办事处。但在1987年，对咨询行业来说，印度存在着太多不确定性。于是，在印度设立办事处的想法，暂时搁置了。

在印度设立办事处

1990年8月的一天，29岁的麦肯锡副主管佩尔什·韦希（Paresh Vaish）正在加利福尼亚州帕萨迪纳市的公寓打包自己的行李，电话铃声突然响了。韦希是印度铁路公司总裁的儿子，12年前，他申请到美国达特茅斯学院奖学金，来美国读书。毕业之后，韦希应聘到英特尔公司工作，赚了一些钱，足以让他支付得起哈佛商学院的学费贷款。多年来，韦希一直想被麦肯锡派往印度。韦希思乡心切，他想吃米饭和扁豆，而不是牛排和土豆。当普里打来电话时，韦希终于决定离开麦肯锡，独自回到印度。

随着加入麦肯锡公司的南亚人越来越多，普里逐渐成为他们心目中的领袖，他像父亲一样帮助南亚人在公司随时变化的环境中找准自己的方向和位置，并不断前行。大家都知道，普里是古普塔的导师，到1990年时，作为董事的古普塔在麦肯锡的声望不断提升，古普塔是公司里所有南亚人中光芒最耀眼的那个，甚至超过了当年的普里。

韦希非常高兴，因为他接到了普里打来的电话。“接到普里的电话，我感觉自己简直是接到了上帝打来的电话。”韦希跟他的朋友这样形容说。普里说他有一个不错的提议想告诉韦希。他说，麦肯锡正在为印度斯坦汽车公司（Hindustan Motors）做咨询服务，这家公司是印度CK贝拉集团旗下的王牌企业，公司位于加尔各答郊区的乌塔尔帕拉。印度CK贝拉集团是印度的明星企业，但它旗下的印度斯坦汽车公司却面临一大堆问题，比如生产效率低下、人力成本高、技术落后，以及设备老化等。

在油价不断飙升、贸易保护不断减少的时代背景下，公司所生产的高耗油的大型大使牌汽车，已经严重跟不上社会发展的步伐。由于大使牌汽车反复出现问题，比如化油器总是出毛病，在印度市场上，面临新的竞争对手，印度斯坦汽车公司的优势地位便不复存在了。这个新出现的竞争对手，就是实现了量化生产且价格便宜的马鲁蒂铃木公司（Maruti Suzuki），这是一家由日本铃木汽车公司与印度本土企业合资成立的汽车公司。

在介绍完背景情况及面临的挑战之后，普里并没有隐瞒麦肯锡为印度斯坦汽车公司提供咨询服务所面临的风险。“我们并不清楚接下来会发生什么。”普里这样告诉韦希。这项任务将持续3～6个月，但这之后该怎么做，我们谁都不知道。这既是机会，也是挑战。如果韦希感兴趣，他可以担任麦肯锡的项目经理，并在印度组建一个自己的小团队。这对来自印度新德里的韦希来说，虽然他将要去的加尔各答不是自己的家乡，但离自己的家乡已经很近了。

在接下来的6个月里，韦希和麦肯锡纽约办事处的项目团队，搬到了印度CK贝拉集团为他们安排的一间蚊虫扎堆的房间里，这个房间就在CK贝拉集团杂乱又摇摇欲坠的工厂里。在工作期间，麦肯锡提出了一系列革新的建议，有些力度很大，有些力度比较小。为了解决质量控制难题，麦肯锡通过问卷调查的方式，搜集经销商的反馈意见，这样的话，就可以帮助公司比较彻底地解决问题。为了应对一些长远的战略性的挑战，麦肯锡建议印度斯坦汽车公司对原来的大使牌汽车的车型进行改装和升级，加快汽车的交付速度，通过车间和厂房的重构，提升生产效率，减少乌塔尔帕拉工厂的员工数量。

麦肯锡的团队忙得不可开交，原本计划 6 个月即可完成的印度斯坦汽车公司项目，最后变成了一个时间跨度为 3 年的项目，麦肯锡也认为印度 CK 贝拉集团是具有强大辐射效应的代表项目。很快，麦肯锡在印度的其他项目也陆续开展起来。一些大型工业集团，诸如印度拉森特博洛有限公司（Larsen & Toubro）、马恒达公司（Mahindra & Mahindra）、RPG 集团和欧贝罗伊（Oberois）都请麦肯锡作他们的咨询顾问，其中，欧贝罗伊是印度著名的连锁酒店企业。当然，还有很多企业对麦肯锡的服务根本不感兴趣，有些企业甚至不知道管理咨询到底是怎么回事。准确地说，成为麦肯锡客户的这些企业，看中的是麦肯锡的声望和资源。他们希望通过麦肯锡拓宽他们的客户群，认识更多的朋友，所以他们才会聘请这家美国咨询巨头作为他们的顾问。麦肯锡的名号，在印度这个规模庞大且发展迅速的市场上，已经变成了一种身份的象征。然而，麦肯锡却没有在印度设立办事处，因为让普里改变主意，并在印度设立办事处，是一件非常困难的事情。德国地区的负责人亨兹勒，用他那一贯直来直去的腔调质问古普塔："普里太犹豫不决了，你可不可以不要过于依赖他？"

古普塔反驳说："我跟普里是非常好的朋友。"

古普塔最不愿意看到的事情就是他跟普里的关系搞僵。多年之后，当普里从麦肯锡印度办事处负责人的位置上退休的时候，古普塔专门飞到孟买，参加他的告别会。跟古普塔参加的很多麦肯锡的其他活动一样，这个告别会既是一场社会活动，又是一场专业推广活动。告别会变成了一场专业研讨会，在曼德岛的一家三星级酒店举行，在这个位于孟买北部的小岛上，有很多不错的小渔村。当古普塔谈到普里，以及普里对他本人在职业生涯发展方面所起到的重要作用时，一贯冷静的古普塔竟然哽咽了。同事都能够感受到，古普塔对这位指引他人生道路的恩师，有种深深的亏欠感。

1992 年，普里搬到了孟买，并在欧贝罗伊酒店租了两个房间，作为麦肯锡在印度的第一个办事处。这在当时的印度是非常轰动的，人们第一次看到了像麦肯锡这样的西方知名企业，开始在印度设立办事处了。然而，当时印度的基础设施和技术条件，是在印度经商的企业面临的共同挑战。印度的电力严重短缺，甚至连本土一些知名的大企业，比如印度斯坦汽车公司都会被迫停电。好在印度的灯火管制每天只有一个小时，而且都是按照计划执行的。当麦肯锡在德里设立办事处时，其中一个合伙人只能自己安装电话总机，因为当时印度的电话工程师非常稀缺。最开始，由于外国商品面临高额的进口关税，而且商品来源渠道少，公司只有一台电脑，于是，这台电脑不得不在德里和孟买两地来回搬运，以满足两个办事处的需要。为了方便运输，每次电脑交接的地点都选在机场。

如果说麦肯锡在印度日常的工作运行，还不至于让普里感到苦恼的话，那印度企业的那种自由懒散的行事风格，一定会让他很无奈。尽管这些企业都很殷切地希望早点享受到麦肯锡提供的服务，但他们在支付报酬方面却超级拖沓。按照印度的标准，麦肯锡提出来的服务费简直是天文数字，尽管麦肯锡已经根据印度市场的具体情况，对这个数字打了很大的折扣。麦肯锡项目经理一个星期的薪水，甚至与一些印度企业首席执行官的薪水相同。早些年间，普里曾经开玩笑说，他不确定自己是麦肯锡客户公司的战略顾问，还是他们的银行家。原因就是：收费标准真的是太高了，几乎榨干了这些客户公司！

事实证明，1992 年麦肯锡在印度设立办事处的决定是非常英明的。就在一年前，印度一度走到了经济破产的边缘。由于海湾战争爆发，油价大幅上涨，印度的外汇储备岌岌可危。1991 年 6 月，恐慌达到了极点，印度外汇储备暴跌至 12 亿美元，只能勉强维持两个星期的进口支付。工业生产急剧下滑，通货膨胀飞速飙升。印度政府不再像之前那样对经济进行微调，而是请了一位剑桥大学的经济学家对整个经济进行全面改革。当时，这位经济学家只是在印度小有名气，外界还不熟悉他。

曼莫汉·辛格（Manmohan Singh）是印度当时新上任的财政部部长，他是一位自由市场主义者，他从底层对印度社会进行改革，废除了许可证制度。许可证制度是政府干预经济，影响经济发展的重要障碍。辛格的改革为印度的发展奠定了基础。从印度独立以来，其发展路径都不是那么清晰，而辛格所指引的道路，让印度的发展走上了正常的经济发展轨道。

普里非常准确地感觉到，辛格的改革将会促使大量外资涌入印度，经济发展将会一改之前停滞不前的状态，所以，普里认为必须尽快在孟买设立办事处，一刻也不能延误。普里很快从麦肯锡其他办事处那里，招募到了愿意回印度工作的印度裔员工。普里发掘了库马尔，将他派往马德里。库马尔曾就读于印度著名的杜恩学校。

体育成绩比学习成绩更容易

杜恩学校就好比英国的伊顿公学，它是为服务于新独立的印度而创建的，为国家培养未来政治、媒体和商业领域的领导者。英国伊顿公学的办学模式深深印在杜恩学校创建者的脑海里，他们聘任毕业于伊顿公学的科学大师阿瑟・爱德华・富特（Arthur Edward Foot）作为杜恩学校的第一任校长。富特的培养目标是：男孩子们“在离开杜恩学校时，要成为富有情怀和理想的贵族，追求的理想是无私的，而不是特权、财富或地位”。

从建校开始，体育和户外活动在杜恩学校就占有非常重要的地位，1970 年，当年轻的库马尔成为学校新生时，他对此感受尤为深刻。学校的位置坐落在喜马拉雅山脚下，这吸引了一些国家的登山者成了学校的教员。杜恩学校的英雄人物，也是让孩子们始终仰望的人物，是具有传奇色彩的格戴尔・辛格（Gurdial Singh）和 R. L. 霍尔兹沃思（R.L. Holdsworth），他们两位将杜恩学校的声望带到了一个全新的高度。每两年，学校都会放映电影《珠峰九人》（*Nine Atop Everest*），这部电影讲述的是 1965 年第一支挑战珠穆朗玛峰的印度登山队的攀登过程，辛格就是其中之一。每次，当电影中的辛格说话时，将辛格当作偶像的孩子们都会集体朗诵辛格所写的诗句。“与这些人一起爬珠峰，真的是一件非常特别的事情。”库马尔的学弟肖米特・米特（Shomit Mitter）这样说道，“学校就是依靠这些人的传奇故事而不断发展起来的。”

回忆在杜恩学校读书的时光，米特说：“你在同学们中的印象，主要不是取决于你的学习成绩，而是取决于你的体育成绩。”事实上，十多年来，杜恩学校一直特别重视体育。学校会奖励体育方面的突出人才一件海军蓝的运动夹克，被大家称为“体育衫”。这件“体育衫”很稀有，每个班级，顶多就只有几个人能够有资格获得。

库马尔在运动方面并没有什么天赋，也不是那种在戏剧、音乐和学术方面都全面发展的出色男孩。随着时间的流逝，库马尔的身上也没有显示出什么领导才能和气质，而这些品质可以很好地弥补其他方面的不足。“如果你在学校当过球队队长或者学生会主席，你肯定是个不一般的人物，”专门负责统计队长信息的杜鲁弗·卡纳（Dhruv Khanna）这样说道，“如果你是级长，那么充其量只是个小人物。”

书生气比较浓，且有点冷漠的库马尔当过监督生，这个头衔比级长要低，听起来无趣又普通。在才人辈出、高手林立的杜恩学校，这个头衔在旁人看来，基本上就代表着“默默无名”。库马尔有一群朋友，大多数来自他曾经生活过的克什米尔“B 屋”，也就是 Bombay wallahs，这是孟买人的俚语，指的是和他一样来自大城市的人。“不过库马尔并没有真正融入这个圈子，”米特回忆说，“他的成绩挺不错，但绝不是往人群中一站就特别显眼的那种人。”

尽管看上去普普通通，但库马尔还是让同班同学印象深刻，因为他的野心非常大。库马尔的一个朋友说，他一定会使用各种手段，得到他想要的东西。尽管库马尔天生并不擅长体育，不像他的同学那样可以在技巧性很强的团队运动中表现得那么突出，比如板球运动，但库马尔会将自己的精力放在个人项目上，比如跳远。到毕业的时候，库马尔所取得的成绩让所有人都感到非常惊讶，包括他最亲近的好朋友。“在学校田径运动会上，库马尔获得了跳远项目的冠军，向我们展示了一个运动员的灵巧，而之前，没有人看到过他的这一面。”库马尔的同学阿琼・马海（Arjun Mahey）说道。尽管体育方面也不错，但学业才是库马尔真正的强项。

从 1971 年开始，杜恩学校决定不仅向体育特长生颁发“体育衫”，同时也开始向学业成绩突出的学生颁发黑色的“先锋衫”。1974 年 3 月，《杜恩周刊》（Doun Weekly）的标题第一次让库马尔出名了。该周刊宣布库马尔获得了“先锋衫”。“接下来的一年时间里，库马尔经常穿着这件‘先锋衫’。”杜富如・卡纳这样回忆道。卡纳曾经是一名律师，在加利福尼亚州买了一家酿酒厂，并在厂区内修建了两个板球运动场。“这在当时是一件非常轰动的新闻，因为很少有人获得这个荣誉。”不过，荣誉墙上并没有库马尔的名字，因为杜恩学校要求只有同时获得体育和学业两个方面奖励的学生，他们的名字才有资格出现在杜恩学校的荣誉墙上。刚进入杜恩学校的时候，库马尔还是一个无名小卒，如果不是在读书期间的辛勤付出，到毕业的时候，他可能依然是一个默默无名的学生。库马尔的家人都为他感到骄傲，但他自己的内心却迸发出更大的野心和抱负。

1975 年，库马尔跟其他 10 万名考生一起，参加印度理工学院的入学考试。库马尔的考试成绩非常不错，进入了所有考生的前 0.1%，并且顺利地被印度理工学院孟买分校录取。1980 年，库马尔以全班第三名的成绩从印度理工学院毕业，获得了机械工程学士学位。在印度理工学院的最后一年，库马尔向沃顿商学院申请留学，并最终被录取。与此同时，库马尔发现自己还获得了伦敦的帝国理工学院的奖学金，可以攻读该校的机械专业。这个奖学金是由戴比尔斯集团（De Beers）提供的，从全国 2 000 名印度理工学院的毕业生中选出一位，库马尔有幸被选中。库马尔感到万分纠结，他非常想去帝国理工学院读书，但他已经接受了沃顿商学院的邀请，所以，他只能忍痛割爱，放弃去帝国理工学院的机会。当印度理工学院孟买分校的校长得知库马尔的决定后，他建议库马尔向沃顿商学院申请缓期两年入学。因为戴比尔斯奖学金全球有名，如果库马尔接受这项奖学金，对提高印度理工学院孟买分校的声誉非常重要。1980 年，在沃顿商学院同意库马尔延期一年之后，库马尔动身前往帝国理工学院，准备用一年的时间完成应用机械专业两年的课程。库马尔做到了，他只用了 10 个月的时间，并且以全班第一名的成绩毕业。

麦肯锡知识中心诞生

具有讽刺意味的是，印度是库马尔的出生地，他却是在美国成名的，然而印度让他平淡无奇的职业生涯有了新的变化。1993 年，当库马尔回到德里的时候，印度刚刚从严格控制的计划经济时代走出来。与时代背景相比，穿着蓝色西装的麦肯锡的咨询师显得格外耀眼。他们经常出现在印度的著名经济杂志《经济时报》（*Economic Times*）上。麦肯锡的一些明星人物非常受人尊敬，比如普里和古普塔。不沦他们何时出现在会场，迎接他们的都是鲜花和掌声，就像对待国家元首那样热烈。实在是很难对麦肯锡的大人物不尊敬！麦肯锡的明星除了具有聪明才智以外，他们还是这个国家薪水最高的企业管理者。在20世纪90年代早期，麦肯锡明星的薪水跟印度最大企业的首席执行官所拿的薪水基本相当，他们可以过帝王般的奢侈生活。库马尔在德里最好的社区瓦桑维哈（Vasant Vihar）地区租了一套房子，还雇用了一班人马为自己服务。

麦肯锡的办事处就设在泰姬酒店，每天工作忙完之后，库马尔就开始了他的社交生活。库马尔会联系他在杜恩学校里那些关系很好的朋友，比如像欧贝罗伊这样的印度大家族企业的接班人，与他们交流项目合作的事情。库马尔还与印度的一些老牌企业集团建立了关系，比如不断扩张的莫迪集团，莫迪集团的业务领域涵盖玻璃制造业、橡胶制造业和旅游业。库马尔不放弃任何一个社交机会，他将自己名片盒里的人挨个联系一遍。库马尔也非常擅长利用岳父的社会关系，来达到自己的目的。库马尔的岳父拉坦·戴约尔（Ratan Dayal）长期在巴马壳牌（Burmah Shell）公司担任营销总监，被公认为是在印度的英国企业中任职的带头人。

与今天的印度企业，比如信实工业公司，那种赢者通吃的风格不一样，在巴马壳牌公司工作是一件很令人羡慕的事情，享有各种福利。像库马尔岳父这样成为巴马壳牌公司高级职员的人，可以享受在20世纪50年代的印度还很少见的福利。当需要公务外出的时候，他们乘坐的都是空调车，这是印度铁路系统中空调车厢的简称。如果是坐汽车，他们还有资格携带自己的车夫或者仆人。如果他们出差的目的地是班加罗尔（Bangalore）这样的大城市，公司还会为高管准备市区顶级俱乐部的会员卡，并安排他们入住最佳位置的宽敞的公司公寓。库马尔正是在孟买与岳父戴约尔同住在公司宿舍时认识了他未来的妻子、戴约尔的女儿马尔维卡。库马尔的父亲维伦德拉·库马尔（Virendra Kumar）也是巴马壳牌公司的高管。当库马尔还在印度理工学院读书的时候，他与马尔维卡就开始交往了。每个周末，库马尔都会先坐汽车，再坐火车，最后坐汽车，去跟马尔维卡约会。

1993年，当马尔维卡和库马尔回到印度的时候，人们经常会看到库马尔陪着他那令人尊敬的岳父，出现在德里的高尔夫俱乐部。20世纪30年代，这个地方还是一片绿地，如今已经成为这个大都市的核心地带。站在岳父身边，库马尔像一颗冉冉升起的新星，或许在十多年后，也会成为令人尊敬的大人物。

库马尔还与政府部门的大人物攀上了关系，诸如受人尊敬的印度经济学家阿鲁瓦利亚（Montek Singh Ahluwalia），他是 20 世纪 90 年代印度经济改革的幕后设计师。所有的这些社交活动都是值得的。在回到德里的几年时间里，库马尔获得了他在美国从未想象过的成就：他成了公司核心管理层中的一员。现在的库马尔有能力改变现实，而且他还有一个重量级的支持者，这个人就是拉贾特·古普塔。

拉贾特·古普塔是库马尔的新上司，他是于 1971 年离开印度前往美国的，虽然他离开印度的时间比较久，但他对印度存在的问题非常了解，而且对解决这些问题充满信心。古普塔清楚，充分挖掘那些英语基础比较好的劳动力，并让他们投身于充满活力的服务业，才是印度未来创造奇迹的根本所在。古普塔当然也知道，库马尔是个有争议的咨询师。库马尔曾经因为抢同事的大客户而引起德里办事处同事的抗议。在麦肯锡的公司文化里，这属于盗窃客户资源。但库马尔是古普塔的亲信，所以，古普塔并没有惩罚他，而是选择继续支持他。

库马尔感觉到古普塔对自己的爱护，而且能够接受自己的想法，他便开始接近巴加瓦。巴加瓦从事过一项重要的研究，该研究表明，随着全球通信行业资费的下降，某些业务将会转移到人力成本更低的地区，比如印度和菲律宾。库马尔建议他的同事也研究下其他领域，看看是否也存在这种可能性，比如企业研究，是否也可以将远程企业服务项目转移到人力成本比较低廉的地区。“我会想办法让董事会赞同这一项目，”库马尔告诉巴加瓦说，“不过，你为什么不把具体的转移路径研究出来呢？”

基本上就在同一时间，1996 年年初，麦肯锡将阿米特·巴蒂亚（Amit Bhatia）招致麾下，巴蒂亚是美国运通公司在印度的前任负责人。巴蒂亚的工作是重建麦肯锡在印度的研究部门，因为当时该部门仅有 6 个人。在上任后不久，巴蒂亚就对部门进行了大刀阔斧的改革，招聘了一批 MBA 毕业生。当时麦肯锡支付给新人的年薪大概是 1.2 万美元，巴蒂亚说：“我们可以在一流高校招聘 MBA 毕业生，不用担心，我们麦肯锡有这个水平。”

1997 年 2 月，随着麦肯锡成本削减计划的推进，公司将亚太地区的研究与信息部门经理召集到马来西亚的吉隆坡召开头脑风暴会议，整合亚太地区的资源，以便更好地实现信息共享。巴蒂亚提出构建一个信息研究工厂，将所有咨询师的信息汇集到一起，以某一个国家为例，比如将分析师的信息通过手机通信集中到一起，从而准确地估算市场份额和未来的增长速度。巴蒂亚的提议立刻遭到了反对，很少有地区经理愿意将自己的信息全部汇总到中央系统，这样他们会失去很多权力。事实上，如果不是得到了麦肯锡研究与信息部门的全球负责人罗杰·弗格森（Roger W. Ferguson）的支持和鼓励，这个想法早就胎死腹中了。“那我们就按照你说的去做。”弗格森告诉巴蒂亚说。

还没等弗格森真的运行这一项目并将这个项目作为新概念来推广，便有一个意外的消息传来，他被提名为联邦储备委员会的候选人。多方消息证实，弗格森很有可能通过提名，获得任命书。这一切来得太突然，巴蒂亚不得不寻求新的支持者。

与此同时，库马尔正在积极推进远程服务项目。1997 年，一支来自麦肯锡印度办事处的团队正在一场名为“实践奥运会”的内部活动上展示他们的新设想，而库马尔是这个团队的指导老师。自从 1994 年参加过这个项目大会之后，古普塔便开始在全球范围内举办“实践奥运会”，他觉得这是一个向全世界展示麦肯锡创新思想的大舞台，而且，他积极鼓励麦肯锡员工参与这样的活动。

在这次大会上，来自麦肯锡印度办事处的团队分析的是两个经济大国的国内生产总值，这两个国家是美国和德国，队员分析了这两个国家的各个行业，并且提出哪些行业可以外包到海外。如果一项工作严重依赖本土的知识和关系，那么，这项工作就不适合外包；但是，如果一项工作并不是很在乎地域的话，它就可以外包到任何地方。全球通信资费的大幅下降，表明某项工作既可以从纽约外包到班加罗尔，也可以从纽约外包到佛罗里达，从成本的角度来看，其实是没有多大区别的。

通过对比美国和德国在全球范围内实施服务外包的情况，来自麦肯锡印度办事处的团队估算出，未来的二三十年，价值 1 万亿美元的工作可能会外包给印度成本较低、技术发达的地区。这次“实践奥运会”亚洲地区的比赛是在巴厘岛举行的，尽管麦肯锡印度办事处的团队并没有拿到第一名，但他们的远见获得了组委会的特别嘉奖，因为他们的想象力最生动，意思是“想法很伟大，不过这永远都实现不了”。

到目前为止，巴蒂亚找到了一位新的支持者，她是来自麦肯锡匹茨堡办事处的简・柯克兰（Jane Kirkland），她也热切地希望能够建立一个研究中心。柯克兰向库马尔求教，因为库马尔能够直接跟其导师古普塔接触，而且可以很容易就把这个想法传递给古普塔。巴蒂亚的要求并不高，只需要 25 万美元就可以组建一个这样的研究中心。麦肯锡表示，库马尔并没有在这项革新运动中发挥什么作用。

于是，麦肯锡“知识中心”（McKC）就这样诞生了。就像 20 世纪 70 年代和 80 年代，美国将很多蓝领性质的工作外包出去一样，库马尔和古普塔建议麦肯锡的客户将一些公司的高端业务，比如法律助理、企业研究，以及财务分析转移到印度。“远程服务是一个前景非常不错的项目，我们可以跟客户说，‘我们会帮助你们实现服务外包，我们知道该如何操作’。”巴蒂亚说，“如果不是库马尔向古普塔建言，麦肯锡‘知识中心’不可能取得今天的成绩。”

阿尼尔・库马尔的新技能

随着库马尔在公司的职位不断升高，朋友发现他开始变得趾高气扬起来了。库马尔再也不是那个安静、害羞的埋头苦读的小男孩了。今天的库马尔，身居高位，他刻意表现出来的自负，似乎要让每个人知道他已经取得了辉煌的成绩。早些年，当库马尔还在德里工作的时候，他很希望跟那些杜恩学校的老同学联系。但到了 20 世纪 90 年代中期，库马尔建立了自己的圈子，他只想跟与他权力和影响力相当的人来往。库马尔再也不愿意跟那些读书时的小伙伴浪费时间了。在库马尔的新圈子里，有一些印度企业界的大腕，这其中就包括电信巨头苏尼尔・米塔尔（Sunil Mittal），巴帝电信公司董事长兼总经理，2008 年米塔尔的公司买下了南非移动集团公司，让他名声大噪；还有安巴尼兄弟（Ambani Brothers），即穆凯希・安巴尼（Mukesh Ambani）和阿尼尔・安巴尼（Anil Ambani）。

据说穆凯希·安巴尼特别喜欢说的一句话就是“阿尼尔·库马尔（Anil Kumar）就像神一样，他无处不在”。当然，一般情况下，只要麦肯锡的全球董事总经理拉贾特·古普塔在哪里，库马尔就会正好出现在哪里。尽管库马尔并不是非常了解古普塔，因为他们在美国工作的时候，并不在一个办事处，但库马尔特别擅长利用印度裔的共同身份拉近两人之间的距离。新德里办事处的同事说，只要古普塔访问印度，库马尔总能让自己跟古普塔在同一个航班上遇到。1994 年，在古普塔当选为麦肯锡全球董事总经理不久，他应《印度时报》（*The Times of India*）的邀请，接受总编辑高塔姆·阿迪卡里（Gautam Adhikari）的专访。让每个人都感到惊讶的是，库马尔竟然也出现在当天的访谈中。

在麦肯锡，合伙人的权力和地位取决于他的客户关系网有多强。因此，绝大多数合伙人都特别重视与客户保持良好的关系，而把内政视为琐事。但库马尔不一样。“库马尔就是通过跟古普塔搞好关系，向他溜须拍马赢得地位的。”麦肯锡的一位合伙人这样说道。有趣的是，这两个人的性格迥异，古普塔性格温和，非常有绅士风度，而库马尔暴躁易怒，以自我为中心。

维尼特·卡纳（Vinit Khanna）是库马尔在杜恩学校的老朋友，卡纳在 20 世纪 90 年代的时候，就觉察出了库马尔的变化。卡纳刚刚用 30 天的时间完成了一趟世界环游旅行，全程都是商务舱，住的酒店也都非常高端，这一切都是卡纳自己挣出来的。卡纳是于 20 世纪 80 年代早期，来美国沃顿商学院读书的，比库马尔早一年来到美国。1982 年卡纳从沃顿商学院毕业，然后开始从事进出口贸易生意，将印度大街上随处可见的井盖出口到美国。当卡纳与库马尔偶遇时，他回忆说，这在 15 年前还是不可想象的事情，那个时候，他们俩还是身无分文来美国读书的穷学生，而今天，他们却可以实现环游世界的梦想。库马尔很快打断卡纳的回忆，他告诉卡纳，他刚刚环游世界一圈，而且是在 7 天内完成的。

胜人一筹确实是库马尔的新技能。2006 年，在一次前往伦敦的旅程中，卡纳想要追上去跟库马尔打招呼。库马尔却告诉卡纳自己现在没有时间跟他闲谈，但如果卡纳有时间，可以到 47 号公园大街找他，那个地方是伦敦上流社会的住宅区托尼梅费尔（Tony Mayfair）的一套高档公寓，库马尔正准备在这里投资。这里有二星米其林餐厅，住在 47 号公园的居民可以让餐厅用古瓷盘送外卖。库马尔说他准备在 47 号公园买一套房产做投资，不过，库马尔最后还是没有买。库马尔告诉卡纳说，他的好朋友，巴帝电信公司的苏尼尔·米塔尔，以及其他大腕儿都住在附近，这样的话，当他来伦敦时，就可以跟他们一起散步。

卡纳对 47 号公园印象深刻，兴奋之下他在 47 号公园购买了一系列会员资格。2012 年，卡纳在飞往英国伦敦的航班上再次偶遇库马尔，他看到库马尔在随从的护送下前往头等舱。在航班的飞行途中，库马尔走到卡纳的座位旁边。“47 号如何？”库马尔问道。卡纳随即滔滔不绝地说起了这个楼盘，并非常感谢当初库马尔向他介绍了这个楼盘。谈话进行到一半时，库马尔向卡纳透露，在萨伏伊酒店重新翻修后，他购买了一处住所。随后，他不断地向他的老朋友炫耀萨伏伊酒店的基础设施有多么豪华……

THE BILLIONAIRE'S APPRENTICE

第 15 章 以身试法

只要我愿意，我都可以买下这艘船

2007 年 7 月 2 日，拉杰·拉贾拉特南正在去欧洲度假的路上，他非常期待这次度假。3 个星期前，拉贾拉特南在美国证券交易委员会向瓦德瓦、迈克尔森和马科维茨做证。而现在，拉贾拉特南和家人、朋友一起前往法国南部的格里马迪堡（Château Grimaldi）度假，这座城堡建于 17 世纪，占地面积超过 4.8 万平方米，有 11 间卧室和 9 个洗手间，像花园一样漂亮。在一同出行的 24 人中，包括拉贾拉特南的好朋友戈尔斯一家人，即戈尔斯和他的妻子阿尔卡及孩子。

雷杰夫·戈尔斯（Rajiu Goel）和拉贾拉特南两个人在沃顿商学院一起读书的时候就是好朋友。他们两人的关系并不是那种完全对等的朋友关系。戈尔斯是那种看上去笨手笨脚但心地特别善良的人，他们在沃顿商学院读书时的一位同学曾经说过："戈尔斯是拉贾拉特南的跟班，拉贾拉特南叫他做什么，他就会做什么。"

在度假前的几个星期里，雷杰夫·戈尔斯不断地打电话和发邮件给拉贾拉特南。一旦戈尔斯进入兴奋状态，他就会不知疲倦。这次度假正好赶上普罗旺斯地区艾克斯（Aix-en-Provence）一年一度的艺术音乐节，而他们住的城堡离开音乐节的地方只有 4 公里。戈尔斯觉得参加并感受一下音乐节的氛围应该是一件很不错的事情。戈尔斯和家人早早到了法国，而拉贾拉特南由于要处理一些事情，所以只能晚些过来跟他们会合。拉贾拉特南准备在 7 月 4 日这一天跟他们碰头。

那个夏天，拉贾拉特南准备了两次度假计划，欧洲之行只是其中之一。8 月，拉贾拉特南准备包一架飞机与他的朋友一起前往肯尼亚。两个星期前，也就是 6 月 15 日，正好是拉贾拉特南的 50 岁生日，为了庆祝这一具有里程碑意义的时刻，他租了一艘豪华游艇，邀请了上百位同事、朋友和家人跟他一起在甲板上庆祝生日。拉贾拉特南穿着牛仔和 T 恤，他看上去非常放松，而这个打扮是吉米・巴菲特最喜欢的风格。当晚，拉贾拉特南戴着一顶白色的船长帽，站在甲板的最高处，与他最亲近的几个好朋友一起，做着他最喜欢的事情：抽烟。

拉贾拉特南喜欢在抽烟的时候吐烟圈。过去，在帆船集团刚起步时，他经常把烟卷带到办公室，与他非常信任的几个手下一起享受这种快乐。但随着帆船集团越做越大，再继续这样的行为就不太合适了。在拉贾拉特南与朋友享受的过程中，真正的船长出现了。由于烟味比较浓烈，船长正式警告他们：如果他们不立即停止抽烟，他就会将船靠岸。拉贾拉特南和他的朋友听到船长的话后，哈哈大笑起来，根本不把一脸严肃的船长当回事。

“只要我愿意，我都可以买下这艘船。”拉贾拉特南吹嘘说。

船长不为所动，仍然重复着刚才的警告。当拉贾拉特南他们意识到船长真的在将船往岸边开的时候，他们才停止抽烟。在 2010 年 10 月发行的《福布斯》杂志上，有一篇文章写道，拉贾拉特南拒绝承认自己抽烟，他还说自己帮助船员一起阻止参加派对的朋友抽烟。载着狂欢人群的游艇绕着曼哈顿岛环游，缓缓驶过纽约南端的标志性建筑，以及世界金融中心大楼。而在世界金融中心大楼里面，瓦德瓦和他的团队正在 16 层的美国证券交易委员会办公室紧张地工作着。

疑点重重的内幕提供者名单

2007 年夏天，美国证券交易委员会的律师正紧张地对将近几千页的文件资料做着梳理工作，这些文件都是帆船集团的邮件、短信、聊天室布告和交易记录。因为收到美国证券交易委员会发来的传票，帆船集团整理出了 400 万份以上的文件，包括：帆船集团买卖证券的记录，拉贾拉特南的个人交易和投资信息、拉贾拉特南及其他人的行程安排信息、一系列特殊证券的交易记录、邮件、短信以及其他资料。瓦德瓦和迈克尔森怀疑，帆船集团一下子弄出数量如此夸张的信息资料，可能是故意给他们的调查增加难度，而不是真的配合调查。目前来看，拉贾拉特南的做法起效了。

当美国证券交易委员会的律师在当年早春时分对帆船集团进行现场调查的时候，他们拿到了两份帆船基金投资者的名单。一份名单是用 Execl 表格做的，可以随时进行电子查询。另一份是复印件，有好几百页，这份名单只能人工查询。不知出于什么原因，当迈克尔森查询帆船基金的投资者名单，想从中找出谁是内幕消息的提供者时，他锁定了阿尼尔・库马尔。这个名字出现在拉贾拉特南的通信录中，但并不在电子名单上。迈克尔森最终还是找到了库马尔的名字，与帆船基金投资者曼珠・达斯（Manju Das）的名字在一起，他是在另外一份名单的复印件中找到的。在库马尔名字的旁边，是他在加利福尼亚州的住址和电话号码。对迈克尔森来说，库马尔和达斯只不过是两个印度人名而已，并没有什么特殊意义。名单上显示，库马尔只是达斯账户的保管人，充当的是投资顾问或者股票经纪人的角色。

尽管迈克尔森发现了两份名单的差别，库马尔只出现在打印版中而并没有出现在电子版中，但这并不能说明库马尔就是拉贾拉特南从事内幕交易的线人。当迈克尔森直截了当地问拉贾拉特南在 6 月的证词中所说的“作为咨询师的帆船基金投资者”是不是特指某位上市公司的投资者时，拉贾拉特南表示，他并不认识迈克尔森所说的这些投资者。拉贾拉特南同时表示，他也想不到帆船集团有哪位投资者曾在 AMD 工作过，而拉贾拉特南曾经大量交易 AMD 的股票。由于文件实在是太多了，所以库马尔的名字并没有在迈克尔森的脑海中留下深刻的印象。只有当面纱被一层层揭开，用其他方式佐证了拉贾拉特南的内幕交易，可能跟全美最受人尊敬的大公司有关联时，迈克尔森才重新回想起库马尔这个名字，因为在这些大公司中，就包括麦肯锡。

贾森·弗里德曼差点就进入了新闻行业。作为康奈尔大学的研究生，弗里德曼身高约1.8米，体格健硕，工作认真，坚持为《康奈尔日报》(*Cornell Daily Sun*)撰稿。但弗里德曼在曼哈顿区美国联邦检察官办公室做了一段时间的审判助理员后，他决定改做一名律师。弗里德曼和迈克尔森是哈佛法学院的同班同学，但他们两人第一次相遇是在美国证券交易委员会，那个时候迈克尔森刚从纽约的盛信律师事务所(Simpson Thacher & Bartlett)跳槽到美国证券交易委员会。7月9日是弗里德曼在美国证券交易委员会上班的第一天，迈克尔森跟他一起坐在美国证券交易委员会办公区域的一个空闲处，这个地方正好是连通16层与17层的旋转楼梯的平台。在调查塞德纳公司一案时，迈克尔森与弗里德曼的观点惊人一致，塞德纳公司一案已经牵扯到了帆船集团。迈克尔森用了3个小时来陈述伦甘·拉贾拉特南与哥哥拉杰·拉贾拉特南之间，可能存在利用内幕消息进行交易的行为。随后，弗里德曼分析了拉贾拉特南和值得怀疑的线人之间的电话记录，这些记录可以证明他们之间存在着信息传递。

在接下来的几个星期里，弗里德曼向电信部门下达了传票。到了8月，美国证券交易委员会就收到了大概几千页的通话记录。在这中间，大概有8 000个电话号码可能有问题，每个号码都需要核实。这是一个工作量超大的苦差事，这个工作只能让私人律师事务所的助手来帮忙。律师事务所通常都有一套复杂的软件系统，允许用户加载电话记录并且进行搜索。桑杰·瓦德瓦跟技术团队核实，发现美国证券交易委员会竟然没有购买这套系统。这样的话，弗里德曼就只能自己手工检查这些复印件，这花费了他不少时间。弗里德曼拿了一把尺子在手里，方便他更好地进行比对，凡是拉贾拉特南在值得怀疑的交易时间范围内拨打的电话，都是需要特别重视的。

当美国证券交易委员会的律师将拉贾拉特南的通话记录详细地梳理一遍之后，他们获得了一份内幕消息提供嫌疑人名单。在几千页的通话记录中，经常出现的通话人是拉贾特·古普塔。跟瓦德瓦的情况不同，迈克尔森最开始并不清楚拉贾特·古普塔是谁。通过谷歌搜索，迈克尔森才搞明白了。迈克尔森觉得很不可思议，像古普塔这样在商界颇受尊敬的人怎么会跟拉贾拉特南这样不靠谱的交易员有交集呢？当时，除了通话记录可以表明古普塔和拉贾拉特南有联系外，没有其他证据表明，他们俩之间存在很深的经济关系。不过，美国证券交易委员会的律师开始意识到拉贾拉特南朋友圈的力量。只要有人跟拉贾拉特南频繁联系，美国证券交易委员会的律师就很想搞清楚，这个人跟帆船集团的管理者到底有着怎样的关系。美国证券交易委员会的律师将古普塔的名字单独拿出来，与涉及帆船集团内幕交易案件的其他名单放在一起。

当瓦德瓦仔细查看软件系统中的名字，以及他和他的团队后来着重关注的那些名字时，他清醒地意识到，美国证券交易委员会似乎即将破获美国证券史上最大的南亚内幕交易团伙，这是令人始料未及的。

宝利通公司内幕

7 月 2 日下午，将近 4 点的时候，拉贾拉特南的电话响了。此刻，拉贾拉特南正在自己的玻璃墙办公室里收拾行李，准备飞往法国。电话的另一头是鲁米·可汗，她曾经是英特尔公司的员工，在 20 世纪 90 年代初的时候，她曾在拉贾拉特南手底下短暂地工作过一段时间，之后在她用个人账户进行交易后便离职了。可汗与拉贾拉特南都很长时间没有联系了，不过，几年之后，他们又重新联络上了。可汗给拉贾拉特南打电话，是因为她想找一份工作，她知道最佳的方法，就是不断地给拉贾拉特南提供信息。可汗跟拉贾拉特南说，她有一个不错的圈子，这些人都来自南亚，他们能够为她提供一些有价值的内幕消息。可汗打电话给拉贾拉特南，就是想跟他分享这些消息。而拉贾拉特南也非常迫切地想知道这些消息。

自从 1999 年 3 月离开拉贾拉特南的公司之后，可汗便创建了自己的金融咨询公司，并致力于让公司发展壮大起来，她的公司叫作数字年代资本（Digital Age Capital）。为了公司的发展，可汗每天大部分时间都是在办公室里给别人打电话。可汗希望大家都来找她，她家里有 5 部电话和 5 台电脑。在离开拉贾拉特南之后的最初 5 年，可汗都是在自己做交易。2000 年的时候，因为赶上了互联网概念股飙升的大好时机，可汗赚了 4 000 万美元，这是相当不错的业绩，跟她做对冲基金交易员的 12 万美元年薪相比，这可以说是天文数字。可汗成功的投资业绩使得她的朋友都竞相把钱投给她，这其中就包括苏尼尔·巴拉（Sunil Bhalla）。巴拉是加利福尼亚州普莱森顿（Pleasanton）宝利通公司（Polycom）语音通信部的高管，宝利通是一家视频会议设备制造商。巴拉和可汗都住在硅谷，他们两家恰好离得很近。

巴拉通过不断学习，成长为一名工程师，在印度博帕尔联合碳化物公司（Union Carbide in Bhopal）辛苦工作两年之后，1980 年，他成功移民到美国。可汗是在 2002 年与巴拉认识的，那个时候，巴拉正在跟可汗的闺蜜约会。可汗的闺蜜希望可汗能够见见巴拉，帮她把把关，看看这个人是不是值得托付终身。闺蜜之所以信任可汗，是因为她们都来自同一地区。最终，他们决定到加利福尼亚州森尼韦尔市的一家名叫张记的中餐馆吃饭，席间聊天时，可汗发现，她跟巴拉有很多共同点，他们都来自旁遮普省，说的印度方言都一样。在印度本土之外，还能找到这样的关系，虽然这种关系不稳固，但确实不容易。可汗没有放过巴拉这个可能会给她提供内幕消息的重要线人，她将他视为一个重要的信息来源渠道。

而可汗专业的投资知识也让巴拉印象深刻。“非常感谢你提供的有关股票的建议，” 2002 年 8 月，就在他们碰面后不久，巴拉在给可汗的电子邮件中这样写道，“我准备按照你提供的建议操作，如果赚钱了，我很愿意与你分成。”在邮件的结尾处，巴拉还加了一个笑脸图像。2003 年 1 月，可汗和巴拉在加利福尼亚州圣克拉拉的万豪酒店一起吃饭，席间，可汗对诸如 AMD 和英特尔这样的半导体企业的分析，让巴拉脑洞大开。巴拉太容易相信他人。这也难怪，巴拉在刚刚经历过一场令人伤心的离婚大战之后，从波士顿搬到了加利福尼亚州，他在加利福尼亚州也没什么朋友，所以，他很愿意听可汗的建议。

可汗对投资超有热情，每天要花 14 个小时来研究投资，在他们认识后不久，巴拉决定利用可汗的专业知识为自己服务。巴拉自己从来没有买卖过证券，所有关于可汗的投资传奇，他都是从跟他约会的可汗闺蜜那里听来的，于是，他决定把自己在雷曼兄弟公司的股票账户交给可汗打理，账户里面有 5 万美元。可汗自己账户投资的证券产品种类很多，除了股票之外，她还投资期权，以及其他一些复杂的金融产品。巴拉不想让自己的钱就这样放着，他想要用钱生钱，而且能够接受高收益高风险的投资产品。可汗用巴拉的股票账户交易金融衍生品，一开始，可汗增加了他的投资组合，还真赚到钱了，很快巴拉的账户资金就翻了一倍，达到了 10 万美元。巴拉非常高兴，他在 2003 年 11 月上旬给可汗的邮件中这样写道："你的股票交易做得如此成功，我真的非常感谢你，我为你感到骄傲！"除了股票业绩辉煌之外，还有一件事情，也让巴拉觉得非常开心，那就是可汗为他打理股票账户，竟然不收任何手续费。

当巴拉提出要给可汗手续费时，可汗这样回复他："为我最亲密的朋友和家人管理账户我感到很高兴，如果你给我钱，我会觉得，这简直是对我人格的侮辱。而且你也是来自旁遮普省，我们都是来自同一个地方。我很高兴能为你做点事情。"

可汗看上去很重视巴拉和他的新婚妻子尼拉姆，作为朋友，她不时邀请他们参加各种聚会。有时候，可汗会向巴拉夫妇倾诉她与她老公萨卡沃特之间的矛盾。她是在 20 世纪 80 年代中期遇见萨卡沃特的，那个时候，她还在哥伦比亚大学念书。萨卡沃特才华横溢，尽管从一开始，他们的关系就存在很多问题，但可汗还是不顾一切地爱上了他。在交往几年之后，他们结婚了。尽管可汗的父母表示，他们就算是死，也不会接受他们俩的婚姻，但这都无法阻拦可汗要与萨卡沃特在一起的决心。

2005 年，可汗的好运似乎走到了尽头，原来一直保持盈利的投资开始出现亏损。可汗自己亏掉了 500 万美元，还把巴拉所有的钱也给赔进去了。对自己的亏损，巴拉表现出罕见的宽容。3 月的时候，巴拉给可汗发邮件说："我们是好朋友，不管股票账户出现了什么样的变化，这一点都不会改变。"然而，财务危机却给可汗的婚姻带来了麻烦。萨卡沃特是一个非常传统的亚洲人，有点大男子主义，他一直都不能接受妻子对工作的热情甚至超过对他的爱。萨卡沃特责怪可汗造成这么大的亏损。可汗对老公也感到非常伤心，因为这么多年，他从来都没有出去工作过。

"找点儿工作干干吧，"可汗用乞求的语气对老公说，"做点儿事情吧。"

在所有事中，这是让可汗最沮丧的，因为她知道，萨卡沃特是极其聪明的一个人。20 世纪 90 年代的时候，萨卡沃特就拥有了 30 项专利技术，他当时在信息存储设备公司工作，那是一家科技公司，虽然后来公司卖掉了，但萨卡沃特得到了巨额的现金和股票。那个时候，萨卡沃特才 35 岁，这些财富让他不需要为任何人工作。在公司卖掉之后，萨卡沃特开始自己创业，他创建了一家名为玛瑙的半导体公司，办公地点就在他们第一套房子卧室的隔壁，他们的第一套房子在森尼韦尔市，是一个朴素的农场式建筑。到 2000 年的时候，玛瑙半导体公司以 700 万美元的价格被收购时，可汗夫妇变得更加富有了，他们从这笔交易中赚了几百万美元。与此同时，可汗通过股票交易也赚到了 4 000 万美元，于是，她将更多的钱继续投到股票市场上。在互联网泡沫越吹越大的时候，跟许多其他的投资者一样，她被自己所取得的辉煌业绩所迷惑，不断地加大投资金额。

暴富一下子让可汗夫妇过上了不同于以往的陌生的生活。可汗喜欢花钱，而且是大手大脚地挥霍。可汗在内曼 · 马库斯百货公司（Neiman Marcus）购买了一颗 17 克拉的钻石。由于在马库斯百货公司累计消费超过了 100 万美元，马库斯百货公司送给了可汗一辆宝马车。

2000 年，可汗夫妇还做过一笔超级大的投资，他们在加利福尼亚州阿瑟顿（Atherton）买下了一座豪宅。房子的总价为 1 050 万美元，总共约 840 平方米，6 间卧室，6 个半卫生间，6 个以上的大理石壁炉。阿瑟顿是硅谷地区最富有的地方，被称为“超级富豪聚集区”。当时可汗夫妇非常有钱，他们直接用现金支付的房款。可汗夫妇的这座新房位于伊萨贝拉大街，不远处就是甲骨文公司的亿万富翁拉里 · 埃里森（Larry Ellison）的住宅，埃里森的房子装修得非常简洁精致，是日式风格，但造价不菲。在阿瑟顿生活的 7 年时间里，可汗夫妇从来没有接到过埃里森的邀请，也没有拜访过这位大名鼎鼎的邻居。他们的另外一个邻居是雅虎的前首席执行官卡罗尔 · 巴茨（Carol Bartz）。

新房子占地约 6000 平方米，带游泳池、网球场，还有一个两层楼的客房，不过，可汗将这个两层楼改成了自己的办公室。对喜欢举办奢华派对的可汗夫妇来讲，这倒是一个不错的安排。在玛瑙半导体公司被收购之后，萨卡沃特改变了人生方向，不再忙于工作，而是选择去商学院读书，并且参加了一个飞行员培训班。这样的话，萨卡沃特就可以在拿到飞行驾照之后，自己开飞机了。可汗夫妇原本准备自己生一个孩子，但努力无果，之后便领养了一个女儿，为她取名叫普里扬卡，她来自孟加拉国，萨卡沃特对她非常溺爱。萨卡沃特从过去那种以事业为中心的人变成了一个以家庭为中心的人。2002年，可汗夫妇雇用了一名保姆，是一个名叫维尔玛·塞拉尔塔（Vilma Serralta）的萨尔瓦多（El Salvador）妇女。在塞拉尔塔来到这个家庭的时候，普里扬卡刚3岁，每天早上，她都要先喊醒普里扬卡，然后喂她吃早饭。随后，她就要花一整天的时间打扫房子，拖地、掸灰，用吸尘器打扫可汗用来做办公室的客房。可汗要求塞拉尔塔每天打扫主屋的5个卫生间，而客房的卫生间则可以两个星期清洗一次。当可汗的女儿下午从学校回来后，塞拉尔塔要负责照看她，陪她玩，还要在自己做晚饭的时候让这个小女孩有事情做。塞拉尔塔非常喜欢这个小女孩，小女孩也非常依赖她，亲切地称她为“维尔玛阿姨”。在每天连续14个小时的工作中，塞拉尔塔只能偶尔休息5 ~ 10分钟。塞拉尔塔不敢长时间坐下来休息，因为萨卡沃特·可汗（Sakhawat Khan）总是盯着她，满屋子跟着她转，不想让她停下来。

如果可汗夫妇没有通过举债的方式，来维持这种奢侈生活的话，没准他们还能够在金融危机中挺过来。尽管可汗夫妇在2000年的时候，是以全额现金的方式购买了他们在阿瑟顿的豪宅，但在科技股的泡沫破灭之后，他们便不得不申请500万美元的抵押贷款。为了应对每个月的开支，可汗夫妇必须每个月赚到6万美元才行，因为仅阿瑟顿的房子每年就要交20万美元的房产税。一开始，可汗通过投资还能满足家庭的开支，但随着股票市场泡沫的破灭，加上投资失利，可汗就有点头痛了。

更倒霉的是，可汗还遇到了错误的不动产买卖带来的麻烦。2002年12月，可汗的房屋代理人将他们的两处房产以2 600万美元的价格卖给一个自称是斯坦福大学教授的英国人，这个英国人说他对房产投资突然有了兴趣。令可汗夫妇没想到的是，这个英国人由于不能为其在某次拍卖会上举牌的价值118.8万英镑的6幅法国作品付款，而一直处于潜逃的状态。当这个英国人与可汗夫妇商谈房屋买卖交易时，他实际上是英国政府通缉的罪犯。让可汗夫妇感到懊恼的是，他在最后时刻撤销了房产交易，但可汗夫妇已经为促成此次交易向房产中介支付了数千美元的中介费，这一损失无法挽回。

2005 年，德意志银行起诉可汗，称她没有支付 60 万美元的交易中介费。与此同时，她们家的保姆塞拉尔塔也表示不满，说她的工作量太大，她每个星期要工作 90 个小时左右，每隔一个星期只能休息一天，而可汗每个星期只付给她 250 美元。

由于生活捉襟见肘，鲁米·可汗便准备找一份工作，但这说起来容易做起来难，因为她之前在 FBI 留有案底。在可汗离开帆船集团之后，在 2001 年 4 月，她被判有罪，因为她在英特尔工作的时候，将公司内部机密资料传真给拉贾拉特南。这一罪行最高可判 5 年监禁和 25 万美元的罚款。一年之后，在宣判时，可汗被判缓期执行。可汗之所以能够轻判，是因为检察官向法院请求这样做，检察官并不同意对她进行严厉的判决。检察官说可汗之所以应该轻判，是因为“她为我们对另外一个人的调查提供了大量的证据，这也是对美国司法的支持”。检察官和可汗都没有说出另外一个人到底指的是谁，可汗在拉贾拉特南不知情的情况下，与 FBI 合作，帮助 FBI 立案调查拉贾拉特南。

可汗将所有的办法都试过之后，也不知道接下来该怎么办，于是她在 2005 年年中的时候，想到找拉贾拉特南试试。在律师的建议下，可汗有好几年的时间，都没有跟拉贾拉特南联系过了。但现在，可汗牵扯到的法律问题已经解决了，跟他联系应该没有什么麻烦了。当电话接通的那一刻，可汗能够感觉到，拉贾拉特南还是很高兴接到她的电话的。拉贾拉特南并没有把可汗看成是一个普通的生意上的朋友，他还是很愿意倾听她的想法的，毕竟她和他的妻子阿莎都来自印度的同一个地方。当可汗告诉拉贾拉特南，她正在找工作时，他好像感到很惊讶。

“你这么有钱，还需要在我这里干活吗？”拉贾拉特南淡淡地回复说。

那个时候，可汗对拉贾拉特南还是非常信任的，她将自己和丈夫萨卡沃特所遭遇的一系列变故，以及当前所面临的困难全部告诉了他。由于利率上调，可汗夫妇在阿瑟顿的房子的抵押贷款利率翻了一番，这使得她每个月的开销增加了。可汗现在确实需要一份工作，不过，她并没有告诉拉贾拉特南，她找不到工作的真正原因是她有犯罪记录。

在拉贾拉特南和可汗交谈的过程中，他并不知道她曾经出卖过自己，他问可汗有没有一些公司的“边料”。因为曾经为拉贾拉特南工作过，所以，可汗当然知道，他所谓的“边料”指的是有没有能够为他提供内幕消息的线人。可汗回答说自己在宝利通有一个线人，她的朋友巴拉就在宝利通工作。拉贾拉特南并没有雇用可汗，但两人的联系又重新恢复了。2005 年 12 月，当拉贾拉特南来加利福尼亚州旧金山的瑞吉酒店参加雷曼兄弟年会时，与可汗见了一面。为了从拉贾拉特南那里谋得一份工作，可汗邀请他去家里做客。可汗想向拉贾拉特南展示她设在客房的办公室，这样的话，拉贾拉特南就会知道她能够胜任帆船集团的工作。拉贾拉特南告诉可汗，他准备年终的时候辞掉手下的互联网分析师，然后聘请可汗来做这份工作。但是几个月过去了，当可汗得知拉贾拉特南已经辞退了那名分析师后，她便重提来帆船集团工作的事情。这一次，拉贾拉特南说，他想在业绩披露季过后再讨论这个问题。可汗开始怀疑拉贾拉特南不是真的想雇用她，只是想骗骗她。

为了讨好拉贾拉特南，可汗开始向他提供一些科技类公司的股票或者其他行业类股票的有价值的信息。可汗提供的关于宝利通的消息，并没有直接涉及金钱。2005 年 12 月，可汗邀请巴拉和他的新婚妻子来她们家吃晚餐。可汗喜欢将工作和娱乐混在一起，当巴拉准备离开的时候，她问巴拉，他们公司这个季度表现如何。巴拉告诉可汗，公司业绩看上去还不错。

假期过后，可汗便继续跟巴拉交流宝利通的经营状况。大概是在 1 月 10 日或者 11 日的时候，可汗专门会见了巴拉。为了聚焦讨论的重点，可汗带来了宝利通的盈利模型和公司盈利预期的相关资料。“市场期望值是多少呢？”巴拉问可汗。巴拉想知道华尔街希望宝利通这个季度的盈利预期大概是多少。可汗抛出了一个数字，1.45 亿美元左右。“哦，这个目标，我们还是很容易实现的。”巴拉回答说。

巴拉的信息与华尔街分析师的观点不一致，分析师们都认为宝利通在第四季度的表现会比较差。当可汗得知宝利通第四季度的盈利将会很不错，而且未来收益会持续向好时，她很快将这个消息传递给拉贾拉特南和她圈子里的其他人。1 月

12 日，星期四的上午 10 点 30 分，可汗发信息给拉贾拉特南，内容是“嗨，你在吗？”他们俩当时并没有通电话，但 3 分钟之后，拉贾拉特南给他最信任的交易员发信息说“买入 6 万股 PLCM”，而 PLCM 正是宝利通的股票代码。

2006 年 1 月的那个上午，即可汗买入 3 000 份宝利通看涨期权的两天后，她正在计算宝利通股票价格将会上涨多少时，拉贾拉特南的科技基金经理同时开始大量买入宝利通的股票。10 点 36 分，这只基金已经买入了 6 万股。这是一个让人很费解的仓位。有时候，当某家公司未来的盈利向好时，股票价格都会预期性走强，但在这个案例中，宝利通的股票价格并没有上涨。可汗有些担忧，不时地向巴拉确认消息是否真实，巴拉向他保证说，宝利通的盈利肯定会超过预期。

在接下来的一个星期里，帆船集团慢慢地加仓宝利通的股票，1 月 21 日，星期六，拉贾拉特南从家里给他的弟弟伦甘打电话。两天后，也就是星期一，当交易重新开始时，伦甘也开始用自己的私人账户和塞德纳公司的账户购买宝利通公司的股票。

1 月 25 日，星期三，市场交易结束后，宝利通对外公布 2005 年第四季度业绩，数据显示，公司的收入为 1.561 亿美元，正如巴拉所承诺的那样，宝利通的业绩轻松地超过了华尔街分析师的预期。交易代码为 PLCM 的宝利通的股票价格已经上涨了 13%。

第二天，拉贾拉特南发短信给可汗：“嗨，谢谢你提供的宝利通消息。”在宝利通季度数据公布后，巴拉也联系了可汗。可汗说，巴拉建议她将宝利通的股票在适当的位置卖出，并将盈利的一部分资金转到他在雷曼兄弟的账户上。但此时的可汗正担心自己可能会被迫卖掉阿瑟顿的房产，她告诉巴拉说，现在还不能向他的账户里面转钱，她首先得解除自己的财务危机。从类似帆船这样的对冲基金公司里获得一份工作也许是解决问题的第一步。

在宝利通股票交易获利后的几个星期之后，可汗在旧金山遇见了拉贾拉特南，他正好来旧金山出差。盈利季已经结束，可汗也帮助拉贾拉特南通过盈利预期报告赚到了钱。可汗为拉贾拉特南提供的消息帮助他的帆船科技基金赚了 482 960 美元，此刻正是向他提出去帆船集团工作的最佳机会。然而，当可汗再次跟拉贾拉特南谈论这一话题时，他又采用了拖延术。拉贾拉特南说在雇用可汗之前，他需要跟他的首席交易员商量一下，而且他还建议，可汗在进入帆船集团工作前，应该先跟纽约华尔街的人多多接触。在接下来的几年时间里，可汗和拉贾拉特南一直保持着联系，她继续为他提供宝利通还有谷歌等公司的内幕消息。作为回报，拉贾拉特南也会向可汗提供一些关于 AMD 和英特尔的股票消息。但拉贾拉特南一直没有再雇用可汗，他没有必要这样干，因为她已经源源不断地在为他提供内幕消息了。

希尔顿酒店疑云

2007 年 7 月 2 日，也就是拉贾拉特南和家人准备前往法国度假的两天前，将近下午 4 点的时候，可汗给他打电话说，她从南亚圈的一个线人那里获得了一条非常重要的消息。在简短的通话过程中，可汗告诉拉贾拉特南，她听说纽约著名的私募股权投资公司黑石集团准备收购希尔顿酒店。这个消息非常急，也就是说，黑石集团第二天就要对外公布这一收购计划。

作为投资者，如果想要赚钱，就必须快速行动，必须在黑石集团宣布收购之前买进希尔顿酒店的股票。可汗已经用自己的个人账户买了 550 份看涨期权合约，意味着她可以在未来的某一时刻按照既定的价格买入希尔顿酒店的股票。在接下来的 10 分钟里，拉贾拉特南和可汗又进行了两次简单的电话交流。对帆船集团来说，当天已经来不及买进了，因为股票市场马上就要收盘。但是第二天一早，也就是7月3日的上午，股票市场开盘仅仅7分钟，拉贾拉特南手下的一个得力干将，就通过摩根大通集团买入了 50 万股的希尔顿酒店的股票。其中，价值 1 400 万美元的 40 万股属于帆船科技基金的仓位，这只基金是帆船集团的旗舰基金，是由拉贾拉特南亲自操作的。这笔交易不免让人感到奇怪，因为希尔顿酒店再怎么也无法与英特尔相提并论，它只是一家酒店，不是一家高科技公司，而这只基金的投资对象主要是科技公司。当天晚些时候，可汗再次致电拉贾拉特南，问他是否抢购了一些希尔顿酒店的股票，他回答说他错过了机会。美国证券交易委员会的调查并不会让他从此不再进行违规操作，但是有一点很明显，那就是他的行事变得更加谨慎了。

当天的交易结束时，来自拉贾拉特南，以及其他得到希尔顿酒店将会被收购消息的投资者的大举购买，让希尔顿公司的股票价格涨了 6.4%，收盘价格定格在 36.05 美元。在市场收盘后，黑石集团宣布将以现金支付的方式按每股 47.50 美元的价格收购希尔顿酒店的股票及债务，总收购价格高达 200 亿美元。对拉贾拉特南来说，这真的是笔意外之财，这笔交易让他净赚 410 万美元。可汗，以及其他提前获得内幕消息的投资者也都赚了不少钱。当拉贾拉特南赶到法国与他的好朋友雷杰夫·戈尔斯碰面时，他告诉戈尔斯，自己为他准备了一份希尔顿酒店的大礼物。就在拉贾拉特南准备飞往法国的前一天，他通过帆船集团的网络协议地址，用戈尔斯的嘉信（Schwab）① 账户在 10 点 39 分的时候购买了 7 500 股希尔顿酒店的股票。最终，这笔交易成了戈尔斯代价最为昂贵的交易。

7 月 3 日，市场只交易半天，因为第二天是美国独立日，市场休市。但就在这半天的交易中，希尔顿酒店的交易量竟然高达 7 470 686 股，这比希尔顿过去一年每天平均成交量的两倍还要多。很显然，有人事先得到了希尔顿酒店将会被收购的内幕消息。

伊斯雷尔·弗里德曼（Israel Friedman）是美国证券交易委员会的专职律师，他对希尔顿股票的快速拉升感到很惊讶。在独立日假期结束后，伊斯雷尔立刻从纽约证券交易所调来了希尔顿股票的交易资料，他经验老到，非常擅长挖掘内幕交易。作为调查此类案件的惯例，伊斯雷尔不仅调取了所有的电话记录，而且也调来了所有的网络协议地址，这是每台电脑在网络中的唯一数字身份。在揭开帆船集团内幕交易案的过程中，这一调查手法起到了非常重要的作用。巧合的是，伊斯雷尔·弗里德曼的办公室正好紧挨着迈克尔森。他们俩是好朋友，经常在一起交流各种案件的信息。

---

① 嘉信，美国最大的网上证券公司。——编者注

想到贾森・弗里德曼和迈克尔森在调查塞德纳公司、帆船集团和拉贾拉特南兄弟电话往来信息时的那种严谨与一丝不苟，伊斯雷尔・弗里德曼在调查希尔顿股票交易的“蓝单”时也是非常谨慎小心。在每个交易日，这些交易数据都是用蓝色的纸张打印，所以称为“蓝单”。在当天数以百计的买卖名单中，就有帆船集团的身影。在交易日当天的前 7 分钟里，帆船集团的买入量十分巨大。这笔交易带来的盈利有 400 万美元，一只股票就赚这么多钱，而且还只是在半个交易日完成的，很难让人不生疑。

一方面，拉贾拉特南对瓦德瓦和迈克尔森的情报工作感到很鄙视；另一方面，通过内幕消息交易获得暴利又让他感到极度兴奋。尽管拉贾拉特南是美国证券交易委员会的调查对象，但是，他仍然可以不受限制地利用内幕消息进行交易，他现在也不再将交易局限于科技股，因为他可以辩护说，他的投资都是源于自己的专业分析，源于自己对行业动态的充分掌握。对于拉贾拉特南不熟悉的行业，比如酒店业，他可以说自己能够通过非凡的学习能力和强大的领悟能力快速了解，从而进行投资。但不管怎么说，一只科技基金大量买卖酒店行业的股票，还是一件比较危险的事情。

桑杰・瓦德瓦还是很佩服拉贾拉特南的勇气的。“哦，一个月前拉贾拉特南还来过这里呢……”瓦德瓦跟他的同事这样感叹道。

第 16 章

揭开内幕交易谜团的关键人物

2007 年 7 月，在黑石集团并购希尔顿酒店不久后的一天，伊斯雷尔·弗里德曼来到美国证券交易委员会同事安德鲁·迈克尔森的办公桌前。

“这就是你说的那个女人吗？”伊斯雷尔指着鲁米·可汗的名字问。在买卖希尔顿股票的一大串名单中，就有她的名字。

迈克尔森快速浏览了一下这份名单，另外一个名字也引起了他的注意，几个月前他也见到过这个名字，那就是雷杰夫·戈尔斯。雷杰夫·戈尔斯是拉贾拉特南频繁交往的人之一。这样看来，戈尔斯也是在黑石集团宣布并购希尔顿酒店之前就买入股票的成员之一。考虑到这些交易可能是敲开帆船集团调查案件的关键要素，迈克尔森决定再详细梳理一遍希尔顿股票的交易“蓝单”，希望找到其他曾经出现在拉贾拉特南或者帆船集团通信录上的名字，美国证券交易委员会曾经向帆船集团传唤过这些资料，因此，比对起来还是比较容易的。果然，迈克尔森找到了另外一个人，拉贾拉特南跟他的联系看起来非常频繁，但似乎跟任何股票交易又没有什么关联，这个人就是麦肯锡的阿尼尔·库马尔。

"如果库马尔确实是拉贾拉特南的线人，那他应该也大量买进了希尔顿酒店的股票。"迈克尔森这样推测。但当迈克尔森想从希尔顿股票的交易"蓝单"中找出库马尔的名字时，却发现库马尔的名字并没有出现在"蓝单"上。这消除了迈克尔森对库马尔卷入此案的怀疑。由于既没有找到拉贾拉特南与库马尔的短信联系记录，又没有找到库马尔买卖股票的交易记录，迈克尔森便继续寻找其他名字，很遗憾，在他办公室一角的文件箱里就有其他的证据，可惜他没有去核查。

几个月前，迈克尔森在得克萨斯州的同事正在调查 ATI 公司股票交易的详细情况，这些交易都发生在 2006 年 7 月 AMD 收购 ATI 公司之前。在调查的过程中，迈克尔森的同事向他提供了 3 大箱文件，这些文件的内容，都是在 AMD 宣布并购前，对该交易知情的银行工作人员、律师和咨询师各自的证券交易清单。其中的一个箱子里，有几百页的文件和近 900 个名字，而库马尔的名字就在其中。他的名字列在 AMD 公司的咨询顾问一栏中。这一信息可能会帮助迈克尔森将拉贾拉特南和库马尔的关系串联起来。想不到同时涉及帆船集团案和希尔顿股票交易案的重叠名单上，会有这么多人，桑杰·瓦德瓦和马科维茨将正在跟踪希尔顿股票交易案的伊斯雷尔·弗里德曼拉进了帆船集团案。一开始，美国证券交易委员会的律师怀疑泄露希尔顿交易信息的是黑石集团，这是一家由苏世民（Stephen Schwarzman）[①] 掌管的纽约私募股权基金公司。2007 年 4 月，黑石集团向帆船资本基金投了 2 000 万美元，负责这只基金运行的基金经理是托德·多伊奇。

"黑石集团可能向帆船集团透露了消息。"专门负责处理经济犯罪和证券欺诈的 FBI 工作小组特工 B. J. 康（B. J. Kang）这样写道。美国证券交易委员会的律师曾经调查过有泄露信息嫌疑的黑石集团高管，但伊斯雷尔·弗里德曼发现可汗也出现在希尔顿股票交易案中，这为他们提供了一个新的、更有追踪价值的线索。

6 月，拉贾拉特南曾经来录过证词，迈克尔森对可汗这个名字有印象，她是英

---

① 苏世民是全球私募巨头黑石集团的联合创始人。黑石集团与苏世民起落沉浮的成长史被记录在《资本之王》一书中。本书简体中文版已由湛庐策划出版。——编者注

特尔公司的前雇员，在拉贾拉特南的短信记录中使用的代码是“鲁米 81”。在拉贾拉特南做完证词的 5 天后，调查员找到了 2006 年 1 月 9 日拉贾拉特南和“鲁米 81”之间的短信记录，内容是这样的：

> 拉贾拉特南：嗨。
> 拉贾拉特南：你回来了吗？
> “鲁米 81”：我在呢。
> “鲁米 81”：并没有出去。
> 拉贾拉特南：打电话给我……今天回家后就打。
> “鲁米 81”：请告诉我 JNPR 的消息。
> “鲁米 81”：在我给信号前不要买 PLCM。
> “鲁米 81”：我需要再次确认一下信号有没有问题。

PLCM 是宝利通公司的股票代码，JNPR 是瞻博网络公司（Juniper Networks）的股票代码，瞻博网络公司是加利福尼亚州森尼韦尔市的一家网络路由器设备制造商。在拉贾拉特南和可汗往来的短信记录中，有一条记录引起了调查员的注意：“在我给信号前……我需要再次确认一下信号有没有问题。”通过短信来判断，可汗应该是在宝利通有线人，而且这个人提前将公司的盈利状况和未来的盈利预期告诉了可汗。可是仅凭这样的几条短消息很难成为内幕交易的立案依据。不过，在历时一年半的调查之后，美国证券交易委员会的律师有了信心，他们认为短信就是确凿的证据。拉贾拉特南和可汗在同一天买入大量希尔顿的股票，还有更多的证据表明，二人并不是普通的朋友关系。事实上，越来越多的证据显示拉贾拉特南和可汗是在共同犯罪。

美国证券交易委员会的律师开始将大量的精力投入可汗和向她泄露内幕消息的公司内鬼的调查中。贾森·弗里德曼负责深挖可汗的电话通信记录，以便全面掌握她的关系网。结果表明，这比弗里德曼最开始想象的要费时费力得多。可汗超级喜欢煲电话粥，她有 6 部座机和 3 部手机，关键是，她几乎一直都在打电话。曾经一度，弗里德曼对可汗的每一个电话号码熟悉得都能将它们倒背如流。弗里德曼将可汗每部电话的通话记录都打印出来，希望通过比对特定时间的通话内容，找到内幕消息的源头。天天盯着这样密密麻麻的通话记录研究，弗里德曼的视线都模糊了。

2007年8月的某一天，天气闷热潮湿，经过几个星期的对通话记录的梳理，贾森·弗里德曼发现了可汗与宝利通公司总部的一条通话记录。当天下午，弗里德曼又发现可汗用另外一部电话与一名宝利通高管的家庭电话通话的记录。弗里德曼在谷歌上搜索这个号码，发现这个电话号码是苏尼尔·巴拉的。弗里德曼进一步搜索苏尼尔·巴拉的信息，发现他是宝利通公司一名级别比较高的管理人员。弗里德曼感到非常兴奋，他立刻赶到瓦德瓦的办公室向其报告这一好消息。

经过前后将近一年的调查，美国证券交易委员会第一次完整地掌握了拉贾拉特南买卖的股票，以及他与这些股票公司内幕消息交易的间接证据。虽然美国证券交易委员会并没有找到拉贾拉特南认识巴拉的直接证据，但他跟可汗的短信及通话记录，连同可汗在同一时间跟巴拉的通话记录，便可以将两者联系起来。看上去，可汗才是将帆船集团掌门人与宝利通公司高管连接起来的关键人物。

这是一个非常重大的突破，瓦德瓦急切地想要立案。当弗里德曼发现宝利通公司磨磨蹭蹭既不愿意配合调查，也不愿意提供详细的通话记录时，他和他的上司，也就是经验老到的马科维茨打电话游说宝利通的外部律师，要求他们加快进度，早点把通话清单送过来。由于担心宝利通公司可能会向苏尼尔·巴拉泄露美国证券交易委员会正在对他进行调查的消息，弗里德曼要求宝利通公司报送多名高管的通话记录。当然，在这一连串的名单中就有巴拉的名字。

记住要永葆年轻

这边弗里德曼正在加紧调查宝利通公司，那边拉贾拉特南玩得正在兴头上。8月上旬，拉贾拉特南前往马赛马拉（Maasai Mara），这是肯尼亚最受欢迎的禁猎区之一。拉贾拉特南知道如何打造一个完美的团队，肯尼亚的5天豪华游就是专门为“拉贾拉特南部落”而准备的，这个旅行团中的70个成员都是他最亲近的朋友和家人。在狂欢活动开始之前，按照拉贾拉特南的一贯风格，他用包机的方式诱惑他的客人们，并向他们发出了难以抗拒的邀请，“你们有没有做好远离繁华都市前往原始部落的准备呢？”邀请函上这样写道。8 月 5 日，在内罗毕短暂停留之后，他们一行人飞到了马赛马拉。当他们走下飞机的时候，受到了一群身穿红色衣服、手持锋利长矛的马赛马拉土著人的热烈欢迎，这群土著人以痛苦、夸张的表情，跳着他们的传统舞蹈。

为了让朋友们以最佳的心情投入活动，拉贾拉特南为他们准备了统一的服装：印有“狂欢、狂野、桀骜不驯的拉杰部落”字样的黑色 T 恤衫。其中一位戴着眼镜、表情严肃的客人穿着绿色的裤子和淡蓝色的防风夹克，再加上这件黑色的 T 恤衫，样子不伦不类。很少有人知道，这个人不是别人，而是“拉贾拉特南部落”中的核心成员阿尼尔·库马尔。当旅行结束，客人都回到各自家中以后，为了让大家记住这次难忘的旅行，拉贾拉特南给他们每人寄去了一本书，书中有很多值得回忆的珍贵照片。这本书的扉页印有拉贾拉特南的人生格言：“记住要永葆青春，没有什么事情比追求快乐更重要！”

对鲁米·可汗展开调查

到夏天结束的时候，调查帆船集团案的美国证券交易委员会小组清楚地认识到，没有什么比抓到为拉贾拉特南提供内幕消息的线人更重要的了。宝利通和希尔顿这两只股票的交易情况都非常清楚地表明，其中存在内幕交易。但迈克尔森和贾森·弗里德曼及伊斯雷尔·弗里德曼所掌握的证据，仍然不足以立案，只能算是间接证据。

对于偶尔进行交易的普通投资者来说，根据这些证据来定案，可能没有问题，但对像帆船这样的对冲基金来说，每天都有大量的买入和卖出交易，很难辨别这些交易哪些是依据线人所提供的消息完成的。瓦德瓦、马科维茨和迈克尔森都觉得执法部门应该找到拉贾拉特南核心圈里面的某个关键人物才行，只有这个人，才能够提供拉贾拉特南涉嫌内幕交易的直接证据。美国证券交易委员会小组只有一次机会，去找这样一个愿意跟政府部门合作的人，如果他们失败了，整个调查就前功尽弃。因为这个人极有可能将这个消息告诉拉贾拉特南，而拉贾拉特南肯定会立刻停止一切违法活动。

巧合的是，另一个美国证券交易委员会工作小组偶然发现，可汗可能就是美国证券交易委员会律师要找的人。在发现可汗也曾大量买卖希尔顿酒店的股票之后，美国证券交易委员会将可汗的名字转交给了 FBI 的特工 B. J. 康。大家都称这位康特工为 B. J.，他一看就是那种典型的 FBI 特工，平头，喜欢把头发梳得油亮，眼睛非常深邃，似乎能够一眼洞穿别人的心思。康特工快速浏览了一下案件的背景资料，发现可汗在 FBI 有案底。事实上，在 1999 年时，可汗就承认，她曾经给拉贾拉特南透露过内幕消息。为了感谢可汗提供的有关英特尔公司的内幕消息，拉贾拉特南没有给过她钱，而是帮助她去不同的公司面试。"英特尔和 FBI 都认为拉贾拉特南是罪魁祸首，后面持续进行内幕交易的也是他，" FBI 旧金山分局的特工拉塞尔·阿特金森（Russell Atkinson）在 1998 年 4 月 29 日写给纽约特工的邮件里这样说道，"在可汗离开英特尔之后，她依然有可能从事非法交易，同时，她很有可能还从其他公司获得了内幕消息。" 阿特金森建议纽约的特工也介入调查，这样的话，FBI 就可以从两个方面努力，共同合作，找出真相。遗憾的是，经过多年的调查，不管是 FBI，还是美国证券交易委员会，都没有发现帆船集团的任何交易是源自可汗从英特尔泄露给拉贾拉特南的内幕消息。于是，在 2002 年的 8 月，对拉贾拉特南的调查被终止了。

但这一次，情况有所不同。可汗出于个人原因非常愿意跟执法部门合作。因为之前，可汗已经有过犯罪记录，第一次，她轻松地逃过了惩罚，但法律不太可能对惯犯做宽大处理。由于知道可汗之前有犯罪记录，而且这次又掌握了她还在继续违法的证据，美国证券交易委员会的律师便开始给检察官施压，让他们说服可汗"支持美国"（team USA），这是马科维茨常用的口头禅，意思是要敲打敲打可汗，让她配合调查工作。2007 年 9 月下旬，瓦德瓦、马科维茨、迈克尔森和贾森·弗里德曼与负责此案的纽约南部美国联邦检察官办公室的助理检察官劳伦·戈德堡（Lauren Goldberg）碰面。自从 3 月向检察官通告过调查情况进展之后，美国证券交易委员会一直在努力让曼哈顿区美国联邦检察官办公室的检察官能够对帆船集团案感兴趣。美国联邦检察官办公室有一大堆案件要处理，所以检察官可能需要一段时间才能集中精力处理另一家机构的白领案件。在与戈德堡会见之前，迈克尔森准备了一份具体的调查安排，排在第一位的就是鲁米·可汗。

2007 年 11 月 28 日，在没有事先通告的情况下，康特工和另外一名 FBI 特工出现在可汗位于加利福尼亚州的豪宅前。这座豪宅位于伊萨贝拉大街 168 号，安装了一扇非常高级的安全门，特工是在可汗母亲的带领下才进入房子的。特工见到的可汗是一个胖胖的、特别健谈的 50 来岁的中年妇女，只不过，她一直都处于很慌乱的状态。

可汗的婚姻出现了危机，阿瑟顿的豪宅市场价值已高达 1 800 万美元。可汗通过苏士比拍卖行拍卖了部分珠宝、部分艺术品，以及低价处理了一辆汽车才筹到 200 万美元来应付生活开支。到目前为止，可汗都没有将巴拉的亏损补上，他们俩也有好长一段时间没有联系过了。可汗之所以没有给巴拉打电话，主要是觉得不好意思，觉得愧对巴拉，自己搞砸了交易，还让巴拉亏损惨重。这段友谊就这样被可汗给毁了，好几次，她的生活都快要难以维持下去了，她和母亲便会将车停在巴拉的家门前大哭一场，来发泄心中的压力。尽管可汗非常想第一时间还钱给巴拉，但她真的是无能为力，因为她的经济状况已经陷入严重的困境中。可汗在春天的时候，给巴拉写了一封邮件，犹豫了很长时间才发出去。在邮件里，可汗这样写道："我现在正处于非常困难的时期，不过，给你造成的投资亏损，我一定会尽量弥补的。"巴拉的回信显得很乐观："嗯，从个人情感来说，亏掉这么多钱真的很让人伤心……但是，我真的没有什么好抱怨的，我知道你一直都在竭尽全力，想把事情做到最好。"可汗还是无法原谅自己，她立刻回复道："我一定会弥补给你造成的损失，我发誓！"

在接下来的一个小时里，FBI 的特工提问，可汗回答，她看上去很自在，但特工能明显感觉到可汗在说谎。早在 1999 年，可汗就向 FBI 的特工撒过谎，虽然被当场识破，但这并没有给她造成什么影响。所以，可汗再次掩盖问题，不说真话也是情理之中的事情。可汗说她之所以跟拉贾拉特南联系，是因为她想从他那里获得一份工作。当特工问起宝利通的高管巴拉时，可汗承认她认识巴拉，但从来没有跟巴拉谈论过有关宝利通的任何话题。

可汗坚决否认她曾通过短信或者邮件向拉贾拉特南泄露宝利通的相关信息。

事实上，可汗声称自己再也没跟任何人讨论过任何公司的消息。可汗告诉特工，几年前与 FBI 打交道的经历，让自己受到了教训。这个时候，康特工向她出示了她跟拉贾拉特南讨论宝利通公司的短信记录，以及其他的一些犯罪证据。看到这些，可汗起身去了卫生间，几分钟后又回来了，脸上挂着泪珠，明显是哭过。可汗很快就意识到自己的处境不妙，准备告诉特工事情的真相，当然她只说了一部分，并不是全部，至少这一次，她并没有将所有的真相都说出来。“如果这一次，我再不配合的话，我肯定会进监狱。”可汗这样对康特工说。

因为已经确定可汗会全力配合，所以调查员就放弃了其他没有什么价值的线索。伊斯雷尔·弗里德曼要求查尔斯·施瓦布公司提供雷杰夫·戈尔斯及妻子阿尔卡的账户对账单，伊斯雷尔在加入帆船集团案之前，就对希尔顿酒店股票的异常交易感到很怀疑。戈尔斯既是拉贾拉特南在沃顿商学院时的死党，同时又是英特尔公司的高管。正如伊斯雷尔一贯的做法，他还要求施瓦布公司提供登录戈尔斯账户的 IP 地址。当这些材料送过来时，美国证券交易委员会的律师发现了帆船集团更多值得怀疑的交易行为。2007 年 7 月 3 日上午，在黑石集团对外宣布并购希尔顿酒店之前，有人在帆船集团用戈尔斯的嘉信账户，买入了市值为 264 284.95 美元的希尔顿的股票。这笔交易大约赚了 7.8 万美元。在同一年，帆船集团的一个人登录戈尔斯的嘉信账户买卖股票一共有 12 次，其中一部分股票跟美国证券交易委员会正在调查的股票有重叠。

第 17 章 沃顿商学院里的“黑手党”

如果阿尼尔·库马尔不是在 1981 年进入宾夕法尼亚大学沃顿商学院读书的话，他可能永远都不会跟拉杰·拉贾拉特南有任何交集。尽管库马尔和拉贾拉特南都来自南亚，但他们的脾气、性格和外貌差别都很大。拉贾拉特南皮肤黝黑、体格魁梧、说话声音很大，个性比较张扬。拉贾拉特南最引人注目的外貌特征，是他笑起来的时候，露出的大白牙。当拉贾拉特南取悦女性或者求朋友帮忙的时候，他就会向对方展现他那口迷人的大白牙。拉贾拉特南最擅长投机取巧，他经常逃课，还拿其他同学的香烟抽，这样他自己就不用买烟了。如果被人抓到，拉贾拉特南总是会抛出这样一句话：“那你告我去啊！”

拉贾拉特南在沃顿商学院的南亚学生中的绰号是“讨厌的自私鬼”（Black Bindass），这是一个印度式的表达法，一半用印地语，一半用英语，将拉贾拉特南描述成这样的一个形象：非常自我，很少替其他人考虑，而且特别冷酷无情。拉贾拉特南会故意向别人展示他是富家子弟。与来自南亚的其他同学不一样，拉贾拉特南游历甚广，在来沃顿商学院读书之前，他曾在新加坡住过一段时间，因为他父亲曾经被外派到新加坡工作，他也曾在英国待过一段时间。作为在美国生活的斯里兰卡贵族成员之一，拉贾拉特南来美国的时候，基本上没有带什么行李，而其他人，比如来自印度的阿尼尔·库马尔就带了不少行李。尽管拉贾拉特南和库马尔的社会阶层有着天壤之别，但有一点两个人是完全一致的：他们俩是在同一时间来的美国。

同样是来自印度地区的移民，“但表现却完全不同，这种地域差异现象其实很有意思”，《斯瓦米叔叔》（*Uncle Swami*）的作者维贾·普拉沙德（Vijay Prashad）这样说道：“他们是正好错过了20世纪最伟大的两大社会运动的那代人。”这两大运动，一个是印度独立运动，另外一个是美国民权运动。来到美国的印度移民正是这两大运动的受益者，尽管他们都没有参加过这些运动。他们出生的时候，正好赶上印度独立，当他们成年的时候，正好赶上印度重点培育和发展中产阶级，印度希望通过加大基础教育和技术教育的投入，提高国民的综合素质，从而帮助印度赶上世界前进的步伐。普拉沙德说，实际上，“是政府在补贴这些高层次人才的培养”。正是因为有政府的支持，所以印度才出现了世界排名靠前的大学，包括印度理工学院，它在印度独立之后的10年时间里飞速发展。这些在国内受过良好高等教育的印度人成年之后，都觉得去海外留学会有更好的发展，于是他们纷纷离开了印度。在国内，领导人都在叹息“人才都流失了”，但对于美国，以及来到美国的大量移民来说，没有什么事情是比留学更值得的！

20世纪80年代初，来到美国的移民数量一下子比之前增加了许多，很多来自南亚的移民，包括阿尼尔·库马尔和拉杰·拉贾拉特南，就是在这个时候来到美国的，对他们来说，美国的职业发展机会根本无法与10年前相提并论，那个时候，美国的大门刚刚对外来者开放，但现在基本处于饱和的状态。由于制造业的下滑，美国加大了投资，特别是对两个最为关键的行业加大了投资力度，这两个行业就是金融业和科技业，而这两个行业恰好是新印度移民的优势所在。

在普拉沙德看来，毫无疑问，美国民权运动的结束和向南亚移民敞开的大门，塑造了美籍印度人的思想观念，并助长了一种权利意识。“在这种环境下成长起来的人就容易形成这样的观念，他们之所以能够取得这样伟大的成绩，主要是因为自己天赋过人，而不是特定的社会环境造就的成功。”当然，这种思想引发的最大风险就是“当一个人觉得社会运动跟自己没有任何关系时，他就不会为社会做出任何奉献，可他凭什么向社会索取高于其付出的报酬呢？这是获得‘双重好运’的一代人，我的感觉是他们中的有些人享受了所有的好处，或许，这也是他们毁灭的原因”。

当拉贾特·古普塔于 20 世纪 70 年代初来美国读书的时候，哈佛商学院和沃顿商学院的南亚人还是凤毛麟角。正是因为南亚人太少，所以南亚学生经常在一起活动，彼此都是好朋友。但当拉杰·拉贾拉特南和阿尼尔·库马尔来美国沃顿商学院读书的时候，仅 1980 年来到美国的印度移民就有 22 600 人，1983 年沃顿商学院的一个班上就有 30 多名南亚人，很容易就会形成小团伙。社会环境的不同，让在美国长大的美籍印度人和他们那些分布在世界各地的“表亲”有着巨大的差别。美籍印度人从小就在美国念书，操一口纯正的美国腔。他们看不起那些刚刚来美国的印度人，嘲笑他们浓重的口音以及怪异的生活习惯，戏称他们为“OTBs”（off the boats，刚从外国来美国）或者“FOBs”（fresh off the boats，刚在美国下船）。在美籍印度人的观念中，自己是时髦的代表，而这些来自印度的新移民则是土包子。

对于大多数美籍印度人来说，他们觉得跟美国人相处，要比跟印度人轻松自在得多，他们只有在回印度享受美食或者履行宗教仪式的时候，才会与他们的故土发生关系。特别是在朝圣的时候，这些美籍印度人会觉得非常不舒服、不自在，其实，那些在印度本土生活的“表亲”也有同样的感受。尽管这些美籍印度人的父辈希望他们能够跟表亲们多一些认同感，但事与愿违，他们之间的鸿沟反而越拉越大。

20 世纪 80 年代早期，坐着波音 747 来到美国的印度人则认为，他们比已经被美国同化的美籍印度人要优越。他们拥有的某些东西，那些在美国成长的美籍印度人永远都不会拥有。他们有归属感和认同感，他们出生和生活的印度有着五千年的文化，历史底蕴深厚，音乐等艺术更加璀璨辉煌。他们看不起那些在美国出生并长大的美籍印度人，称他们为“ABCDs”，意思是美国出生的迷失的一代人。就像凯利·卡普尔（Kelly Kapoor）在美国国家广播公司（NBC）的电视剧《办公室》（*The Office*）中所饰演的角色一样“说着流利的英语，却长着印度人的面孔”，是他们给这些在美国成长的美籍印度人贴上的最醒目的标签。

尽管来自同一个国家，但这两类印度人，ABCDs 和 OTBs 却是在两个完全不同的世界里成长起来的。通常情况下，在美国成长的印度人不得不做出选择，要么跟美国人做朋友，要么跟印度人做朋友，但绝不会同时和两者都成为朋友。尽管从种族的角度来说，他们是不可分割的一个群体，但实际情况却是，在美国长大的印度人和印度新移民之间的差异，几乎等同于美国白人与美国黑人之间的差异。

我的人生信条中没有逃跑二字

与其他可能会感到尴尬的沃顿商学院的印度学生不同的是，拉贾拉特南能够很轻松地跟各种人群打得火热。拉贾拉特南既能够跟美国人相处愉悦，又能够和印度人谈笑风生，他可以在不同的文化背景中自由切换。拉贾拉特南的身份确实也有一点特别，严格来讲，他并不属于前面所说的两个群体中的任何一个。拉贾拉特南来自斯里兰卡的泰米尔，这是印度洋上的一个珍珠岛国，位置在印度的东南方。

拉贾拉特南的父亲叫杰瑟萨桑，是泰米尔地区中上流社会成功人士的代表。杰瑟萨桑在很年轻的时候，就进入辛格缝纫机公司工作，并最终成为南亚地区的负责人。商业上的成功使杰瑟萨桑有机会进入政界，并且在两个领域都取得了不错的成绩。1948 年，英国从斯里兰卡（当时叫锡兰）撤出，泰米尔人的地位开始发生改变，很多泰米尔人都是来自印度的移民。在接下来的 10 年时间里，由于政府奉行歧视政策，泰米尔人的地位越来越低，而僧伽罗人的地位却越来越高，成为社会的主流。

1956 年是个转折点，一年之后，也即 1957 年，拉贾拉特南才出生。正如《纽约客》（*New Yorker*）的专栏作家菲利普·古雷维奇（Philip Gourevitch）所说的那样，这是“后殖民时代的斯里兰卡遭遇到的毁灭性历史”，当时，来自僧伽罗贵族家庭的斯里兰卡总理 S.W. R. D. 班达拉奈克（S.W. R. D. Bandaranaike）颁布了一项法律，宣布僧伽罗语将代替英语成为斯里兰卡的唯一国语。但这个法律却把泰米尔人排除在外，他们仍然可以用英语，不管是工作还是读书，都不受影响。这也为泰米尔人和僧伽罗人的种族冲突埋下了祸根，在接下来的几十年时间里，两个种族之间的流血冲突便成为这个国家的常态。

20 世纪 60 年代是拉贾拉特南的少儿时期，作为家里 5 个孩子中的老二，在那个时候，他过着斯里兰卡泰米尔精英阶层的特权生活。拉贾拉特南一家住在肉桂花园区（Cinnamon Gardens），这是科伦坡附近的一块飞地，以其殖民时期建造的宏伟的白色房屋而闻名，成排的棕榈树使这里的环境非常优美，凉爽宜人。与绝大多数斯里兰卡泰米尔的富裕家庭一样，拉贾拉特南的家人也认为教育是实现成功的重要途径，于是，拉贾拉特南的家人将拉贾拉特南和他的兄弟姐妹送到最好的学校，随着他们慢慢长大，家人鼓励他们积极追求自己的事业，而不要依赖家族留给他们的财富。

拉贾拉特南读的是圣托马斯预科学校，这是一所效仿英国公立学校风格的学校，与库马尔所就读的杜恩学校有些类似。17 岁的时候，拉贾拉特南开始在德威学院（Dulwich College）读书，这是英国著名的私立寄宿男校，位于伦敦的东南部。德威学院培养过出生在斯里兰卡的英国著名作家迈克尔·翁达杰（Michael Ondaatje），其代表作是《英国病人》（*The English Patient*），他的名气远比这位基金经理的名气大。

在拉贾拉特南离开德威学院十多年之后，他还经常吹嘘自己在德威学院读书时所做的各种奇事。在 2011 年的一次采访中，拉贾拉特南说自己曾经在 P. G. 伍德豪斯（P. G. Wodehouse）住过的房间里住过，伍德豪斯是英国著名的作家，他的书在亚洲很受欢迎，因为他经常用非常幽默的手法，表现英国上流社会的生活。按照英国德威学院的传统，每个人都会在自己住过的宿舍墙上刻下自己的名字，拉贾拉特南说他把自己的名字刻在了伍德豪斯的名字下面。但真实情况是，1974 年 9 月，当拉贾拉特南到德威学院读书时，伍德豪斯曾经住过的宿舍已经改造成了校长的家。

在德威学院，不论是学业还是体育，拉贾拉特南的表现都不突出。拉贾拉特南很少会向别人谈起自己在英国生活的那段时光，除非是迫不得已，比如，当他的交流对象来自英国时，为了取悦对方，他才会说起自己在英国读书的事情。拉贾拉特南的同事认为他之所以不愿意提起在英国生活的往事，可能是因为他在那个时候被人欺负过，或者很难融入当地人的圈子，毕竟那是在 20 世纪 70 年代，当时的英国还比较封闭，甚至有种族歧视的现象存在。2011 年，当拉贾拉特南接受苏姬图·梅塔（Suketu Mehta）专访的时候，曾经公开谈起他在英国生活的那段时光。苏姬图·梅塔是印度著名的作家，他的大作《极大之城：失而复得的孟买》（*Maximum City: Bombay Lost and Found*）非常受欢迎。拉贾拉特南说，在当时，英国的极右政党民族阵线在大街小巷追打"巴基佬"。有一次，拉贾拉特南和叔叔在伦敦街区的一条马路上行走，3 个白人故意用肩膀撞他的叔叔。

"我们只是把他们推开，但并没有逃跑。我的人生信条中从来没有逃跑这两个字。"拉贾拉特南和他叔叔被这 3 个白人打了，但"自从被他们殴打后，我再也没有被其他人打过"。这件事给了拉贾拉特南非常深刻的教训："我意识到这样的一个事实，可能只是因为种族不同，我就会受到他们的袭击。"

拉贾拉特南在德威学院一直待到 1976 年 12 月，额外多待了一个学期，目的是参加考试，这场考试将决定他能否进入英国最好的牛津大学或者剑桥大学读书。可惜拉贾拉特南并没有通过考试，于是，在 1976 年年底，拉贾拉特南便前往二流的萨塞克斯大学就读，这所大学位于布莱顿（Brighton）郊区的一个海边小镇上，在这里，他拿到了工程学学士学位，随后他便前往沃顿商学院攻读 MBA。

拉贾拉特南对沃顿商学院里南亚人的等级秩序观念一点儿都不在意。"拉贾拉特南极具个人魅力，"拉贾拉特南曾经的同学安朱·杰萨尼（Anju Jessani）这样评价，"每个人都认识他。"杰萨尼说："拉贾拉特南跟其他比较保守、矜持的印度学生不一样，他喜欢跟各种各样的人交往。"拉贾拉特南那带点儿猥琐的幽默感，以及陶醉于跟美女约会的做法，与美国人对南亚人的印象形成了很大的反差。之前美国人对南亚人的认知，都来自带有讽刺意味的漫画，而很少在实际生活中跟南亚人打交道。

拉贾拉特南在沃顿商学院似乎过得如鱼得水，虽然没怎么用功，但他的成绩还不错。拉贾拉特南与来自南亚的其他学生一点儿都不像，他喜欢社交，性格外向。有一阵子，拉贾拉特南住在宾夕法尼亚大学的国际学生公寓，里面住的学生来自宾夕法尼亚大学的各个学院，不单单是沃顿商学院。拉贾拉特南的室友是一个美国人，名叫汤姆·费尔南德斯。

跟其他埋头苦读的南亚学生不同，拉贾拉特南经常逃课，然后讨好那些成绩不错的同学，向他们借笔记，通常情况下，这些同学都会无条件地将笔记借给他。但如果是其他同学向拉贾拉特南借笔记的话，他就没那么大方了，他要么附加条件，要么要求介绍他认识自己感兴趣的美女。跟拉贾拉特南经常混在一起的同学有克里申·萨德、汤姆·费尔南德斯、戴维·劳（David Lau），多年之后，当他在华尔街混得风生水起时，这些人也加入了他的公司。

偶然熟识的朋友

当阿尼尔·库马尔在沃顿商学院读书时，他的境况跟在杜恩学校时差不多，他有一帮关系非常好的朋友，大多数都是印度人。拉贾拉特南并不在库马尔的好友圈里，也没有任何证据表明，他们彼此欣赏。

有一次统计学课程考试后，拉贾拉特南记得库马尔曾经问过他考了多少分，拉贾拉特南回答说考了 97 分，然后问库马尔。“我不想告诉你我考了多少分。”库马尔这样回复说。

库马尔跟拉贾拉特南开始熟悉不是刻意而是偶然。库马尔在沃顿商学院的室友是一个印度人，而他正好跟拉贾拉特南是好朋友。库马尔的室友经常召集大家在宾夕法尼亚大学研究生楼的宿舍里聚餐，而拉贾拉特南是聚餐的常客。图沙·莫迪（Tushar Mody）说“他们俩都非常聪明，但个性差异很明显”。莫迪是库马尔和拉贾拉特南在沃顿商学院的同学，跟他们俩比较熟。莫迪曾经对拉贾拉特南说：“你目的明确，知道自己要什么。库巴尔比较沉默，善于察言观色，工于心计。”

有一年，拉贾拉特南和库马尔的同学，作为印度信实工业集团的安巴尼家族成员之一的阿尼尔·安巴尼，为了庆祝印度排灯节举办活动向他们发出邀请，库马尔便通过观察安巴尼的行为举止解读到很多信息。

“兄弟，这哥们儿很有组织才能，”库马尔告诉莫迪说，“他跟每个人都有互动。”多年以来，库马尔已经掌握了他年轻时在安巴尼身上观察到的社交技巧，他在遇到重要人物时，一定会注意后续跟进。沃顿商学院 1983 届的毕业生中，谁也不会想到，库马尔会跟拉贾拉特南保持联系。

THE BILLIONAIRE'S APPRENTICE

第 18 章 摇摆不定的鲁米·可汗

让钱生钱才有意思

2008 年 1 月 3 日，按照鲁米·可汗跟政府达成的自愿协议，她在律师的陪同下来到纽约，向有关部门交代她所掌握的信息。根据自愿协议，检察官承诺，除了一些例外情况，他们不会使用个人的证词来指控可汗。这些例外情况包括：可汗可能会撒谎。一开始，可汗明显有所保留。第一天交流过后，见可汗如此不配合，负责帆船集团案的美国联邦检察官办公室助理律师劳伦·戈德堡向可汗提出警告。第二天，可汗决定向美国联邦检察官办公室的律师提供一份内幕交易的新线索，而此前检察官并没有关注到这条线索。

可汗解释说，在 2007 年年中的时候，她曾经将谷歌公司第二季度业绩下滑的内幕消息告诉了拉贾拉特南。可汗说这一内幕消息是她从沙马拉·赫塞恩（Shammara Hussain）那里获得的，赫塞恩是 Market Street Partners 公司的一名基层员工，这家公司负责帮助谷歌公司处理与外部投资者之间的关系。可汗是于 2006 年下半年在旧金山举行的一次科技会议上认识赫塞恩的，当时赫塞恩只有 21 岁。两个人交谈了一番，可汗发现赫塞恩竟然来自孟加拉国，跟自己的丈夫来自同一个地方。事情真的就是那么巧，可汗知道赫塞恩的父亲是一名工程师，而且就在 AMD 工作。赫塞恩吹嘘自己知道很多股票消息，即便是在开会的过程中，她都会忙着交易。为了更好地接近赫塞恩，可汗邀请赫塞恩的父母共进晚餐。很快，可汗就在赫塞恩的生活中扮演起南亚"阿姨"的角色，可汗会建议她如何穿衣打扮，甚至告诉赫塞恩，自己会把她当女儿一样看待。

赫塞恩已经在美国证券交易委员会的调查范围内。几个月前，律师们已经从可汗的通话记录里找到了赫塞恩的名字。美国证券交易委员会帆船集团案调查团队的新人贾森·弗里德曼用谷歌搜索这个号码，并在一家板球俱乐部的网站上发现了这个号码。赫塞恩正好是这个俱乐部的员工，这个号码就是她的。同时弗里德曼还发现这个号码也出现在一个宝马爱好者的网站上，这个电话号码登记的用户名为"shamz"，赫塞恩在这个网站上投放了很多出售宝马车的广告。当弗里德曼浏览这个网站的时候，发现很多人发帖来表达对她的傲慢自大的不满。弗里德曼还发现赫塞恩喜欢在一个知名的股票网站寻找阿尔法写的一些关于股票买卖的博客文章。赫塞恩还在 minekey 网站上有一个账户，经常在该网站对各种事情发表自己的观点。其中有一条评论是这么写的："存钱真的很无聊……想办法让钱生钱才有意思！"

2007 年 6 月中旬的某一天，可汗说赫塞恩给她打电话，让她做空谷歌公司的股票。

"我不准备做空谷歌。"可汗表示不同意赫塞恩的观点。谷歌公司的股票价格像火箭一样地向上涨，这个时候做空无疑是自杀。大概 7 ~ 10 天之后，赫塞恩再次给可汗打电话，还是让她做空谷歌公司的股票。这一次，赫塞恩向可汗透露了一些重要的消息："我们有一个为谷歌提供 IR 服务的团队，我是其中的成员之一……他们达不到预期的盈利状况。"IR 指的是投资者关系，很多公司会雇用一些专业的 IR 团队，让他们负责对外宣布公司的盈利状况以及公司的一些其他消息。

可汗有些激动，她其实并不希望赫塞恩打电话告诉她内幕消息，因为她之前在这方面有过违法记录。

“你不要再用这个电话号码给我打电话了，”可汗告诉赫塞恩，“有什么事情我们当面交流。”

在接下来的几个星期里，可汗跟赫塞恩在加利福尼亚州帕洛阿尔托市见过几次面。在她们第一次会面的时候，赫塞恩说她希望可汗能够给她 1 万或 2 万美元，因为她向可汗透露了谷歌公司的内幕消息，可汗这样跟检察官说。但实际上，可汗并没有付给赫塞恩一分钱。有一次两人见面的时候，可汗给了赫塞恩一部手机，这部手机登记在可汗家保姆的名下，这样的话，从赫塞恩那里打来的任何电话在通话记录中都会显示是保姆打来的，而不会让人怀疑这个电话其实是来自为谷歌公司服务的投资者关系公司。当赫塞恩将谷歌公司财务状况变差的详细信息跟可汗说过之后，可汗又将这一重要消息告诉了拉贾拉特南。在 7 月 13 日接到可汗的电话之后，拉贾拉特南便将手里所有的谷歌公司股票清空并建立了 2 500 万美元的空头仓位。7 月下旬，谷歌公司对外公布业绩，果然如赫塞恩所预测的那样，拉贾拉特南因此净赚几百万美元，可汗赚的钱也超过了 50 万美元。

尽管可汗向执法部门详细地介绍了她与赫塞恩以及拉贾拉特南内幕交易的相关情况，但在希尔顿酒店的股票交易上，她没有说实话，并且也不准备将内幕消息的线人说出来。当检察官询问可汗有关希尔顿股票交易的情况时，她只是说，买入希尔顿酒店的股票完全是听从分析师的建议。可汗的股票分析师当时向她推荐了 3 只酒店类股票，她选择了希尔顿，并解释了选择希尔顿的理由。可汗说因为希尔顿家族企业的继承人帕丽斯·希尔顿（Paris Hilton）被捕入狱，这个消息可能对希尔顿酒店来说是一个利好，公司的股票可能会走高，所以她才会买进。不论是迈克尔森还是来自美国联邦检察官办公室的检察官都不相信她编的这个故事，但他们又无法从她口中套出事情的真相。

2008 年 3 月，经过一年半的辛苦调查，迈克尔森感觉他和他的美国证券交易委员会团队仍然没有什么收获，一直都在原地打转。在迈克尔森怀疑拉贾拉特南根据内幕消息进行交易的 28 只股票中，只有宝利通和谷歌这两只股票从可汗那里获得了直接的证据，能够证明是可汗将公司的内幕消息泄露给帆船集团的。

就希尔顿股票交易而言，尽管证据非常明显，拉贾拉特南和可汗都是在黑石集团宣布收购之前大举买入的，但迈克尔森不能确定到底谁才是内幕消息的泄露者，是拉贾拉特南还是可汗呢？关于其他股票的内幕交易，执法部门收集了大量的间接证据，那就是拉贾拉特南和可汗每次通过电话或者短信交流后，都会发生相应的股票交易活动。

对那些日常交易非常少的投资者来说，用这样的间接证据给他们定性内幕交易是不存在任何问题的，但对于每日交易量高达 1 200 万股的拉贾拉特南来说，这些证据显然不够。因为，即便证据充足，拉贾拉特南都会拿出上百份研究报告来证明他买卖某些股票的依据是什么，这些报告都来自华尔街的经纪公司，他们每个星期都会将研究报告发给拉贾拉特南这样的投资者。或者，拉贾拉特南会说，他的交易决定来自公司内部的分析师所提供的投资建议，这就是拉贾拉特南典型的“粉饰行为”。

经过多年的摸索，拉贾拉特南发明了很多聪明的做法来隐藏帆船集团的真实交易策略。拉贾拉特南最常用的套路是他偷偷地将具体交易告诉他最信任的门徒亚当·史密斯（Adoun Smith）。史密斯是 2002 年从摩根士丹利跳槽到帆船集团的，他在纽约的对冲基金界干得很不错，并于 2006 年升职为基金经理。在史密斯投资之前，他都会跟拉贾拉特南就交易的具体仓位讨论好几次，也就是到底买卖哪些股票及买卖多少。例如，当帆船集团觉得某件事件可能会影响某只股票时，拉贾拉特南就会告诉史密斯买入或者卖出这只股票。在这种情况下，即使政府着手调查，帆船集团也是有应对策略的，因为他们的每笔交易都是有依据的，都是内部讨论分析的结果，甚至有时候他们的意见还不一致。这样的交易方式就为拉贾拉特南的内幕交易提供了非常好的掩护，因为这样很难界定拉贾拉特南对某只股票的交易是否源于他收到的某条短信，尽管短信的内容正好是这家公司的利好消息。

从拉贾拉特南第一次接受调查算起，已经有好几个月过去了，到 2008 年春天的时候，迈克尔森还是没能发现更多有关他从事内幕交易的证据。AMD 的交易最让人恼火，因为迈克尔森认为拉贾拉特南的这笔交易一定是有内幕消息的。迈克尔森反复梳理拉贾拉特南的短信记录、电子邮件，以及其他几个证人的证词，但就是找不到这个内幕消息到底是谁泄露给他的。

我们需要一个钓鱼电话

2008 年 3 月 3 日，在跟美国联邦检察官办公室负责南部地区的检察官会面之前，迈克尔森列了一个股票名单，这些股票都是美国证券交易委员会认为拉贾拉特南通过内幕消息交易的股票。在该名单的右上角，印着“机要密件”的字样，但字体比较小。除了列出的 28 只股票之外，迈克尔森还添加了一列可能的消息来源渠道，也就是每家上市公司可能提供内幕消息的线人。列表中有将近一半的上市公司，迈克尔森都没办法确定内幕消息的来源。对这些没法确定内幕消息来源的公司，他都加了括号。名单上的第一家公司就是 AMD，美国证券交易委员会的调查人员在调查 AMD 上可没少花工夫。在紧挨着公司名称的那一列里，也就是内幕消息来源的那一列，迈克尔森在括号里写的是巴拉斯・兰加拉简（Bharath Rangarajan）。

那个夏天，在梳理 AMD 通话记录的时候，美国证券交易委员会的律师注意到有很多电话是从公司高管办公室旁边的会议室拨出去的。拉贾拉特南的电子通信录中就有兰加拉简的联系方式。兰加拉简是 AMD 的一位副总裁，他非常清楚这家半导体公司 2005 年秋季的战略变化。兰加拉简和 AMD 的首席执行官赫克托・鲁伊斯（Hector Ruiz）是 AMD 公司激进的市场战略的设计者。兰加拉简之所以成为美国证券交易委员会关注的对象，就是因为他的名字出现在拉贾拉特南的通信录中，而他又刚好能够接触到公司的内幕消息。但是在 AMD 公布任何消息之前，兰加拉简跟拉贾拉特南之间并没有任何短信或者邮件往来记录；因而没有办法证明兰加拉简就是为拉贾拉特南提供内幕消息的那个人。证据力度太弱，但到目前为止，迈克尔森能做到的就只有这些。

2008 年 1 月时，可汗和政府相关部门商谈达成的协议之一就是她同意将其与拉贾拉特南之间的通话进行录音。但可汗不知道的是，检察官们很早之前就在考虑申请监听拉贾拉特南的手机通话。一直以来，手机监听主要是用于有组织的犯罪、毒品交易和恐怖活动，但从来没有在内幕交易调查中使用过。尽管 1984 年美国国会通过的《联邦窃听法案》(*Federal Wiretap Act*)的第三章扩大了监听犯罪领域的范围，其中就将通信欺诈包含在内。其他不说，内幕交易确实违反了通信欺诈法规。

让美国证券交易委员会律师桑杰·瓦德瓦想到用窃听器这一招的是曼哈顿区美国联邦检察官办公室的助理检察官劳伦·戈德堡。戈德堡在 2008 年年初给瓦德瓦打过一个电话，前面介绍过，戈德堡是负责帆船集团案的检方代表。“你有没有研究一下第三章里有关窃听器的使用权限？”戈德堡这样问瓦德瓦。按照第三章的规定，使用窃听器是有诸多限制的，通常情况下只有刑事部门才有这个权力，而像美国证券交易委员会这样的民事部门是没有权力使用的。在拉贾拉特南案中，戈德堡建议美国证券交易委员会将他定性为通信或者邮件欺诈案以获得监听权限。瓦德瓦和贾森·弗里德曼就这个问题做了不少功课，他们认为美国证券交易委员会有权力使用窃听器，但最后，曼哈顿区的美国联邦检察官办公室为了保险起见，决定偷偷做这个事情，不与美国证券交易委员会共享通过窃听器搜集到的证据。美国证券交易委员会对美国联邦检察官办公室的这个决定一无所知，因为法律确实向政府部门披露了窃听器的使用情况有很多限制。在瓦德瓦和弗里德曼看来，通过窃听器监控拉贾拉特南已经不现实了，他们只是很纳闷为什么不能这样做。

美国任何地方的联邦检察官想要从法院获得监听权都必须得到美国司法部的批准才行，通常情况下，司法部会要求提供两方面的理由：使用原因和必要性。为了满足使用原因方面的要求，检察官都需要提供与正在调查的案件相关、涉嫌犯罪行为的通话录音。检察官通常将这个称为“钓鱼电话”，这个电话必须是来自准备监听的那个号码。此外，检察官还必须证明监听的必要性，这就意味着在使用监听这一招之前，他们已经用尽了所有可用的调查手段，比如实际监视、线人资源、梳理交易记录，以及其他的一些辅助方法，或者是，他们虽然没有使用其他手段，但是即使使用其他手段对案件的调查也不会有什么效果，甚至还会破坏调查进程。

作为一名经验丰富的检察官，戈德堡知道在这样的一件针对美国白领进行调查的案件中，动用监听手段的成本还是比较高的。2008 年，美国司法部一共批准了 1 891 起电话监听案件，其中有 1 600 起是针对毒品调查案的。只有 12 起案件针对阴谋事件，阴谋事件的起诉对象通常是白领。“我们需要一个‘钓鱼电话’。”戈德堡告诉迈克尔森。用不了多久，美国联邦检察官办公室就会拿到他们想要的电话记录。

2008 年 1 月 14 日，可汗在加利福尼亚州阿瑟顿自己家中的办公室里，在 FBI 的康特工和另外一位 FBI 特工的监督下，拿起电话，打给了拉贾拉特南。为了顺利拿到“钓鱼电话”，康特工建议可汗要尽可能表现得正常一些。当电话接通之后，拉贾拉特南对可汗说他正在开会，晚一会儿会给她回电话。过了一小会儿，拉贾拉特南便用办公室的电话给可汗打回来了。

“这个季度的盈利情况如何？有没有英特尔的消息？”可汗在这个被录音的电话里问道。拉贾拉特南告诉她，英特尔公司的收入将会上涨 9%~10%，但预期盈利会下降 8%。第二天，英特尔公布的报告显示收入上涨 10.5%，作为指导意见的一部分，报告预测下个季度的盈利将会下降 10%。

当可汗问到赛灵思公司的状况如何时，拉贾拉特南毫无防备地回答说：“赛灵思这个季度的表现会非常好……我还没有打电话确认……我必须给切拉姆打个电话。”拉贾拉特南经常会从赛灵思公司获得一些重要的“边料”，可汗告诉调查人员说，她知道拉贾拉特南刚才所说的切拉姆指的是谁，他就是赛灵思公司的前任高管克里斯·切拉姆，切拉姆是拉贾拉特南还在尼达姆公司工作时，在硅谷建立起来的南亚朋友圈中的重要成员。拉贾拉特南告诉可汗说他要核实一下赛灵思公司的情况，让她过几天再给自己打电话。

3 天后，在 2008 年 1 月 17 日，可汗再次拨通了拉贾拉特南的电话，这一次她打的是他的手机。“嗨，有没有从赛灵思获得一些消息？”可汗问。“我想这个季度还可以，下个季度可能会不太好。”拉贾拉特南回答说。可汗试着引诱拉贾拉特南多透露一些内幕消息。于是，可汗问道：“你是从公司内部谁那里获得这个消息还是……”“是啊，我的意思就是某个知道赛灵思内幕消息的人告诉我的。”拉贾拉特南回答说。

当天晚些时候，赛灵思公司对外披露了 2008 年 3 季度的盈利和收入情况，正如拉贾拉特南所预计的那样，结果都还不错。

由于有了这个可以定罪的电话记录，2008 年 2 月，戈德堡提交了电话监听的申请表。为了获得法院对监听拉贾拉特南手机的支持，联邦检察官在申请表中提出的理由是这样的，他们认为拉贾拉特南正在用这部手机进行犯罪活动。与所有电话监听的申请流程一样，这份申请表由华盛顿特区美国司法部的一名律师进行评估，这位律师想知道，拉贾拉特南是否曾经被实际监视过。司法部的这位律师在批文中指出："至少应该尝试一下实际监视。"

之前确实没有对拉贾拉特南进行过实际监视，但从 2008 年 3 月 4 日，也就是收到司法部律师发来邮件的第二天开始，FBI 的康特工就开始对拉贾拉特南在曼哈顿区市中心的办公室、康涅狄格州格林尼治小镇环山路大厦的办公室，以及纽约的萨顿酒店住所进行实际监视。但康特工并没有发现拉贾拉特南的身影。到了晚上，康特工才知道原因：原来拉贾拉特南本人其实住在加利福尼亚州。在戈德堡提交电话监听申请表之前，司法部的律师曾经要求他解释为什么没有对拉贾拉特南进行过实际监视。"这是相当明显的疏忽啊……我猜是因为这种类型的通信欺诈要比普通的毒品通信欺诈更容易起诉，于是，这个必要的环节便显得格外重要。"司法部官员说，美国司法部的官员还是非常具有先见之明的。

THE

BILLIONAIRE'S

APPRENTICE

THE RISE OF
THE INDIAN-AMERICAN ELITE
AND THE FALL OF
THE GALLEON
HEDGE FUND

第三部分

内幕交易案浮出水面

THE BILLIONAIRE'S APPRENTICE

第19章 库马尔铤而走险

阿尼尔·库马尔环视四周，看到世界各大公司的明星人物在印度商学院（ISB）曼哈顿区会议结束后都来参加鸡尾酒会，他感到非常高兴。1995年，库马尔在麦肯锡的导师拉贾特·古普塔第一次有了在印度建立一所商学院的念头，随后，古普塔的这个想法不断升级，从最开始的简单设想变为在他的母校印度理工学院创建管理系，最后变成他现在所做的事情：在印度建立一所世界级的商学院，并且让这所商学院与一些全球著名机构，比如沃顿商学院和伦敦商学院建立联系。不久之后，世界一定会对印度人所取得的成绩刮目相看。

2003年9月的一个凉爽的夜晚，在会议结束之后，库马尔高兴地在参加酒会的人群中看到了电脑巨头迈克尔·戴尔的身影，戴尔也是印度商学院的新任董事会成员之一。来自斯里兰卡的对冲基金经理拉贾拉特南也在其中忙着与其他人交谈。与古普塔一起为学校筹集启动资金的时候，库马尔就跟他的这位沃顿商学院的同学打过交道了。尽管拉贾拉特南并不是印度人，但他在2001年的时候竟然“一反常态”地向学校捐献了100万美元。库马尔从来没有想到拉贾拉特南会这么慷慨大方，一出手就是 100 万美元。

其实库马尔前往印度工作的时候，他就跟拉贾拉特南失去了联系，不过在互联网泡沫时代，他还是从沃顿商学院的其他同学那里得知，拉贾拉特南赚了不少钱。拉贾拉特南的成功事迹甚至传到了万里之外的南亚地区。到 2001 年的时候，拉贾拉特南掌控的帆船集团的总资产规模已经跻身全球对冲基金十强。

当库马尔得知拉贾拉特南准备给新成立的商学院捐款时，他跟古普塔说了拉贾拉特南可能要捐献的金额是多少。库马尔要让古普塔知道，他也是有很多有钱的朋友的！跟古普塔一样，库马尔也可以让这些有钱的朋友慷慨捐款。大家都很清楚，如果没有古普塔，印度商学院是不可能建起来的。古普塔还大范围动员跟他有联系的印度企业界大佬，希望他们能够为新成立的印度商学院出钱出力。

不过，拉贾拉特南竟然捐了 100 万美元，这是一笔不小的捐款，库马尔坚信，印度商学院以后可能会从这位华尔街对冲基金经理那里获得更多的捐款。但此刻，库马尔最期待的是能够游说拉贾拉特南聘请麦肯锡作为帆船集团的顾问公司。库马尔特别希望拉贾拉特南也能在公司业务方面表示支持，就像其为印度商学院的创建而大方捐款一样。

大举进军高科技领域

库马尔之所以这么期待，其真实原因是，2003 年秋季的时候，他在麦肯锡正深陷麻烦旋涡之中。这是库马尔在麦肯锡遭遇的第二次比较严重的挫折。尽管库马尔在印度为麦肯锡开拓了不少新客户，大家也一致认为他应该是普里的继任者，成为印度办事处的下一任负责人，但结果公司根本就没有考虑让他接班。库马尔感觉自己被老板欺骗和误导了。更让库马尔感到震惊的是，他的同事对这样的安排一点儿都不觉得奇怪。库马尔的工作的确出色，但性格并不讨喜，其实他在第一次提名为公司董事时就被拒绝了。时任印度地区董事总经理的普里建议库马尔去挨个拜访印度地区的主管，并询问他们自己能不能得到支持，或者是直接选择放弃。库马尔按照普里的建议去做了，他向每一位主管请教自己如何才能做得更好，倾听他们的建议。库马尔的努力没有白费，1997 年的时候，他成功地晋升为公司董事。

尽管没能获得麦肯锡印度地区负责人的位置，但库马尔仍然打起精神，回到了加利福尼亚州。库马尔来到美国之后，并没有加入任何具体的项目小组，所以他决定往电子商务方向发展，与公司的 4 个电子商务推进机构合作。这些机构都是麦肯锡项目团队组建的中心，目的是帮助互联网公司顺利起步。这是一个有远见的做法。麦肯锡忙着为那些大科技公司提供对策和建议，帮助他们更好地为自己的客户提供互联网服务。与此同时，还有许许多多的小科技公司也希望能够获得一些发展建议，看看他们是应该被大公司兼并还是独自发展。库马尔面临的挑战是如何帮助风格保守的麦肯锡充分利用新经济发展带来的机会。

与麦肯锡之前所服务的那些一流公司不一样，很多新成立的科技类小公司能够支付给麦肯锡的就只有一种金融产品，那就是股权。如果未来这些小公司成长起来了，那么麦肯锡将获得丰厚的回报。所以对这种类型的公司的智力支持就好比风险投资。

很长一段时间以来，麦肯锡都反对以股权代替现金作为支付咨询费用的方式。在 20 世纪 80 年代早期，鲍勃 · 沃特曼就同意接受基因泰克公司（Genentech）的股权作为其咨询费，当时，基因泰克公司还是旧金山一家很小的生物科技公司，盈利能力特别弱，但前景广阔。沃特曼当时感觉这家公司未来可期，而且觉得麦肯锡应该做点儿不一样的举动，才能在生物科技这个新兴领域站稳脚跟。当然，基因泰克当时也没有其他东西可以付给麦肯锡。然而，沃特曼怎么也不会想到，自己的这一做法为麦肯锡开启了一段新旅程。

沃特曼说自己接受股票作为报酬的这一举动“让他的同事感到惊恐万分”。最后，麦肯锡卖掉了这些股票，可惜卖的时间有点早。10 年之后，瑞士制药巨头罗氏企业收购了基因泰克的大部分股票，并在 2009 年以将近 470 亿美元的价格收购了基因泰克。

即使是到了20世纪80年代晚期，大家对以股票作为报酬的态度也并没有发生多大变化。安然公司的前首席执行官杰弗里·斯基林记得在某次董事会上讨论过非传统的费用结构是否合理，这个非传统的费用是指股票权益或是跟公司业绩挂钩的应急费用和收益。在当时的环境下，对纽约的咨询师来说，接受股票权益作为报酬的压力还是相当大的。斯基林说，一方面，这些咨询师对自己具备投资银行家的能力很自信；另一方面，有相当多的客户对这种非传统的支付方式很感兴趣。不过，正如公司董事会所考虑的那样，很明显，这种非传统的支付方式会带来比较明显的利益冲突，而且也不符合麦肯锡的企业文化。

斯基林表示，反对非传统的支付方式的原因很明显，这会造成“客户和公司之间不可调和的利益冲突”。例如，如果客户聘请麦肯锡帮助其降低费用，并且将前两年降低的费用的20%作为报酬支付给麦肯锡。“在这种情况下，麦肯锡就有动力帮助客户大力削减费用，即便费用削减，或者有些削减项目并不符合客户的利益，麦肯锡也会这么做。”斯基林这样分析说，“这是最直接的利益冲突，我们想了很多办法希望可以让这种支付方式变得更加合理，但始终都无法消除这种冲突。”

接受用股票权益来代替现金作为费用支付方式还可能带来更严重的后果。斯基林说：“对我们来讲，无论哪种情况都有风险。如果客户失败了呢？或者即使客户成功了，但你所获得的股票权益的价值低于现金价值，各种指责就会扑面而来。”

如果客户成功了，那么问题可能更棘手。如果公司获得了巨额的收益，那又该如何分配这个收益呢？为客户提供咨询服务的团队成员分配到的收益比例会不合适吗？斯基林说，最终董事会决定“由于不可能处理这些冲突及其可能引发的内部矛盾，所以公司否决了这个提议”。

1998年，拉贾特·古普塔已经成为麦肯锡的掌舵人，此时的麦肯锡已开始由原来的不情愿转向接受初创公司的一小部分股票权益作为费用支付的方式，但前提是初创公司真的没有其他的支付渠道。麦肯锡还专门成立了一个委员会来审查股票权益投资申请。如果只有50%的费用使用股票权益来支付的话，委员会可以考虑100万美元以内的投资。这一计划解决了一个让人纠结的问题，它为麦肯锡提供了一种服务于现金流不足的互联网企业的新方法，而这些互联网企业有可能在未来成长为像 IBM 或苹果这样的大公司。

然而，这对麦肯锡面临的另外一个可能更为严峻的挑战却无能为力。这个挑战就是：与很多传统经济下的公司类似，麦肯锡内部有很多年轻有为的分析师不断离职，跳槽到高新技术企业。为了阻止大批优秀人才外流，库马尔建议古普塔给初级分析师提供一些买入互联网新兴企业股票的机会。经过认真考虑，库马尔觉得允许分析师买入那些用非传统方式支付费用的麦肯锡客户公司的股票是个不错的选择。这样可以很巧妙地将这些初级分析师留在公司。但是，库马尔的想法立即遭到了公司的反对：这简直不可理喻，竟然要公司去迎合一群 20 来岁的想法激进的小年轻！

但在当时互联网快速发展的大背景下，还真的很难跟库马尔争辩。高科技类公司的咨询业务量增长速度很快，占公司收入的 25%~30%。尽管库马尔在过去的 10 年里主要待在印度，但他还是敏锐地感觉到互联网行业的发展空间要比大多数行业更加广阔，他对硅谷的很多互联网公司成长为科技巨头感到很震惊，这些互联网公司跟印度的很多企业都有业务往来。库马尔称自己跟印度出生的风险投资家维诺德·科斯拉很熟悉，科斯拉是 1982 年成立的太阳微系统公司的联合创始人。科斯拉后来成为著名的凯鹏华盈公司（Kleiner Perkins Caufield & Byers）的风险投资家，凯鹏华盈公司借助互联网行业快速发展的东风，其投资的公司日后很多都成为行业的巨头，其中就包括亚马逊、谷歌和网景公司。库马尔在谈话中经常提到科斯拉的名字，他要让别人知道自己还曾经跟科斯拉一起拜访时任印度卡纳塔克邦（Karnataka）行政首脑的 S.M. 克里希纳（S.M. Krishna），而高新技术企业云集的班加罗尔就是在卡纳塔克邦。

不过，让家人和朋友惊讶的是，库马尔竟然说在那次拜访中，他没有时间进行社交活动。库马尔的理由是那个时候他的脚行动不便，至少他告诉别人的是这个理由。“我一直在维诺德的飞机上待着，没有时间跟任何人会面。”库马尔这样给大家解释。然而，没有任何证据表明库马尔曾经跟科斯拉一起出访过，更别说拜访过克里希纳了。

1999 年 10 月 22 日，麦肯锡的高管一早就看到了发表在《纽约时报》（*New York Times*）上的一篇报道，标题是《咨询巨头通过股票激励招募员工》（*Consultants Woo Employees by Offering a Piece of the Action*）。这篇文章出自戴维·伦哈特（David Leonhardt）之手，他详细介绍了库马尔给分析师们提供的股票购买计划。文章里所说的每件事都让麦肯锡的高层很不满意，包括拉贾特·古普塔在内。因为标题里所说的“股票激励”方式与麦肯锡所宣称的方针是相悖的。

纽约东 52 大街 55 号是麦肯锡公司的总部，这是马文·鲍尔创建的麦肯锡根据地，虽然很多年过去了，但客户对于来到麦肯锡咨询的印象仍然像是在谈专业问题，而不是谈生意。客户往往是最后才会想到为他们提供服务的咨询公司其实也是需要赚钱的。然而，公司的很多明眼人已经注意到唯利是图的观念早已渗透到公司文化里了。这篇文章披露麦肯锡的合伙人对各种可能的方案已经深入讨论了几个月，但公司对某些还在调整的细节感到很棘手。

唐·维特曾经是古普塔董事总经理职位的竞争者之一，现在是古普塔的副手，他手里挥舞着《纽约时报》大踏步地走进会议室，说道：“你们看过这篇文章没有？”

文章里面所披露的事情已经够糟糕了，但让维特和其他人更生气的是这篇文章大量引用了他们自己人阿尼尔·库马尔的话。一直以来，麦肯锡都非常注重维护公司形象。无论何时，当麦肯锡决定采取行动并有所改变的时候，都会对新方案进行长达数月的反复讨论和斟酌。总体来说，麦肯锡总是会尽力避免在媒体上发表试行方案，因此像库马尔那样在《纽约时报》上发表言论绝对是他的个人行为。“我们希望这些有才华的年轻人可以有机会参与到这场财富创造运动中来。”库马尔这样告诉《纽约时报》的记者。库马尔的言论过于强调个人利益，而这与麦肯锡的宗旨是相悖的。

高管们大为震怒，古普塔只好召集他的智囊团开会商讨对策。一些人觉得库马尔做得太出格，应该开除。为了让更多合伙人知道这个事情，大家建议应该在董事会上宣布开除库马尔。然而，最后的结果却是让古普塔找库马尔谈话，对他进行严厉的批评教育。于是，库马尔只是被象征性地惩罚了一下。

科技股泡沫破灭

然而，到了2003年，互联网泡沫的破灭，给库马尔和古普塔带来了严重的冲击。库马尔让麦肯锡大举进军高科技领域的策略给他自己的职业生涯和麦肯锡公司都带来了很大的影响。根据麦肯锡内部发行的《公司历史》（*A History of the Firm*）一书，2001年初至2002年末，麦肯锡公司的总收入下降了约12%。麦肯锡准备向合伙人募集资金的谣言开始在公司内部广为流传，而合伙人的利益因为公司收入的大幅下跌也受到了不小的影响。尽管这一谣言没有任何依据，但确实给公司带来了很多不稳定的因素。与此同时，公司董事在12月收到的额外分红大幅下滑了87%。

当互联网泡沫破灭的时候，麦肯锡在20世纪90年代大规模招聘初级咨询师的激进举措带来的麻烦开始慢慢显现出来了。在激进时期，古普塔领导的麦肯锡招募年轻咨询师的步伐非常快，目的是应对快速增长的客户群。从历史数据来看，每年麦肯锡所招聘的新员工数量占总员工数量的20%左右，但在90年代后期，这一数据增长到了35%以上。新员工数量的激增给公司合伙人关系和公司盈利都带来了不小的冲击。

每位合伙人的薪酬都跟两个经济数据硬挂钩，即单位小时的费用和咨询师与合伙人数量之比。“你总是希望每位合伙人对应的咨询师人数越多越好。”斯基林解释说。20世纪90年代中期到2000年，麦肯锡公司董事的数量与咨询师人数（包括准咨询师）的比例从1：12上升到1：17。虽然公司的收入增长了3.5倍，但合伙人数量的增长速度要慢一些，只有2.5倍，这一数据来自麦肯锡公司的宣传资料。这两组数据的差距带来的影响就是现有的合伙人都变得更加富有了。

斯基林说，这些数据表明“麦肯锡公司董事的薪酬有了一个显著的提升，同时也表明麦肯锡公司的董事比较自私，因为合伙人与咨询师人数的比例并没有保持稳定”。实际上，是因为麦肯锡公司任命新合伙人的速度没有雇用新员工的速度快。公司的发展为少数人带来了好处，因为有更多的钱涌入同一拨人的口袋中。这个情况与古普塔1973年加入麦肯锡时的情形完全相反。当互联网泡沫在2001年破灭时，这样的人数比例结构也加重了麦肯锡公司的负担。

包括行业分析师在内，麦肯锡每年招聘的人数大约为 2 000 人。为了招募这 2 000 名新员工，公司大概会发出 3 000 份录取邀请函，一般情况下，邀请函被接受的比例大约为 66%，对麦肯锡这样的大公司来说，这样的接受率已经是非常高的了。但到了 2001 年，麦肯锡发现有 2 700 ~ 2 800 名应聘者会接受公司的邀请函，这让接受率一下子飙升到 95%。在当时，这么高的接受率让麦肯锡不堪重负，因为公司员工已经饱和，很多员工要么在“休假”，要么无所事事。

尽管供给和需求出现了严重的不平衡，但麦肯锡还是决定不裁员，同时对已经收到邀请函的商学院毕业生也不解约。古普塔感到很自豪，因为麦肯锡履行了对新员工的承诺，但这一应对危机的做法在公司内部引发了更多的争论。公司不得不通过更加严格的业绩考核标准来降低员工晋级的数量和速度。

2001 ～ 2004 年，麦肯锡咨询师的数量从 7 500 多名降到 5 500 多名的水平。麦肯锡裁员的方式也有了非常明显的改变，以前公司会给员工另谋他职的时间，或者用“建议离职”这样比“解雇”要体面的优雅字眼。公司的很多员工公开指责库马尔及其同僚在硅谷进行的麦肯锡无差别裁员行为。当然，拉贾特·古普塔也难辞其咎。麦肯锡的每个人都很清楚，如果没有古普塔的支持，库马尔根本无法在麦肯锡实施他的电子商务项目。

除了在麦肯锡内部的项目失败之外，还有一个原因让库马尔很担心自己未来在麦肯锡公司的发展。一直以来都是库马尔人生导师的古普塔已经从麦肯锡董事总经理的职位上退休了，而众所周知，古普塔的继任者伊恩·戴维斯（Ian Davis）计划重新构建麦肯锡。戴维斯是一个正直的英国人，他从牛津大学贝利奥尔学院拿到了哲学、政治学和经济学 3 个学位。戴维斯致力于将麦肯锡重新拉回“价值导向”的发展模式，而不会继续沿着不计成本的发展模式前行。戴维斯并不执着于麦肯锡的扩张与过度商业化，也不是很支持库马尔的战略想法，尽管在过去的 10 年里，大家都觉得库马尔的战略想法已经渗透了整个公司。

在那段时间里，库马尔让自己的很多印度朋友一度都觉得他在未来的某一天会成为古普塔的接班人。但是，现在情况完全不一样了。“我可能得考虑一下在麦肯锡的退路了。”库马尔这样跟他的朋友说道。库马尔是一个非常注意个人隐私且口风很紧的人，不会轻易告诉别人他在麦肯锡的状况，但他的老朋友还是感觉到他在麦肯锡的明星地位已不复存在了。

就是否能够进一步升迁的问题，麦肯锡的新任董事总经理戴维斯明确地告诉库马尔，他没有给库马尔升职的计划。麦肯锡的其他高级合伙人建议库马尔另谋高就。带着痛苦与失望的心情，库马尔找到了拉贾拉特南，他很信任拉贾拉特南，并向他和盘托出了自己在工作中遇到的麻烦。

与拉贾拉特南的秘密协议

2003 年 9 月，在印度商学院的那次酒会上，库马尔记得拉贾拉特南曾经表示过聘请麦肯锡做顾问的想法。2002 年的夏天，拉贾拉特南说他收到了大约 100 万的“软美元”，可以用于支付股票研究或者咨询的费用。“软美元”虽然有争议，但却是合法的。监管者一般将“软美元”看成是返还给特定的经纪公司的佣金。很多大型的共同基金，比如波士顿的富达投资集团（Fidelity Investments）就已经不再接受“软美元”了，但很多对冲基金对“软美元”都是持宽容的态度。帆船集团也是如此，他们将“软美元”看成是每年支付给华尔街巨额佣金费用的一点回扣。

拉贾拉特南给库马尔的建议是，可以想办法让帆船集团将“软美元”作为聘请麦肯锡的费用。库马尔很快在麦肯锡组建了一个团队，并起草了一个提议，声明麦肯锡可以为帆船集团这样的科技基金提供行业发展研究。2002 年 9 月 26 日，麦肯锡的咨询师汤姆·斯蒂芬森（Tom Stephenson）在没有给拉贾拉特南打电话的情况下就将一个长达 18 页的 PPT 文件发给了他，文件的主要内容是讲麦肯锡将如何为帆船集团提供咨询服务。

这份标注为“机密”的文件，主要内容是麦肯锡对自身实力的吹嘘。文件中提到麦肯锡为全球一半以上的 500 强公司提供服务，每年续订的项目就有 3 500 个。在高科技领域，半导体行业的前 10 家公司中就有 8 家是麦肯锡的客户，软件行业的前 10 家公司中有 9 家是麦肯锡的客户。在健康医疗行业，麦肯锡同样也有很强的实力，而这个行业正好也是帆船集团感兴趣的领域。在健康医疗行业，麦肯锡的客户包括 17 家美国生物技术公司，他们大多数位于美国西海岸，他们能够为各行各业提供专业服务，其中最热门的是干细胞疗法。很明显，文件中并没有提到麦肯锡服务在对冲基金行业的知识和经验。

拉贾拉特南完全没有被这个“机密”文件所打动，不过他并没有表现出来。相反，拉贾拉特南非常礼貌地倾听斯蒂芬森的讲解，随后提出了几个很尖锐的问题。在会面之后，拉贾拉特南觉得麦肯锡的咨询师并没有为他解疑释惑。而且，拉贾拉特南还觉得麦肯锡的要价太高。

然而，斯蒂芬森却很乐观，他在给库马尔及团队其他成员的邮件里还写道：“跟拉贾拉特南先生的会面很不错。拉贾拉特南应该会按照我们提出的为买方公司服务的建议进行投资。”事实证明，斯蒂芬森的理解是错误的。在与拉贾拉特南会面后的几个月时间里，麦肯锡并没有收到来自帆船集团的任何反馈。2003 年年初，库马尔偶遇拉贾拉特南。库马尔抱怨说，他的手下尽心尽力地为帆船集团提供咨询建议，却没有收到帆船集团的任何回复，他感到很失望。

“把那些文件再给我发一次吧。”拉贾拉特南回答说，这个回复再次点燃了库马尔的希望。库马尔很快行动起来，他让手下重新做了一份详细介绍麦肯锡优势和实力的文件。凭借自己强大的专家和医生咨询师团队，麦肯锡能够帮助像帆船集团这样的对冲基金在治疗癌症的领域找到成功的药物疗法，或者帮助确定消费者会以什么样的节奏改变消费结构。但是这次积极的尝试还是没有收到拉贾拉特南的回复。

2003 年秋天的一个晚上，在印度商学院的酒会和晚宴之后，拉贾拉特南将库马尔拉到一边说话。“你还记得你发给我的那份文件吧，”拉贾拉特南说，他指的是库马尔发给他的介绍麦肯锡可以为帆船集团提供哪些方面服务的文件，“你并不清楚我到底想要什么。我希望是你而不是麦肯锡成为我的咨询顾问。”

库马尔非常直白地告诉拉贾拉特南说，麦肯锡不可能允许他以个人名义从事咨询工作。但拉贾拉特南坚持要求他这样做，并抓住库马尔自负的性格和对自己财富的羡慕之情，成功地让库马尔就范。

“你的工作实在太辛苦，到处出差，但你的收入与付出不成比例！”拉贾拉特南告诉库马尔说，“当你在印度工作的时候，很多在美国工作的人都成了富翁，你也可以成为富翁的。”拉贾拉特南说只要库马尔同意作帆船集团的咨询师，他愿意出 50 万美元。而库马尔所要做的事情却很简单，只需要每隔 4 ~ 6 个星期跟拉贾拉特南分享一下他对高科技行业发展的看法和建议。“你的专业背景这么强大，完全可以赚更多的钱。”拉贾拉特南这样劝说库马尔。拉贾拉特南说，麦肯锡公司不可能知道他们俩之间的秘密协议，只要库马尔找一个美国本土以外的人做他们俩之间的中间人，让中间人在名义上替库马尔接下咨询工作，麦肯锡就不会发现库马尔的兼职了。

这个机会真的很诱人，特别是库马尔在麦肯锡倍感挫折的时候。

拉贾拉特南通常表现得很低调。当拉贾拉特南在 2003 年那场酒会上游说库马尔的时候，他其实早就知道库马尔在 20 世纪 90 年代一直都在印度。当拉贾拉特南提出与库马尔签订一个秘密咨询协议时，他就建议在印度找一个可以接收咨询服务费的中间人。而这个人可以将这笔咨询费用再投资到帆船集团的稳健型基金上。

“我觉得印度的法律可能不允许这样操作。”库马尔再次明确地表示了不同意见。拉贾拉特南并没有放弃，他建议成立一家离岸公司来接收帆船集团的付款。拉贾拉特南甚至对库马尔说：“我可以告诉你怎样操作。”但库马尔并不想跟离岸公司扯上任何关系。拉贾拉特南不达目的不罢休，他知道库马尔家有一个来自印度的保姆曼珠·达斯，她跟库马尔一家一起生活在加利福尼亚州。库马尔一家将曼珠·达斯从德里接到美国去帮忙照顾他们的儿子阿曼·库马尔（Aman Kumar），因为阿曼的身体不好。拉贾拉特南问库马尔，他们家的保姆是不是持有印度护照。当得到库马尔的肯定答复之后，拉贾拉特南为库马尔提供了一个完美的解决方案，既可以让他为帆船集团做咨询工作，又不会让麦肯锡知道这件事。拉贾拉特南建议库马尔用保姆的名字开一个离岸账户，这样就跟麦肯锡没有任何关系了。库马尔也觉得这个方案可行，因为它避免了成立离岸公司的一系列烦琐的程序。不过，库马尔还是有点儿担心，如果自己的保姆成为拉贾拉特南的咨询费用接收人，那他怎样才能把这笔钱转到自己的名下呢？拉贾拉特南告诉他，这个很简单！

处理这样的情况有一套标准流程，拉贾拉特南解释说。库马尔只需要写一封提名信，让保姆签字，授权库马尔替她操作。经拉贾拉特南口述，他和库马尔在印度商学院会面后不久，库马尔便完成了这封提名信。

THE BILLIONAIRE'S APPRENTICE

第 20 章 古普塔从高位引退

到 20 世纪 90 年代后期，由于赶上了历史上的发展好时机，麦肯锡的名气也随之不断壮大，拉贾特·古普塔开始考虑换一种生活方式。古普塔从小在印度长大，虔诚地信奉印度教。古普塔认为，一个男人的生命分为 4 个阶段。第一个阶段是禁欲期（brahmacharya），代表生命的最初阶段，这是一个男人的成长期，在年轻的时候，男人应该离开家庭，跟随大师学习。第二个阶段是家居期（grihastha），男人在这个时期结婚，组建自己的家庭，积累财富并拥有了一定的社会地位。人到中年，男人开始进入林栖期（vanaprastha），或者叫隐居期（hermit），这是一个逐渐放弃对身体、物质和性愉悦追逐的阶段。在这个时期，男人应该归隐山林，将大多数时间用来祷告，为进入最后一个阶段遁世期（sanyaasa）做准备。遁世期是将自己的全部身心献给神的阶段，此时人已不再对世间万物有任何留恋。

改变麦肯锡历史的领导者

在互联网的鼎盛时期，麦肯锡在哈佛商学院 2000 级学生中精选了 50 人，邀请他们来到亚特兰大郊区的伊兰酒庄参加派对，这是一座占地面积约为 14 平方千米的豪华度假村。凡是在这个周末被邀请来参加伊兰酒庄派对的学生，很少有人真的是来娱乐或者享受的，他们来到美国南部的亚特兰大是为了做出人生中最重要的决定：从哈佛商学院毕业后是加入麦肯锡公司还是投入新经济中。参加派对的人来自世界各地，其中最吸引人眼球的是麦肯锡的最高领导人拉贾特·古普塔，毫不夸张地说，他是将麦肯锡从一个为美国上流社会服务的咨询公司转变为拥有多元文化背景的精英团队的人。

古普塔在将印度哲学运用到西方商业领域这方面做得相当成功。古普塔的人生信条之一就是人有工作的权利，但不应该过于追求劳动带来的胜利果实。

当同事面临挑战的时候，古普塔会鼓励他们“去做你认为正确的事情”而不是“看结果来选择方向”，或者过于担心结果。那些以目标为核心的美国同事们经常会质疑他，他们反问说：“如果事情并不是朝着正确的方向前行的，你不会感到难过吗？”这个时候，古普塔的回答就好像一位哲学圣人，与作为公司高管的行事风格完全不一样，似乎他更在乎的是新时代而不是新经济。“我想，如果我们凡事都只看结果的话，我们内心就会失去平衡……我们既不应该过于欢乐也不应该过于悲伤。”

在给这群年轻的哈佛商学院学生演讲时，古普塔将自己信奉的人生 4 个阶段告诉他们。然后，古普塔的发言让这些优秀的男生感到非常惊讶，古普塔说“我想我现在正处于人生的第三个阶段”，或者即将进入林栖期，这意味着男人要逐渐从生活和事业中撤退出来，归隐山林了。这一思想导致后面的交流就有些不顺了。其中一个学生说：“我真的感到太意外了，这样一家大公司的董事总经理竟然在谈论归隐山林的事情。”这些哈佛商学院的学生并不知道，在新千年来临之际，古普塔就决定将他的重心转移到别处。在古普塔担任麦肯锡董事总经理的两届任期内，他积极进行扩张又以让客户满意为自己的标准。古普塔推动公司实施“全方位立体百分百满意”行动，向客户承诺，麦肯锡公司一定会尽百分之百的努力、花百分之百的时间、为客户提供百分之百的服务。

在古普塔的带领下，麦肯锡在全球的办事处由原来的 58 个增加到 84 个，员工人数增加了一倍以上，由原来的 2 900 人发展到 7 700 人，公司年收入由 1993 年的 12 亿美元增加到 34 亿美元，几乎增长到原来的 3 倍。古普塔不断地推动麦肯锡全球化的步伐。1996 年 2 月，古普塔在佛罗里达州奥兰多市的迪士尼乐园主持召开公司合伙人会议，在这次会议上，麦肯锡的合伙人已经下意识地接受了全球化信息的理念。

来自麦肯锡全球各个办事处的合伙人按要求像奥运会火炬传递那样依次高喊“我们是世界”进入会场，每个办事处还展示了具有当地文化特色的物品。当伦敦办事处的员工进来时，每个人头上都戴着象征英国王室的高帽；而斯堪的纳维亚办事处的员工手挽金发美女一进场，便赢得了全场人的欢呼。尽管这种展示让麦肯锡的少数女性合伙人觉得不是很好，但整体来说古普塔倡导的这种全球化信息的理念对麦肯锡那种传统的企业文化是一种修正。

古普塔取得的成就越大，他的处世风俗就越简单。当古普塔在 1994 年第一次当选麦肯锡董事总经理时，他就做了一个让外界感到很惊讶的举动，他将芝加哥作为全球化咨询业务的总部。从古普塔个人的角度来看，这非常合理。因为古普塔的女儿们还在读书，让她们完全脱离原来的环境对古普塔一家来说是一个不小的挑战。从专业角度来看，古普塔在芝加哥掌管麦肯锡也标志着纽约对麦肯锡数十年的统治结束了。

随着麦肯锡在全球的影响力不断扩大，古普塔想要留在风城（即芝加哥）变得越来越难了。大多数麦肯锡的海外客户来到美国都会经过纽约，很少会来芝加哥。在 20 世纪 90 年代后期，古普塔的大女儿已经上大学了，两个小女儿也准备上大学。于是，古普塔将办公地点从芝加哥搬回了纽约。这一次搬迁跟之前的两次不一样。这一次，古普塔在购买房产方面也是大手笔，他豪掷 612.5 万美元买了一套海景房，这所房子的前主人是零售业巨头彭尼百货公司的联合创始人小詹姆斯·凯希·彭尼（James Cash Penney Jr.）。作为麦肯锡的董事总经理，古普塔完全有能力支付，因为他现在的年薪已经是 500 万美元。这座位于康涅狄格州韦斯特波特市（Westport）的别致的米色别墅建于 20 世纪 20 年代，有 8 间卧室和 8 个洗手间，占地面积超过 8 000 平方米。当古普塔买下这幢房子的时候，其实房子是比较破败的，他们花了很多钱来重新装修，将房子的品位提升到与房屋主人身份完全相称的样子。20 世纪 90 年代，古普塔前途无量，是典型的成功人士。

古普塔在来到美国的前 30 年时间里，一直都在不断地努力奋斗，书写辉煌。首先古普塔是哈佛商学院的优秀毕业生，然后顺利地进入麦肯锡工作，并一步步往上升，最后带领这家全球知名咨询公司创造了无比辉煌的业绩。但是到了 2000 年，古普塔感到有些筋疲力尽。

在公司不断成长的过程中，总是喜忧参半。在古普塔第二个任期的最后几年里，他明显感受到了来自合伙人的巨大压力，合伙人希望他能够让公司上市，就像高盛那样，或者像贝恩咨询公司那样培养属于自己的风险投资基金。多年之后，古普塔这样说道："如果让我重新审视当选公司董事总经理的那段时光，哪个阶段所做的事情影响最大的话，我会选择互联网泡沫不断吹大的那段日子，因为那个时候太多的人实现了暴富，太有诱惑力了！然而，进军新领域、公开上市、站在个人立场上做出改变让大家迅速致富，这些要求给我带来的压力实在是太大了。在担任公司董事总经理期间，我认为自己对公司所做的最大贡献就是没有让公司上市、没有设立风险投资基金，也没有贸然进入新行业。"

然而，对于麦肯锡的老员工来说，虽然古普塔使麦肯锡的发展进入了快车道，但他过于关注额外的回报或分红这点，与公司的价值理念相悖。罗伯特·沃特曼记得在新千年交替的时候，麦肯锡曾召开过一次前董事会成员会议，沃特曼是参会成员之一。"我感觉麦肯锡发展的速度太快了，在这个快速发展的过程中，我们好像失去了对职业的敏感。"沃特曼这样说道。

尽管古普塔很有可能继续连任他的第三任期，但麦肯锡的同僚感觉到他似乎更愿意参加各类社会活动，提高自己的个人声望。古普塔是达沃斯世界经济论坛的常客，他还花大量的时间为自己的家乡谋福利。其中之一就是美国印度基金会（AIF）。

2001 年 2 月初，美国前总统比尔·克林顿找到古普塔和花旗银行的高管维克托·梅内塞斯，一起为帮助印度遭遇地震灾害的古吉拉特邦（Gujarat）出谋划策，而在 6 个月前，古普塔还应邀参加了在白宫举行的欢迎印度总理访美的晚宴。梅内塞斯宴请了在纽约花旗银行总部工作的南亚犹太人，跟他们商谈救灾事项，会后，他与古普塔承担起了援助工作。于是，古普塔和梅内塞斯成立了美国印度基金会，这是一个为印度受灾群众募集资金的慈善基金会。由于基金会的发起人是声望很高的梅内塞斯和古普塔，于是，美国印度基金会很快便成为生活在美国的印度人心目中排名第一的慈善基金会。

在 2008 年春节的时候，大约有 900 名企业家、慈善家和社会活动家齐聚纽约华尔道夫酒店聆听印度本土著名企业家穆克什·安巴尼的成功故事。安巴尼是当时世界上最有钱的富豪之一，他望着会场上穿着鲜艳莎丽服的女士和穿着“尼赫鲁式”套装的男士宣布：“如果周围都是穷人的话，富人也不会存在。”在美国的南亚犹太人还是非常富有的，仅当天晚上，美国印度基金会就募集了 100 万美元。

古普塔对慈善事业的投入为他带来了一个全新的朋友圈，这个圈子远比他在芝加哥和斯堪的纳维亚的朋友圈要广阔。2001 年 4 月，古普塔陪同比尔·克林顿一起前往印度进行实地考察，两人建立了深厚的友谊。在古普塔回到美国之后，他邀请跟他们随行去印度的摄影师来到自己家里。古普塔对这位随行的摄影师说：“我听说你的摄影技术非常好，而且在白宫为克林顿拍了很多照片。”不久之后，古普塔就雇用这位摄影师为他在家里拍照。

古普塔作为麦肯锡的董事总经理，却会花大量的时间从事跟麦肯锡无关的事情，通常情况下，这个时间占到他所有工作时间的四分之一左右。但古普塔从来不后悔，因为大量的非公务活动也为麦肯锡带来了不小的收益。多年之后，古普塔宣称正是因为自己热衷于公共卫生领域，才会结识很多大型制药公司的领导人，而这些公司大部分都成了麦肯锡的客户或潜在客户，积极投身公共卫生领域也让他结识了很多国家领导人。古普塔还在印度成立了一个准公共性质的私人健康基金会，这让他进一步加深了与印度新任总理曼莫汉·辛格的关系，并赢得了辛格对他的尊敬。

然而，在古普塔的第三个任期内，由于他的工作重心不在公司经营上，他跟合伙人之间的关系急剧恶化。当古普塔第三次竞选董事总经理时，他其实是勉强获选。在古普塔的最后一届任期内，很多麦肯锡的客户，包括瑞士航空、凯马特、环球电信，都向法院申请了破产保护。

古普塔最大的失误来自安然公司。由于跟安然公司的首席执行官杰弗里·斯基林的关系不一般，很长一段时间里，麦肯锡都是安然公司的顾问，具有不一般的地位。安然公司每年支付给麦肯锡的费用一度超过 1 000 万美元。但安然公司最终还是破产了，面对公众的质疑，古普塔泰然自若。"在这个动荡不安的时代，一半以上的《财富》500 强公司都是我们服务的客户，个别公司出现问题也是在所难免。"在 2002 年 7 月，古普塔这样向《商业周刊》解释安然事件。

古普塔开始花大量的时间待在康涅狄格州斯坦福市（Stamford）的办公室，他将注意力转移到了公司以外的事务上，比如达沃斯世界经济论坛。2002 年，古普塔加入抗击艾滋病、结核病和疟疾全球基金会的委员会，这是他最重要的慈善成就之一。古普塔帮助构建"一站式商店"机构，他相信各方面力量联合起来，是与这 3 种绝症斗争的最佳方法。古普塔这么做，某种程度上也是受到了他在哈佛读书时的好朋友戴维·曼利死于艾滋病的影响。古普塔总感觉曼利的死是完全可以避免的。

古普塔在麦肯锡的工作以外从事的这些社会活动，让他结识了更多有社会影响力的企业家。其中很多人都是来自南亚的精英，包括拉贾拉特南，他们愿意为慈善事业大笔捐款，而不是只会索取。古普塔是从库马尔那里第一次听说拉贾拉特南这个人的，库马尔告诉他，拉贾拉特南在 2001 年向印度商学院捐了 100 万美元。当古普塔以 AIF 的名义为印度古吉拉特邦的灾后重建筹资时，为了跟自己的新朋友比尔·克林顿保持一致，他直接联系了拉贾拉特南。于是，这位帆船集团的掌门人再次慷慨相助。

拉贾拉特南的大方让古普塔印象深刻。为地震灾后重建筹款并不是一件容易的事情，所以，当拉贾拉特南很爽快地打开支票夹开具支票时，给古普塔留下了深刻的印象。一个如此慷慨大方的人一定是个好人。早些年间，古普塔跟拉贾拉特南的关系很一般，那个时候，古普塔一心想着为麦肯锡鞠躬尽瘁，而拉贾拉特南则忙于自己的金融投资事业，他们俩的工作轨迹完全不相交。

在两种性格中摇摆不定

有意思的是，在互联网的鼎盛时期，古普塔很容易就进入了拉贾拉特南所在的金融圈。很多私募股权公司和新成立的高科技公司都想聘请一位经验丰富的管理人，他们都曾向古普塔发出过邀请，但古普塔都一一拒绝了。古普塔的妻子安妮塔告诉麦肯锡的同事说，古普塔很享受麦肯锡董事总经理这个职位带来的成就感。古普塔能够很容易地与拉贾拉特南实现角色交换，但帆船集团的掌门人却无法与古普塔交换角色。

但是，当网络科技股泡沫破灭时，批评质疑的声音随之而来，在那段最困难的时光里，古普塔董事总经理的任职到期了。古普塔再也不是那个不可或缺的世界级天才，而是被描述成这样一个形象：他带领的麦肯锡成长的步伐迈得太快太急，因而给他的继任者留下了一个烂摊子。

2003 年，在伊恩·戴维斯当选麦肯锡董事总经理后不久，《商业周刊》的记者约翰·伯恩（John Byrne）接到了来自戴维斯助手的电话。戴维斯的助手问伯恩是否愿意为麦肯锡制作一盘访谈录像带，用来在下次会议中放给麦肯锡的合伙人看。访谈的主题是伯恩一年前就关心的话题“真实的麦肯锡”，聚焦麦肯锡的发展速度是否过快过急这一问题。“新任领导人基本上都在谈论，由于古普塔的领导导致麦肯锡发展失控的问题，他们想重回马文·鲍尔的公司理念。”伯恩后来说道，“从某种程度上讲，这是在否定古普塔的领导能力。”很多老朋友都感受到了古普塔的那种深深的失落感。

在古普塔卸任麦肯锡董事总经理一职之后，巴拉·巴拉钱德兰说：“他感觉麦肯锡新任领导人这样做有些疯狂。”巴拉钱德兰是古普塔在伊利诺伊州温内特卡（Winnetka）的老邻居。自从古普塔发起建立印度商学院之后，印度一下子涌现了很多所类似的商学院。巴拉钱德兰曾在古普塔卸任麦肯锡董事总经理后去拜访过他。早些年，两个人曾在古普塔宽敞而又装修考究的麦肯锡董事总经理办公室里相谈甚欢，古普塔当时的办公室位于麦肯锡高管专属楼层。而现在古普塔的办公室搬到了其他楼层，面积也小了不少，面对这样的待遇，当巴拉钱德兰再次来拜访时，古普塔感到很不好意思。

古普塔说："不好意思啊，我不能让你再享受大办公室的待遇喽！"巴拉钱德兰清楚地记得古普塔当时所说的话。那种地位和影响力的丧失所带来的失落感直接写在古普塔的脸上。当巴拉钱德兰回顾两人的交往时，他看到了古普塔"经常在两种性格中摇摆不定"。一方面，古普塔非常"谦逊、开朗、易接近"；另一方面，他又非常迷恋声望、权力和更好的生活。古普塔很喜欢凭借名流权贵来抬高身价。"古普塔经常自豪地说，'切尔西·克林顿（Chelsea Clinton）是我的员工，她是希拉里·克林顿的女儿'。"巴拉钱德兰这样说道。

还有一件事值得一提，在新千年到来的时候，古普塔和阿尼尔·安巴尼打算扩建印度商学院。古普塔和库马尔找到同样也是印度商学院董事的拉丹·塔塔，希望他能够慷慨解囊，虽然塔塔的生活很奢侈，但他拒绝了他们，他反问道："你们是想为商学院建一座五星级酒店吗？"塔塔明确表示不想为印度商学院造一座"泰姬陵或者陵墓"，塔塔随后缩减了他在印度商学院的投资。巴拉钱德兰说古普塔找到他，让他去找塔塔谈谈，但他并没有这么做，"我跟古普塔说，'鱼和熊掌不可兼得'"。

从麦肯锡董事总经理的位置上退休是古普塔人生中一个非常重要的转折点。"就古普塔在麦肯锡工作的那段时间来讲，他一直都是在麦肯锡的公司原则和价值理念的指导下开展工作。是麦肯锡主导古普塔，而不是古普塔主导麦肯锡。古普塔所做的都是正确的。"巴拉钱德兰这样评价，"从麦肯锡退休之后，古普塔对金钱的重视超过名誉，他越来越在意金钱。因为从职业发展的角度来说，古普塔已经过了最辉煌的那个阶段。"

2004 年 4 月，古普塔来到哥伦比亚大学商学院为斯赖库马·拉奥（Srikumar Rao）教授的"创造与自我超越"课程做演讲。演讲的大多数时间，古普塔都是在宣传自己的人生哲学。当有个学生问到古普塔对金钱及财富创造的态度是什么时，古普塔非常真诚地回答了这个问题。

"当我回头审视自己的人生时，赚钱的确是我前进的动力，"古普塔说，"我很注重物质享受，我希望我能够为我的孩子们提供良好的经济条件，当然，还有其他一些事情。你们觉得当前的社会是金钱至上，确实，我现在也这么认为，我们就是生活在这样的社会中，我也感到很失望。今天的我可能比以前的我更加推崇金钱至上，因为我发现钱真的太有魅力了……你必须想方设法赚钱，因为钱越多，你的物质生活就越丰富，你就越会依赖这一切。你们懂的，大房子、度假屋，去你想去的任何地方，做你想做的任何事情，是的，钱就是这么有魅力！或许你曾经说过你不会追求物质第一、金钱至上的，但现实情况是，你最终还是会这样。”

THE BILLIONAIRE'S APPRENTICE

第 21 章 泄密的咨询师

在认真听完库马尔的汇报后，拉贾拉特南说，这是“一条非常有价值的消息”。

从 2003 年年底开始，也就是印度商学院那次鸡尾酒会之后，库马尔就开始给拉贾拉特南提供重要的情报了。两家电脑巨头企业，曾经都是英特尔忠实客户的惠普和戴尔，开始与库马尔的客户 AMD 进行前期接触，商谈合作事项。在接下来的几个月时间里，库马尔总是第一时间将 3 家公司谈判的情况告诉拉贾拉特南，当 AMD 与戴尔谈判破裂时，他告诉拉贾拉特南要随机应变，当 AMD 与惠普的谈判进展顺利时，他便告诉拉贾拉特南对此要保持密切关注。

偶尔，拉贾拉特南也会问库马尔自己会不会购买 AMD 的股票。了解库马尔是否将自己辛苦赚来的钱买入 AMD 的股票对拉贾拉特南来说是一个非常重要的信号，可以为自己是否买入这只股票做参考。库马尔告诉拉贾拉特南，按照麦肯锡的规定，他没有资格购买 AMD 的股票，但是他对这样的交易很感兴趣，如果可以的话，他一定会购买 AMD 的股票。

我是 AMD 公司最核心成员之一

能够成为美国最大的几家高科技公司的顾问，库马尔感到非常自豪，他最得意的一个客户就是加利福尼亚州森尼韦尔市的 AMD 公司，这是一家专门为个人电脑企业提供芯片的科技公司。AMD 公司是由带有传奇色彩的高科技企业家杰里·桑德斯（Jerry Sanders）在 1969 年创立的，桑德斯由于喜欢开派对和收藏豪车而声名狼藉，就跟他在半导体巨头英特尔的名声一样差。在 AMD 的兴盛时期，桑德斯为自己建造了一座神殿：坐落于森尼韦尔市的一座豪华的总部大楼，被大家戏称为“杰里的白宫”。

在半导体行业，AMD 与英特尔之间的竞争非常具有传奇色彩。如果英特尔是超级巨人，那么，AMD 就是杀死超级巨人的小牧童。整个芯片市场基本上就是由英特尔和 AMD 两家公司控制着。在漫长的竞争中，AMD 一直被英特尔压制着。但在 2003 年，情况有所改变，AMD 的高管们有些按捺不住自己的兴奋，因为他们公司设计出了一款名为皓龙处理器的新产品。这是 AMD 跟英特尔竞争的秘密武器，准备将被抢走的市场份额重新夺回来。AMD 对新产品的保密工作做得特别好。正是因为有皓龙处理器这款全新的拳头产品，AMD 才能从惠普集团那里争取到一份超级大订单，毕竟惠普集团可是英特尔最忠实、合作时间最久的大客户之一。

惠普集团在认真考虑 AMD 大多数高管的建议之后，发现 AMD 的新产品确实是他们部分服务系统的最佳选择，但两者之间的合作还不是板上钉钉的事情。为了防止消息泄露，引发英特尔的报复性行动，破坏公司原有的计划，AMD 为市场份额扩张行动起了一个代号，叫 MAID，这是微软、AMD、IBM 和戴尔 4 家公司名称的首字母缩写。这几家公司是赢得市场份额必不可少的一个整体。一开始，只有极少数人知道这一计划，而库马尔正好就是其中之一。

与 AMD 的竞争对手英特尔的咨询师不一样的是，库马尔在 AMD 享有很高的地位。库马尔跟 AMD 的首席执行官赫克托·鲁伊斯博士是知己，当鲁伊斯还是摩托罗拉半导体部门的负责人时，库马尔和麦肯锡就曾为其担任过咨询顾问。尽管库马尔和鲁伊斯的社会背景不一样，但他们有一点特别相似：他们俩都是技术迷。

作为工程师的鲁伊斯拿到了量子电子学的博士学位，而作为咨询师的库马尔拿到了应用机械学的硕士学位。

在 AMD，鲁伊斯将库马尔看作公司战略顾问人员，他经常向库马尔打电话咨询，有时甚至会邀请库马尔来自己家里，听听库马尔的看法和建议。在众多希望拿下 AMD 咨询业务的顾问团队里，库马尔是目前为止知识最渊博、最大胆、最有想法的一个，也是鲁伊斯私底下最信任的人。此外，库马尔还是一个特别顾家的男人，这一点跟鲁伊斯也特别相像。鲁伊斯曾经丧偶，他的第二任妻子是他在日托班接孩子时认识的。库马尔和鲁伊斯都是美国的新移民，但鲁伊斯的故事更加励志，是一个典型的丑小鸭变白天鹅的故事。鲁伊斯出生于一个贫穷的墨西哥人家庭，年轻的时候，他每天都要从位于彼德拉斯内格拉斯（Piedras Negras）的家穿越边境，走很远的路去得克萨斯南部的伊格尔帕斯（Eagle Pass）小镇读高中。鲁伊斯直到 16 岁才开始学英语，但在毕业的时候，他竟然被选为致告别辞的学生代表。

2002 年，在鲁伊斯掌管 AMD 不久，库马尔就成为该公司的咨询顾问。在摩托罗拉的时候，鲁伊斯就因为大规模裁员行为而被人称为“赫克特解剖器”。在 AMD，鲁伊斯希望借助麦肯锡的力量实施成本削减计划。很多 AMD 的老员工对公司授予库马尔的高权限不能理解。库马尔为 AMD 展示详细的产品路径图和未来的财务目标计划，但有些建议看上去显得很荒谬。在为 AMD 实施的第一批项目中，麦肯锡设计出来的降低成本的方案之一竟然是把每个办公室的灯泡去掉几个。

为了表示对麦肯锡的重视，AMD 将来自麦肯锡的顾问团队安置在会议室，顾问团队所在的楼层是森尼韦尔市 AMD 公司总部高管们所在的楼层，办公室均为木制装修。AMD 的创始人桑德斯将自己的位置传给鲁伊斯，但在鲁伊斯就任之前，公司基本上没有聘请过咨询人员，这让库马尔在公司变得很显眼。为了不引起大家的注意，库马尔只是偶尔出现在一年一度的公司高层会议上，这个高层会议的参会人员都是公司副总裁及以上级别的人物，规模大概有 250 人。库马尔只是来闲逛，并不参加正式的会议讨论。但库马尔的出现还是让 AMD 的员工感到很紧张，因为在他们看来，麦肯锡公司员工的出现只会意味着一件事：削减成本。AMD 员工的担忧很快就变成了现实。2002 年 11 月，鲁伊斯宣布公司将裁员 2 000

人，大概占全球员工总数的 15%。

在鲁伊斯的授意下，库马尔应邀参加了 AMD 战略委员会举行的会议，该会议每隔 4 ~ 6 个星期就会召开一次，有时候会议的地点还在海外，会议的目的一般都是讨论并解决公司最为迫切的战略挑战。库马尔已经是公司核心管理层的一员，也是唯一一位可以参加公司最高级别会议的非 AMD 高管。“我是 AMD 公司最核心的成员之一。”库马尔对此感到很自豪。多年来，库马尔私下分析他的客户与英特尔的竞争。库马尔强烈地感觉到 AMD 的新产品要比英特尔的微处理器好，从个人情感上讲，他很喜欢鲁伊斯，并真心地希望他能够成功。名义上，库马尔是 AMD 的咨询师，但在他自己看来，他已经是公司的内部人士。终其一生，库马尔都希望得到别人的欣赏和认可，最终，他在 AMD 找到了这样的感觉。

“AMD 的首席执行官把我当成他的心腹，”库马尔这样向拉贾拉特南吹嘘，“帮助鲁伊斯一起思考如何让 AMD 在市场上取得胜利的人一共有 4 ~ 6 个，我就是其中一个。”跟其他了解库马尔的人一样，拉贾拉特南已经习惯了库马尔这种自我陶醉、自我满足的状态，尽管有时候跟这样的人相处起来有些无聊，但是也没有办法。

以赤裸裸的金钱维系合作

拉贾拉特南戳中了库马尔的痛处最终让库马尔为己所用，钻进自己编织的圈套。自从库马尔从印度回到美国硅谷工作之后，他和拉贾拉特南偶尔会在一起交流各自对科技行业未来发展空间的见解。一年之内，拉贾拉特南大概有三四次会听听库马尔的建议，并问一些他不知道的问题，诸如：高科技行业过高的股票价格是不是一种泡沫的信号，如果是泡沫的话，那么这个泡沫什么时候会破呢？

就库马尔而言，他也经常跟拉贾拉特南分享他对互联网行业的观点，并解释互联网将会给企业带来怎样的变化。库马尔很欣赏礼尚往来、公平交易，拉贾拉特南对高科技行业的理解比较深刻，拉贾拉特南对自己观点很重视的感觉让库马尔的自信心爆棚。拉贾拉特南得知库马尔进入 AMD 公司的内部核心时非常高兴。

在 2004 年年初，拉贾拉特南与库马尔之间的“咨询协议”具体细节便已定好。当拉贾拉特南第一次跟库马尔谈这个秘密合作协议时，让库马尔寝食难安的是麦肯锡公司可能会知道他们俩之间的私人合作关系。不过，拉贾拉特南打消了库马尔的顾虑，他认为库马尔只需要找到一个中间人跟自己签订咨询协议就可以了。

因为拉贾拉特南准备用“软美元”来支付库马尔的费用，但“软美元”又是来自交易商的税收返还，所以，这笔钱不能直接打到库马尔的保姆曼珠·达斯的账户上，还必须再找一个中间渠道把这笔钱给转过去，最好的中间渠道就是成立一个实体机构，为帆船集团提供咨询服务。经过一番努力，库马尔在欧洲找到了一个人，愿意与帆船集团签订这样的合作协议。这家公司就是佩科斯经纪公司（Pecos Trading），这家公司愿意跟帆船集团签订咨询协议，从帆船集团那里获得“软美元”，然后将这些钱再转到库马尔保姆的账户上。作为整个计划的一部分，库马尔又是其保姆曼珠·达斯在帆船集团开设账户的托管人。这个完美的设计不会留下任何库马尔与麦肯锡相关的证据。

2004 年 1 月 16 日，佩科斯经纪公司收到了第一笔“软美元”，金额为 12.5 万美元。不久，正如库马尔所预计的那样，惠普集团对外宣布向 AMD 公司订购一批总价值为 4 亿美元的皓龙处理器用于其部分产品的服务器上。这是一个超级大订单。位于加利福尼亚州帕洛阿尔托的惠普集团是个人电脑领域的超级航母，因此，来自惠普集团的任何订单变动，哪怕是很小的一笔，都会使 AMD 的营业额上涨，从而改变整个半导体行业的版图。

不过，作为操控者和泄密者，拉贾拉特南和库马尔两个人的蜜月期很快就到头了。现在库马尔是拿了报酬的咨询师，拉贾拉特南希望每年跟他交流的时间更多一些。拉贾拉特南不再满足于听库马尔那些关于科技行业发展大趋势之类的论调。当拉贾拉特南再次与库马尔交流的时候，就会问一系列关于 AMD 的问题。诸如：AMD 这个季度表现如何，他们的战略计划是什么，他们有没有并购其他公司的计划？拉贾拉特南特别感兴趣的是 AMD 准备向华尔街公布的未来盈利预期。

在投资界，一家公司对外发布的关于未来发展的声明或公告就是我们熟悉的“投资指导”。通常情况下，即便公司声称有巨额盈利，但如果对外公布的“投资指导"是不利消息，也会带来大量的股票抛售行为，因为股票投资者是在押注一家公司的未来表现。拉贾拉特南告诉库马尔，"投资指导"是关键要素，他希望库马尔能够经常给他提供这个信息。

一开始，库马尔还没有明白是怎么回事。库马尔只是AMD的一位咨询顾问，专注于公司的战略性发展方向之类的重大事项。库马尔对公司的日常管理，比如公司季度盈利这类事情并不感兴趣。库马尔知道像"投资指导"这种东西主要是关于公司未来盈利的预测，它通常是在公司盈利报告的后期才会形成的，事先很难得知，但拉贾拉特南偏偏最看重这个。因为拉贾拉特南付给自己报酬，所以，库马尔觉得自己应该尽最大努力给拉贾拉特南提供他想要的信息。具有讽刺意味的是，此刻，杜恩学校的价值观让库马尔深受其害：如果他接受了某项工作，就一定要尽自己最大的能力把事情做到极致。

当拉贾拉特南第一次向库马尔支付报酬之后，他要求库马尔列一个值得投资的公司名单，并且每个月给他打一次电话，他告诉库马尔说，他知道只要支付了报酬，库马尔就一定会信守承诺。"如果你没有从我这里收到钱，你就没有必要列这样的一份名单。"拉贾拉特南对库马尔说。拉贾拉特南知道维系自己跟库马尔的关系，最好的方式就是赤裸裸的金钱。库马尔在内心很鄙视拉贾拉特南，觉得拉贾拉特南的智商跟自己根本不在一个层次。当然，很少有人能跟库马尔相提并论。"我有足够的智慧，而你有足够的钱。"库马尔喜欢这样告诉拉贾拉特南，这句话是另外一句话的修正版，另外一句话是库马尔对在华尔街混得不错的沃顿商学院的同学常说的。

如果说这两个人之间有什么共识的话，那就是他们俩之间的差异实在是太大了。因为有钱，所以拉贾拉特南说话嗓门很大，而且很粗鲁。拉贾拉特南现在很少自我审视，即便是跟那些他很想做成生意的客户。2005年的某个晚上，拉贾拉特南在阿皮亚的鸡尾酒会上，遇到两位伦敦著名对冲基金英仕曼集团（Man Group Plc）的前高管。阿皮亚是拉贾拉特南投资的位于曼哈顿区的一家高档法国餐厅。聊着聊着，他们的话题就绕到了女人身上。

如果当时库马尔在场，他一定会感到非常震惊。虽然相识多年，但拉贾拉特南从未见库马尔笑过，也没见他真正高兴过。库马尔非常严谨，他之前的同事甚至说他是在“禁锢自己的个性”。库马尔幻想自己生活在文艺复兴时期，可以优雅地谈论艺术和歌剧。有时候库马尔太过于拘谨了。2009 年，库马尔的高中同学为组织 35 周年纪念，编了一个通信录，库马尔提供的竟然是自己秘书的联系方式和纽约麦肯锡公司的地址，而他们班的其他人提供的基本上都是自己的私人信息。

尽管库马尔和拉贾拉特南共同的兴趣爱好非常少，但现在情况不一样了，库马尔接受了来自拉贾拉特南的巨额馈赠，这样的话，他就得想方设法帮助拉贾拉特南搞到有价值的交易信息。于是，当库马尔与 AMD 的高管们一起开会时，他便开始搜集这样的只言片语，比如“我们做得不错”,“英特尔正在反击，我们盈利受损严重，这个季度的情况估计好不了”。随后，库马尔又将这些花边消息告诉拉贾拉特南。

有时候，拉贾拉特南也会试着给别人一些回报。拉贾拉特南对待那些为自己提供内幕消息的线人就好像黑手党的大佬对待手下的小弟那样，拉贾拉特南总是能够让线人们感觉到他手里有自己的把柄，这样的话，线人跟他的关系就会很近。有时候，拉贾拉特南也会在工作上给线人提供一些帮助，这样他就可以从线人那里得到更多的信息。有两次，拉贾拉特南通过联邦快递将长达 50 页的英特尔的详细的新产品计划寄给库马尔。而在邮寄之前，拉贾拉特南并没有告诉库马尔会寄这些材料给他。

当库马尔打开包裹的时候，就彻底呆住了。硅谷的麦肯锡办公室都是开门办公，如果这个时候其他同事正好走进来，看到英特尔的机密资料出现在眼前该如何解释？如果别人问起这些资料从哪里来，他又该如何回答？库马尔立即让他的秘书将这些资料粉碎并处理掉。库马尔不想让自己跟拉贾拉特南之间有肮脏的交易往来。他想让自己保持只为帆船集团提供一些宏观指导意见的状态，而不提供内幕消息。然而，库马尔要这样对自己撒谎，还要让自己相信，却一天比一天难了。

尽管拉贾拉特南在 AMD 这只股票上赚了不少钱，但他却在 2005 年的时候告诉库马尔，库马尔提出的建议并没有他预期的那么有价值。库马尔并没有给拉贾拉特南提供其最想要的详细季度财务数据，拉贾拉特南想要的是 AMD 或麦肯锡其他客户公司的详细季度财务数据。拉贾拉特南知道是时候跟库马尔谈消息报酬的问题了，他告诉库马尔，如果库马尔提供的消息没有价值，那么，就不会付给他报酬。

拉贾拉特南建议他们俩的关系改变一下，他不再直接给库马尔现金，而是根据库马尔提供的消息买卖股票，然后对利润加以分成。这一计划让库马尔觉得非常反感，他觉得类似于咨询协议这样的安排更合适，风险也更低。如果拉贾拉特南买卖股票，那库马尔如何确保拉贾拉特南告诉自己的股票买卖数量和买卖价格是真实的呢？同时，拉贾拉特南可能会给库马尔写邮件或者邮寄一些文件证明自己所做的事情。这个计划看上去就很容易被人发现。

这个方案迫使库马尔必须正视自己所做的事情。从某种程度上讲，库马尔现在跟拉贾拉特南之间这种用现金买卖消息的方式让他有一丝安全感，这样的安排他能够接受。毕竟，库马尔并不知道拉贾拉特南到底是如何处理他所提供的消息的。但是，如果拉贾拉特南是根据库马尔所提供的消息买卖股票，那么他所提供的消息与所得报酬就有了直接联系，这样的内幕交易证据太直接了。这种一报还一报的交易方式让库马尔感到很震惊，这是真的在犯罪啊！从情感上讲，这让库马尔感觉非常不好，不敢正视自己。至少，库马尔认为自己在这种肮脏交易中所起到的作用是不可忽视的。

拉贾拉特南和库马尔俩人就选择什么样的支付方式讨论了 3 个月，在此期间，拉贾拉特南没有支付一分钱给库马尔。最终，库马尔提出了一个比股票交易方案更好的计划，这个支付计划与麦肯锡跟某些客户的支付安排类似。库马尔告诉拉贾拉特南，可以在每年的年终再给自己，报酬的多少取决于这一年他所提供的消息为拉贾拉特南赚到了多少钱。库马尔宁愿做一个不领薪水的投资银行家，所有的薪水都以奖金的方式发放，而发放多少则取决于他的老板拉贾拉特南。

库马尔在服务上司、取悦上司这方面总是做得特别好，不论是在杜恩学校读书时取悦老师，还是在麦肯锡服务他的上司、同时也是他导师的拉贾特·古普塔，库马尔都做得很成功。在员工与老板这种关系的相处过程中，库马尔感到很舒服自在。另一方面，拉贾拉特南也觉得特别舒心，因为自己让库马尔发挥着其应该发挥的作用。

THE BILLIONAIRE'S APPRENTICE

第 22 章

两大巨头开启合作

帆船集团的员工是在 2005 年春天的时候，发现拉贾特·古普塔造访了他们的办公室。他们的老板拉贾拉特南特别擅长经营人际关系，经常跟不同的人见面交流，这些人主要都是南亚人。有些人找拉贾拉特南是跟帆船集团相关，要么是想在对冲基金行业谋一份职业，要么是想投资，但更多的人找他都是为了跟他谈企业投资的事情。关于他们老板，帆船集团所有的员工都知道的一件事是：拉贾拉特南的商业领域涉猎面非常广。对于曼哈顿区的罗莎纳瓦特尔（Rosa Mexicano）饭店，拉贾拉特南有股份；对于斯里兰卡最大的垄断企业，他也有 5% 的股权；他还是马奎斯飞机公司（Marquis Jet）的早期投资者，马奎斯飞机公司是一家私人飞机租赁公司。拉贾拉特南投资马奎斯飞机公司的好处之一就是享有自由飞行时间。当帆船集团规模还比较小的时候，拉贾拉特南就搭乘过“湾流 4 号”私人喷气式飞机前往新奥尔良处理公司业务。

然而，古普塔却与众不同，他跟其他拜访者有很大的区别，他的低调让大家印象深刻。尽管拉贾拉特南喋喋不休，但他的新朋友话却不多，而且非常有礼貌。57 岁的拉贾特·古普塔从麦肯锡最高领导人的位置上退下来之后，准备开始人生的新阶段。

新丝路基金成立

古普塔一直对投资行业非常感兴趣。古普塔的投资范围广泛，基本上什么领域都投，从私募股权到朋友的初创公司。当新时代医学家狄帕克·乔普拉的女儿准备成立互联网公司时，古普塔同意投资 25 万美元，因为他相信给年轻人投资是值得的。这个公司最后失败了，古普塔也没有收回自己的投资，但他从来没有跟乔普拉提过自己的损失。这不是古普塔在互联网领域唯一的失败经历，他的失败次数还真不少。2001 年，当互联网泡沫破灭时，古普塔在高科技公司股票上亏了不少钱，但他在 Scandent Solutions 的投资赚了大钱，这是他的朋友拉梅什·瓦尔加（Ramesh Vangal）创建的一家公司。现在，古普塔已经彻底从麦肯锡退休了，他正考虑进军投资领域。正如古普塔之前做每件事所表现的那样，这一次，他也是带着远大的志向来对待投资业的。

古普塔和他的朋友拉维·特里汉（Ravi Trehan）一起来找拉贾拉特南，问他是否有意购买某个投资管理公司。古普塔是在一个夏天将康涅狄格州的房子出租给特里汉的过程中认识他的，随后两人成了好朋友。古普塔和特里汉希望拉贾拉特南购买的公司是特里汉在佛罗里达州发现的，是一家投资基金的基金公司，也就是从机构投资者和高资产净值的个人投资者手里募集资金，然后将这些钱投到不同的对冲基金上。特里汉是一位经验丰富的投资者，个人投资业绩都有据可查，非常不错，他和古普塔告诉拉贾拉特南说，他们准备购买这个基金公司总资产的 2%。那个时候，投资管理公司的资产都会被放大，投资经理们都会使用杠杆。古普塔和特里汉准备从拉贾拉特南这里融资 1 亿美元购买这家公司的股权。拉贾拉特南对这个计划表示怀疑，就没有继续谈下去，但他脑中又出现了另外一个计划。

这个计划就是成立航海家资本公司（Voyager Capital Partners），成立这样一家投资公司的主要灵感其实是来自特里汉，公司的投资对象是基金和战略投资，公司的资本一部分是来自拉贾拉特南，另外一部分来自特里汉所拥有的宽街集团（BroadStreet Group）。

航海家资本公司最大的魅力就在于可以运用高杠杆，这可以将其投资能力放大很多倍。从根本上讲，公司可以从外界借钱进行投资，在投资者获得不菲的投资收益后再偿还这些借来的钱。在公司资本金构成上，拉贾拉特南出资 4 000 万美元，占 80% 的股份，古普塔和特里汉各出 500 万美元，各占 10% 的股份。有了这 5 000 万的本金支持，航海家资本公司借到了 3.5 亿美元的资本，这大大地提高了公司的投资能力，给 3 位合伙人带来的潜在收益也提高了许多。

公司大部分贷款来自雷曼兄弟，有 3 亿美元的规模，一旦公司出现了亏损，这部分资金受到的冲击会最小。古普塔、特里汉和拉贾拉特南这 3 位股权合伙人所承担的风险是最大的。因为，一旦航海家资本公司出现了亏损，3 位合伙人得首先承担这些亏损。

一开始，对 3 位合伙人来说，航海家资本公司的收益非常高，特别是宽街集团，因为宽街集团是公司的投资管理人，负责日常的文件准备工作，同时将钱分配到不同的基金上，并向航海家资本公司收取一定的管理费。2006 年 1 月 11 日，在航海家资本公司成立 3 个月后，3 位股东的权益便由最开始的 5 000 万美元增长到 58 382 958 美元，增加了将近 17%。然而，随着盈利的不断增长，拉贾拉特南和特里汉之间的矛盾也越来越尖锐。

2006 年年初的某一天，拉贾拉特南、古普塔和特里汉 3 人在帆船集团拉贾拉特南的办公室开会，会议一开始，拉贾拉特南就痛斥特里汉。拉贾拉特南不想让宽街集团继续履行航海家资本公司的投资管理人角色，他打算让帆船集团来接管航海家资本公司资产配置的工作（这样可以获得金额不菲的管理费）。曾经一度，拉贾拉特南甚至是在辱骂特里汉，作为有着成功投资记录、经验老到的投资者，特里汉忍无可忍，站起来说："如果你这样办事，我也不愿意再跟你合作。"于是，特里汉走出了拉贾拉特南的办公室，但古普塔没有跟他的朋友一起走，他仍然留在拉贾拉特南的办公室。

大家都注意到拉贾拉特南对古普塔非常尊重，跟他对其他人的态度完全不一样。拉贾拉特南喜欢将古普塔称为南亚"巨星"，并向朋友解释说，古普塔比他高半辈，在亚洲，对待长者就要是尊敬。在退出后不久，特里汉就将他的航海家资本公司的股权卖给了拉贾拉特南，于是，拉贾拉特南在航海家资本公司的股权比例上升到了 90%，另外的 10% 归古普塔所有。

2006 年，古普塔从麦肯锡退休后，开始将注意力和生活重心从麦肯锡转移到其他领域。尽管古普塔是在 2003 年从麦肯锡董事总经理的位置上退下来的，但他仍然是公司合伙人，而且他曾经跟同事们说过希望能够在麦肯锡工作到 2008 年，到那个时候，他正好 60 岁。但古普塔其他的社会活动越来越多，这让他很难兼顾麦肯锡的工作。其中最令人头疼的一件事就是，古普塔还是麦肯锡合伙人时，他就在苦心筹建一家新的资金管理公司。

2006 年年初，古普塔跟他的心腹库马尔说，他想成立一家世界级的大型资产管理公司，业务不限于对冲基金的范围，而且还想做私募股权投资，投资地点是南亚地区，主要是印度，也少量投资巴基斯坦和中东地区。古普塔的计划是先招募南亚地区广受好评的资本经营者来打理资产。古普塔说他已经找到了 3 个合伙人，分别是私募股权领域的专家布拉格・萨克斯纳（Parag Saxena），对冲基金领域的专家拉贾拉特南，还有曾在亚洲工作过很多年的高盛集团前高管马克・史华兹（Mark Schwartz）。他们 4 个人有一个非常宏伟的目标：他们准备为新基金募集 20 亿美元。他们对所做的事情都非常投入，并积极从各个渠道募资，但最终募集到的资金规模仅为 12.5 亿美元，这里面有 10% 的资金完全是他们自己出资的。这 1.3 亿美元的种子基金由他们 4 个人平均承担，但古普塔跟其他合伙人说，他的出资金额可能要少一些，只有 2 250 万美元。

这个新公司一开始的名字是太极资本公司（Taj Capital），后来又改名为新丝路基金公司（New Silk Route），其最初的办公地点是在麦迪逊大道 590 号大厦的 34 层，紧邻帆船集团。为了方便古普塔进出帆船集团的办公场所，帆船集团为他办了一张门禁卡，这样的话，他就可以自由进出了。有时候，古普塔的自由进出也给拉贾拉特南带来了一些麻烦。有一次，古普塔在没有预约的情况下就来到拉贾拉特南的办公室。拉贾拉特南赶忙告诉他的秘书卡伦・艾森伯格（Caryn Eisenberg），让她跟古普塔说自己不在办公室。然而，古普塔坚持要找到拉贾拉特南，于是，他用自己的门禁卡进入办公室，并最终见到了拉贾拉特南。

古普塔倾注他所有的心血为新基金筹钱，并按照自己通信录上的名单挨个打电话。到 2006 年年中的时候，新基金的 4 个合伙人已经确定了计划方案，并将潜在的目标客户名单按优先级分组。古普塔负责跟名单上的大客户联系。古普塔和史华兹去拜访了一些著名捐赠机构的投资部门负责人，这些机构包括哈佛大学和耶鲁大学，而古普塔的女儿就在哈佛大学工作。古普塔和史华兹还拜访了比尔·盖茨基金和沃尔顿家族基金。但是，哈佛大学没有同意投资，因为他们认为古普塔的女儿在哈佛大学工作，可能会引起利益冲突。高盛集团同样因为利益关系也没有投资，因为此时古普塔还是高盛集团的董事。古普塔还准备单独拜访埃德加·布朗夫曼（Edgar Bronfman Jr.），布朗夫曼一家的财富都来源于施格兰酒业公司（Seagram），古普塔的麦肯锡前同事阿尼尔·库马尔已经跟布朗夫曼的哥哥萨姆说过这个事情，而库马尔也一直在考虑是否加入新丝路基金公司。

其实，在麦肯锡之外，有更好的工作机会在等着库马尔，不过，这是直到万不得已才会考虑的事情。正是因为在麦肯锡干得不顺，库马尔才会考虑出来发展，不过，他自己心里很清楚，他还是喜欢留在大公司工作。库马尔特别期待在 3 年后，麦肯锡能够任命一位新的董事总经理，这样的话，他的职业发展或许能够重新回到原来的轨道。

不过，库马尔也知道，自己深度参与新丝路基金公司的工作并没有什么坏处。库马尔经常用自己麦肯锡的邮箱发送与新丝路基金公司相关的邮件，而这是违反公司规定的。有时候，库马尔会因此跟新丝路基金公司的老板产生一些小摩擦。2006 年 10 月初，库马尔给新丝路基金公司的 4 个大股东发了一封邮件，邮件标题用了“紧急”这样的字眼，而且所有的字母都是大写。4 个合伙人中的两位，拉贾拉特南和萨克斯纳正计划跟潜在的投资者、来自北门基金（Northgate）的霍塞恩·卡吉－霍塞尼（Hosein Khajeh-Hosseiny）博士会谈。北门基金也是一家“投资基金的基金”，其投资对象主要是各种各样的私募股权公司。很多北门基金的合伙人都在麦肯锡工作。“我昨天跟霍塞尼博士的助手聊天，考虑到北门基金跟麦肯锡公司的特殊关系，她觉得很奇怪，我怎么会参加今天的会议。”库马尔在邮件中这样写道，能够参加这些会议的最佳理由就是“我是新丝路基金公司的一名‘原始投资人’，也是拉贾拉特南和布拉格的老校友”。

麦肯锡并没有发现库马尔在为新丝路基金公司工作。尽管库马尔拿着麦肯锡支付的全额工资，但他同时也希望从新丝路基金公司这里拿到几十万美元的收入。库马尔想再次开展副业的尝试并没有成功，因为新丝路基金公司的合伙人之一布拉格·萨克斯纳坚决反对这一提议。最后的折中方案是，如果库马尔在 3 年内加入新丝路基金公司，可以给他一部分股权补偿，但这个份额要远远低于原始合伙人的股权份额。

与此同时，古普塔仍隶属于麦肯锡，他的社会活动也并非无人关注。有意思的是，古普塔为新丝路基金公司所做的一切并没有引起麦肯锡的注意，反而是他想成为高盛集团董事会成员的想法引起了麦肯锡的关注。2005 年，高盛的首席执行官劳埃德·布兰克费恩的前任、美国财政部前部长亨利·M. 汉克·保尔森（Henry M. "Hank" Paulson）找到古普塔，希望他能够进入高盛董事会。保尔森第一次见到古普塔是因为两个人都参与了莎莉集团（Sara Lee）的一项工作。多年之后的 1996 年，莎莉集团首席执行官约翰·布莱恩（John Bryan）在芝加哥的家中举办生日宴会，庆祝自己 60 岁的生日，他再次介绍保尔森和古普塔认识。当古普塔前往纽约工作时，他与保尔森的关系已经非常好，他们俩还都是哈佛商学院校友咨询委员会的成员。有一年，古普塔还邀请保尔森去印度尼西亚看科摩多龙，这是世界上最大的蜥蜴品种，保尔森之所以对这些感兴趣，是因为他是一个热爱大自然的人。

当保尔森第一次邀请古普塔加入高盛董事会时，古普塔表现得很热情，但最后还是拒绝了。麦肯锡是不会允许自己的合伙人进入其他公司的董事会的。但是到了 2006 年 11 月，古普塔已经不再是麦肯锡的合伙人了，他只是一名普通的咨询师。所以，当保尔森再次向他发出邀请时，古普塔立刻就答应了，而且从那之后，他开始出现在许多公司董事会成员的名单中。2007 年，古普塔成为消费品巨头宝洁公司（Procter & Gamble）董事会的一员。两年前，古普塔帮助时任宝洁公司董事长和首席执行官的 A.G. 雷富礼（A. G. Lafley）以 570 亿美元的价格成功并购了吉列公司（Gillette）。当并购谈判陷入僵局时，是古普塔将两家公司重新请回谈判桌上的，因为他与时任吉列公司首席执行官的詹姆斯·基尔茨（James Kilts）是私交甚好的朋友。古普塔陪着他们一起讨论双方的价格和条件的差距，经过几个小时的努力，最终达成协议。直到今天，基尔茨都在念叨古普塔在谈判中所发挥的作用，每当谈判碰到棘手的问题时，他和雷富礼都相信只有一个人可以扭转局面："这个人就是古普塔。"

作为麦肯锡的前任董事总经理和现在的一名普通咨询师，古普塔仍然享有麦肯锡提供的额外待遇，包括斯坦福的办公室、电话和黑莓手机，还有公司的邮箱，他都可以通过这些联系方式为新丝路基金公司招揽投资人。

关系出现裂痕

为了给新基金募集资金，古普塔不厌其烦地挨个给自己通信录上的人打电话，而他通信录上的联系人非常多。古普塔发出了几百封官方的、正式的信件，包括麦肯锡曾经的合作伙伴、相识多年的公司领导人，甚至老邻居。古普塔在写给美国通用保险公司（insurer American General）前首席执行官罗伯特·德夫林（Robert Devlin）的信中，第一句这样写道："我希望你还记得我。"在写给花旗银行前首席执行官桑迪·威尔（Sandy Weill）的信中，充满了营销的味道："亲爱的桑迪，我现在是总规模为 15 亿美元的新丝路基金公司的董事长，我真诚地建议你投资我们的基金。"古普塔跟桑迪是在威尔康奈尔医学院（Weill Cornell Medical College）的董事会上认识的。古普塔每次都会向他的投资伙伴对新丝路基金公司做一个简单的介绍，他特别强调他们 4 个创始人一共投入了 1.3 亿美元在这个基金里。"现在，我们正在向自己的朋友和亲戚募集最后的 2 亿美元，每个人的投资规模在 100 万美元 ~ 500 万美元，募集期还剩下最后 30 天。"

为了集资，古普塔还向其他一些大人物发过类似的信函，这其中就包括伯克希尔－哈撒韦公司的阿吉特·贾因（Ajit Jain），阿吉特·贾因是巴菲特的高级副手，并很有可能成为他的接班人；TIAA-CREF 的赫本·艾利逊（Herb Allison）；高盛董事会成员约翰·布莱恩和比尔·乔治（Bill George）；瑞典著名的家族企业成员马库斯·沃伦伯格（Marcus Wallenberg）；百事可乐的首席执行官英德拉·努伊（Indra Nooyi），等等。古普塔的这些努力没有白费，新丝路基金公司为其股权投资方向募集了 13 亿美元的资金。但新丝路基金公司的对冲基金方向却没有成功，这项业务一直都没有开展过。

这段时间，古普塔与拉贾拉特南的关系进一步加深了。古普塔和库马尔开始建议拉贾拉特南增加其对帆船集团的投资。2006 年年末，古普塔开始对其在帆船集团的期权合约行权，用来提高他在航海家资本公司的股权份额，这大大地提升了他的投资回报率。古普塔向拉贾拉特南借了 500 万美元购买了之前属于特里汉的那部分公司股权，从而使他在航海家资本公司的股权比例上升到 20%。同时，他还帮助他的朋友瓦尔加从拉贾拉特南这里获得了一笔高利率的过桥贷款，瓦尔加的公司现在改名为格德拉控股（Katra Holdings），多年前古普塔也曾经投资过该公司，并且还赚了不少钱。古普塔和瓦尔加准备买下南亚的泰米尔商业银行（Tamilnad Mercantile Bank），最终他们在 2007 年 5 月，与其他投资者一举买下了这家银行。2006 年 12 月，随着瓦尔加还款的时间有所延迟，古普塔与拉贾拉特南的关系开始出现裂痕。

2006 年 12 月 21 日，星期四，由于没有收到来自瓦尔加的任何还款信息，拉贾拉特南给古普塔写了一封邮件，表达他的愤怒："到目前为止，我们还是没有收到格德拉控股财务部门的全部还款，瓦尔加先生也没有联系我，而昨天他还跟我们公司的首席财务官（CFO）说今天会联系我的。鉴于这种情况，我今天中午无法跟你一起共进午餐了，我要取消所有与新丝路基金公司的相关会议。"邮件最后的署名非常正式，用的是"致敬　拉杰·拉贾拉特南"，而不是此前他经常给古普塔写信所用的简写"拉杰"。

这笔钱一直没有到账。12 月 28 日，帆船集团的执行董事乔治·劳（George Lau）用他的黑莓手机给古普塔发了一封邮件："我们每天都在向瓦尔加的公司追款，到目前为止，也没有确定的信号表明他们已经将钱汇出。明天是这个月的最后一个工作日，这笔钱必须回到我们的账上。您看看，接下来我还能做些什么呢？"

古普塔回复说："放心，告诉拉贾拉特南，让他务必要相信我，过去的 7 天，我一刻都没有休息，目的就是让这笔钱能够按时归还。"很快，瓦尔加就将这笔贷款还回来了，古普塔和拉贾拉特南又重新在一起共进午餐。只不过，此时两人的关系开始发生了一些变化。

THE BILLIONAIRE'S APPRENTICE

第 23 章 给库马尔的百万报酬

“库马尔，我们可以等你从伦敦回来再说，我们相信你！”这是 2005 年 9 月 28 日，佩格·奥马利（Peg O'Malley）写给库马尔的邮件，他是 AMD 首席行政官和首席律师汤姆·麦科伊（Tom McCoy）的助手。为了一项名为“超级诺亚”的最高机密项目，奥马利刚刚给库马尔发了一份机密协议。为了这个项目，AMD 公司已经筹划了很长时间，准备聘请麦肯锡公司作为顾问。就像之前经常碰到的那样，库马尔又在海外出差，不方便立刻签署这份保密协议。不过，奥马利并不担心，库马尔是 AMD 最信任、行事谨小慎微的咨询顾问，没有任何理由怀疑他对 AMD 公司的忠诚度。

电子游戏和其他图形驱动电脑应用的爆炸式增长，让 AMD 公司的产品线出现了巨大的供给断层。AMD 和其竞争对手英特尔的产品都是为电脑生产的“大脑”，或者说是微型处理器。两者在个人电脑芯片领域都是非常专业的制造商，如果愿意，你可以将这部分业务称之为“左脑”。然而，这两家公司在图形处理器方面都不具备统治地位，这部分业务又可以称为“右脑”，随着电脑游戏机业务的快速扩张，这部分芯片的需求量也跟着暴涨。

这方面，英特尔稍微领先于 AMD。英特尔开始销售内置图形处理器的集成芯片，为电脑硬件企业提供一系列芯片，满足用户的需要，可以让客户不必从两家不同的公司购买两种不同的芯片。相反，AMD 在图形处理器方面还只能依赖两家大型制造商，即加利福尼亚州圣克拉拉的英伟达公司（Nvidia）和加拿大多伦多的 ATI 科技公司。除了为个人电脑生产图形处理器之外，ATI 还为日本任天堂游戏公司及微软游戏机设计生产芯片。

对 AMD 来说，想要缩短与英特尔在图形处理器方面的差距，扩大其在图形处理器领域的市场份额，一个可行的战略方针就是并购或者参股英伟达公司或 ATI 公司中的一家。

AMD 公司内部只有极少的几个人知道并购英伟达公司或 ATI 公司的项目代码就是"超级诺亚"。这个计划如此严密，所以只与 AMD 签署了不可泄漏公司机密信息的一般协议的库马尔也不知情，于是，AMD 需要与库马尔再签署一份保密协议，确保库马尔对"超级诺亚"项目的知情权。尽管签署了保密协议，但如果没有 AMD 战略设计师巴拉斯·兰加拉简的授权，任何人都没有权力外传或者复印这份协议。

之所以采取这样高级别的保密措施，原因其实很简单，在任何一项并购活动中，保守秘密都是最为重要的事情。公司最痛恨的就是走漏风声，因为这会导致并购交易失败。当一家公司准备并购另一家公司的消息散布后，目标公司的股票价格会飞涨，使得并购的成本大大提高，并购很有可能会就此流产。在 AMD 公司内部，高管们对这一行动超级谨慎，他们甚至将这次行动的代号由原来的"超级诺亚"变更为"做大"（Go big）。

站在大众的对立面

在库马尔跟 AMD 签署保密协议后不久，他就将所了解到的 AMD 准备并购一家图形处理器生产商的最高机密告诉了拉贾拉特南。那个时候，库马尔甚至等不及回到自己的办公室再打电话，而是直接躲进麦肯锡员工撤出来的一间会议室，避开他的同事，拿起电话拨给了拉贾拉特南。

多年以来，AMD 一直都是拉贾拉特南特别关注的公司。20 年前，当拉贾拉特南还在尼达姆公司时，他就开始从事半导体行业的研究，从那时起他就一直跟踪 AMD 公司的发展情况。拉贾拉特南在他的办公室留有一块广告板，上面列有一系列公司的名字，在公司名字旁边写着帆船集团员工的名字。拉贾拉特南希望帆船集团的这些核心分析师能够跟这些公司的线人取得联系，从而获得相关公司的收入、“投资指导”、盈利等内幕消息。如果某个值得信赖的分析师没有及时给公司打电话，或者他收到的消息是假的，他就会被解雇。紧挨着拉贾拉特南名字的是 AMD 公司，他毫不掩饰自己在 AMD 公司有线人，而且跟这个人的关系还不错。在帆船集团的词典中，这个 AMD 的线人就是“斧王”，或者股票的绝对掌控者。当拉贾拉特南跟在加利福尼亚州圣克拉拉工作的帆船集团员工阿里·法尔（Ali Far）通话时，说到来自 AMD 公司的内幕消息，他都是说“那个 AMD 的伙计”。

很少有帆船集团的人会想到，拉贾拉特南所说的“伙计”竟然就是为 AMD 提供服务的麦肯锡高级咨询师。库马尔为拉贾拉特南所提供的有关 AMD 公司的内幕消息，让拉贾拉特南能够以独一无二的视角来审视 AMD 在关键时刻的发展状况。在大多数投资者刚刚意识到 AMD 公司战略转型和新产品研发的时候，拉贾拉特南便早已了解到相关的情况，这让他可以提前对股票进行重新估值。大多数投资者都知道 AMD 的新产品皓龙处理器在市场上的反馈非常好，但很少有人知道，这款产品到底给 AMD 带来了多少盈利。正是因为有库马尔在，所以拉贾拉特南对皓龙处理器的每一步发展都了如指掌。

“你百分之百确定？”拉贾拉特南问库马尔。

拉贾拉特南其实很少会对高科技领域发生的任何事情感到奇怪，他对这个行业的动态发展和各类参与者实在是太熟悉了，所以他从不会措手不及。但库马尔在 2006 年春天告诉他的这个并购案让他有些疑惑，这毕竟是半导体巨头 AMD 对 ATI 公司的并购，简直可以说是晴天霹雳。在拉贾拉特南看来，这不符合逻辑。如果 AMD 想要购买一家图形处理器生产商，也应该选择实力更强的英伟达公司，而不是 ATI 公司。

然而，库马尔向他保证 AMD 要收购的就是 ATI 公司。ATI 公司是 20 世纪 80

年代一个来自中国香港的观光客成立的加拿大科技公司。

“拜托，我现在已经进入了公司的核心层，”库马尔吹嘘道，“我了解 AMD 的所有事情，他们现在对 ATI 非常感兴趣。”

经过这么多年的交往，拉贾拉特南和库马尔之间的关系变得有点施虐和受虐的味道了。拉贾拉特南很精明，时不时就会奚落库马尔，嘲讽库马尔对 AMD 的情况掌握得比自己这个对冲基金经理还少。库马尔被拉贾拉特南这样嘲笑和打击，特别是拉贾拉特南看不起自己在 AMD 内幕消息上所发挥的作用，他就越想向拉贾拉特南证明自己，不仅仅是为了报酬，更重要的是要将拉贾拉特南这种家长式的训人方式给顶回去。现在，库马尔总算有一次机会向拉贾拉特南证明自己的重要性。库马尔终于掌握了其他人都想象不到的 AMD 的消息，连拉贾拉特南都不知道。如果 AMD 成功拿下这次并购，对 AMD 来说，就是一个成功的战略转型。库马尔对此感到非常激动。

库马尔告诉拉贾拉特南，AMD 同时在跟 ATI 和英伟达两家公司接触。但跟英伟达达成一致意见的概率基本不存在，因为英伟达的要价太高，AMD 准备考虑并购 ATI。拉贾拉特南对此非常感兴趣，因为这个消息跟市场上流传的观点相反。在帆船集团，拉贾拉特南推崇“站在大众的对立面”的交易策略，也就是要站在华尔街主流观点的对立面来审视一只股票。帆船集团的目标就是无论股价上涨或下跌都要实现盈利，其实现方式就是通过投资者对市场走势的分析，摆脱华尔街的主流观点，转而倾向于帆船集团的看法。在有效的市场经济里，实现“站在大众的对立面”的最简单方法就是依靠内幕消息，比如，一家大型半导体企业准备实施一项出乎意料的并购行为，或者某家公司的预期盈利突然无法实现。

AMD 在英伟达和 ATI 两家公司之间考察了数月，到了 2005 年 12 月中旬，情况变得明朗起来，AMD 认为 ATI 公司才是其理想的并购对象。不选择英伟达公司的原因很简单，就是因为成本太高。为了严守秘密，公司的名字都用代码来表示。AMD 用“洛杉矶”来表示，而 ATI 则用“圣安东尼”（San Antonio）来表示。有时候，代码的名字也会用公司总部的所在地来表示。但为了不让外界找到任何蛛丝马迹，两家公司在选择地名代码时都特别有讲究。ATI 的总部实际上是加拿大的多伦多万锦市（Markham），而 AMD 之所以选择洛杉矶，仅仅是因为公司的创始人桑德斯在洛杉矶的比弗利山庄有一间办公室而已。

因为预期的并购行为会在 2006 年年初，所以麦肯锡建议成立一个团队帮助 AMD 做并购准备，并在 AMD 与 ATI 谈判时做一些幕后支持的工作。考虑到一个完整的麦肯锡团队需要一名合伙人，这名合伙人需要将 50% 的时间用来处理 AMD 的工作任务；还需要一名全职的项目经理、一名副主管和一名公司的评估专家提供支持。麦肯锡开出了每个月 40 万美元的报价，外加项目分成，也就是说，AMD 还需要将并购总费用的 18% 支付给麦肯锡。

2005 年 12 月 20 日，麦肯锡的保罗·罗奇（Paul Roche）给库马尔发了一封邮件，将 AMD 和 ATI 早期会谈的一些最新信息告诉了他。罗奇在信中写道："与'圣安东尼'的会谈进行得非常顺利。"两家公司在并购时间方面已达成一致，准备在 2 月上旬完成谈判，并将在一季度的最后一天对外公布这项并购事件。AMD 主管战略事务的副总裁兰加拉简急切地希望立即与麦肯锡签约并开始并购的准备工作。然而，公司的首席财务官鲍勃·里维特（Bob Rivet）却竭力反对这么做，里维特在 AMD 以严格控制成本而出名。"我们应该考虑一下如何为这笔交易做好工作，但如果兰加拉简不够强硬的话，我们还是有必要跟里维特先谈谈。"罗奇在信中这样建议道。

不久，库马尔就打电话告诉拉贾拉特南，AMD 与英伟达的谈判已经结束，不会再继续了。不过，与英伟达的竞争对手 ATI 公司的谈判进展倒是比较顺利。这一消息"相当劲爆"，库马尔告诉拉贾拉特南："你一个人知道就行，不要再告诉其他任何人。""不会有其他人知道这个事情的！"拉贾拉特南向库马尔保证。

经过两年这样不断地给拉贾拉特南提供各种内幕消息，库马尔似乎对拉贾拉特南如何通过内幕消息赚钱有了一些了解。站在分析师的角度，库马尔觉得拉贾拉特南的操作原则是从长远的角度来选择公司，而且经常会持有好公司的股票很长一段时间，跟沃伦·巴菲特的投资方式类似。如果库马尔给拉贾拉特南的内幕消息确实准确，拉贾拉特南就会赚钱。即便是像库马尔这样聪明的人，对帆船集团这样的事件驱动型对冲基金到底是如何运转的，也并不十分了解。

随着 AMD 与 ATI 的谈判不断推进，库马尔会定期给拉贾拉特南打电话，基本上是每个月汇报一次谈判的具体进展情况。有时候，库马尔在电话里会显得异常兴奋。“ATI 就是最佳的并购对象，”库马尔很激动地说，“这一定会震惊整个行业。”就麦肯锡团队所做的事情来看，库马尔知道，以当前 ATI 的股价来估算，AMD 将要为这次并购支付不菲的价码。那个时候，ATI 的股价是在 16~17 美元之间波动，在过去的 5 年里，其股价从未超过 21 美元，但 ATI 认为市场低估了其价值。为了让自己能够卖一个好价钱，同时也给 AMD 一些甜头，ATI 向 AMD 开出的价码是每股 20 美元。

当库马尔告诉拉贾拉特南这一消息时，拉贾拉特南惊呆了。“这也太荒谬了吧，怎么讲也说不过去啊！我觉得 AMD 肯定不会同意的。”拉贾拉特南这样回复库马尔。AMD 竟然愿意花这么大的价钱买下一家并不是行业领头羊的图形处理器公司，拉贾拉特南对此感到非常惊讶。拉贾拉特南再次问库马尔：“你百分之百确定 AMD 的管理层真的要这么做？”因为对这件事情非常清楚，库马尔向拉贾拉特南解释说，买下 ATI 是 AMD 公司战略发展的必要选项，AMD 都准备付钱了。

“哇，这实在是太有价值了。”拉贾拉特南说。随后，拉贾拉特南开始跟他的核心交易团队说这个事情。在库马尔跟他讲完 AMD 与 ATI 并购交易的前因后果之后，拉贾拉特南立刻就将这一消息传给了他核心交易团队的每个人，彻底无视库马尔曾经要求他不要将这个消息泄露给其他人。

2006 年 4 月 19 日，拉贾拉特南给“Quintussf”发短信说：“买入部分 ATI 在纳斯达克交易的普通股，我后面会告诉你为什么这么做。”

“Quintussf”是短信通信录里的弗兰克·昆特·斯莱特里（Frank Quint Slattery）的代号，斯莱特里在康涅狄格州负责一只没有注册的对冲基金，这只基金名为峰形对称基金，也是拉贾拉特南投资的。斯莱特里特别热衷于用短信进行交流，5 年前他曾经因为发错短信而陷入麻烦。2001 年，仁科软件公司（PeopleSoft）曾经公开谴责当时只有 28 岁的斯莱特里，因为斯莱特里建议美国证券交易委员会对仁科软件公司的会计违规问题进行调查。即便是对会计违规问题的一个非常简单的常规调查都会给公司的股价带来严重的影响，而仁科软件公司还真的就碰上了这个情况。仁科软件公司的股价暴跌了 27%，尽管斯莱特里随后发送短信撤销了先前的传闻，但已经于事无补。

庞大的消息套利网络

即便遭到了仁科软件公司的公开谴责，斯莱特里对交换内幕消息的热衷也丝毫未减。每天，斯莱特里都会跟拉贾拉特南碰好几次面，一起交流投资想法，其中有很多是来自他们各自的线人所提供的内幕消息。两个人会谈论像谷歌这样的股票，分享他们对这个公司的解读。在 AMD 公司分析方面，拉贾拉特南是毫无异议的老大。有一次，斯莱特里对拉贾拉特南说："你对 AMD 的了解无人能及！"

经过多年的摸索，拉贾拉特南发现建立一套完整、可靠的线人网络的最简单的方式之一就是投资那些没有任何经验的对冲基金，这些对冲基金一般都是由一些非常需要投资经理人的年轻人成立的，然后让他们对自己心悦诚服，在战胜市场方面完全依赖自己。只要有可能，他们就一定会给你带来最好的回报，那就是消息。拉贾拉特南为弟弟伦甘成立的塞德纳公司投资了 100 万美元就是典型的例子。而正是伦甘在 AMD 股票上的交易，才使得美国证券交易委员会在 2006 年开始立案调查。

这样的对冲基金，拉贾拉特南一共投资了 40 多只，基本上每只基金只投 100 万美元，然后任其发展。有一小部分基金，拉贾拉特南会投资 500 万美元。大多数基金，包括斯莱特里的峰形对称基金和彼得·赖特（Peter Wright）的合伙人爪基金（Paw Partners）都不会进入美国证券交易委员会的监管视野，因为这些基金的规模实在太小，根本不会引起大家的关注。但对于拉贾拉特南来说，这些基金就是金矿。"拉贾拉特南所投的这些基金为他编制了一个庞大的信息网，因为这些基金的发起人都对他感恩戴德。"帆船集团的一名前员工这样说道。由于斯莱特里和赖特所提供的消息性质不好界定，他们的行为也没有受到任何指控。

拉贾拉特南初次到华尔街工作是在 2000 年以前，那个时候，基金经理和股票分析师经常免费从各个公司获得大量消息。在 2000 年之前，美国证券交易委员会还没有要求上市公司全面落实FD规则，FD规则中的FD是公平披露（Fair Disclosure）的简写。由于不需要公平披露，所以上市公司的首席执行官们私底下会定期向机构投资者和股票分析师通报公司盈利预期或者正在研发的新产品等信息。很多对冲基金经理就会通过“消息套利”的方式赚钱，因为他们事先获得了一些公司的机密消息，这个消息与市场的主流观点不一致。这已经是华尔街的常见套路，以至于一些对冲基金经理在向新投资者推介自己的“消息套利”策略时，会毫不掩饰地吹嘘自己的策略。

而2000年之后，随着FD规则的全面落实，这一切都发生了改变。FD规则改变了美国企业界与华尔街的消息传播方式，它要求上市公司要么向所有人披露公司信息，要么就完全保密。为了更好地平衡中小投资者和机构投资者之间的关系，美国证券交易委员会的新规则旨在削弱基金经理和分析师的“优势”，他们之前可以事先掌握的内幕消息便不会再有了。如果这一规则生效，就意味着像拉贾拉特南这样的对冲基金经理需要比以前更加努力才能战胜市场，而这个努力可能就包括通过非法渠道获得一些“劲爆”的消息。

对于像帆船集团这样的对冲基金来说，想要绕开FD规则的限制，从上市公司那里获得非官方的消息来源，也就是要在公司内部找一个线人偷偷地将消息传递出来。在高科技行业的上市公司内部找线人这件事上，没有人的本领会高过拉贾拉特南。对于拉贾拉特南来说，在尼达姆公司获取内幕消息与在帆船集团获取内幕消息的唯一差别就在于，他和帆船集团的员工在收到和处理所获得的内幕消息时更加小心谨慎而已。一般来说，拉贾拉特南在邮件和短信中都非常注意，不会说太多内容。当短信聊天可能会涉及敏感消息时，一般情况下，拉贾拉特南会建议跟对方通话。拉贾拉特南要求自己手底下的交易员和分析师也要这样慎重，以防万一。

2002年，在摩根士丹利的前员工亚当·史密斯以分析师的身份加入帆船集团后不久，他跟拉贾拉特南有过一次谈话，谈话的主题就是如何通过电子邮件传递机密的非公开的信息。拉贾拉特南告诉史密斯尽量避免这样操作，不管是出于什么原因，如果消息只能通过邮件传递的话，就尽量用模棱两可的字眼。帆船集团不希望在公司电脑的系统中留下任何传递非公开消息的记录。特别是2006年1月，帆船集团在美国证券交易委员会备案之后，这一点就显得尤为重要。因为在美国证券交易委员会备案过的基金，只要美国证券交易委员会需要，就必须将账簿和诸如邮件、短信之类的所有记录递交上去。

史密斯很快就掌握了用隐秘的方式交流非公开消息的手段。史密斯有自己的一套独特的方法，这是他早些年间在摩根士丹利从事投资银行业务时开发出来的一套华尔街摩斯密码。在华尔街的大多数银行里，在摩根士丹利工作的年轻投资银行家们都需要为那些可能出现并购行为的公司设计一些代码，这样的话，万一这些交易文件落在了复印件或者传真机上，公司里的其他员工也不会知道这些文件的内容。

2005 年，此时已经跳槽到帆船集团的史密斯从摩根士丹利的人那里了解到，销售电子设备的集成电路系统公司（Integrated Circuit Systems）可能会被集成设备技术公司（Integrated Device Technology）收购。2005 年春天，史密斯在发出的一系列邮件里，都出现了“两只眼睛”，有时是“眼睛”这样的字眼。这些字眼代表的是上述两家公司，因为他们名字的首字母都是 I，而英文中“眼睛”的读音正好跟 I 的读音一样，所以史密斯就用“眼睛”作为公司的代码。2005 年 4 月 21 日，史密斯给拉贾拉特南发了一封标题为“眼睛”的邮件，他在邮件中写道：“日期定在 5 月 16 日。”

史密斯从他以前的同事那里得知 5 月 16 日就是对外公布并购的时间，于是他将这一重要信息用邮件的方式告诉了拉贾拉特南，但他决定只告诉拉贾拉特南一个人。史密斯担心帆船集团的其他同事知道他有这么重要的内幕消息。以前，当史密斯将一些内幕消息告诉帆船集团的同事之后，这些消息就会在华尔街的朋友圈流传开来。但这一次，由于这条消息高度机密，所以史密斯要确保这条消息不会给自己带来麻烦。

虽然史密斯提供的对外公布时间比实际时间早了一个月，但这条消息里最关键的内容准确无误：代号“两只眼睛”，也就是集成电路系统公司和集成设备技术公司两者之间的交易是确定的。6 月 15 日，两家公司对外宣布了总价为 17 亿美元的并购交易。帆船集团因为持有了大量的集成电路系统公司的股票，从而在这笔交易中净赚 270 万美元左右。在这笔交易对外宣布后，拉贾拉特南告诉史密斯，史密斯在摩根士丹利的老朋友值得信赖，应该跟这位老朋友继续保持联络。这让史密斯感到有些不安。当史密斯进一步了解到，正是因为他提供的消息，帆船集团才购买了集成电路系统公司的股票，他变得更加焦虑了。

随着市场上谣传 AMD 有意向收购 ATI 公司，这不可避免地引发了公众的投机行为。"动作要快！"麦肯锡的咨询师保罗·罗奇在邮件里这样写道。2006 年 5 月 31 日，加拿大皇家银行资本市场部的一位名叫阿普吉特·瓦利亚的人脉广泛的分析师，刚刚发布了一份研究报告，宣布外界所谣传的 AMD 与 ATI 公司之间的并购行为"很有可能发生"。这是一个非常大胆的断言，就在瓦利亚对外发布这一研究报告的同时，其他的分析师都对此表示怀疑和鄙视。"谣言的传播有时候很偶然。"加拿大 Genuity Capital Markets 投资银行的分析师戴维·霍奇森（David Hodgson）这样写道，"我们今天早上还跟 ATI 的首席执行官联系过，他说自己也听说过这个消息，这个消息早在几个星期以前就在中国台湾流传，他也不清楚这条消息到底来源于哪里。"霍奇森还引用另外一位 ATI 内部人士的观点，"对这样的并购建议表示很好笑"，因此霍奇森认为这种事情发生的概率"非常低"。

瓦利亚认为并购可能发生的原因是这样的：并购行动与 AMD 公司一贯不太引人注目的行事风格相吻合。但在帆船集团内部，交易员们更看重瓦利亚的研究报告。大家都知道瓦利亚是拉贾拉特南的朋友，他经常出现在拉贾拉特南的办公室里。拉贾拉特南也跟同事们说过自己想做年轻、有前途的分析师的导师。所以，帆船集团的交易员怀疑瓦利亚正是从拉贾拉特南这里获得这一内幕消息的。

到 5 月末的时候，库马尔得知 AMD 与 ATI 的并购活动马上就要开始，但是具体的交易时间及交易价格还不确定。AMD 董事会已经授权公司首席执行官鲁伊斯可以按照每股 24 美元的价格收购 ATI 公司，而当时的 ATI 股票价格只有 16.51 美元。库马尔很快地将这一消息告诉了拉贾拉特南，并且说 AMD 的管理层迫切希望能够尽快完成并购交易，而且他们已从公司董事会那里获得了充分的授权来实施这项交易活动。

毫无悬念，这项交易活动从谣言变成了现实，瓦利亚的报告让人觉得很不爽。

对麦肯锡和 AMD 来说，这个报告让他们非常震惊，甚至恐慌。AMD 想悄悄做成这笔交易，他们经过如此周密的策划，连公司名字都是用代码来表示，来保证 ATI 收购一事的绝密性，消息怎么就会泄露出去呢？AMD 最担心的就是走漏风声，偏偏担心就变成了现实。从 5 月初到月末这一段时间，ATI 的股票价格上涨了 6.4%。更让人担心的是，一些大型的机构投资者，比如能量强大的共同基金骏利资产管理集团（Janus Capital Group）对这笔交易并不看好。AMD 与 ATI 的谈判仍然是机密，可是 AMD 的一些积极主张并购的管理层却发现他们的行动更艰难了。因为他们很难向公司的大股东解释，这样的并购行为对公司发展到底有什么样的价值。

6 月 29 日，星期四早上，在市场开盘前，拉贾拉特南来到亚当·史密斯的办公室。一年前，亚当·史密斯因事先获得两家科技公司并购的消息，也就是前面说讲到的“眼睛”交易，为公司大赚了一笔。史密斯和拉贾拉特南最近一直在讨论另外两家科技公司的并购案。5 月初的时候，史密斯曾邀请其在摩根士丹利的老同事一起吃午饭。几个月以来，史密斯也一直听别人在说 AMD 可能会并购 ATI 公司的传闻。史密斯知道他的老板拉贾拉特南一直在买入 ATI 公司的股票。但史密斯并不是很看好这笔交易。所以，当史密斯在跟他的前同事一起吃饭，问到 ATI 的这个传闻是否属实时，同事的回答让他觉得很惊讶。

“这并不是传闻，”史密斯的前同事告诉他说，“这笔交易正在进行中。”午饭后，史密斯立刻打电话给拉贾拉特南。当拉贾拉特南来找史密斯时，他告诉拉贾拉特南自己跟摩根士丹利的老同事碰过头，老同事告诉他，AMD 和 ATI 的并购交易正在进行中。史密斯是拉贾拉特南为帆船集团招来的他最看好的员工之一。虽然是干银行业务出身，但史密斯很快就领悟了投资业务的真谛。这让拉贾拉特南感到非常满意，因为这进一步说明帆船集团预测 ATI 股票会上涨是完全正确的行为。不仅帆船集团本身买入了大量的 ATI 股票，而且帆船集团的风险对冲资金，也就是用来对冲帆船集团持有单只股票带来的巨大风险的资金，也加仓了许多 ATI 公司的股票。帆船集团在这笔交易行为中真的是在豪赌。

6 月末的一个早上，ATI 对外公布了第三季度盈利预期，并且说下半年的业绩不会很好。拉贾拉特南希望可以在 ATI 的股价预期下跌时获利，并在市场开盘后追加仓位。在晨会结束后，拉贾拉特南来到史密斯的办公室，因为拉贾拉特南还有一个特殊的目的。拉贾拉特南希望史密斯给他写一封邮件，详细说明购买ATI股票的理由。史密斯自然心领神会。在帆船集团工作这么久，史密斯当然清楚拉贾拉特南为什么这样做。拉贾拉特南需要一个合法的书面记录，这个记录能够证明当大多数投资者因负面消息而大量抛售ATI公司的股票时，是什么原因促使帆船集团做出相反的行动。拉贾拉特南需要为帆船集团的所有买卖行为找到合法的外衣，这封邮件可以列出任何买入ATI公司股票的理由，除了购买股票的真实原因，而真实的原因其实就是并购。这样的话，当监管部门来调查帆船集团的交易行为时，他们就会相信大规模的买入源于合理的投资分析，而不是内幕消息。

在拉贾拉特南离开史密斯的办公室不久，史密斯就巧妙完成了一封标题为“纳斯达克市场上的ATI股票——我们应该如何操作”的邮件。在邮件里，史密斯是这样分析的：尽管ATI公司对外发布的“投资指导”中盈利低于预期，但史密斯“非常确定”这是一个相当保守的数字。强烈建议拉贾拉特南买入这只股票，并且罗列数条买进它的理由，比如ATI的产品周期非常不错，其盈利在增长，市场占有率也在增加。当然，史密斯省略了ATI可能会被AMD收购这一理由。

上午9点10分，史密斯将这封邮件发给了拉贾拉特南。过了一会儿，市场开盘了，帆船集团便开始大量买入ATI公司的股票。

对AMD来说，6月是非常繁忙的一个月。鲁伊斯跟银行家们忙于协商并购ATI的具体条件，交易已经进入最后的紧要关头，并预计在7月10日对外公布。与此同时，AMD还与电脑巨头戴尔公司举行了几次重要的谈判。AMD希望能够进一步加强与戴尔公司的合作关系，让戴尔公司能够在其台式机和笔记本电脑上都使用AMD的芯片。如果谈判成功，对AMD来说，这无疑是一个超级大利好，可以帮助这家半导体公司更好地应对英特尔公司的挑战，为赢得更多的市场份额铺平道路。6月26日，戴尔公司的首席执行官凯文·罗林斯（Kevin Rollins）设宴招待AMD的首席执行官鲁伊斯及AMD的其他高管。在宴会中，罗林斯告诉鲁伊斯，他们应该会在8月12日正式确定两家公司的合作关系。作为AMD公司的核心成员之一，库马尔自然知道这一计划。

调查人员怀疑库马尔将 AMD 与戴尔公司准备对外发布的公告提前告知了拉贾拉特南，但这一怀疑并没有证实。AMD 将与戴尔合作是个激动人心的消息。在完成对 ATI 公司并购后的一个月，AMD 非常淡定地对外宣布了另外一项重大的战略突破，就是与戴尔公司合作。这一战略行动让 AMD 大大缩小了与其老对手英特尔之间的差距。这类消息让库马尔兴奋不已。这也是为什么拉贾拉特南会一直持有 AMD 公司的股票，直到 8 月 13 日才卖出的原因，因为在 8 月 12 日，戴尔公司和 AMD 公司对外宣布他们将会在更多领域谋求广泛的合作。

正是这一消息，以及关于 8 月 13 日的一些可疑短信才激发了美国证券交易委员会的律师安德鲁·迈克尔森对这个调查案的灵感。

7 月 5 日，在 AMD 准备对外公布收购 ATI 公司的前一个星期，AMD 公司的战略大师巴拉斯·兰加拉简给并购团队的每个人都发了一封邮件。“由于外部环境的复杂多变，我们需要在两个星期内将（代号为）‘做大’的并购消息对外公布出去。”由于市场上的投资者对此并不知情，ATI 公司的股票价格与 AMD 愿意支付的并购价格相比，还有 1 美元的价差。兰加拉简自然担心消息在最后的紧要关头泄露出去，出于谨慎，他给并购团队的每个成员的信中写道：“如果你们能够确保消息只在知情人中间流传，而不会泄露给其他任何人，我真的会很感激你们。”

接到这个消息的时候，库马尔非常激动。“这样看来，7 月 24 日这一个星期就会有行动。”库马尔用自己的黑莓手机发出了这样的一封邮件。但麦肯锡团队中的其他成员都觉得很紧张。并购交易谈判的时间越长，交易细节泄露出去的风险就越高，目标公司股票价格上涨的概率就越大，并购的成本就会越高。瓦内萨·科勒拉（Vanessa Colella）是麦肯锡团队的一名成员，她建议第二天开会讨论一下“是否有必要告诉相关知情人员 NDA 的重要性”，NDA 是不泄露协议的简写，而且是麦肯锡与 AMD 签订的咨询合同中一个重要的组成部分。

在经过 6 个多月的谈判之后，7 月 24 日，AMD 和 ATI 对外宣布两家公司刚刚完成总价值为 54 亿美元的并购交易，并购将会产生一家“处理器巨头”公司。作为交易的一部分，AMD 将会向 ATI 公司的股东支付 42 亿美元现金和 5 700 万股 AMD 公司的股票，每股价格为 20.47 美元。对拉贾拉特南来说，这是大丰收的一天，因为他所持有的 ATI 公司的股票累计 8 940 万美元，这些股票都是在价格下跌时抢购的。仅这一笔交易，拉贾拉特南的账目盈利就高达 2 300 万美元。

拉贾拉特南非常高兴，于是在办公室即席开了一场庆功宴。拉贾拉特南手下的交易员们用香槟酒向他表示祝贺，拉贾拉特南随即给在家中休息的库马尔打电话表示感谢。

“真的是太棒了，”拉贾拉特南说，“我们都在为你欢呼。”

库马尔马上觉得很不安，他最不愿看到的场景就是一堆人聚集在拉贾拉特南的办公室，开香槟庆祝。不过，库马尔的焦虑很快就消失了。2007 年年初，随着美国证券交易委员会的律师对塞德纳公司 AMD 股票交易案的调查不断深入，他们开始将注意力转移到帆船集团。拉贾拉特南向库马尔支付了 100 万美元，作为库马尔提供 AMD 公司内幕消息的报酬。这不是一个小数目。汇这笔巨款时，拉贾拉特南并没有采用任何迂回的方式，而是用帆船集团在纽约的汇丰银行账户直接将钱转给了库马尔的印度账户。在授权转账的传真单底部，有拉贾拉特南的亲笔签名。

第 24 章

与英特尔公司再次连线

拉贾拉特南每次飞往加利福尼亚州时，他都会专门去拜访戈尔斯。20 世纪 80 年代，当拉贾拉特南和雷杰夫·戈尔斯还在沃顿商学院攻读 MBA 学位的时候，他们就是好兄弟。戈尔斯的妻子阿尔卡非常擅长做印度一种名为"chaat"的美味零食，戈尔斯和拉贾拉特南经常一边吃着零食，一边闲聊彼此的孩子和工作。在拉贾拉特南的生活中，他跟戈尔斯是绝对纯洁的朋友关系，与其他任何人的关系都不一样，其他人只是生意往来的关系。不过，现在的情况可能有了些变化。戈尔斯现在是英特尔财务部的一名高管，负责为英特尔风险投资业务提供支持，而英特尔又是 AMD 的老对手。拉贾拉特南对戈尔斯吹嘘自己对英特尔财务状况的预测准确率惊人。拉贾拉特南说自己认识两个女人，她们对英特尔公司的订单了解得非常详细，对于领悟力强的投资者来说，了解到这些订单，就可以计算出英特尔未来的收入是多少。这两个女人经常会给拉贾拉特南一些内幕消息。拉贾拉特南说，作为感谢，他给每个女人都买了一辆宝马车。对这样的行为，戈尔斯表示很敬畏。

戈尔斯不知道的是，拉贾拉特南除了吹牛，其实并没有做什么。到 2001 年的时候，拉贾拉特南正在市场上重新寻找英特尔的线人。因为此时，鲁米·可汗已经离开了英特尔公司，拉贾拉特南发现自己一下子就没有了依靠。在英特尔这样一家最大的高科技公司里，拉贾拉特南不能没有线人。拉贾拉特南试图找到另外一个线人，能够替代可汗原来所发挥的作用，但一直都没有找到。

老朋友雷杰夫·戈尔斯

戈尔斯出生在印度孟买，他留着整齐的小胡子，看上去根本不像是科技公司的高管，反而像一个高效率的记账员。由于看上去有些笨拙和滑稽，戈尔斯内心有时候也会因此感到不舒服。在 1983 年从沃顿商学院毕业之后，戈尔斯换过好几次工作。有一阵子，戈尔斯还离开美国，回到了印度，不过后来他还是回来了。戈尔斯总是把自己跟拉贾拉特南做比较，对自己的工作和薪水始终不满意。戈尔斯跟库马尔不一样，他言语不多，很少说废话，戈尔斯跟拉贾拉特南在一起很轻松，聊天也很随意。不仅戈尔斯和拉贾拉特南之间的关系很不错，他们两家的孩子也相处得像姐妹一样。20 世纪八九十年代，戈尔斯和拉贾拉特南只是偶尔联系一下，但从 2000 年 1 月开始，在戈尔斯进入英特尔财务部工作后，两人的友谊便迅速升温。

2003 年，由于受到高科技股票泡沫破灭的冲击，帆船集团关闭了其在加利福尼亚州的办事处。拉贾拉特南请戈尔斯帮他一个忙：替他关注发生在硅谷的事情。拉贾拉特南告诉戈尔斯说，他对房地产市场价格的涨跌非常感兴趣，希望借此了解人们的心理变化过程。这个问题看上去没什么大不了。戈尔斯很乐意帮他老朋友的忙，更何况他还特别敬重拉贾拉特南，他答应会帮助拉贾拉特南关注市场的变化。

拉贾拉特南知道戈尔斯从沃顿商学院毕业后，工作上一直都不是很顺利。与库马尔的经历类似，戈尔斯回印度的时机并不好，那时印度的经济还处于发展缓慢而又混乱的阶段，而当他回到美国的时候，硅谷已处于鼎盛时期。戈尔斯既错过了印度经济腾飞的好时机，又没有赶上硅谷发展最辉煌的时候。当戈尔斯从印度回来后，那些留在印度并将未来都倾注在自己企业上的企业家都成了印度的富人，而当他回到美国的加利福尼亚州后，由于高科技泡沫不断膨胀，带来房地产市场的不断升温，他和他妻子花了好几年的时间才有能力购买了自己的房子。

拉贾拉特南感到戈尔斯的处境比自己差太多，所以他总想着尽可能地帮助戈尔斯。2005 年，戈尔斯问拉贾拉特南能否帮自己打理股票账户。

“你是明星交易员，”戈尔斯说，“我根本不知道怎么买卖股票……你能不能帮我赚点钱呢？”拉贾拉特南爽快地答应了。为了让操作变得更简单，戈尔斯将自己在嘉信理财公司账户的用户名和密码都告诉了拉贾拉特南。戈尔斯对拉贾拉特南毫无保留，将个人的财务状况全部告诉了他。如果有哪个朋友是戈尔斯特别信任的话，这个人一定就是拉贾拉特南。

此时，戈尔斯觉得自己在英特尔的工作更加稳定了。在升为主管的前一年，他计划在加利福尼亚州购买人生第一套房产。戈尔斯和妻子阿尔卡都满意的这套房子位于洛思阿图斯（Los Altos），是旧金山郊外环境非常雅致的别墅区，这里还因为配套有一流学校而闻名。买这套房子，戈尔斯的心里其实很忐忑，更担心房子价格超过自己的承受能力。当时，戈尔斯在英特尔的年薪是 40 万美元。当拉贾拉特南发现戈尔斯有些犹豫时，他果断地出手了。

“兄弟，我可以帮你啊！”拉贾拉特南说。拉贾拉特南借给戈尔斯 10 万美元做首付款，买下了这套有 4 个卧室，还带有漂亮的小花园及游泳池的大房子。尽管有拉贾拉特南的帮忙，但对戈尔斯来说，买下这套价值 210 万美元的房产还是很吃力的。为了买房，戈尔斯从银行贷款 168 万美元。尽管戈尔斯向拉贾拉特南保证，一定会将 10 万美元还给他，但却从来没有做到。

一年后，当一个意想不到的不幸事件发生在戈尔斯身上时，两个人的关系进一步加深了。戈尔斯 80 多岁的父亲突然生病住院了，需要精心照顾和治疗。戈尔斯飞回印度好几次，有时候直接睡在医院的地上，就是为了更好地照顾生病的老父亲。戈尔斯曾一度有一个很现实的想法，他将这个想法毫无保留地告诉了拉贾拉特南：如果他父亲死了，留下来的价值 100 万美元的房产，他和哥哥应该有权利平分吧？无须多想，拉贾拉特南用自己和妻子在大通曼哈顿区银行的账户给戈尔斯汇款 50 万美元。戈尔斯一辈子都没有见过这么多钱。当戈尔斯还在印度的时候，身边总有很多神秘的富豪，他们都在瑞士银行开设了账户，于是，戈尔斯也在瑞士信贷开了一个自己的账户，并把钱从印度转到了瑞士。这笔钱甚至还没有到达目的地，另外一个灾难就又找到了戈尔斯。一年前，戈尔斯从拉贾拉特南那里借钱买的房子正在闹鼠灾，老鼠把房间的木地板都给咬烂了。戈尔斯不得不花几十万美元来处理鼠灾造成的问题。

当戈尔斯还在沃顿商学院读书时，他就很佩服拉贾拉特南，并且他对拉贾拉特南的敬重在随后的日子里只增不减。拉贾拉特南所取得的成功超过任何人的想象，这一切都是凭他自己的努力得来的。与戈尔斯不同，拉贾拉特南不为任何人工作，他自己就是老板。戈尔斯有时候也特别希望自己能够像拉贾拉特南那样，自己给自己当老板。在英特尔的财务部，戈尔斯就是一个普通的员工，不过，他从跟他关系不错的英特尔资本部的同事那里获悉，投资可以赚大钱，资本部同事的奖金和工资都非常不错。2008 年，当戈尔斯的职业生涯面临重大转变时，他对自己的不满达到了最高点。

前一年，戈尔斯为英特尔投资的、一家名为 SMART 的科技公司设计资本重组方案。这家生产交互式白板的公司位于加拿大的卡尔加里（Calgary），英特尔希望戈尔斯能够帮公司实现 100 万美元的投资回报。SMART 科技公司的主要股权控制在一对夫妻手里。开始的时候，这对夫妻觉得戈尔斯对公司的资本重组方案与他们要做大做强的目标不一致。但戈尔斯的坚持没有白费，他为公司成功引入了伦敦的安佰深私募股权投资集团，安佰深愿意出钱购买 SMART 科技公司一小部分股权。在戈尔斯的积极推动下，安佰深增加了投资比例，愿意出资 9.25 亿美元，但在公司所占股权要超过 10%。在最后一刻，戈尔斯设计出了一套“完美的结构方案”促使交易达成，这个方案让英特尔在 SMART 科技公司的股权只发生了细微的变动，但避免了安佰深控股。

“戈尔斯的交易方案设计非常完美，一直都没出过错。”戈尔斯的上司在一封建议英特尔给予他内部奖励的信件中这样写道。“安佰深在这笔交易上没少花钱，但却没能控股。”这笔交易让英特尔大赚特赚，最终的盈利高达 1.2 亿美元。戈尔斯获得了奖励，并且受邀参加一场非常正式的庆功宴会。但就戈尔斯所取得的业绩来说，这个奖励实在是有点小。40 万美元的年收入与拉贾拉特南的富足生活相比较，显得太微不足道了。

你就是要特立独行

2008 年 3 月末的某一天，戈尔斯感到自己的才能被严重低估了，于是，他拿起电话，打给了好朋友拉贾拉特南。“兄弟，帮我在你那些有能耐的朋友那里找一份工作吧，”戈尔斯说，“我在这个地方真的待够了！”

尽管自己在商业社交圈有比较高的地位，但拉贾拉特南从来都是不遗余力地把戈尔斯介绍给自己的大牛朋友们。2006 年 11 月，当戈尔斯准备去纽约旅行时，他事先联系了拉贾拉特南。戈尔斯在邮件里面写道：“或许我们可以再碰个面……我准备了一些好酒，期待跟你一起好好喝一顿！（笑脸符号）”戈尔斯知道拉贾拉特南跟布拉格·萨克斯纳关系不错，萨克斯纳是古普塔私募股权基金的合伙人之一。戈尔斯正好在英特尔公司做过跟投资相关的业务，还比较懂行，他期待凭借自己的经验在基金行业里面谋得一个职位。

当戈尔斯来到纽约后，他跟拉贾拉特南新丝路基金公司的合伙人在纽约 57 街的四季酒店大厅里一起喝了几杯。虽然最后什么都没有谈成，但拉贾拉特南的态度让戈尔斯觉得他与拉贾拉特南的友谊非常珍贵。站在拉贾拉特南的角度，并不是什么人他都愿意介绍的。拉贾拉特南是真正的朋友，为了戈尔斯，他愿意两肋插刀，即便没有任何回报他也毫不在意。

当戈尔斯请求拉贾拉特南帮忙找一份工作并告诉他英特尔对自己的奖励之后，拉贾拉特南提出了关键问题。“你拿到的是奖品还是现金呢？”拉贾拉特南问戈尔斯。拉贾拉特南总是能够很好地找准重点并引导对方。“没有，他们没有给我任何现金，真的没有。”戈尔斯回答说，他感到有些惊讶，“他们为这件事情举办了一场非常正式的庆功宴。”“那你有没有做演讲？”拉贾拉特南继续问。“那是非常正式的晚宴，”戈尔斯说，他故意回避这个问题，“必须穿燕尾服，以及与其搭配的正装，搞得非常隆重。”

当拉贾拉特南让戈尔斯说说他到底做了什么事情，让他能够获得公司的奖励时，戈尔斯将自己描述成一个另类。“在那里工作你就得像一个骗子一样说话做事，要特立独行，当公司管理层告诉你应该这样做或者那样做时，别搭理他们，只按照自己的想法出牌……从根本上讲，我就是在跟管理层唱反调，是不是？”戈尔斯这样说道，他期待获得拉贾拉特南的认可，“我说的是要与众不同。我的意思是，当时每个人都反对我的方案，我猜他们可能都是这样想的：这个家伙绝对做不到。”

拉贾拉特南感受到了戈尔斯深切的不满情绪。在帆船集团，拉贾拉特南就是老板，不是员工，既不会被亏待也不存在过多付出，但那一刻他换位思考了，让自己站在戈尔斯的角度感受他的不满情绪。“你不应该只想要很多的物质奖励，而应该多想想精神奖励。”拉贾拉特南建议戈尔斯应该将注意力放在那封嘉奖信上。“是啊，”戈尔斯轻轻一笑，“这个奖励倒是很丰盛。”

放下电话之后，戈尔斯就像小孩子从学校拿到了优秀的成绩单想快点拿回家给家人看一样，戈尔斯立刻将经理为他写的嘉奖申请信发给了拉贾拉特南。在转发邮件的时候，戈尔斯加了这样一句话：“这笔投资交易的复杂程度比信中描述的要高得多，不过，这样写也不影响阅读。”

这么多年来，随着戈尔斯和拉贾拉特南的友谊越来越深厚，两家人经常一起度假，他们的女儿们的关系也特别好。2008 年，两家人一起去意大利度假，戈尔斯一家先离开意大利，前往伦敦。拉贾拉特南一家在意大利又逗留了一段时间，拉贾拉特南的女儿们非常想念戈尔斯的几个女儿，于是给她们写信道：“爸爸没有其他人陪，所以他只能让我们陪在他身边。谢谢你们的邀请，并计划了这次美妙的假期。我们会想你们的，我们今晚一起吃了意大利面。祝你们在伦敦玩得开心，希望早日再次见到你们。”在信的附言里，拉贾拉特南的女儿们又加了这样一句话，“纽约真棒，加利福尼亚州太差劲儿了！”附言里面的评价，戈尔斯不敢苟同，不过，让他感到高兴的是，他和拉贾拉特南的朋友关系已经变成了通家之好！

THE BILLIONAIRE'S APPRENTICE

第 25 章 硅谷最富有的女仆

2008 年 3 月 25 日，星期二，早上不到 8 点，阿尼尔·库马尔便堵在了东京上班的路上，他有些急躁不安。库马尔已经过了 4 年这种双重生活，白天，他是麦肯锡的咨询师，晚上，他是拉贾拉特南的线人。哪一种生活都不容易。库马尔在麦肯锡的工作停滞不前，不过，他准备在这一年夏天回到纽约重新再找一份工作。这是一步险棋，也是为库马尔今后的职业发展多积累一些资源，因为 2009 年，麦肯锡现任董事总经理伊恩·戴维斯将要卸任，到时候不知道会出现什么变化。

“可以改变历史的人”

在东京短暂停留后，库马尔将会飞往新加坡，然后再计划去印度。这样的行程安排让库马尔筋疲力尽，但还有其他原因让他感到恼火。

“出租车司机根本不知道自己要去哪儿。”库马尔在电话里愤怒地说道。

而电话的另一端正是拉贾拉特南，他在 1.1 万多千米外、不同时区的美国，听到库马尔这样的抱怨，他哈哈大笑。

看穿事实的真相并不是一件容易的事情。麦肯锡东京办事处在日本非常有名。它高高耸立在繁华的六本木商业区。长期以来，东京办事处都是由大前研一（Kenichi Ohmae）负责，他是日本一位传奇式的商界人物，也是一位非常有追求的政客。有一点可以看出大前研一在任时的重要性，他的办公室外配有一名全副武装的警卫，还要配一把手枪放在自己的办公桌上。但麦肯锡官方说，据他们了解，好像并没有这回事。大前研一之所以要这样，那是因为他在日本的朋友和敌人一样多，所以他要求提供保护，即便是在办公室，也需要这样的保护。

尽管六本木商业区繁华无比，迪厅和酒吧林立，摇滚乐此起彼伏，但这一切，似乎都跟库马尔无关。作为麦肯锡的高级合伙人，他绝大多数时间都是在飞机上度过的，为了拜访世界各地的客户，他一个月基本上要飞 6 万公里。由于库马尔经常在纽约和硅谷两地工作，于是，麦肯锡为他在这两个地方都设立了专门的办公室。此外，库马尔还有两处家庭办公室，一个是在加利福尼亚州的萨拉托加（Saratoga），另一个是在纽约时代华纳中心的公寓。这样的话，库马尔就可以在周末的时候接到来自客户的电话，或者在下班后通过邮件轻松地跟客户交流。

有些同事会抱怨咨询行业的这种需要长期出差的工作方式，但库马尔却很享受飞来飞去。库马尔很喜欢在邮件或者电话里提及他经过的城市，就像在跟人谈话的过程中，会经常提到他那些非富即贵的朋友一样，以此来抬高自己的身价。“柬埔寨，特别是吴哥窟真的是让人感到惊艳”！或者，“我现在是跟苏尼尔·米塔尔和苏尼尔·芒贾尔（Sunil Munjal）在一起”，苏尼尔·米塔尔和苏尼尔·芒贾尔两个人都是印度企业界大亨。类似于这样的话，经常会从库马尔的口中或信中出现。哪怕是一个非常简单的问候，比如，“你还好吗？”都会引出他现在哪里或者在跟哪家企业打交道这样的回答，库马尔好像已经形成了条件反射。他仿佛觉得这样风光无限的生活，赋予了他某种庄严的意味，让他觉得自己非常重要又不同凡响。

库马尔有 3 部手机，每部手机都对应他工作的一个大洲，分别是亚洲、欧洲和美洲。表面上看，配备 3 部手机是为了降低公司的运营成本，但这 3 部手机还有另外一层寓意：它显示了库马尔在这个商业体系中的核心地位。库马尔不是那种普通的朝九晚五的上班族，只是在国内出出短差。库马尔一直觉得自己是实干家，在意第绪语[①]中，实干家这个词的意思为“造物主”，是那种可以改变历史的人。在新的经济全球化中，库马尔是个非常重要的参与者，甚至他那些新德里的老同事经常开玩笑说：大多数时间里，库马尔不是在飞机上，就是在打电话。

最近几年，无论身在孟买、都柏林、东京还是其他地方，有一件事库马尔一定会做，几乎成了固定模式。那就是，库马尔会给他新交的好朋友拉贾拉特南打电话。幸运的是，库马尔在拉贾拉特南不断扩大的人际关系网中始终占据一个重要位置。拉贾拉特南跟他的秘书卡伦·艾森伯格专门交代过，库马尔是他最重要的 10 个联系人之一。因此，当库马尔的电话打进来时，不管拉贾拉特南是在开会还是在外出，艾森伯格也一定要找到他，让他听电话。只有少数几个人才享有这样的“荣誉”，这份荣誉是来自一位被社会认可的大师级人物，这个大师级别可不是自己加封的。

投资的第一要素是确保安全

2008 年，拉杰·拉贾拉特南凭借自己取得的辉煌成绩，第一次成功入选福布斯“美国富豪前 400 名排行榜”。拉贾拉特南跟一帮明星对冲基金经理组建了一个足球队，队员包括前面提到过的对冲基金大牛斯坦利·德鲁肯米勒和保罗·都铎·琼斯。这个球队的会费据说是这样的：参赛队员每次都要缴纳 10 万美元。当然，球队胜利后的庆祝也是相当夸张。

2 月，为了庆祝球队里高盛高管迈克尔·达菲（Michael Daffy）取得的胜利，拉贾拉特南、德鲁肯米勒及其他几个队员，连夜从华尔街西 30 大街的停机坪乘坐直升机，飞往亚特兰大市的波哥大酒店和赌场去狂欢。当他们到达目的地的时候，贵宾车直接载他们进入酒店。球队的资深队友保罗·都铎·琼斯已经在那里等他

① 意第绪语是中东欧犹太人及其在各国的后裔说的一种从高地德语派生的语言。

们了。他们先是吃饭、喝酒，然后开赌，而且一赌就是一晚上。第二天早上6点30分，这些大佬交易员便离开波哥大赌场，前往亚特兰大市的机场。

拉贾拉特南的成功也让他在南亚圈里名声大振，他是荣登福布斯排行榜的6个亚洲人之一。无论拉贾拉特南何时外出就餐，总是会有一堆南亚年轻人来到他的餐桌前表示敬意，听听他对商业问题的分析，或者希望从他这里谋得一份工作。每一次，拉贾拉特南都表现得热情大方，他很享受这样的崇拜和追捧，有很多回，拉贾拉特南还将自己的名片递给了这些奉承他的陌生人。很少有人知道，拉贾拉特南的朋友圈分得非常清楚，一部分是他想认识和结交的人，另外一部分是想认识和结交他的人。拉贾拉特南很聪明地设计了一套方案，将这两部分人完全分开。拉贾拉特南不会在名片上印自己的电话号码，但他会将自己的电话号码告知少数几个特定人物。其他情况下，拉贾拉特南留的联系方式都是他秘书艾森伯格的电话。经常会出现的情形是，在发出名片后的第二天，总是会有谄媚者打来电话，以为热情的拉贾拉特南会给他带来点儿什么，可是，拉贾拉特南从来都不会接到这样的电话。接这样的电话是拉贾拉特南的秘书干的活，他的秘书知道应该如何回绝这样的电话。

当星期二的早上库马尔从东京给拉贾拉特南打电话时，库马尔的语气听上去很兴奋。在正常的商业流程中，麦肯锡的高级合伙人会经常接到海外咨询师们的请求，邀请他去实地进行工作指导。这也是麦肯锡完整工作体系中，严格评估流程中不可缺少的一环。麦肯锡东京办事处的一位同事正在运作日本富士通公司（Fujitsu）一个机密工作，作为这位同事的指导者，库马尔获得了富士通公司的一些机密信息，他认为拉贾拉特南肯定对此感兴趣。4年前，中国最大的个人电脑制造商联想集团，并购了IBM的个人电脑业务，这一消息在当时引发了业界的强烈震动。而现在，联想集团正在跟日本富士通公司就个人电脑业务进行正式谈判。

“不过，这个谈判还没有完全敲定。”库马尔这样告诉拉贾拉特南。对拉贾拉特南这样的投资高手来说，一眼就能看明白其中的利害关系。于是，库马尔向拉贾拉特南详细解释了这个谈判还没有完全敲定的原因。想要让日本公司出售旗下的某项业务是非常困难的一件事。

“好的，”拉贾拉特南简单地回应他。每当拉贾拉特南从库马尔那里获得的是他感兴趣的消息时，他就会连续追问库马尔，但如果是他不感兴趣的消息，他就会用很简单的一个字来回应。尽管俩人这样交流了好几年，但库马尔却一直不能很好地领会拉贾拉特南这些反应的真实意思。有时候，拉贾拉特南不得不故意将话题引到其他方面，这样才能中断库马尔对某个问题的述说，这一次也是如此。甚至，有些情况下，库马尔就像追着骨头跑的小狗，他会一直就自己感兴趣的话题不断地讲下去。即便拉贾拉特南已经将话题岔开了，几分钟后，库马尔也会突然回到一开始他所说的事情上。即便他们之前有过 AMD 和 ATI 内幕交易的经历，库马尔还是不确定自己在拉贾拉特南的生活中，到底处于一个什么样的位置。

对于富士通与联想这笔交易，“我不知道该怎么玩”，拉贾拉特南说。库马尔没有感觉到拉贾拉特南对这个消息并不感兴趣。过了一会，库马尔又详细地向拉贾拉特南讲起了如何操作的方案。

“我会告诉你怎么玩，很简单的。”库马尔的这种说教的口吻，让拉贾拉特南很受刺激。很显然，库马尔并不知道他的朋友在 2008 年春天所承受的投资压力到底有多大。拉贾拉特南刚刚经历了他人生中投资压力最大的时期。一个星期之前，由于旗下两只对冲基金重仓次级贷款抵押产品，带来巨额亏损，美国第五大投资银行贝尔斯登公司宣布破产。为了挽救旗下的这两只基金，贝尔斯登在 2007 年夏天曾豪掷30亿美元，但到了2008年的3月，投资者便开始疯狂抛售贝尔斯登股票，并预言贝尔斯登将会破产。投资者的预言应验了。

在这样的投资环境下，投资的第一要素是确保安全。比如，库马尔告诉拉贾拉特南的印度石油开发公司（Hindustan Oil Exploration Corp）的消息就是准确无误的。库马尔是从他在印度一家公司工作的律师朋友那里获得的消息，称这家公司的股份将会被公开要约收购。

“嗯，这个消息不会有错，对吧？”拉贾拉特南问。“是的！”库马尔回答说。“所以我每天都要在市场上尽量买一点儿他们的股票。”拉贾拉特南的话中透露着投机的味道。

投资印度石油开发公司与投资日本富士通公司完全不是一个套路。对日本富士通公司来说，是一家超级大企业想放弃自己的一部分业务。在日本富士通公司的交易中，最终是中方还是日方胜出，并不确定。

不过，对自诩无所不能的库马尔来说，利用富士通和联想之间的交易信息赚钱，是一件非常简单的事情。在经济衰退阶段，个人电脑买家都会缩减他们在信息技术领域的支出，都希望能够找到最佳的买卖机会。

“联想将会是赢家，”库马尔解释说，在个人电脑领域，戴尔和惠普的日子都比较难过，他们在低成本战略方面比联想做得要差得多，联想的主要客户群在中国，其成本控制战略做得很成功。麦肯锡就是成本控制方面的典型代表。在最近一次的公司办公用品大检查中，麦肯锡就决定所有的笔记本电脑都采购联想的低价机。库马尔突然意识到了拉贾拉特南指出的复杂性，他承认道：“现在，你知道了吧，你说得很对，有时候，市场会这样，‘天啊，他们竟然准备买下日本这家成本高昂的公司，他们的成本结构得面临多严重的挑战啊’。”“是的。”拉贾拉特南说。对于这种类型的投资，顶多是听麦肯锡的分析师说说而已，当前的他，是不可能考虑的。

华尔街在耶稣受难日放假了。在大多数情况下，交易员们都欢迎休市，但现在情况不一样，市场有着太多的不确定性，哪怕只是休市一天，也会让投资者感到惴惴不安。拉贾拉特南原计划星期四或星期五飞到新加坡与库马尔会合，然后再跟他一起飞往印度，考察他们俩之前谈过的投资项目。但由于贝尔斯登的破产给证券市场带来的冲击实在太大，拉贾拉特南觉得自己还是待在纽约的办公室，紧盯市场变化比较好。

“我现在不能马上确定到底去不去亚洲……你知道的，现在市场如此疯狂，我必须在美国这边紧盯着，你说是不是？”拉贾拉特南这样回应库马尔。“今天什么情况，我不清楚，还没有看。是不是又跌了？”库马尔问，他对市场行情的暴跌毫不知情。而此时的拉贾拉特南却完全不同，他的心情完全被市场控制了。拉贾拉特南曾说，当市场行情特别好的时候，他的心情也会很不错，看什么都觉得美好，而一旦行情变坏，他的情绪也会随之改变。

“轻资产”创新计划

2008 年股票市场的大幅下跌也重创了库马尔的重要客户 AMD 公司。AMD 在 2006 年并购了 ATI 公司，因此负债累累。尽管 AMD 公司希望通过并购而生产全新一代电脑芯片的计划看上去很美好，但投资者却很担心另外一件事情，那就是 AMD 没有足够的现金投资建厂来生产这些产品。大多数投资者所不知道的是，在 AMD 公司内部有一个创新计划，这一计划让 AMD 在不需要大量现金支出的情况下就可以修建芯片生产基地。AMD 希望找到一个实力雄厚的投资者，比如一家现金特别充裕的主权财富基金，为其建厂提供融资便利，这样的话 AMD 就不需要自己出钱。这一高度机密的公司创新计划代码为“轻资产”。从这一代码就可以看出 AMD 的思路，一旦交易完成，AMD 的工厂数量，或者说此类固定资产就会少很多，因为公司已经将这类业务剥离出去了。

跟往常一样，库马尔向拉贾拉特南简单地介绍了 AMD 的这一“轻资产”战略计划。2007 年冬季，他们俩每 3 个星期通一次电话，因为此时库马尔正计划回纽约，负责麦肯锡亚洲中心的项目。这一部门是为了帮助美国的公司在亚洲寻找商业机会，以及帮助亚洲的公司在美国寻找商业机会的。库马尔准备给麦肯锡最后一次机会提升他，如果这一次麦肯锡还没有给他升职，他就会考虑离开麦肯锡，另谋高就。

在拉贾拉特南和库马尔的交流过程中，库马尔告诉拉贾拉特南，如果 AMD 将生产业务剥离出去，那么公司就将最大的财务负担给卸掉了，“这对公司的影响是惊人的”。“哦，那这一次 AMD 股票的表现会跟上次并购前在纳斯达克上市的 ATI 普通股一样咯？”拉贾拉特南回应说。2006 年，AMD 并购 ATI 公司，让拉贾拉特南赚了上千万美元，这让他印象深刻。是的，AMD 的表现应该跟 ATI 一样，库马尔表示赞同。

几个月过去了，事情越来越明显，AMD 这次的表现不会跟 ATI 一样。拉贾拉特南记得 AMD 芯片工厂的投资计划应该马上就要开始了，然而，当库马尔从东京再次给他打电话时，他没想到情况竟然会发生变化。

“这个计划可能还需要再等两个多月，不是几个星期就能够搞定的。”库马尔说。

“哦，天哪，怎么会这样？”拉贾拉特南说，当从库马尔这里听到这个与他预期不一样的消息时，他的心情一下子跌到了谷底。拉贾拉特南的交易策略非常灵活，听到这个消息后，他只能通过调整策略，降低一些 AMD 公司的仓位，静候市场机会。

尽管在 AMD 与 ATI 并购交易上库马尔为拉贾拉特南提供了非常有价值的消息，并让拉贾拉特南大赚了一笔，但到 2008 年的时候，库马尔的地位有所动摇了。因为在拉贾拉特南身边出现了库马尔的竞争对手，这个对手不仅能够做到库马尔所有能做到的事情，而且还能做到库马尔做不到的事情，为拉贾拉特南提供更多有价值的情报信息。这个人就是来自华尔街的达妮埃尔·基耶西（Danielle Chiesi），拉贾拉特南曾经跟库马尔提到过她。拉贾拉特南说基耶西跟库马尔的客户 AMD 的首席执行官鲁伊斯的私人关系很亲密。鲁伊斯否认跟基耶西有染，他们俩的亲密关系也并未得到证实。库马尔并不知道这其中的内情，但基耶西确实是拉贾拉特南新的线人。基耶西曾经请帆船集团的一位分析师把自己介绍给拉贾拉特南，然后基耶西便与拉贾拉特南共进了午餐。拉贾拉特南和基耶西一拍即合，很快，基耶西就应邀出现在拉贾拉特南的各种聚会上。在 6 月拉贾拉特南的那次游艇生日会上，客人们注意到，基耶西独自走向舞池，然后从一件低胸、紧身的套装开始不停地换衣服。9 月的时候，基耶西和母亲一起应邀参加拉贾拉特南在格林尼治住处的室外宴会，歌唱家肯尼·罗杰斯（Kenny Rogers）还来这个地方演唱过他那首著名的《赌徒》（*The Gambler*），歌词是“你必须知道什么时候拿牌，什么时候开牌，什么时候离开，什么时候回来”。这是拉贾拉特南最喜欢的地方，他经常邀请罗杰斯来这里唱这首歌。

AMD 愿意出价多少来剥离电脑芯片生产业务，并与来自中东的一家主权财富基金成立合资公司，而这家财富基金将拥有合资公司 50% 的股权，拉贾拉特南并不清楚。不过，拉贾拉特南认为，通过基耶西与鲁伊斯的关系，他能够获得这方面的内幕消息。

“你对我的价值已经不像以前那么重要了。”拉贾拉特南这样告诉库马尔。然后，拉贾拉特南向库马尔施压，让他去见鲁伊斯，并且告诉鲁伊斯要小心枕边风。为了不让库马尔以为自己是想挽救鲁伊斯的婚姻，拉贾拉特南明确地告诉库马尔，是大嘴基耶西将从鲁伊斯那里获得的消息随便地告诉华尔街的交易员。这让库马尔大为恼火，原来是这个口风不紧的女人盗窃他在 AMD 公司获取的“边料”。AMD 公司的内幕消息本应该专属于库马尔，但现在，这个女人竟然横插一脚。

“拉贾拉特南，你在跟我开玩笑吧？”库马尔说，这一要求让他目瞪口呆，“鲁伊斯博士是我的客户，而且，他还比我年长。”拉贾拉特南希望库马尔能够从工作性质出发，跨越道德枷锁的束缚。尽管库马尔对内幕消息这种违法行为驾轻就熟，但是利用社会道德准则来干预客户的私人生活，他还不是很适应。

你确信他们的状况很糟糕吗？

每当库马尔想跟拉贾拉特南改善一下关系时，就总是会发生一些事情，让他收回这样的想法。虽然 2006 年库马尔为拉贾拉特南提供了 AMD 和 ATI 科技公司并购交易的内幕消息后，他和拉贾拉特南的关系有了明显改善，但现在，面对拉贾拉特南这样的态度，库马尔又变得冷漠起来。2007 年，库马尔告诉拉贾拉特南，商务智能行业的并购时机开始成熟。商务智能行业的公司会广泛地运用软件来处理海量大数据。这一信息激起了拉贾拉特南的好奇心，他问库马尔：“你是怎么知道的？”

库马尔解释说，他正在为一家名为数据库软件公司（Business Objects）的法美合资公司做咨询，这是一家专门开发智能软件的企业。库马尔天真地认为，拉贾拉特南可能会买三四家这个行业的股票，持有大概一年的时间，股票价格上涨，拉贾拉特南就会获得丰厚的利润。

2007 年 7 月，此时的数据库软件公司正遭受微软和甲骨文公司的残酷打压，库马尔参加了该公司在加利福尼亚州的纳帕谷（Napa Valley）召开的异地会议，他将数据库软件公司面临的凄惨前景告诉了拉贾拉特南。

一段时间之后，库马尔接到了拉贾拉特南打来的电话。“库马尔，你确信他们的状况很糟糕吗？”拉贾拉特南问道。让拉贾拉特南非常困惑的是数据库软件公司股票价格的市场表现。如果说公司真的处于困境之中，那为什么公司的股票价格一直在上涨呢？就好像市场上所有的投资者都知道这个秘密，但令人惊讶的是，一贯通晓秘密的大师却一无所知。

如果没有听从库马尔的建议，拉贾拉特南也不会感到生气。因为按照库马尔的建议，拉贾拉特南做空了数据库软件公司的股票，就是现在借入数据库公司股票卖出，期待数据库公司的股票价格下跌，然后以更低的价格买回来，将股票还给出借人，其中的价差就是自己的利润。但如果市场不是按照自己的预期发展，股票价格没有下跌，而是上涨，那么每上涨一美元，拉贾拉特南的亏损就会增加。面对数据库软件公司股票价格的不断上涨，拉贾拉特南很不安，他告诉库马尔说，自己有一半的空头仓位。

几个月之后，到 2007 年 10 月，数据库软件公司对外宣布，公司被德国科技巨人 SAP 以 67.8 亿美元的价格收购，这一消息让数据库软件公司的股票价格迅速飙升，使得帆船集团的亏损进一步扩大。如果将所有已执行和未执行的合约价值都考虑进来的话，帆船集团的总亏损为 500 万美元。拉贾拉特南告诉库马尔说，这笔亏损让他非常难过，2007 年他也没有付给库马尔一分钱。尽管数据库软件公司投资惨败的事情已经过去了好几个月，但库马尔还是经常会受到拉贾拉特南的责骂。与此同时，为帆船集团提供咨询服务的工作也变得越来越多了。

一封证明信引发的麻烦

2008 年，为帆船集团提供管理服务的摩根士丹利急切地想证实曼珠·达斯是生活在印度的离岸投资者，所以不需要在美国纳税。曼珠·达斯是库马尔家的保姆，拉贾拉特南给库马尔的咨询费正是通过她的账户支付的。至于其他的证明材料，摩根士丹利还找到了一本经过公证的护照，两份地址核证副本，有公共事业账单，还有曼珠・达斯的银行保证函。

“让我看看这是怎么回事，到底做了什么手脚，”库马尔给帆船集团一位处理投资者关系业务的员工发来这样的邮件，“这中间可能有诈。”说这中间可能有诈的原因其实很简单。虽然库马尔的保姆曼珠・达斯一直跟他们一家一起生活在加利福尼亚州，库马尔却将自己岳父母在新德里的家庭地址设定为达斯的家庭住址。库马尔之所以要这么做，就是想让曼珠・达斯成为帆船集团的离岸投资者，这样的话，她在美国就不用纳税了。库马尔之所以要这么安排，其最初的目的是不想让自己服务于拉贾拉特南的事情，追踪到自己或者麦肯锡公司。如果曼珠・达斯被证实跟库马尔一起生活在加利福尼亚州，大家便很容易由达斯联想到库马尔。

按照库马尔的这个安排，达斯所有的账户资料都会寄到新德里瓦桑维哈（Vasant Vihar）他岳父母的家中，因为从名义上来说，这才是达斯的家庭住址。这样的设计，从一开始就存在漏洞。2005 年，库马尔的岳母瑞瓦・戴约尔（Reva Dayal）就表示过担忧，她在写给库马尔的信中这样说道：“我担心达斯的邮件有可能会因为各种原因，比如投错了、退回或者处理，而落到她亲戚那里。达斯的亲戚确实也会偶尔来这里问达斯的信息。”或许，戴约尔的女婿会有其他的解决方案。

2006 年，当帆船集团在美国证券交易委员会备案后不久，拉贾拉特南就催促库马尔早点将钱从曼珠・达斯的账户里面转出去，转到一家真正的离岸金融机构。拉贾拉特南告诉库马尔说，这样做是一件很明智的事情，因为美国证券交易委员会对这方面的检查会越来越严格。不过，拉贾拉特南并没有告诉库马尔，他弟弟伦甘的塞德纳公司正在接受调查。如果调查的重心转移到帆船集团和拉贾拉特南身上，调查人员肯定有能力发现达斯和库马尔之间的关系。

对于此时的拉杰・拉贾拉特南来说，在美国证券交易委员会那里留下帆船集团是非常严格遵守相关法律法规的印象，比以往任何时候都重要。库马尔说，他认识一个瑞士人，这个人帮助亚洲投资者处理过类似的事情，但没有为美国的投资者服务过，因为美国的监管环境更加严厉。在库马尔不断的施压下，这位瑞士绅士同意买下曼珠·达斯在帆船集团的股份，并将这些股份转移到一家名为安比特（Ambit）的金融机构。库马尔觉得这是处理达斯账户的最佳方式。因为安比特是一个机构投资者，不会面临个人投资者经常出现的问题，比如被举红旗。

"从摩根士丹利基金服务部门的角度来看，不管是出于什么样的考虑，他们一般都不会关注合伙人将自己的股份卖给另外一个机构。摩根士丹利可能会要求你提供一份转让证明。" 2008 年 5 月 26 日，库马尔在写给帆船集团的投资者关系专员希琳·吉安汉达妮（Shireen Gianchandani）的信中，这样说道。"这是应对困境的最佳解决方案。希望这样的操作，不需要提供太多的文件。"库马尔要求吉安汉达妮不要声张，也不要将任何资料泄露给其他人。"一定要避免将达斯在帆船集团账户的钱转入她个人名下的银行账户，然后又用这个银行账户投资帆船集团，这个是底线。"库马尔写道，"如果这种情况出现的话，就会是一场悲剧。"

然而，转账并不像库马尔想得那么简单。为了将达斯在帆船集团的资产转移到安比特，摩根士丹利要求达斯出示两份地址证明。当吉安汉达妮将这个问题抛给库马尔的时候，她明显带着怨气。

库马尔在 7 月 17 日发给吉安汉达妮的邮件中这样写道："曼珠·达斯来自孟加拉国遥远山区的一个小村庄，那个地方根本不会有水电煤气这样的账单。她护照上的住址就是永久性住址，这个地址也是她所有证明材料里的地址，是被当局认可的。"由于库马尔的理由并没有成功解决这个地址的问题，他有些恼火了，他补充说："在印度，公证过的、带有暂时和永久住址的护照副本就是居住地的有力证据，因为护照是由当地的政府官员对居住地进行实地确认以后才颁发的。"

尽管库马尔不断想办法满足摩根士丹利提出的要求，却始终得不到认可。在已经穷尽各种办法，仍然不能解决这个难题时，库马尔想到了另外一条途径来获取这些必备证明材料。库马尔向一个认识多年的朋友求救，这个人就是埃兰·马瑟（Alok Mathur），他是一名内科医生，在长达 25 年的时间里一直是库马尔岳母的家庭医生。

在库马尔的请求下，马瑟出具了一份证明文件，证明他为达斯看病的时间有 10 年之久，而且确认了达斯在德里的住址。对于第二份证明材料，库马尔找到了麦肯锡德里办事处的同事，希望从他那里获得一份证明他们家保姆护照上的地址是准确无误的文件。库马尔在 8 月 1 日的邮件里问道："亲爱的马欣多先生，你认不认识可以方便地签发证明信或宣誓书等证明材料的公证人？""没有必要专门认识这样的人，"马欣多回复说，"这些人都是商人或者小店主，只要给钱，他们都会做。"

似乎只要将这些证明材料送到摩根士丹利，库马尔就能解决这个难题。然而这一次，摩根士丹利还是拒绝承认这些地址证明文件。"我们还需要两份原始的，或者公证过的水电煤气账单。"2008 年 9 月 8 日，星期一，摩根士丹利的西尼德 · 海耶斯（Sinead Hayes）这样回复库马尔。其中，"两份原始的，或者公证过的水电煤气账单"这几个字眼被高亮加粗。海耶斯告诉库马尔，如果他不能提供这些必备信息的话，"请给一个充分的理由，我会向我们的合规部（Compliance Department）申请一下"。

这是库马尔最不想看到的结果。之前，库马尔曾经就这个问题解释过，但并没有得到认可。几天后，库马尔在给海耶斯的邮件里这样写道："印度没有个人水电煤气这样的账单，因为印度的基础设施特别薄弱。不仅如此，金融、银行部门的基础设施也很差劲，很多人都习惯将钱以其他方式保管，或者跟其他人共用一个账户，而这些人未必住在同一个地方。在印度，跟金钱相关的很多交易都是依赖信用来维持的，比如，你可以在一个城市购买珠宝，几个月之后再在另外一个城市付款。每个国家都有自己的传统习惯，这样的交易传统在日本也行得通。"

然而，摩根士丹利依然对库马尔的解释不买账，仍然要求库马尔出具曼珠 · 达斯地址的证明文件。由于股票市场的崩盘，以及金融系统面临坍塌的可能，库马尔加快了步伐，想尽快弄到让摩根士丹利满意的证明文件。2008 年 10 月 25 日，库马尔给印度班加罗尔汇丰银行的一名员工写信，请求他出示一份证明材料，上面只需要说明曼珠 · 达斯是印度新德里的一名居民，且在汇丰银行有账户就可以了。"如果你能够将这个证明材料的 PDF 文件立刻发过来，那真的是太感谢了！"库马尔在信中这样表示。

然而，当汇丰银行将这封证明信的初稿发过来时，库马尔发现了一个非常严重的问题，虽然这封信如实证明了曼珠·达斯的信息，但在 2008 年 10 月 25 日的证明信中，汇丰银行说曼珠·达斯是从 2008 年 10 月 20 日开始在汇丰银行拥有了账户，但这个账户刚刚开通 5 天。库马尔很清楚，这样的一封证明信肯定会引起摩根士丹利的警觉。库马尔怎么也没有想到，原本很简单的一个账户转账的事情，竟然引发了这么多麻烦，这与他最初的设想相差太大。库马尔不想再多做争辩，于是他给班加罗尔的汇丰银行回信说："请再发一封证明信，这次的证明信请去掉'从 2008 年 10 月 20 日开始'几个字。请尽快发给我，谢谢啦！"

THE BILLIONAIRE'S APPRENTICE

第 26 章 一切都在掌控之中

阿尼尔·库马尔接电话的时候显得很匆忙。

“你现在有其他事情要忙吗？”拉贾拉特南问。

此时是 2008 年 5 月 2 日，星期五下午，不到 2 点。拉贾拉特南在华盛顿参加了一个投资者见面会，在他准备登机飞往加拿大多伦多的时候，给库马尔去了一个电话。

“还有 2 分钟时间，嗯……有什么事情，快点说。”库马尔回应。很难说清楚，库马尔当时是真的在忙，还是故意要给拉贾拉特南造成这样的假象，显得自己很忙。在库马尔的圈子里，如果某人想要让别人感觉自己很重要，通常要有两个特征：要么是有人主动联系这个人，要么就是别人打电话来的时候，这个人总是在忙。拉贾拉特南从一位助手那里得知，库马尔跟穆克什·安巴尼的关系不错，而穆克什·安巴尼是印度信诚工业公司的领导人。库马尔和拉贾拉特南跟安巴尼的亲弟弟阿尼尔是沃顿商学院的同班同学。

跟很多印度家庭类似，安巴尼兄弟生活在同一屋檐下的时间也特别长，他们的房子位于孟买南部富人区的卡夫特帕拉德花园，是一座名为“海风”的大别墅。在他们生活在一起的时候，兄弟俩一直是竞争对手，2010年，安巴尼从别墅搬到了一座摩天大楼里。不过，阿尼尔·安巴尼却要支付一笔全印度最大的一笔天然气费用给安巴尼，这也让俩兄弟始终为天然气价格打得不可开交。

通过邮件留下证据

拉贾拉特南告诉库马尔，市场上一直在流传印度信诚工业公司对半导体行业感兴趣的消息。拉贾拉特南从一位投资银行家那里得到消息，印度信诚工业公司正在寻找进入半导体行业的突破口。

库马尔最近确实跟穆克什·安巴尼有联系，因为安巴尼在纽约华尔道夫酒店参加了印度美国基金会的5周年庆典。对于安巴尼进军半导体行业的野心，库马尔有自己的理解，这与拉贾拉特南所期待的那种大手笔完全不是一回事。

“你准备跟AMD合作？”库马尔问安巴尼，“这笔交易可不小。”“库马尔，就具体的交易规模而言，我还没想好，我需要先了解这个行业是怎么回事。”安巴尼很平静地回复说。库马尔告诉拉贾拉特南说，安巴尼更倾向于并购一家小公司，他准备并购的公司是远东地区一家名为飞索半导体（Spansion）的企业。事实上，印度信诚工业公司在第二天就给飞索发出了购买邀约。“那你说，我们是不是应该用其他基金买点飞索半导体公司的股票呢？”拉贾拉特南问。“嗯……让我看看明天的邀约报价是多少。”库马尔回复。

在跟库马尔的通话结束后，拉贾拉特南立刻给克里斯·切拉姆和另外一个同事打电话。拉贾拉特南差不多从刚开始做生意时就认识切拉姆了，切拉姆追随着拉贾拉特南在硅谷的脚步，他一开始在爱特梅尔公司，后来又跳槽到赛思灵公司，最后来到了拉贾拉特南的帆船集团工作。拉贾拉特南经常在迈尔密举办聚会，而切拉姆就是这个聚会的常客。

“有人对飞索半导体公司感兴趣，可能会并购它，”拉贾拉特南告诉他们俩这个消息，“5 月 3 日是消息公布日，好像就是明天，对吧？”拉贾拉特南问库马尔，自己是否应该让帆船集团买点飞索半导体公司的股票，库马尔却让他再等一等。“这个消息很重要，咱们 3 个人的谈话务必要保密，只能我们自己知道。”拉贾拉特南说，“你们都懂的，要特别小心才行，对不对？”拉贾拉特南建议说，保护自己的最佳方式就是通过邮件留下证据。拉贾拉特南会先给他们两个人发一封邮件，邮件里这样写道：“你们看看，是不是可以考虑买点飞索半导体公司的股票？因为飞索当前的股票价格很便宜，对不对？”

然后，他们再让负责研究飞索半导体公司的帆船集团的分析师提供一份详细的研究报告。或者，拉贾拉特南会发一封普通邮件，邮件里这样写：“你们懂的，就像‘有好多家半导体公司值得考虑，比如晶格（Lattice）、飞索和爱特梅尔，你们的建议呢？’”拉贾拉特南说，“你们应该这样回复，‘爱特梅尔和飞索看上去还不错’。懂吧？这样做我们就可以很好地保护自己。”“还得有一份公司讨论记录。”切拉姆回答说。“是的，只有邮件可以证明我们讨论过这个事情，嗯……那我提一下公司讨论记录的事。”拉贾拉特南说。

监听

在与帆船集团的主城区办公室相隔 60 个街区的一间安全房间里，一位 FBI 探员与其他 10 位探员坐在一起，每个人都头戴耳机，调准频率，监听拉贾拉特南与他的助手们的通话。

鲁米 · 可汗打给拉贾拉特南的电话已经表明，拉贾拉特南经常会用自己的手机从事一些犯罪活动。于是，2008 年 3 月 7 日，检察官劳伦 · 戈德伯格（Lauren Goldberg）向法院提交了窃听宣誓书，要求联邦探员对拉贾拉特南的电话进行监听。当可汗第一次跟政府官员交流时，戈德伯格就给她上了一课。联邦法官吉拉德 · 林奇（Gerard E. Lynch）同意对拉贾拉特南的手机监听 30 天，但其工作电话和家庭电话都不在监听范围内。于是，FBI 就有了第一次探知拉贾拉特南与库马尔、古普塔，以及其他人的内部关系的机会。林奇授权 3 天后，FBI 便开始对拉贾拉特南手机所有接听和拨打的电话进行拦截监听。当有电话打给拉贾拉特南的手机时，联邦探员面前的电脑屏幕就会显示来电号码。通常情况下，探员会戴上耳机监听电话内容，并对来电人的信息和所说的内容进行记录。

按照相关的法律法规，政府在监听的过程中，“不相关的手机通话”，比如目标人物与其母亲的通话，必须“最小化处理”。所谓“最小化处理”就是不需要监听，也不需要记录。所以，当电话显示是“不相关”时，联邦探员必须将监听的音量调到最小位置，并不再录音，过几分钟，再将音量调大，看看通话中会不会谈到一些“相关”信息。如果电话似乎总是来自“不相关人员”的话，一般情况下，联邦探员会全程“最小化处理”他们的通话记录。

某些联邦探员会比其他探员更擅长操作这套监听录音设备，在FBI，大家都清楚，这是一个苦差事。在监听某个电话的过程中，偶尔也会出现原本很重要的证据线索被“最小化处理”的情况，这意味着没有对这个能够提供有力证明的电话进行记录。不过也很难认定这就是FBI的失误。在监听录音开始前，检察官都会花20分钟左右的时间，向联邦探员讲解监听设备的流程和要求。检察官告诉探员，如果没有正确地对有些电话进行“最小化处理”，这些录音可以事后处理或者直接删除。法官会按照自己的方式对那些没有正确“最小化处理”的电话记录，来一次全面梳理。而监听记录中，有些只是将一些特定的电话排除在外，有些则是整个驳回，这样的结果最糟糕，因为这完全有可能让调查陷入僵局，导致案件失效。

4月中旬，通过调查塞德纳公司的“樱桃采摘”投资行为，从而引发曼哈顿区美国联邦检察官办公室借调对帆船集团展开内幕交易调查的美国证券交易委员会律师安德鲁·迈克尔森，专门负责帆船集团内幕交易案。在迈克尔森离开美国证券交易委员会前，调查已经有了小小的突破。4月2日，经过几个月的迷茫和困惑，鲁米·可汗承认她对希尔顿酒店股票的交易行为是因为获取了内幕消息。可汗与联邦检察官之间达成协议，她会配合调查，但她一直都没有透露是谁向她提供了希尔顿酒店的内幕消息，因为她是通过她的表弟跟线人接触的，而她一直想保护表弟。可汗的内幕消息来自著名信用评级公司穆迪的一位年轻分析师迪普·沙哈（Deep Shah）。其实，早在2007年的夏天，美国证券交易委员会的律师贾森·弗里德曼就从可汗的通讯记录中发现了这个人。那个时候，弗里德曼只是知道沙哈是可汗几百个联系人中的一个。弗里德曼没有想到，作为穆迪信用评级公司分析师的沙哈，竟然会事先获得希尔顿并购的消息。

随后，可汗详细解释了事情的来龙去脉。2006 年下半年的某一天，可汗的表弟给可汗打电话，告诉她说，自己的室友在穆迪信用评级公司工作，在很多并购消息发布之前，就可以事先获得这些信息。穆迪公司为了更好地给客户做信用评级，所以他们通常会在并购之类的消息对外公布之前就了解大概情况，包括这一次希尔顿酒店的并购案。

“你知道的，通过事先获得消息，就可以赚大钱。”表弟这样跟可汗说。随后，表弟又让自己的室友沙哈来听电话。在可汗和沙哈第一次聊天的过程中，沙哈就透露了希尔顿酒店并购的消息，但问题是，当时已经是星期五的晚上了，而在星期一市场开盘前，公司就会对外公布这一消息。对可汗来说，她在希尔顿公布这一意向之前根本没有交易的时间。不过，当星期一希尔顿并购消息正式对外公布时，一切都跟沙哈所预计的那样。可汗明白，自己找到了一个值得信赖的内幕消息线人。可汗告诉检察官，她愿意为“希尔顿并购”这条内幕消息支付 1 万美元给沙哈。因为这条消息很及时。7 月 2 日，沙哈从同事那里获得了希尔顿并购的相关进展后，立即就给可汗打了电话。而沙哈否认自己是希尔顿并购交易内幕消息的泄露者。

“姐姐，”跟可汗联系时，沙哈都是用印地语中对姐妹的尊称来称呼她，“这个事情明天就会对外宣布，所以，要想行动就要趁早。”

可汗一直尽自己最大的可能隐瞒沙哈的信息，目的就是为了保护自己的表弟，因为是她表弟介绍她和沙哈认识的。很快，可汗就答应 FBI 自己会配合调查，将所有通话记录都上交 FBI，FBI 便给了她一部新手机，但她还办理了另外一个手机号码，不过，她是用她家园丁的身份证办理的。可汗用这个新手机号码，跟少数几个亲信联系，其中就包括沙哈。调查人员一直以为可汗还在印度，没有回到美国，直到有次可汗偶然提到，她有几次到美国证券交易委员会接受关于希尔顿并购案的询问。当调查人员注意到有一个新号码经常跟可汗的朋友打电话时，他们才发现可汗的诡计。最后，调查人员发现原来这个号码是可汗用她家园丁的身份证办理的，他们便立刻传唤可汗到纽约，并且警告她不要再耍小聪明。

2008年春天，经过一年半的深入调查，迈克尔森和瓦德瓦头一回从大量的交易记录、电子邮件和短信来往中发现了塞德纳公司内幕交易的信息，而且还发现了塞德纳公司的联合创始人伦甘·拉贾拉特南与其帆船集团的哥哥拉杰·拉贾拉特南的股票内幕交易的信息，这些信息中就包括AMD公司。迈克尔森和瓦德瓦让伦甘和拉贾拉特南来美国证券交易委员会录过证词，查询过上千页的文件资料，然而他们找到的证明拉贾拉特南进行过内幕交易直接证据的几家公司只有宝利通、谷歌，现在又多了一个希尔顿酒店。

美国联邦检察官办公室位于圣安德鲁大厦，迈克尔森在来这里之前，收到了专门负责调查帆船集团案的FBI的康特工寄来的一大堆材料。这些材料里有一系列重磅证据，就是日后为人所熟悉的科维公司（Clearwire）的电话记录。

虽然经过将近两年的失败，尤其是对AMD公司的调查失败了，但现在，迈克尔森开始对案件调查感到乐观。在美国证券交易委员会，调查就像玩“连连看”，例如，通过电话调查就会立刻联想到相关交易。但是，当迈克尔森坐在美国联邦检察官办公室，头戴耳机，听着监听电话时，他似乎一下子什么都明白了。不仅之前所有的调查节点都连通了，而且他还把整个事件都想通了。前几关的调查和现在的电话监听录音都有非常充分的直接证据，证明拉贾拉特南从很多线人那里获得机密的、非公开的内幕消息。美国联邦检察官办公室第一次感觉到这个案子牵扯到的人员数量越来越庞大，而且他们当中有很多人还非常有名，跟踪这个案子的美国联邦检察官人员的数量肯定也不会是个小数字。

迈克尔森深入研究了康特工给他的科维公司的电话通信记录，他第一次找到了戈尔斯和拉贾拉特南两人之间传递内幕消息的直接证据。前面已经介绍过，戈尔斯和拉贾拉特南是沃顿商学院的同学。

从2008年3月下旬开始，在英特尔财务部工作的戈尔斯，开始将英特尔的重要计划陆续告诉拉贾拉特南。英特尔的这个计划就是投资10亿美元，与高科技领域的明星企业，其中包括科维公司、斯普林特公司（Sprint Nextel）、时代华纳公司、康卡斯特公司（Comcast），以及其他一些公司，联合起来共同开发全新的无线通信事业。英特尔的这个宏伟计划就是要成立全球微波互联接入 WiMAX 系统[①]。2006 年时，英特尔投资部就向科维公司投资了 6 亿美元。科维公司是美国的亿万富豪、电信大亨克拉格·麦克考（Craig McCaw）创建的，也是 WiMAX 系统最大的持股人。

现在，英特尔投资部正在进行谈判，拟将斯普林特公司和科维公司的资产联合在一起，成立一家全新的、覆盖全国的移动通信公司。虽然在 2006 年的时候，英特尔公司曾将戈尔斯派驻到科维公司，但戈尔斯并没有参与最近的交易。不过，因为英特尔的这次投资颇具规模，所以，戈尔斯对项目的进展情况还是比较了解的。

3 月 19 日，戈尔斯感觉有些劳累，便提早回家了。戈尔斯原本要向英特尔的副总裁汇报英特尔投资部在这个项目上的最新进展情况。美国西部时间下午 5 点左右，戈尔斯打电话给拉贾拉特南，表面上像是两人日常闲聊。“打电话给你，只是想说你是一个好人。”戈尔斯说。“为什么这么说呢？”拉贾拉特南问。“我打电话给你，就是想说，你是一个好人，就这么简单。”戈尔斯重复道。“我怎么就是一个好人？”拉贾拉特南再次问道。“我就是觉得，你是我所有认识的人中，比较好的那一个。”戈尔斯说。“真的让人感到好奇怪。”拉贾拉特南回应说。两个人就这样相互恭维，直到拉贾拉特南说戈尔斯“也是一个好人，每次看到你，我都想在你脸上亲一口”。“不要，不要，不要。”戈尔斯坚持这样说。在戈尔斯挂电话之前，他告诉拉贾拉特南，“好的，我听着”，他是用印地语说的，意思就是“好的，没问题”。虽然戈尔斯没有机会跟英特尔副总裁碰面，但是他知道，英特尔董事会那天并不准备考虑与科维公司的交易事项。拉贾拉特南感谢戈尔斯为他提供的消息，随后，他们俩结束了通话。当戈尔斯和拉贾拉特南挂断电话的时候，FBI 的探员也停止了监听，因为这个时候，拉贾拉特南的所有手机通话都处于监听之中。

---

① WiMAX 的全称为 Worldwide Interoperability for Microwave Access，即全球微波互联接入，也叫 802.16。WiMAX 是一项新兴的宽带无线接入技术，能提供面向互联网的高速连接，数据传输半径最远可达 50 公里。WiMAX 还具有传输速率高、业务丰富多样等优点。——译者注

在接下来的几天，戈尔斯定期给拉贾拉特南打电话，告诉他英特尔投资部的具体交易细节，这样的话，拉贾拉特南就可以算出英特尔向新项目投资的具体金额。当然，这一切，都被FBI监听到了。一般情况下，戈尔斯都是从家里给拉贾拉特南打电话，但每次电话交流都比较费劲。因为在戈尔斯打电话的时候，他的孩子们会取笑他对拉贾拉特南说话时的那种充满尊敬的语调。

"你那边有什么事吗？"拉贾拉特南问，"听起来很吵。""没事，没事，没事，只是孩子们在笑话我跟你说话的方式。"戈尔斯解释说。

在3月24日和25日两天的时间里，帆船集团买入了38.5万股科维公司的股票，大多数股票都是由拉贾拉特南操作的帆船科技基金买进的。拉贾拉特南还没来得及多增持一些，就被别人抢先了。

"老哥，我们被捉弄了！"3月25日晚上，拉贾拉特南的弟弟伦甘给拉贾拉特南打电话，告诉他说，这个消息已经对外公布，"《华尔街日报》上都刊登了。""那股价怎么样？"拉贾拉特南问。伦甘说，《华尔街日报》没有详细报道，但科维公司原本希望融资30亿美元。"该死！"拉贾拉特南骂道。

当调查人员监听拉贾拉特南和伦甘兄弟俩的对话时，他们对这个家族的印象，以及兄弟俩各自所发挥的作用，开始有了比较清晰的脉络。调查人员将拉贾拉特南兄弟俩与马里奥·普佐（Mario Puzo）的小说《教父》（*The Godfather*）中的柯里昂家族成员做对比。在调查人员看来，拉杰·拉贾拉特南就是迈克尔·柯里昂（Michael Corleone），即老教父唐·维托·柯里昂（Don Vito Corleone）最小最狡猾的儿子，是父亲选中的犯罪家族首领的继任者。与迈克尔·柯里昂类似，拉杰·拉贾拉特南狡猾、老练。拉贾拉特南想了很多办法来培养像戈尔斯这样对他感恩戴德的线人，然后要求他们提供各种各样的内幕消息。

而伦甘就像迈克尔·柯里昂的大哥桑尼，是一个暴脾气的残忍杀手。伦甘在美国证券交易委员会做证时，各种夸张的回答让调查人员不禁想到了桑尼这个角色。而P. K. 拉贾拉特南则让调查人员想到了弗莱多·柯里昂（Fredo Corleone），他是为拉贾拉特南兄弟工作的康尼格拉（Conagra）公司的高管。P. K. 拉贾拉特南像弗莱多一样面目狰狞，而且被大家认为是一个头脑简单的笨蛋，在三兄弟中，是最薄弱的一环。

到 2008 年 5 月，调查已经持续了两年之久，各种证据都已经收集齐全，可以摊牌了。对政府部门来说，对于一触即发的案件，选择什么时机立案非常重要。对美国证券交易委员会来说，要考虑的问题会更多，而美国联邦检察官办公室需要考虑的事情则要简单许多，他们只需要一名文职官员在实施逮捕行动前或者逮捕刚刚发生时，签发一份逮捕令即可。

特别行动计划

与此相对应的是，美国证券交易委员会的执法部门则需要从地方长官那里获得授权才行。为了获得这个授权，已经晋升为主任助理的桑杰·瓦德瓦不得不准备一个详细的行动计划备忘录，在这份备忘录里，瓦德瓦基本上将执法部门对犯罪嫌疑人所要采取的所有行动都做了特别说明。

2008 年 5 月 11 日是一个周末，贾森·弗里德曼正准备陪着他的未婚妻和准岳母前往果岭的凯雷酒店，这家酒店位于纽约长岛贝斯佩奇国家公园里。弗里德曼和未婚妻要提前两个月敲定婚礼的菜单。当天，弗里德曼和他的未婚妻要做一件很重要的事情，就是确定他们婚礼蛋糕的设计方案。然而，弗里德曼还没来得及出门，就接到了瓦德瓦的电话。

刑事部门正准备接近伊弗雷姆·卡佩尔（Ephraim Karpel），他在华尔街资深交易员圈内很吃香。卡佩尔曾经在共同股份基金（Mutual Shares）工作过 18 年，这是一家由著名选股专家迈克尔·普赖斯（Michael Price）经营管理的投资公司。政府部门认为卡佩尔跟华尔街的内幕交易圈有关联，其中也包括曾在帆船集团短暂工作过的兹维·戈弗（Zvi Goffer）。FBI 监听过戈弗的电话。2007 年 12 月 31 日，卡佩尔跟戈弗通过电话，正是这个电话，才使得 FBI 准备找卡佩尔谈谈。因为卡佩尔在电话里告诉戈弗，美国最大的连锁药店沃尔格林（Walgreens）准备并购 Matria 健康中心（Matria Healthcare）。“我可以告诉你，这笔交易一月就会敲定，”卡佩尔跟戈弗说，“是一位银行家告诉我的。”

任何时候，当执法部门准备找证人摊牌，希望证人能够配合政府进行调查时，其实都面临两难选择。一方面，如果证人配合，这对调查的顺利开展有着巨大的帮助，可以为案件的调查工作打开新局面，或者可以让被告快速伏法。但是，如果证人不配合，那证人很有可能去提醒违法者，让调查失去获取额外证据的可能性，甚至还有可能破坏潜在的犯罪证据。这种情况下，执法部门经常只能被迫逮捕犯罪嫌疑人，但很多深入的调查工作就会中断。

尽管执法部门准备找卡佩尔，但他们还是准备了一个B计划，万一卡佩尔不配合，以防事情的进展没有按照计划进行。到了这个阶段，执法部门只是不希望漏网的人是拉贾拉特南，因为拉贾拉特南是所有内幕交易的罪魁祸首。执法部门了解到拉贾拉特南在新泽西州的蒂特波罗机场有一架喷气式飞机，随时都可以起飞。如果跟卡佩尔摊牌失败，执法部门就会立即逮捕拉贾拉特南。

桑杰·瓦德瓦和当时还是其女朋友的朱迪正计划整个周末都待在新泽西州爱迪生市（Edison）的父母家，庆祝母亲节。不过，当瓦德瓦得知执法部门计划接近卡佩尔时，他立马放弃了周末计划，星期六就回到了办公室。整个周末，瓦德瓦和弗里德曼一起准备了一份非常详细的行动计划，上面有针对拉贾拉特南、可汗、为可汗提供谷歌内幕消息的年轻女孩沙玛拉·侯赛因（Shammara Hussain）、宝利通公司的高管巴哈和戈尔斯的具体民事指控。如果没有监听拉贾拉特南的电话，瓦德瓦和弗里德曼还不知道库马尔在帆船集团的关系网中发挥着什么样的作用。

按照计划，6月的某一天，两名FBI探员在五十五大道和百老汇大街交叉口的苹果白兰地饭店（Applejack Diner）外面找到了卡佩尔。探员们将卡佩尔押进了餐馆，坐在他背后，告诉他FBI已经掌握了他将内幕消息传递给戈弗的证据。卡佩尔很快就同意跟FBI合作，但他也为此付出了惨重的代价。2011年5月，联邦检察官向陪审团播放卡佩尔与另外一名交易员秘密谈话的内容，两天后，卡佩尔在第五大道的办公室自缢身亡。

当与卡佩尔摊牌后的结果并不是FBI所想象的那样时，瓦德瓦接到他的前同事迈克尔森打来的电话，迈克尔森告诉瓦德瓦要坚持住。瓦德瓦曾为了准备起诉建议书而放弃过自己的周末假期计划。

“一切都在掌控中,” 迈克尔森说，“让我们继续调查下去。”

7 月，迈克尔森和瓦德瓦前往长岛参加贾森·弗里德曼的婚礼。当弗里德曼切开自己的婚礼蛋糕时，才注意到这个蛋糕是怎么设计的。整个大蛋糕分为 4 层，每一层都由巧克力做成，每一层巧克力之上都涂满了奶油。

THE BILLIONAIRE'S APPRENTICE

第 27 章 持续追踪

2008 年的夏天，曼哈顿区城空了，大批纽约人远离工作的城市，去汉普顿度假，而借调到美国联邦检察官办公室的美国证券交易委员会律师安德鲁·迈克尔森却坐在单调的办公桌前，远眺对面的大都会惩教中心（Metropolitan Correctional Center）。迈克尔森的记事本上写得密密麻麻，FBI 关于拉贾拉特南的电话监听录音为他提供了大量的新线索。

从 5 月开始，FBI 的特工就一直对拉贾拉特南的电话进行监听，监听时间从早上 6 点到半夜，一个星期 7 天不间断，他们注意到有一个新的来电号码经常会出现。特工们监听到的大多数电话都是男人打进来的，他们之间的聊天内容基本都是在谈生意，偶尔会聊几句更衣室里面流传的黄色笑话。

阿卡迈科技公司的变故

这个新的来电号码的所有者是一个名叫达妮埃尔·基耶西的女人。基耶西与拉贾拉特南的对话内容很劲爆，什么都聊。不久，联邦特工和迈克尔森就发现，基耶西喜欢跟有钱有势的男人打交道，她就是靠这些男人谋生。由于基耶西能够提供非常丰富的内幕消息，所以，拉贾拉特南不敢小觑她的能量。

7月24日，星期四，基耶西跟一位她的家族朋友通了电话，这位好朋友在阿卡迈科技公司任市场营销高级主管。随后，在晚上9点18分左右，基耶西便致电拉贾拉特南。基耶西从她朋友那里得知，以帮助其他公司解决互联网难题为主营业务的阿卡迈科技公司，将在下个星期向华尔街分析师公布其盈利预期，只不过这次公布的消息是利空，因为公司的盈利状况不佳。

一接通拉贾拉特南的电话，基耶西便马上直奔主题。"不要跟我纠缠这个，"基耶西告诉拉贾拉特南说，"阿卡迈科技公司这次是真的不行。"基耶西对自己用这种方式处理阿卡迈科技公司的内幕消息感到很满意。基耶西没有直接问公司相关的具体消息，而是表现出一点都不关心阿卡迈科技公司的样子，并开始聊她的这位家族朋友。"玩弄他就像是弹一支熟悉的钢琴曲。"基耶西这样跟拉贾拉特南吹嘘。

此时，阿卡迈科技公司的高管带来了令人震惊的消息。这位阿卡迈的高管说："你知道，我顺便说一下，我们星期三就会公布这个利空消息。"

到2008年夏天时，金融市场动荡不安的局势一天比一天严峻。股票交易变得越来越不安全，交易人员早些时候设计好的安全可靠的投资，突然之间就变得不可控制了。市场根本无法预测，影响单个股票涨跌的基本面因素已经被市场变化无常的走势完全打乱了，今天跌，明天涨，完全没有规律可言。

基耶西在新堡对冲基金（New Castle Partners）工作，4个月前，她眼睁睁地看着华尔街的无情变故就这样发生在身边。新堡对冲基金的母公司贝尔斯登，基本上宣告破产。在摩根大通接管贝尔斯登后，基耶西身边的很多朋友突然发现自己的工作就这样没了。即便是那些幸运地留下来工作的人，全部储蓄也在几个星期丧失大半。贝尔斯登公司的员工很少会进行分散化投资，他们都是将退休金投资到本公司的股票上，可是贝尔斯登公司的股价在短短的一个月内暴跌，2008年2月，贝尔斯登股价还有93美元，到了3月，股价只有不足5美元。基耶西还算幸运，至少她保住了工作，但她的储蓄却所剩无几。因此她进行公司内幕消息交易，不再是为了刺激，而是为了能够活下去。

对阿卡迈科技公司来说，盈利预期下降使得其公司股价从开始的 32 美元跌至 25 美元。“亲爱的，你知道，我并不是很了解你，但我真的需要赚钱，”基耶西这样跟拉贾拉特南说，“给我一个机会，让我能够有更多的做空能力。”基耶西确信，阿卡迈科技公司的内幕消息是她这一天听到的“最佳消息”。

基耶西担心拉贾拉特南为了赚钱，想尽一切办法借入阿卡迈科技公司的股票，然后做空，这样的话，她就会更难借到足够多的阿卡迈科技公司股票了。如果市场上的某些交易员想通过做空赚钱的话，他们都会先借入股票卖出，然后等股票价格下跌后再买回来。可是，当大家都想借入股票卖空时，市场上能借出的股票就会变少，或者借出的成本会变得非常昂贵。

“我不会对外泄露任何秘密，”拉贾拉特南向基耶西保证，“你想做空多少就做空多少。”

“不过，这个就只能我们俩知道，只能是我们俩，我不想让其他任何人知道。”基耶西重申。拉贾拉特南向基耶西保证，他一定会“默不作声”。

基耶西对拉贾拉特南情有独钟。基耶西完全可以不告诉拉贾拉特南阿卡迈科技公司的内幕消息，她完全可以自己一个人搞定所有的交易，拉贾拉特南也不可能知道她对他隐瞒了这么重要的消息。可是，基耶西就是想要跟拉贾拉特南分享。基耶西总觉得她跟拉贾拉特南是一个团队，她应该跟他分享一切。但拉贾拉特南是不是也这么想，就不清楚了。

对拉贾拉特南来说，2008 年的夏天也格外繁忙。帆船集团正值发展最快的时期，其管理的资产规模已经达到 72 亿美元。几个月之前，在金融危机还没有开始的时候，拉贾拉特南已经完成了融资。帆船集团在飞速增长。2006 年，其多元化投资基金年收益率为 25.69%，尽管市场形势在 2007 年已经出现了不好的苗头，但该基金的年收益率仍然有 12.2%。但当时就已经能看出，2008 年的情况会明显不一样，这种高成长不可能再持续。到 3 月末的时候，多元化投资基金的年收益率下跌了 2.96%。这对帆船集团来说很重要，因为这只基金是帆船集团的龙头和代表。当市场走势开始步入下跌通道时就会有风险，善变的投资者就会将资金从帆船基金赎回，转投到安全系数更高的投资项目。

要么选择高盛，要么选择 KKR

2008 年 2 月，拉贾拉特南新招入一位经验丰富的营销人员阿亚德・哈迪（Ayad Alhadi），拉贾拉特南希望他能够帮助帆船集团盘活总价值为数百万美元的资金，这些资金都沉淀在中东产油国的主权财富基金里。同时，哈迪还跟拉贾特・古普塔商量推动帆船国际基金的事项，这是一只泛亚新兴市场基金，目的是帮助帆船集团开拓更多的投资者。

古普塔是企业界为数不多的、真正的全球性领导者。古普塔在印度的关系网非常庞大，这方面，拉贾拉特南根本无法跟他相提并论。尽管拉贾拉特南有着几十亿美元的身价，但作为局外人，拉贾拉特南在印度不可能有古普塔这么好的交际圈。古普塔跟很多印度企业家都是好朋友，比如穆克什・安巴尼，他认识穆克什・安巴尼的时间已超过 20 年。除了在美国的大公司董事会任职外，古普塔同样也在国外大公司的董事会里任职。古普塔以董事会成员拿到最高薪水的公司是俄罗斯联邦储蓄银行（Sberbank），2008 年俄罗斯联邦储蓄银行付给他 525 万美元的薪资。古普塔还积极参加各类慈善事业，当然，参加这些慈善事业更多是为了给自己镀金，让履历变得更加漂亮。从 2004 年开始，古普塔就是比尔－梅琳达・盖茨基金的顾问，作为印度抗艾项目（Avahan）的领导人之一，古普塔成功地让基金会捐款 4 700 万美元，帮助印度实施艾滋病治疗计划，这个抗艾项目的梵语意思就是“行动呼吁”。如果拉贾拉特南想找一个人让帆船集团走向国际，那么这个最佳人选非古普塔莫属。

尽管古普塔马上就要过 60 岁生日了，但他仍对各种各样的社会活动乐此不疲。古普塔是一个不知疲倦的旅行者，总是在全球各地飞来飞去。4 月，在前往印度的途中，古普塔在中东停留了一天，就是为了与帆船集团的新员工哈迪一起，跟中东的著名投资机构会谈，这些投资机构包括阿布扎比投资局（Abu Dhabi

Investment Council）、第一海湾银行（First Gulf Bank）和阿联酋国际银行（Emirates Bank International）。古普塔在会上并没有多说什么，谈话的内容基本围绕帆船集团的总规模和旗下基金的表现展开。不过，古普塔的出席，以及他在麦肯锡这么多年的浸淫，就足以让投资者心动。

4 月下旬，阿布扎比投资局同意向帆船离岸基金投资 5 000 万美元。还有另外一个好消息，沙特阿拉伯国家商业银行（National Commercial Bank）的代表拉里·科里（Larry Currie）特别提出希望在他访问纽约的时候，能够跟古普塔当面会谈，该银行也是帆船集团的潜在投资者。这家沙特阿拉伯银行正考虑向帆船集团投资 1 亿美元。高盛集团拥有 10% 的国家商业银行股本金，哈迪预感，古普塔跟高盛的关系会让沙特阿拉伯国家商业银行将更多的钱投入帆船集团。

哈迪的预感是正确的。在与古普塔会面后的一个星期，科里给哈迪打电话说沙特阿拉伯国家商业银行准备向帆船集团先投资 2 500 万 ~ 3 000 万美元。尽管拉贾拉特南一直都有所怀疑，但古普塔的声誉真的就能够带来这么多投资。拉贾拉特南现在唯一期待的，就是希望通过这位朋友的影响力，为帆船集团带来更多的资金。

对拉贾拉特南来说，在利用古普塔为其办事的过程中，遇到的最大问题跟其他人利用成就卓越的高管一样，就是使用过度。到 2008 年夏天，古普塔所有的精力都用在了投资领域。古普塔帮助拉贾拉特南新建的新丝路基金公司耗费了他太多的时间，原本古普塔不需要投入这么多精力的。太多的董事会成员头衔、公司活动，以及社会慈善活动已经排满了古普塔的行程表。如果说这些工作还不够古普塔忙乎的话，他还准备为一只通信基金筹资 6 亿美元。

2008 年 5 月 28 日，库马尔在跟拉贾拉特南聊天时说："古普塔已经到极限了，不管是体力上还是情感上，他能做的都做了。"

尽管并没有达成任何协议，但古普塔还是跟私募股权投资大佬亨利·克拉维斯（Henry Kravis）就在 KKR 公司（Kohlberg Kravis Roberts & Co）任职的问题进行了一次会谈。拉贾特·古普塔和克拉维斯谈论的焦点是凭借古普塔在麦肯锡的资历，聘请古普塔为 KKR 公司的高级顾问，帮助 KKR 公司搭建一个良好的公司架构，进而成为更加专业的服务企业。麻烦就在于古普塔是高盛集团的董事，高盛并不希望古普塔扮演这样的角色。高盛和 KKR 两者都是私募股权行业的巨头，两家公司在很多业务领域都存在竞争关系。古普塔无法理解高盛的处境，因为高盛董事会的多名董事都跟私募股权公司有关系。

高盛和古普塔之间的这个矛盾，竟然在一次重要的会议上达到了顶峰：中国北京。2008 年 8 月上旬，古普塔和布兰克费恩同时来到北京参加夏季奥运会的开幕式和清华大学的董事会会议。高盛的首席执行官布兰克费恩竟然给古普塔下了最后通牒：要么选择高盛，要么选择 KKR。在所有人看来，包括古普塔的妻子，这都是一件不可思议的事情。

8 月中旬，布兰克费恩和古普塔从中国回来后，布兰克费恩在办公室再次与古普塔碰面。布兰克费恩坐在自己习惯了的老地方，一把直背椅上，而古普塔坐在他对面的棕褐色沙发上。布兰克费恩向古普塔重申，如果他想在 KKR 公司继续任职的话，那就很难留在高盛集团的董事会了。在私募股权领域，KKR 是高盛集团的竞争对手，如果高盛集团的董事会成员竟然也在 KKR 公司任职，这恐怕不好交代。迫于无奈，古普塔选择了 KKR 公司。于是，高盛集团起草了一份宣布古普塔退出高盛集团董事会的新闻稿。

作为高盛集团董事会的一员，古普塔享有很高的声望，但为 KKR 公司工作使他上升到一个全新的高度，将他带入一个挥金如土的新世界。曼哈顿岛上最富有的那些人，包括亨利·克拉维斯和苏世民，都是通过私募股权投资赚到巨额财富的。拉贾拉特南怀疑古普塔之所以要离开高盛去 KKR 公司，是因为他想融入克拉维斯和苏世民这样的"亿万富豪朋友圈（原话）"，而不想待在高盛集团董事会成员们构成的"百万富豪朋友圈"。尽管从行业标准来看，古普塔的薪资并不算高，他的年薪只有 500 万美元，但 KKR 公司为他提供了成为类似克拉维斯和最初他的竞争对手苏世民这样有无数财富和影响力的人物的机会。苏世民作为黑石集团的首席执行官，为纽约公共图书馆捐赠不少，对他来说，让图书馆改名是可以分分钟做到的事情。

古普塔对 KKR 为他提供的工作机会感到很兴奋，然而，拉贾拉特南的感受却正好相反，因为这样一来，古普塔能够为帆船集团工作的时间就变得更少了。一个月前，当古普塔告诉拉贾拉特南自己可能要去 KKR 工作时，拉贾拉特南回应说替古普塔感到“心情激动”。但拉贾拉特南知道，如果古普塔真的去了 KKR，那就意味着其为帆船集团筹资的时间会变少。“古普塔会把自己一个星期的时间分为 100 份。古普塔会告诉 KKR 说，一个星期之内，有两天时间我会全部投入 KKR 的工作。古普塔也会那样跟我说，然后，也会跟所有人这样说，你明白的。”拉贾拉特南跟库马尔这样抱怨。

拉贾拉特南准备将帆船国际基金 10% 的股权让渡给古普塔，以换取他做这只基金的负责人。但拉贾拉特南说，古普塔要求更多的股份。“古普塔不会明说，但他提出来为什么不打包处理多只基金，”拉贾拉特南告诉库马尔说，“古普塔是在告诉我，他想要更多股份。”拉贾拉特南非常清楚投资者对金钱的渴望，他知道，他的基金收益率越高，就会有越多的资金来购买自己的基金。

古普塔所做的“无非是在南亚和全球提高了一下帆船集团的知名度，你知道的”，拉贾拉特南跟库马尔说。在拉贾拉特南和库马尔聊天的过程中，他逐渐有了自己的想法，将帆船国际基金 10% 的股权每年划拨给古普塔 2%，连续划拨 5 年，这是拉贾拉特南能够做到的。

“最差的结果无非是，古普塔可能会说，我觉得这么多还不够。那我也会说，好吧，那就这样吧。你懂的。”拉贾拉特南说。拉贾拉特南之所以找库马尔聊天，只是想跟他确认一下这样安排是否合理，最终，他还是遵从了自己的想法。

电话监听的重大突破

在下曼哈顿区的美国联邦检察官办公室，对关于阿卡迈科技公司内幕消息的电话监听是一个非常重大的突破。这个电话是 7 月 24 日基耶西打给拉贾拉特南的，电话里基耶西向拉贾拉特南传递了很多有价值的消息，而且都是非公开的内幕消息。这些消息并不是推测或者谣言。当调查人员继续追踪基耶西的电话记录时，他们发现，正如基耶西告诉拉贾拉特南的那样，那个星期四的晚上，她确实是先跟阿卡迈科技公司的高管通话，然后又打给了拉贾拉特南。内幕消息的准确性也无须怀疑：它确实是来自公司内部的某个线人。在内幕消息泄露和交易之间，只隔了一个星期。

在经历过多次的期待与失望之后，迈克尔森终于可以凭借这个电话监听记录给这个案子定性。在迈克尔森监听电话的过程中，他单独列了一个表，里面有立案必备的要素条件。迈克尔森需要的证据是能够证明拉贾拉特南所收到的消息确实有效，而且还不是公开消息。然后，迈克尔森还要证明拉贾拉特南的交易是基于他所收到的内幕消息实施的。消息是如何传递的？也就是说，消息是如何从公司内部传递到拉贾拉特南这里的？公司股票的价格是按照预期的方向变化的吗？最后，拉贾拉特南是根据获得的消息进行交易的吗？有没有在交易中获得丰厚的收益？

与拉贾拉特南其他线人提供的内幕交易情况不一样，基耶西告诉拉贾拉特南关于阿卡迈科技公司未来预期盈利会下降的内幕消息导致随后的交易变得有些夸张。7 月 30 日，星期三，阿卡迈科技公司对外宣布 2008 年的盈利预期不乐观。阿卡迈科技公司当天的股价便下跌了 7.91 美元，跌幅约为 25%，跌到了 23.34 美元。在基耶西告诉拉贾拉特南内幕消息后不久，拉贾拉特南就用自己操控的帆船科技基金抛空了 20 万股阿卡迈科技公司的股票。尽管帆船集团的规模越做越大，自己的责任也越来越重，但拉贾拉特南从来没有放手帆船集团旗下最重要的科技基金。在接下来的几天时间里，拉贾拉特南增加了空头仓位，再次卖空 37.5 万股阿卡迈科技公司的股票。同时，拉贾拉特南还在衍生品市场上做空阿卡迈科技公司的股票，买入大量的看跌期权，就是通过预期公司股价下跌从而获利的金融产品。尽管拉贾拉特南向基耶西保证过，他不会将这条内幕消息泄露给其他任何人，但他还是食言了。

7 月 30 日，拉贾拉特南用短信的方式，将这条内幕消息发给了手下的操盘手乔治·刘（Joe Liu），短信是这样写的："希望你能做空一些阿卡迈科技公司的股票。""谢谢你，拉贾拉特南，我确实这么做了。"乔治·刘短信回复拉贾拉特南。乔治·刘后来并没有因为帆船集团内幕交易案而受牵连。

由拉贾拉特南亲自操盘的帆船科技基金，在阿卡迈科技公司的股票交易中获利 5 139 851 美元。基耶西的新堡基金在阿卡迈交易中获利 2 437 976 美元。对迈克尔森和美国联邦检察官办公室的律师来说，最有价值的信息是，从阿卡迈交易中大赚了一笔后，拉贾拉特南打电话给基耶西表示感谢。“我只想说，真的很感谢你。”7 月 30 日，拉贾拉特南给基耶西打电话说，“你这次干得真漂亮。我觉得你根本不需要给阿卡迈科技公司的高管朋友打电话，按照你的方式继续保持关系就行。没必要对你的高管朋友透露太多细节。”

当阿卡迈股价跌到 28.5 美元时，拉贾拉特南告诉基耶西，他准备再次出击，卖空 15 万股阿卡迈科技公司的股票。基耶西感到无比兴奋，“真的是完胜，”她说，“对我来说，这种感觉实在是太美妙了！”

那天晚上，基耶西接受邀请，前往曼哈顿中城的西边地区参加一场中国领事馆主办的宴会，中国驻美大使也会出席。像很多金融界人士一样，基耶西很期待到中国开展业务，“我希望能够进入中国市场，你知道，我一定会做到的。”她这样跟拉贾拉特南说。

对调查人员来说，最酷的就是他们将拉贾拉特南和基耶西的通话完整地录下来了。在联邦检察官听了基耶西的录音电话后，他们就很快提出了另外一份监听申请，这一次，他们是向联邦法官申请监听基耶西的所有通话记录。

THE BILLIONAIRE'S APPRENTICE

第 28 章 高盛董事会的朋友

“拉贾拉特南吗？”电话另一头传来的声音显得非常高兴，“我是戈梅斯。”

勒妮·戈梅斯（Renee Gomes）身材又高又瘦，始终保持乐观的态度。当拉贾特·古普塔任麦肯锡全球董事总经理一职时，戈梅斯就是他的秘书。即便古普塔从麦肯锡最高领导人的位置上退休了，公司仍然为他保留了秘书和办公室。戈梅斯的主要办公地点，是在康涅狄格州的斯坦福。在那里，戈梅斯有一间很大的接待室，可以帮助古普塔处理各种事情。戈梅斯非常愿意为古普塔工作。她经常向其他人赞扬古普塔，说他非常绅士，对她很尊重，还经常提醒她下班的时间到了。

戈梅斯是那种“老派”的秘书作风。古普塔很少自己打电话，都是戈梅斯替他拨号。有时候，戈梅斯也会跟着这位忙碌的老板到处出差，陪着古普塔参加麦肯锡的重要会议，有时候陪他一起回印度。古普塔非常信任戈梅斯，她能够接触到跟古普塔有关系的每一个人，还经常替古普塔回复邮件。

高盛集团并购案的内情

2008 年 7 月 29 日，星期二的晚上，天还不太晚，戈梅斯替古普塔拨通了拉贾拉特南的电话。每当古普塔在国外出差的时候，他都是先给戈梅斯打电话，然后让戈梅斯帮他接通自己想要找的人。此刻，刚从康涅狄格州下班回来的拉贾拉特南迫切地想跟古普塔通话。因为下个星期四的中午，拉贾拉特南要跟高盛集团高管之一的加里·科恩共进午餐。帆船集团的首席运营官里克·舒特也会陪拉贾拉特南一起参加这个饭局，舒特曾经是高盛集团的高管之一，在来帆船集团之前已晋升为高盛集团的董事总经理。

帆船集团是高盛集团最大的股票佣金贡献者之一，仅 2008 年，帆船集团就向高盛集团贡献了 3 500 万美元的佣金。作为帆船集团大老板的拉贾拉特南经常会受邀跟纽约顶级投行的高管面对面交流。这是帆船集团做大后，给高盛集团带来如此庞大的业务量所获得的特权之一。高盛集团是帆船集团最大的交易合作伙伴，对冲基金都是通过高盛这样的集团获得量化交易的通道。

那一天，科恩之所以跟帆船集团的高管会面，一个重要的原因是为了安抚帆船集团的高管不要担心 2008 年金融危机期间的资产安全。与诸多对冲基金的做法一样，帆船集团在证券公司存有大量的资产。帆船集团在高盛集团的托管资产高达 6 亿美元。几个月前，贝尔斯登公司的破产让投资者对风险格外关注，他们担心证券公司的破产会使他们的资产全部冻结。帆船集团将 2 亿美元的客户资产存放在贝尔斯登公司，现在贝尔斯登申请破产保护，如果摩根大通集团和美国政府不准备出手相救的话，帆船集团将会是一大串等待赔偿的债权人之一。

拉贾拉特南听说高盛集团也有可能会收购一家商业银行，所以，他迫切地想知道内情到底是怎么回事。“市场上谣传高盛集团将会收购一家商业银行，你有没有听到这个消息？”拉贾拉特南问古普塔。

早在一个月前，高盛集团的 12 名董事会成员就齐聚俄罗斯的圣彼得堡，参加了董事会全员会议。所有高盛集团的董事会成员都出席了，包括新晋董事、来自印度的钢铁巨人拉克希米·米塔尔（Lakshmi Mittal），他是高盛集团董事会成员里，除古普塔之外唯一的印度人。

到 2008 年年中，古普塔还是宝洁公司、美国航空母公司 AMR 集团以及简柏特（Genpact）外包公司的董事会成员。古普塔同时还是卡塔尔金融中心的董事会成员，到 2009 年，按照《财富》杂志的统计，仅董事会成员一职，给他带来的年收入就超过 320 万美元。

大多数董事会都是例行公事，古普塔有时会出席，有时候就在自己办公室里参加电话会议，但是有少部分会议需要出差。如果条件允许，古普塔的妻子安妮塔都会跟古普塔一起，陪他参加董事会的海外会议。这也是安妮塔跟她日理万机的丈夫相处的一种方式。古普塔和安妮塔最小的女儿迪帕莉这个秋天去了布朗大学读书，最大的女儿吉檀迦利结婚成家，他们现在反而成了空巢老人。其实古普塔的女儿们在她们青少年时期就离开家选择了寄宿学校。其中有两个女儿读的是菲利普斯埃克塞特学院（Phillips Exeter Academy），这让她们避免了跟父母就成长中的一些问题发生争执，比如跟男生约会。在为家庭辛苦付出几十年之后，安妮塔和古普塔第一次开始真正享受二人世界的美好时光。

6 月 27 日，星期五，下午 4 点左右，安妮塔乘坐英国航空公司航班抵达圣彼得堡，这个航班是从美国纽约起飞，在伦敦经停，最后到达目的地圣彼得堡。安妮塔的丈夫古普塔则是从莫斯科飞往圣彼得堡，安妮塔和古普塔在机场会合后，再一起前往阿斯托利亚酒店（Hotel Astoria），这家酒店深受俄罗斯新贵资本家的喜爱，总是一房难求。古普塔星期六一整天都在酒店一楼的会议室，参加高盛集团董事会的会议，安妮塔则与其他太太一起，参观游览这座历史名城，她们去了尤苏波夫宫（Yusupov Palace），普希金就是在这里被神秘暗杀的，随后，她们还参观了著名的彼得大帝青铜雕像。

古普塔的保证

古普塔告诉拉贾拉特南，6 月在俄罗斯举行的高盛集团董事会会议，就高盛集团并购商业银行的事项进行了广泛的讨论。“嗯，董事会对这个问题还是有分歧的,”古普塔透露说,“我想，很多人肯定会反问，为什么这么干呢？从本质上来讲，商业银行业务是一项回报率很低的业务。”尽管变成商业银行“会带来巨额储蓄存款，可以降低融资成本”。

“在自我融资或者其他方面，高盛集团不会遇到任何麻烦。”古普塔向拉贾拉特南保证。“这只是在全球范围内拓展融资渠道而已，你知道的。”古普塔这样告诉拉贾拉特南。倒是高盛集团准备进军保险业或者其他类似行业的想法，大家都一致认同。“高盛集团的董事非常擅长投机，而且特别会抓住机会，如果美联银行（Wachovia）能够谈下来的话，你知道的，他们还真有可能决定买下美联银行。”古普塔告诉拉贾拉特南。“甚至都有可能并购美国国际集团（AIG），是吗？”拉贾拉特南问。“是的，甚至有可能并购 AIG。”古普塔确认说。

THE BILLIONAIRE'S APPRENTICE

第 29 章

金融海啸来袭

2008 年 9 月 11 日，星期四，拉杰·拉贾拉特南准备像一名拳击手迎战传奇拳王穆罕默德·阿里（Muhammad Ali）一样去应对金融市场的挑战。"你知道他比你强大，比你出拳迅速，但是你仍然跟他在同一个回合里对打，"拉贾拉特南宣称，他每天都经受着股票市场这样狂风暴雨般的冲击，"你知道，你一直想要努力地活下来，在等着他疲倦。"

现在是晚上 7 点 30 分，可以说，这一个星期真的像在地狱中煎熬。金融体系将会坍塌的流言，不断冲击着股票市场，让拉贾拉特南这样的投资者经受着过山车般的痛苦和折磨。拉贾拉特南是一个十足的乐观主义者，整个夏天，每当股票市场暴跌时，他就大举买进。但是现在，拉贾拉特南快要撑不下去了。公司旗下最重要的帆船科技基金正连遭打击，拉贾拉特南被这喜怒无常的市场给折腾得一点儿脾气都没有。星期一市场开盘时，雷曼兄弟公司的股价还在 18 美元，可到了星期四的时候，股价就跌到了 3 ~ 4 美元之间，如此迅速的暴跌意味着市场还有可能发生其他更极端的事情。拉贾拉特南需要通过胜利来重振自己的信心。

“你看看，压力真的太大了。”拉贾拉特南坦露，为了掩饰自己的弱点，他之前的交易，都喜欢运用虚张声势的招数。这个时候，投资股票开始变得像赌博一样，这与去拉斯维加斯玩轮盘赌基本没有什么区别。“你懂的，比如你去赌场，”拉贾拉特南说，“看中了某家大公司，就好比施兰卜吉（Schlumberger）吧，你看中它的时候，它的股价是100美元，现在却跌到了82美元，对不对？你也不知道，它还会不会跌到70美元。”

“确实如此！”阿尼尔·库马尔说。库马尔可以说这样的话，但是，他作为咨询顾问，根本感受不到交易人员在2008年9月所经历的那种痛苦。事实上，库马尔是从都柏林打来电话的，他正跟青年总裁组织（Young Presidents Organization）的成员们在一起。青年总裁组织是由一群有进取心的年轻人组成的，他们有时会聚在一起闲聊。库马尔全身心地投入该组织举办的活动中，根本没有关注金融市场的连续暴跌。

10月，“阿南德·马恒达（Anand Mahindra）在纽约的蒙托克召集了50人开会。”库马尔跟拉贾拉特南说，“我猜那个地方应该是郊区或者纽约的某个地方。”事实上，这次活动是在莫宏克举行的，这是纽约的一个不起眼的地方。马恒达在印度企业界是最受尊敬的企业家之一，他在哈佛学院（Harvard College）[①] 和哈佛商学院完成学业后，就回到了印度，继承家族庞大的企业帝国。马恒达邀请了印度的企业界大咖一起“探讨印度未来的发展”，库马尔这样说。

“马恒达也邀请我去参加这个会议。”库马尔又补充了一句。

拉贾拉特南太熟悉库马尔了，他就是这样，喜欢故作姿态。拉贾拉特南曾经跟他俩共同的好朋友古普塔这样形容库马尔，说他“费尽心机可能不太合适，但他说话经常让人很不爽，他知道怎么去刺痛别人”。令人惊讶的一点是，“库马尔似乎知道每个人有多少财富，你知道，一般情况下，他都是这么说，‘哦，苏尼尔·米塔尔的身价是200亿美元’”。拉贾拉特南富有远见地指出，按照库马尔的视角来审视世界，处处都是问题。

---

① 哈佛学院位于马萨诸塞州剑桥，是哈佛大学旗下两所可授予本科学士学位的学院之一。——译者注

“你知道，一旦库马尔开始这样想问题……”拉贾拉特南并没有把话说完。拉贾拉特南知道，跟古普塔或者其他类似的人交流，话不需要讲完，对方就能明白你想说的是什么。如果对方还是感到有些疑惑，拉贾拉特南就会补充说：“你只要做好自己的生意，钱自然就会来，你懂的。”

库马尔是那种领薪水的咨询顾问，他的所得与他的付出是成比例的，拉贾拉特南与库马尔不一样，他是企业家，他所有的一切都是靠鲜血、汗水和泪水拼出来的。最近几年，市场表现很强劲，这让人们忘记了拉贾拉特南当初创立帆船集团时所受过的苦，付出的艰辛劳动，以及承担的风险。不过，2008 年 9 月是一个特殊的时间节点，因为它让人们明白拉贾拉特南能成为亿万富翁是有原因的。

每一天，当拉贾拉特南投身于投资浪潮中时，他都面临被市场彻底摧垮的风险。3 年前，当印度洋海啸摧毁拉贾拉特南的祖国斯里兰卡时，他正好在那里度假，他亲眼见证了这场浩劫。当时，拉贾拉特南正在豪华的时代华纳中心第四层的石玫瑰酒吧主持一场基金筹款仪式，时代华纳中心的视线特别好，可以远眺中央公园。只见一群穿着紧身衣的美女聚集在光滑的红木吧台前，轻酌鸡尾酒，而拉贾拉特南正发表充满力量且震撼人心的演讲。拉贾拉特南喜欢将斯里兰卡的渔民比喻为对冲基金经理。“每天早上，渔民出海，都会尽力捕到数量最多的鱼，”拉贾拉特南对聚集在现场的上千名听众说，“晚上回来时，他们就像对冲基金经理一样，盘算着自己一天的收获有多少。”是的，情况确实如此，跟斯里兰卡的渔民一样，对冲基金经理也要面临金融海啸的冲击，金融海啸的威力巨大无比，与大自然中的海啸一样。作为咨询顾问的库马尔是不会遇到这些麻烦的，身在都柏林的他，完全感受不到拉贾拉特南的世界是怎么回事，对他们这种交易员每分钟所面临的压力也没有任何感觉。库马尔甚至都不怎么看新闻。9 月 11 日那个星期的早些时候，韩国开发银行（Korea Development Bank，KDB）已经终止了购买雷曼兄弟股份的谈判。在曼哈顿区，这是金融市场参与者唯一关心的事情。

“我问我的同事，是不是 KDB 准备收购雷曼兄弟，他很轻描淡写地回答了这个问题，他说不要相信你在报纸或新闻上看到的任何消息。”库马尔说。“你什么时候问的他？”拉贾拉特南问。“一个星期之前。”库马尔回复说，他根本没有意识到，9 月 11 日，市场瞬息万变，可能几分钟之前的新闻都已经不新鲜了。“你知道，真实的情况是，一个星期以前，KDB 还在艰苦的谈判中，”拉贾拉特南问，“是不是啊？”“嗯！”库马尔回答。“星期二的时候，KDB 已经表示对雷曼兄弟的股份不感兴趣了，”拉贾拉特南继续说，“他们不可能再谈了，对不对？”“嗯！”库马尔再次应答。库马尔也只能这么回答。跟以往一样，拉贾拉特南便不再说话了。

史无前例的暴跌

一个月之前的 8 月 15 日，上午 11 点刚过一会儿，库马尔就给拉贾拉特南打电话说，经过几个月的谈判，AMD 和一家名为穆巴达拉（Mubadala）的中东地区主权财富基金达成最终协议，这家基金将出资 60 亿 ~ 80 亿美元，帮助 AMD 投资修建生产厂房，用于电脑芯片的制造。

“昨天 AMD 和穆巴达拉达成了一致意见，至少他们手握在一起，说会继续保持合作。”库马尔告诉拉贾拉特南。在美国劳动节之后的那一个星期，他们将会对外公布消息。

在挂断库马尔电话后的几分钟，拉贾拉特南就开始散布这一利好消息。拉贾拉特南首先打给了达妮埃尔·基耶西，他知道基耶西肯定也有“边料”，因为她跟 AMD 的首席执行官赫克特·鲁伊斯的关系不错。“你有没有问过鲁伊斯这个事情？”拉贾拉特南问。基耶西说她跟鲁伊斯有过简单的交流，他希望这个交易能够在“9 月中旬或者差不多的时间段”成功。拉贾拉特南考虑到市场如此多变，从多个渠道来确认一下，比较让人放心。拉贾拉特南跟基耶西说了他几分钟前收到的消息：“没错，昨天我们握了握手。”拉贾拉特南用了库马尔常说的那句话，每次当协议达成一致时，库马尔就喜欢用这样的表达方式。

几个小时之后，拉贾拉特南打电话给弟弟伦甘，他把 AMD 将会跟阿拉伯人达成一项非常有影响力的交易的消息告诉了伦甘。拉贾拉特南已经买了一些 AMD 的股票，建议伦甘也买一些。

“好的，非常感谢，哥哥，我很喜欢这个消息。”伦甘回复说。在拉贾拉特南家族中，大家一有内幕消息就会分享。3 个半小时之后，伦甘给哥哥回了一个电话。伦甘说他刚刚跟原来斯坦福商学院的同学通过电话，这个同学叫戴维·派勒挈克（David Palecek），是麦肯锡的一位咨询师，他是麦肯锡半导体行业小组的负责人，直接受库马尔领导。

伦甘说，他问派勒挈克："你觉得 AMD 怎么样？""派勒挈克建议我买 AMD，能买多少就买多少，而且越早越好。"伦甘向哥哥这样描述，"最后，他还是把实情告诉了我。他说阿拉伯人准备投钱了，他觉得 AMD 公司的股价会飙升。"

因为拉贾拉特南一直都想多招募一些内幕消息线人，于是，伦甘跟哥哥说，自己这个商学院的同学值得考虑。"你知道，我这个同学有点小问题，"伦甘说，"我会告诉你为什么，因为他……是那种会自己主动提供内幕消息的人，当我说到 AMD 股票时，他立刻就将这些投资内幕消息说了出来。"当派勒挈克说他最擅长的就是内幕消息交易时，伦甘感觉这可能会带来麻烦。帆船集团可以雇用派勒挈克的妻子梅丽莎作为咨询顾问。不过，派勒挈克的妻子或者她的律师凯瑟琳·L. 雷德利克（Catherine L. Redlich）肯定不会认同这个说法。2010 年，年仅 37 岁的派勒挈克死于葡萄球菌感染引发的并发症，雷德利克说，"派勒挈克夫人已经全权委托我代表她来表态，她从来没有在帆船集团担任过咨询顾问一职，也从来没有跟她的先生讨论过这方面的事情。虽然伦甘可能觉得派勒挈克有点儿小问题，或者伦甘只是想在哥哥面前表现自己，但这样做是不对的。"麦肯锡也同意雷德利克的观点，并且补充说，"没有充分的证据"表明派勒挈克同意或者已经跟他们分享了客户的机密消息。

8 月 15 日那天结束的时候，帆船科技基金已将 AMD 的仓位增加了 4 倍，其持有 AMD 股票的数量达到 400 万股。拉贾拉特南豪赌 AMD 跟阿拉伯人达成的协议能够让股价暴涨，以为能够跟两年前 AMD 与 ATI 公司并购带来的效果一样。然而，随着夏天的天气越来越热，AMD 公司的股价却越来越低。尽管与穆巴达拉的合作是一个非常不错的利好消息，并且让 AMD 可能陷入破产境地的谣言终止了，但在大家预期的交易达成之前的几个星期里，公司的股价一直在下滑。每次，当拉贾拉特南和基耶西谈到 AMD 的股价表现时，他们俩都非常困惑，总是抱怨

AMD 的股票表现太差。不过，失望的并不只有他们俩。

坐在位于圣安德鲁广场的美国联邦检察官办公室的办公桌前，迈克尔森正在耐心地等着 AMD 与阿拉伯人的交易。当迈克尔森第一次听到库马尔告诉拉贾拉特南，AMD 与来自阿拉伯的主权财富基金握手庆祝时，他感觉非常兴奋，他跟拉贾拉特南一样迫切地期待着 AMD 的这笔交易，只是他们俩的理由不同。在迈克尔森看来，这就是他想要的线索，这个交易也许是给拉贾拉特南定性内幕交易所需要的证据。然而，到了 9 月的第二个星期，期待获得丰厚盈利的内幕交易渐渐变得渺茫了。库马尔一开始所说的劳动节后的对外公布事项推迟了。尽管迈克尔森现在仍然戴着耳机在监听库马尔和拉贾拉特南的通话，同时还密切关注着股票市场的波动，但他对利用 AMD 的股票交易给拉贾拉特南定性内幕交易的想法已经不抱希望了。

库马尔告诉拉贾拉特南："AMD 的交易消息不是 9 月 15 日对外公布，可能要推迟到 10 月的第一个星期才宣布，但一切都在进行中。"库马尔为了让拉贾拉特南相信，又补充说："我觉得双方的交易肯定是达成了一致意见，所有该谈的都谈了，现在最关键的就是具体的细节问题。""是吧。"拉贾拉特南回复说，但语气中透着一丝怀疑。

10 月 7 日，AMD 对外公布了这次合作的消息，然而，结果却不是拉贾拉特南和迈克尔森所期待的那样。帆船集团这次投资 AMD 股票失败了。由于 9 月 15 日，雷曼兄弟宣告破产，高科技公司的股票与市场走势类似，都遭遇了史无前例的暴跌。

代价昂贵的错误

吉檀迦利·古普塔对雷曼兄弟破产后的那个周末印象非常深刻。吉檀迦利从波士顿回家，庆祝自己的 30 岁生日。事实上，在那个周末，古普塔家要庆祝的生日有两个。因为吉檀迦利妈妈的生日是在 9 月 21 日，就比她晚一天而已。9 月 20 日是星期六，在西港的父母家中，吉檀迦利来到书房跟爸爸聊天，他们家的书房很大，两面墙的书柜里都摆满了书，站在书柜前，可以俯瞰院子里的游泳池。

这一年年中，也就是在 6 月，古普塔经历了人生中最重要的时刻，他们家的大女儿出嫁了。对大多数印度家庭来说，女儿嫁给一个尼日利亚人，一定会引起轩然大波。事实上，当吉檀迦利在某次热闹非凡的感恩节上，第一次将当时还是男朋友的老公介绍给整个家族时，吉檀迦利的表妹看到这一幕，觉得非常值得敬畏。“大多数的印度父母，包括她自己的父母，都禁止自己的孩子跟除印度裔以外的人约会，更别说结婚了……我那表现优异的表姐，也就是古普塔家的大女儿，不仅可以跟尼日利亚人约会，而且得到了开明父母的祝福，这在印度家庭中从来没有听说过。”吉檀迦利的表妹说，“我真的，真的非常骄傲，只有我叔叔才会这样做，不需要什么华丽的辞藻，或者故意引起别人的关注，他那绅士般的态度就表明，他很支持他女儿与她男朋友在一起。”

古普塔大女儿的婚礼也是在古普塔西港的家中举行，古普塔希望婚礼的所有细节都要完美。古普塔花了几个小时，设计并反复排练户外的各个环节，甚至连花应该怎么摆放都很用心。那一天，当古普塔的大女儿穿着红色的纱丽服，站在用鲜花装饰的婚礼篷房下，一贯严谨内敛的古普塔竟情不自禁，难以控制自己的情感。在婚礼致辞的时候，古普塔对女儿的正直、诚信表示敬佩。在古普塔做每一个动作前，他都会问自己，吉檀迦利会怎么想呢？当时，客人们第一次见到古普塔眼睛里含着泪水，这在以前是从来没有过的事情。

3 个月之后，就在吉檀迦利回家过生日的那个周末，古普塔显得非常不安、忧心忡忡，这跟以前的他完全不像。不管是在工作中，还是在家里，古普塔通常都十分冷静和镇定，他几乎不会发脾气，因为他觉得没有什么事情值得生气。有时候，他的家人会觉得他的这种超脱状态有些极端。古普塔似乎对任何事情都不在乎，或者没有什么事情能够让他生气或者心动。古普塔并没有在精神分析方面表现出很有天赋，不过，之所以会是这样的性格，古普塔觉得可能跟他年轻时父母就离世了有很大的关系。“只要想到这一点，遇到什么事情都不会太激动了。”多年之后，古普塔这样分析。

古普塔告诉女儿吉檀迦利说，他对帆船航海家基金的表现不满意，这个基金是他和拉贾拉特南一起投资的，但他现在很难获知这个基金的具体消息。吉檀迦利并不了解拉贾拉特南，她只见过拉贾拉特南一次，就是她父亲和拉贾拉特南一起来哈佛大学为新丝路基金公司筹资那次碰见的。吉檀迦利是哈佛大学管理公司的投资分析师，这家公司负责管理哈佛大学获得的捐赠资金，是新丝路基金公司的潜在投资者。古普塔跟他女儿说，自己之所以这么生气，是因为他确信拉贾拉特南已经将投在基金里的钱撤出来了，却没有告诉他。如果拉贾拉特南真的这么干了，吉檀迦利想知道，为什么父亲不能将钱撤出来？

在雷曼兄弟破产之后，古普塔才知道，当初他投到帆船航海家基金里的 1 000 万美元全都被拉贾拉特南亏掉了。古普塔认为拉贾拉特南有责任弥补他的亏损，毕竟，他只是一个被动的投资者。一直从容不迫的古普塔这次真的很生气，甚至会考虑起诉拉贾拉特南。最终，古普塔还是没有采取任何法律行动。只不过，这个错误的代价有点儿太大了！

THE BILLIONAIRE'S APPRENTICE

第 30 章

“买入高盛！买入高盛！”

2008 年 9 月 23 日，上午 10 点左右，高个子、满头银发的银行家拜伦·戴维·特罗特（Byron David Trott）坐在纽约高盛集团总部大楼 17 层的办公室，正准备打电话。特罗特无意中瞥了一眼挂在墙上的电视，看到自己以前的导师和老板汉克·保尔森（Hank Paulson）正在国会出庭做证。自从一个星期前雷曼兄弟破产之后，2006 年就开始担任美国财政部部长的保尔森变得格外繁忙，他到处救火，无处不在。电视上、国会上总能看到保尔森的身影，他不断地告诫美国人民和政府，美国正面临一场史无前例的金融大危机。

特罗特将目光从电视上挪开，认真思索着他即将拨打的这个电话。几天前，在高盛首席执行官劳埃德·布兰克费恩的请求下，特罗特准备找美国最著名的投资者沃伦·巴菲特谈谈，希望他能够投资高盛集团。高盛首席执行官布兰克费恩私底下请求特罗特问问巴菲特的意见。巴菲特的伯克希尔－哈撒韦公司是一家大型的金融投资集团，巴菲特的很多投资都是通过这家公司进行的，其投资的范围非常广泛。布兰克费恩知道特罗特跟巴菲特的关系不一般，从 2002 年开始，特罗特就代表高盛集团投资银行部门替巴菲特打理相关业务。从那个时候开始，特罗特就陆续为巴菲特做了不少事情，2008 年对他们来说格外繁忙。

特罗特很清楚，布兰克费恩想让他找巴菲特做的事情，巴菲特是不会接受的。因为没有足够的好处，能够让这位“奥马哈先知[①]”愿意冒如此大的风险。事实证明，特罗特是对的。第一次给巴菲特打电话，只谈了 15 秒钟就结束了。特罗特唯一的希望就是今天的谈话时间能够稍微长一点。

雷曼兄弟宣告破产已经过去 8 天了，但恐惧和混乱依然是股票市场上的主旋律。金融类股票受到的冲击尤为严重。全美最大的储蓄和贷款银行华盛顿互惠银行（Washington Mutual）正处于危机的边缘，还有很多其他银行也开始陷入无穷无尽的麻烦中。到周末的时候，美国联邦存款保险公司（Federal Deposit Insurance Corp.）开始介入并接管了华盛顿互惠银行，使华盛顿互惠银行的倒闭成为美国历史上最大的一次银行倒闭案。

大约 24 小时之前，特罗特在芝加哥郊区跟客户一起开会时，手机突然响了。打电话的是他的朋友乔恩·温克里德（Jon Winkelried），他是高盛集团两位联席总裁之一。温克里德告诉特罗特，高盛集团准备增发 50 亿 ~ 100 亿美元的普通股，用来补充资本金。

特罗特问温克里德，高盛是否安排好了基石投资者（Cornerstone Investors），这是行话，意思是能够承担大量销售任务的投资者，以高盛的这次增发为例，至少可以承销 20 亿 ~ 30 亿美元的股票。通常情况下，在股票公开发行时，如果公司能够说服一位声誉良好的机构投资者投入大量资金，那么这只股票的发行价就会飞涨，因为有一位精明的投资者在，潜在的投资者很可能会选择跟随。温克里德告诉特罗特说，这一次高盛还没有安排基石投资者。这个失误可不小，特罗特对温克里德说。特罗特自告奋勇说他会立刻飞往纽约，与高盛的高管一起来研究这个问题，为高盛的这次增发抓紧找到一位基石投资者。当天晚上，特罗特就搭乘

---

① 巴菲特的老家就在奥马哈，伯克希尔 - 哈撒韦公司的总部也在奥马哈。——译者注

飞机从芝加哥飞回了纽约。

巴菲特入股

第二天早上 9 点，在纽约布罗德大街 85 号高盛总部 30 层的行政会议室，特罗特与温克里德和高盛首席财务官戴维·维尼亚（David Viniar）碰面了。高盛的首席执行官布兰克费恩因为要去华盛顿开会，已经在去往拉瓜迪亚机场（LaGuardia Airport）的路上了，所以只能通过电话会议参与讨论。特罗特简单地告诉布兰克费恩、温克里德和维尼亚，他觉得沃伦·巴菲特可能会感兴趣的交易类型。不过，特罗特还是认为想让巴菲特投资证券公司是一件不容易的事情。毕竟，在 20 世纪 90 年代初期，巴菲特曾经在所罗门兄弟公司的投资上有过惨痛的教训，从那个时候开始，巴菲特就对投资银行失去了兴趣。但是，特罗特想到一点，如果想吸引巴菲特投资高盛集团的股票，最大的可能性就是分给他丰厚的分红。

高盛集团的高层一致同意让特罗特去试探一下巴菲特，并给他充分的授权，便于他跟巴菲特谈这笔交易。当特罗特来到奥马哈拜访巴菲特时，巴菲特当天的安排跟平常一样。一早，巴菲特会到伯克希尔－哈撒韦公司参加会议，然后与他的孙辈一起去吃冰雪皇后品牌（Dairy Queen，以下简称 DQ）冰激凌，DQ 公司也在伯克希尔－哈撒韦的投资组合里。

“不管我们之前讨论过什么，”特罗特告诉巴菲特说，“您和我都知道，您之前对投资证券公司并不感兴趣。”但这一次不一样，高盛有了新的想法，准备大额融资。高盛希望巴菲特能够成为这次增发融资项目中的基石投资者。“我在听着呢。”巴菲特回答说。特罗特跟巴菲特说，高盛这次准备给巴菲特内部优质证券永久优先股外加权证，这意味着巴菲特只要投资 50 亿美元的股票，就会获得利润丰厚的回报，以及按照预先设定的价格购买高盛集团股票的权利。“我还在听。”巴菲特说。对高盛来说，能够让巴菲特认购公司的永久优先股非常关键。永久优先股属于一级资本，监管部门对金融机构监管的一个非常重要的考核指标就是看金融机构的核心资本与总资产的比例。在当时，当金融机构投资者对投资银行负债总额过多表示特别担忧的情况下，一级资本的筹集会给市场一个非常强烈的信号：高盛集团的负债在减少。

为了获得巴菲特的投资，也就是为了给予高盛集团证券行业的一份产品质量保证书，高盛集团打算付给巴菲特 10% 的优先股股利。

巴菲特说他准备接受这份协议，但有一个前提条件。巴菲特坚持要求高盛集团 4 位最重要的高管，布兰克费恩、温克里德、加里·科恩和戴维·维尼亚，在巴菲特的股票赎回之前，不能抛售高盛集团的股票。这就是巴菲特的风格：如果连高盛集团的高管都不愿意冒险的话，他绝对不会让自己的钱承担这样的风险。巴菲特跟特罗特说，他现在要去冰雪皇后公司，在下午 2 点 30 分之前，不要打扰他。

在结束与巴菲特的通话之后，特罗特立刻致电温克里德，此时，温克里德正在赶往联合国总部的路上。"我觉得巴菲特会接受这笔交易。"特罗特说。特罗特和温克里德认为，他们及高盛集团其他高管，包括犀利的高盛首席财务官维尼亚、能力超强的首席律师格雷格·帕姆（Greg Palm）、经验老到的华盛顿内部人士，同时还是布兰克费恩顾问的约翰·罗杰斯（John F. W. Rogers），应该在 12 点 30 分的时候到布罗德大街 85 号高盛集团总部 30 层的会议室，开会研究与巴菲特合作的条件。爱讲俏皮话的布兰克费恩还是用电话的方式参加会议，因为他还在华盛顿继续上午的会议。布兰克费恩是在东纽约的联邦住房项目中一点点成长起来的。而这个从 1982 年就加入高盛集团，一步步爬上来的高盛老兵特罗特，为了参加中午的会议，将给公司新晋的董事总经理及副总裁讲授谈判技巧的课程推掉了。

9 月 23 日，星期二，下午 1 点多，高盛副总裁莉赛特·乔根森（Lissette Jorgensen）便收到了工作指令。在来华尔街工作之前，乔根森是一位钢琴演奏家。乔根森的全职工作是为高盛集团最有权力的 12 位董事会成员提供各方面工作的支持和服务。乔根森和她的手下会为董事会会议准备材料，安排好董事的行程，甚至要安排高盛举行董事会的地点。

乔根森的办公室在高盛总部大楼 30 层，这也是高盛高管办公室所在的楼层，整个上午，这个楼层都在忙着准备各项事情。从芝加哥飞回来的特罗特，也出现在这一楼层。特罗特跟高盛的一群高管正在开会。通常情况下，如果会议是高度机密的，他们都会来这一层开会，因为只有少数级别很高的员工，才能见到这些重要人物的进进出出。那一天，在这一楼层工作的每个人都明白，一定会有什么重要的事情要发生。只是大家都不清楚，到底是什么事情。

半个小时之前，也就是 12 点 30 分的时候，高盛集团的最高管理者集中在一起，听特罗特介绍他与巴菲特拟定的交易条款。“我们一致认为这笔交易非常成功。”多年之后，特罗特这样评价。会议一结束，乔根森就接到任务，要找到所有的高盛董事会成员并通知他们，当天下午公司准备召开董事会紧急会议。高盛希望在市场收盘前，打通所有董事会成员的电话，并告诉他们这个重要的消息。

乔根森立刻开始着手给每位高盛集团董事会成员的行政助理打电话。一开始，当乔根森联系上古普塔的秘书勒妮·戈梅斯说要开会时，戈梅斯回答说古普塔在时间安排上有冲突。古普塔要参加一个重要的政府会议，而且这个会议的时间没法调整。对古普塔来说，这一天实在是太忙了，从早到晚都安排得满满的。但是下午 2 点 5 分，董事会会议要开始之前，戈梅斯联系了乔根森，说古普塔可以通过电话参加董事会会议。

帆船看空高盛

拉贾拉特南的行政助理凯伦·艾森伯格（Caryn Eisenberg）就坐在拉贾拉特南的办公室的外面，这间办公室四面都是玻璃，能够看到里面的情形。拉贾拉特南的工作原则之一就是，每天市场开盘后的前半个小时和市场收盘前的半个小时，也就是上午 9 点 30 分 ~ 10 点和下午 3 点 30 分 ~ 4 点，这两个时间段都不能打扰他。拉贾拉特南告诉艾森伯格，如果这个时间有电话找他，应该如何处理。除非是名单上的 10 个人来电话，否则一律不要转给他，这份 10 人名单是由拉贾拉特南的前任秘书安妮塔·特格拉斯（Anita Teglasi）制定的。拉贾拉特南经常变换名单上的人物，毫不手软，在市场开盘和收盘的前后各半个小时里，他只想接听那些对他来说非常重要的人物的电话。每隔一阵子，他就会从名单上划掉一些人，然后又增加一些新名字。

跟很多秘书的做法类似，艾森伯格会在她随身携带的笔记本上写下名单里的一些人名。她并不是把所有的人名都记在笔记本上，有些名字甚至还有拼写错误。但是这个名单能帮助艾森伯格判断哪些来电者的电话可以转给拉贾拉特南。如果拉贾拉特南正在接电话，或者在开会，这些人又正好打电话来找他，艾森伯格就会用便签告诉他，这些人来电话了。如果拉贾拉特南不在自己的办公室，而是去了帆船集团其他的办公室，艾森伯格就会找到他，然后告诉他这些人来电话了。

拉贾特·古普塔的名字就在这份名单上。自从2008年1月来到帆船集团工作后，艾森伯格就经常在帆船集团的办公室见到古普塔。有时候，古普塔来办公室找拉贾拉特南是事先约好的，有时候，古普塔会突然出现，古普塔会在事先没有任何告知的情况下就来办公室找拉贾拉特南，拉贾拉特南就会让艾森伯格对古普塔谎称他不在。如果两人碰面了，一般便会待在拉贾拉特南的办公室里，关起门来说话。拉贾拉特南的办公室离帆船集团的交易柜台很近，他喜欢跟自己信任的一群交易员离得近一些。拉贾拉特南的办公室有落地玻璃墙，房间里面还放有一块移动展板，办公室的门通常是开着的。拉贾拉特南通过移动展板向他手下的交易员传递买入和卖出的指令，这些交易员就能够以最优的价格执行拉贾拉特南的交易指令。

有一阵子，帆船集团对金融类的股票都看跌。帆船集团甚至在3月贝尔斯登公司破产前，还大举做空金融公司的股票，其中就包括AIG和其他的一些抵押贷款经纪商。帆船对高盛的表现倒是很乐观，特别是在7月下旬跟高盛总裁加里·科恩共进午餐后，这一判断便更加坚定。与华尔街的其他投资银行不一样，帆船最关心的并不是高盛不良抵押贷款的头寸风险，而是表现差劲的交易对手给高盛带来的风险。在午餐会上，科恩的一番解释，打消了拉贾拉特南和在场的两个同事的顾虑。

“没有哪一家同行，有我们高盛这么好的技术，以及风险管理体系，”科恩大胆地宣称，“贝尔斯登破产的那一天，瑞银集团的首席执行官都不清楚他们公司的风险资产的表现如何，但我们却非常清楚地知道我们的风险资产的表现，以及我们的资产负债表是一个什么样的状况。”当被问及如果风险资产的规模超过高盛资本金的规模时，高盛准备怎么办时，科恩是这样回复的：高盛准备并购一家有稳定资本金来源的企业，比如保险公司，或者高盛会想办法再融资。

然而，到 9 月的时候，科恩的大胆预言看上去却不那么靠谱。随着资本市场的暴跌，雷曼兄弟破产的警示，保险公司看上去跟银行一样陷入麻烦之中，帆船集团开始看空高盛。9 月 16 日，帆船集团的高盛集团分析师威尔·基顿（Will Keaten）发了一封邮件，表达了他对高盛的看法。“在当前的市场环境下，我宁愿看空高盛。”基顿在邮件中的第一句话就是自己观点的总结。帆船集团内部曾经用高盛集团的多头仓位来对冲其他金融公司股票的空头仓位，现在，帆船集团对高盛的判断也转向了空头。

决定性的 35 秒通话

9 月 23 日，星期二下午，3 点 54 分，就在古普塔结束高盛董事会会议后的一分钟，古普塔的秘书戈梅斯拨通了拉贾拉特南的专线，一分钟后，古普塔的电话接入。古普塔和拉贾拉特南之间有过一段小小的不愉快。几个星期以来，古普塔一直想知道他所投资的帆船航海家基金到底状况如何，但他始终都没有得到回应。古普塔想在开下一个会议之前，找到拉贾拉特南。事情就是这么凑巧，古普塔是当天下午 2 点 27 分之后，唯一打给拉贾拉特南专线电话的人。

电话一响，艾森伯格便立刻接起来。电话另一端的男人说，他需要立刻跟拉贾拉特南通电话。艾森伯格没听出古普塔的声音，不过她知道这个人是她红色笔记本上面的某个重要人物。拉贾拉特南此时不在办公室，但艾森伯格能听到他的声音就在附近，于是她放下电话去找拉贾拉特南。

当艾森伯格告诉拉贾拉特南，一个非常重要的人物打来电话，希望立刻跟他通话时，拉贾拉特南迅速地跑回自己的办公室拿起电话。拉贾拉特南和古普塔的这次通话时间非常短，只有 35 秒钟。不过，拉贾拉特南放下电话后就立即叫他手下的心腹加里·罗森巴赫来他的办公室。10 多年前，就是加里·罗森巴赫跟他一起创建了帆船集团。

罗森巴赫走进拉贾拉特南的办公室，随手把门关上。1 分钟不到他就出来了，然后走向交易柜台，拿起电话大声喊道，“买入高盛！买入高盛！”他不是只喊一次，而是喊了很多次。

罗森巴赫之所以这么急，是有原因的。纽约股票交易所下午 4 点就会收盘，高盛集团的股票就是在纽约交易所挂牌交易的。当时已经是下午的 3 点 56 分 44 秒，还有不到 4 分钟的时间，当天的交易就会结束。罗森巴赫一共买入了总价值为 2 500 万美元的高盛股票，大多数都是在拉贾拉特南的投资组合里。一开始，罗森巴赫是准备买入 25 万股高盛股票，市场价值大约为 3 100 万美元，但是当天的交易指令下达得太晚了，即便是像他这样的专业人士，也只能买到 2 500 万美元的股票。后来，罗森巴赫并没有受到任何不当交易指控。

当时，初级交易员安南斯・穆尼亚柏（Ananth Muniyappa）的交易席位离拉贾拉特南的办公室也就十几米的距离。在帆船内部，像拉贾拉特南这样的投资组合经理是负责决定买卖什么股票的，而像穆尼亚柏这样的交易员则负责具体买入和卖出的操作。穆尼亚柏和其他十几名交易员的交易席位都在拉贾拉特南的办公室周围，形成了一个 T 形布局，每个交易席位间隔 3 ～ 4 米，中间没有任何遮挡物。负责直接执行拉贾拉特南交易指令的交易员是伊恩・霍洛维茨（Ian Horowitz），他的交易席位离拉贾拉特南的办公室最近。穆尼亚柏是霍洛维茨的替补，在霍洛维茨生病或者外出的时候，替他完成相关交易，所以，穆尼亚柏的交易席位紧挨着霍洛维茨。

由于当天的交易时间只剩下 3.5 分钟，而霍洛维茨正好不在，于是，拉贾拉特南就让穆尼亚柏买入 10 万股高盛集团的股票。就算是在平时，想要一下子买入价值 1 250 万美元的股票都不是一件很容易的事情，更何况当天的交易时间只剩下几分钟。从星期二下午 3 点 30 分开始，高盛集团的股价就一直在拉升，说明市场上肯定有人知道高盛集团会有巨大的利好消息要宣布。穆尼亚柏跟霍洛维茨不一样，他还是一个新手，不像霍洛维茨在华尔街深耕多年，人脉关系广泛。穆尼亚柏没有强有力的手腕，或者甜言蜜语，让经纪人帮他在这么短的时间里，买入这么多高盛集团的股票。

接到拉贾拉特南的指令后，穆尼亚柏立刻致电摩根士丹利的经纪人泰德・贝克（Ted Backer），告诉他自己想要立刻购买 10 万股高盛集团的股票。一开始，贝克告诉穆尼亚柏说，他只能买到 4 万股高盛集团的股票。但到了 4 点 01 分的时候，也就是当天的交易结束后一分钟，贝克给穆尼亚柏发来一条短信，原文是：“bgt 67 200 GS @ 124.0343，fyi”。短信里，贝克用的都是简写，bgt 表示买入，GS 代表高盛集团，短信的意思是贝克一共买入了 6.72 万股高盛集团的股票。“为了能够买到 4 万股，我不得不在那个价位下单。”穆尼亚柏将 21.72 万股的高盛集团股票分到拉贾拉特南的投资组合里，其中，15 万股是罗森巴赫建仓的，6.72 万股是穆尼亚柏建仓的。罗森巴赫还为自己的投资组合买入了 5 万股高盛集团的股票。

当天下午刚过 5 点 45 分不久，彭博社就报道了巴菲特的伯克希尔 – 哈撒韦公司准备购买 50 亿美元的高盛优先股的消息。听到这个消息，帆船内部沸腾了，一扫之前的阴霾。但紧挨着穆尼亚柏的交易员里昂 · 邵多夫（Leon Shaulov）非常生气。邵多夫的脸气得通红，头发凌乱不堪，眼珠子都快瞪出来了。邵多夫跟随罗森巴赫一同负责帆船海盗基金（Buccaneers Fund），但并没有进入拉贾拉特南的核心交易圈，他一直看空金融股。邵多夫真的感到非常愤怒，因为帆船集团内部没有一个人将巴菲特购买高盛集团优先股的消息告诉他。

下午 6 点 16 分左右，邵多夫给罗森巴赫发了一封表示自己愤怒情绪的邮件。

“真的要感谢领导们的抬爱啊！我做空 1.7 亿美元的金融股，”邵多夫表示自己已建仓 1.7 亿美元的金融股空头。“没有一个人跟我说这个事情，真的很感谢你们……我所付出的与我所得到的简直不成比例！至少，我所有的回报都是自己挣来的。”邵多夫指的是在帆船内部，有些投资经理的收入是靠他们自己或其他人管理的基金获得的。然后，邵多夫又加了一句挖苦讽刺的话，“就这样帮我，真是绝了！”

罗森巴赫的回复很简短：“电话交流。”罗森巴赫不想用公司邮件讨论巴菲特购买高盛集团优先股的消息。

第二天早上，拉贾拉特南给公司办公室打电话，想确认一下在这次高盛对伯克希尔 – 哈撒韦公司的支持计划中，帆船集团一共买了多少股高盛集团的股票。这个电话是拉贾拉特南的老搭档伊恩 · 霍洛维茨接的。拉贾拉特南非常希望帆船能够拿到 2 500 万股的高盛股票。市场传言说，高盛的联席总裁加里 · 科恩决定根据各家公司与高盛亲疏远近的关系来分配高盛集团股票的持有比例。拉贾拉特南想让科恩及其他人都知道，帆船对高盛可从来没有干过“落井下石”的勾当，即便市场处于动荡不安的状态，帆船也没有从高盛大规模撤退。如果现在要权衡忠诚度，那么，帆船对高盛那可真是一心一意的。

昨天下午，快收盘的那几分钟实在是太紧张了，拉贾拉特南让霍洛维茨及时行动，没有浪费一丁点时间。“这样看来，昨天真是够悬的啊！”拉贾拉特南跟霍洛维茨说，“我是 3 点 58 分接到的电话，对吧？我说过高盛肯定会有好事要发生，对吧？”拉贾拉特南说他指示穆尼亚柏替他买入高盛集团的股票，但他发现“时间来不及了”，于是，他又让霍洛维茨也赶紧下单。“嗯。”霍洛维茨回应道，并没有多说什么。

一个小时之后，拉贾拉特南再次给霍洛维茨打电话，想确认帆船集团能够拿到多少高盛集团的股票。拉贾拉特南有点儿恼火，因为当天纽约正好在举办联合国大会（United Nations General Assembly），交通非常糟糕。

“我已经反复向高盛强调我们的重要性，”霍洛维茨告诉拉贾拉特南，“我们一直一直都将自己的业务和亚当基金的业务放在高盛。即便是上个星期，当市场上谣言满天飞的时候，我们都是一如既往地支持他们。我觉得高盛不会忽视我们的重要性。”

当拉贾拉特南和霍洛维茨意识到事情并不是他们所能掌控的时，拉贾拉特南开始回味前一天交易时的惊心动魄。尽管霍洛维茨已经平复了邵多夫的怒气，但他并不能完全了解拉贾拉特南当时的想法。当霍洛维茨问拉贾拉特南是不是昨天接到电话，知道高盛集团会有好事发生时，拉贾拉特南说，“是啊，3 点 58 分的时候，可我不能……在大厅里跟你大声说这个事情啊”。“是的，你做得没错。”霍洛维茨对拉贾拉特南的话表示支持。然后，霍洛维茨聪明地建议说：“当你来办公室时，我们可以再好好谈谈。”

THE BILLIONAIRE'S APPRENTICE

第 31 章

立案的触发点

自从 2006 年 5 月执掌高盛集团以来，劳埃德·布兰克费恩就向董事会成员立了一条非常简单的原则：要在他们给自己打电话之前，先给他们打电话。布兰克费恩经常会挨个给董事会成员打电话，就公司财务报表中的每一个数字与他们商量确认。有时候，布兰克费恩还会非常正式地拜访公司的董事会成员。布兰克费恩经常会在瑞士达沃斯论坛，或者纽约的上西区（Upper West Side）碰到董事拉贾特·古普塔。古普塔跟布兰克费恩是邻居，古普塔在中央公园西 15 号的世纪大厦有一个简单的临时住处，与布兰克费恩紧挨着。只不过，布兰克费恩的房子装修得像宫殿一样富丽堂皇。

不论什么时候碰到董事会的成员，布兰克费恩都会告诉他们高盛集团最新的发展情况。布兰克费恩觉得这是作为首席执行官应该做的，让每一位董事会成员都清楚地知道集团当前的状态。在布兰克费恩看来，这是优秀公司治理规则的第一条。2008 年秋天，金融市场动荡不安，高盛的日子也不好过，经常是今天盈利，明天就亏损。仅以 9 月为例，在这段让人痛苦不堪又无可奈何的时间里，布兰克费恩至少向董事会成员通报了十多次高盛的财务状况。

史无前例的亏损

2008 年 10 月 23 日，按照高盛第四季度的统计方法，已经是第八个星期或者第九个星期了，布兰克费恩决定向集团董事公布最新的集团财务状况。证券分析师都期待高盛每股盈利能够达到 2.76 美元，但是，布兰克费恩知道真实的情况并没有那么乐观。从每天和每个星期的盈亏报告来看，华尔街分析师对高盛每股盈利的分析有失偏颇。事实上，高盛在第四季度可能会出现亏损，这是高盛从 1999 年上市以来，从来没有发生过的事情。几个星期之前，布兰克费恩就知道高盛亏损的情况，一开始亏损额度并不是很大，但现在亏损的金额已经到了必须告知董事会成员的程度。

就在同一天，即 10 月 23 日，一早的新闻报道就预示着事情越来越糟糕。《华尔街日报》报道说高盛集团准备裁员 10%，大约为 3 250 人。因为前面经历过雷曼兄弟破产的冲击，所以，大家对高盛的新闻的反应并不大。每个人都知道，对于证券行业来说，2008 年是极其不容易的一年，即便是华尔街的投资银行界老大高盛集团，日子也没有那么好过。

10 月 23 日早上不到 9 点，莉赛特・乔根森就跟高盛集团 12 位董事会成员的秘书联系，安排当天下午 4 点 15 分召开董事会。9 位外部董事中，只有斯蒂芬・弗里德曼（Stephen Friedman）明确表示不能参加电话会议。具有讽刺意义的是，早在 1994 年斯蒂芬就是高盛集团的合伙人，当时高盛所面临的困境要比现在严重得多。在所有的董事中，斯蒂芬最能理解布兰克费恩当前处境的不易。

跟往常一样，古普塔接下来的一天依然非常繁忙，不过对他来讲，调整时差还是会有些不舒服的感觉。当乔根森给古普塔的助手戈梅斯打电话时，她回复说古普塔应该可以参加董事会的电话会议。古普塔现在正在美国航空公司的 151 航班上，这班飞机是从西班牙的巴塞罗那起飞，将在下午 1 点 45 分抵达肯尼迪机场。古普塔的司机塔希尔会来机场接他，然后，送他回康涅狄格州西港的家。在参加高盛集团董事会的电话会议之前，古普塔还有好几个电话要处理。其中一个电话是讨论即将在迪拜举行的领导人会议，另一个是为 11 月的董事会做准备。尽管古普塔的这一天是从欧洲开始的，但他计划按照美国时间工作一整天。在开完高盛集团的董事会之后，古普塔的行程表上还有好几个会议需要参加。

古普塔和妻子将于星期五前往普罗维登斯（Providence），参加布朗大学的周末父母聚会，看望他们正在读大一的小女儿迪帕莉。古普塔夫妇与布朗大学的校长露丝·西蒙斯（Ruth Simmons）博士是好朋友，巧合的是，西蒙斯正好也是高盛集团的董事。西蒙斯邀请古普塔夫妇以她私人朋友的身份做一个主旨演讲，这个演讲由美国电视新闻节目主持人简·波利（Jane Pauley）主持。在演讲结束后，古普塔夫妇会前往西蒙斯的家中参加晚宴。

下午 4 点 16 分，戈梅斯拨通了高盛董事会的电话会议，随后让古普塔切进了会议。坐在高盛总部 30 层的董事会会议室，布兰克费恩告诉高盛各位董事，2008 年第四季度，高盛将出现亏损，这与华尔街分析师的预期不一样。这个季度高盛所获得的佣金收入，全部被投资组合里的资产损失给对冲了。布兰克费恩的披露引发了大家的争论：这么多年来，高盛一直都是盈利的，怎么现在竟然出现了亏损？大家一致认为是市场环境不好，才使得高盛出现了亏损。下午 4 点 49 分，董事会会议结束。

会议结束后 23 秒，古普塔的秘书接通了拉贾拉特南的专线电话，并切入了古普塔的家庭办公电话。拉贾拉特南和古普塔的关系最近有点儿磕磕碰碰的。还在一年半之前，即 2007 年 4 月份，当麦肯锡的合伙人马歇尔·卢克斯（Marshall Lux）将拉贾拉特南的问候带给古普塔时，古普塔还这样称赞拉贾拉特南，“拉贾拉特南是最优秀的基金经理之一，也是我的一个特别要好的朋友。”2008 年的早些时候，古普塔还前往中东地区为基金筹集资本，他向中东的投资者盛赞拉贾拉特南的投资能力。

但到了 10 月，古普塔对拉贾拉特南处理帆船航海家基金的方式感到越来越担心。古普塔告诉自己的门徒库马尔说，随着 9 月 15 日雷曼兄弟破产，他投资在帆船航海家基金里面的 1 000 万美元也不见了。古普塔说，拉贾拉特南“犯了一个大错误”。古普塔认为，不管从道德还是职业操守上来说，拉贾拉特南都应该赔偿自己的这 1 000 万美元，因为他只是一个被动的投资者，拉贾拉特南才是操作基金的人。古普塔希望库马尔能够把这个话带给拉贾拉特南，但库马尔有些不情愿。在这两大巨头之间搬弄是非，肯定不会有什么好下场。库马尔并不清楚帆船航海家基金的具体投资情况，只是希望古普塔和拉贾拉特南能够通过对话解决这一问题。

尽管对拉贾拉特南处理帆船航海家基金的做法很不满，但古普塔仍然与拉贾拉特南保持着密切联系。10 月 5 日，当古普塔准备飞往欧洲时，他给拉贾拉特南的手机打了一个电话。10 月 10 日，当古普塔从欧洲回到美国后，他再次给拉贾拉特南打电话，看看拉贾拉特南正在做什么。"我知道，这一个星期肯定特别不容易，也特别忙。"古普塔用语音邮件跟拉贾拉特南说，"我希望你能坚持住。我会在周末的时候再给你去一个电话，希望到时候能够接通。希望你一切顺利，回头再聊，再见。"

10 月 23 日，在高盛董事会结束后，戈梅斯拨通了拉贾拉特南办公室的专线电话。尽管那个时候，拉贾拉特南的手机被监听，但他办公室和家里的电话并没有被监听。这一次，拉贾拉特南和古普塔的通话时间长达 12 分钟 30 秒，从 4 点 50 分 30 秒开始，到 5 点 03 分结束。

10 月 24 日一早，股票市场一开盘，拉贾拉特南就迅速下单卖出自己所持有的高盛集团股票。10 月 21 日，拉贾拉特南集团旗下的帆船科技基金刚刚买入 15 万股高盛集团的股票。在 10 月 24 日 9 点 31 分的时候，拉贾拉特南卖出了 5 万股高盛集团的股票，随后的 10 万股，他花了一个多小时才卖完。这次卖出，让帆船集团避免了 3 800 万美元的潜在亏损。在接下来的几个星期里，随着市场上谣传高盛集团第四季度会出现亏损的消息，高盛集团的股价从原来的每股 108.58 美元跌到 52 美元。

同一天上午的晚些时候，拉贾拉特南与戴维・劳联系上了，戴维・劳是新加坡办事处的新负责人，是拉贾拉特南在沃顿商学院的老朋友。由于担心全球经济衰退，风险资产和货币都涌向海外。劳给拉贾拉特南打电话想问问美国现在的情况怎么样。拉贾拉特南告诉劳："我昨天收到来自高盛董事会成员的消息，高盛第四季度每股可能会亏损 2 美元，而不是此前华尔街分析师所预测的盈利 2.5 美元……高盛没有任何利润，因为他们的利润全部被资产亏损对冲掉了……"

谁也不会错过赚快钱的机会，拉贾拉特南说："我觉得现在还不是买入高盛股票的好时机……我现在应该做空它，你懂的。"

我会怀念这份耻辱吗

在列夫·达辛（Lev Dassin）成为纽约南部地区代理美国检察官后不久，他把一张黄色的便笺贴在自己的电脑上，上面写着这样一句话："春天的耻辱。"这是为了提醒自己，针对帆船集团的犯罪调查已经持续了一年半以上的时间，逮捕行动迫在眉睫。作为美国联邦检察官，达辛的工作就是协助决定何时立案。如果立案太早，检察官可能会面临这样的风险，他们会错过可以挖掘的更大规模的案件或者无法发现与此案有关联的独立个案。同样地，如果一项调查持续的时间太久，证据就会变得陈旧，很多事情也会被淡忘。

2008 年 9 月金融市场的剧烈波动，以及两个月后揭发的伯纳德·麦道夫实施的庞氏骗局给了美国证券交易委员会一记响亮的耳光，特别是受人尊敬的证券行业领导人麦道夫，他所实施的庞氏骗局，竟然存续了几十年没有被发现，真的是让人匪夷所思。当时的总统候选人约翰·麦凯恩（John McCain）提出让美国证券交易委员会的主席克里斯托弗·考克斯（Christopher Cox）辞职，这也从侧面反映出市场的声音。美国证券交易委员会的声誉急转直下。一位美国证券交易委员会的前律师在他母亲的生日宴会上，有人问他："你所在的公司如此无能，你对此有什么想法？"

重压之下，美国证券交易委员会迫切需要一个爆炸性的大案来回应市场的质疑，没有什么案件比帆船集团案更合适了。美国证券交易委员会已经获得相应的授权，可以对这一民事案件进行立案，但 6 个月之后，美国证券交易委员会没有提起任何诉讼。2009 年 4 月，在跟美国证券交易委员会执法部门的律师开会时，已经接替考克斯就任美国证券交易委员会主席的玛丽·夏皮罗（Mary L. Schapiro）直言不讳地说："如果我们不能严肃地对待这个案子，我们很有可能就不复存在了。"

作为曼哈顿区一位刚上任的代理检察官，达辛并不需要承担这样的政治压力。但几个月之后，随着布什总统的任职到期，他将交班给美国的新任总统奥巴马，达辛也要将帆船集团的相关资料移交给他的助手雷蒙德·罗海（Raymond Lohier）。

“我会怀念这份耻辱吗？”达辛想这样问罗海，这是他低调而又有效的方法，让他的助手能够紧盯这个案子。

事情也很巧，2008 年 12 月，也就是达辛刚刚成为曼哈顿区美国联邦检察官办公室的代理检察官时，最高法院授权的拉贾拉特南电话监听行动便结束了。电话监听持续了 9 个多月的时间，获得了海量的拉贾拉特南从事内幕交易的直接证据，交易的股票包括高盛、AMD、阿卡迈科技公司、仁科软件公司及其他公司。检察官手里有大量的材料能够直接对帆船集团的经理立案。然而，更为重要的是，通过电话监听，犯罪部门现在已经完全掌握了拉贾拉特南朋友圈的犯罪证据，该朋友圈包括基耶西、库马尔和戈尔斯，当然，还可以进一步调查到其他人。

最让人感兴趣的嫌疑人是麦肯锡的前任董事总经理拉贾特·古普塔。10 月 24 日，拉贾拉特南与劳之间的电话证实了迈克尔森早期的怀疑，正是古普塔凭借其在各家公司的董事身份，向拉贾拉特南泄露内幕消息的。不过经验告诉迈克尔森，仅凭这样一个电话，还不能完全对古普塔定案。如果拉贾拉特南并没有按照古普塔所传递的消息交易，或者内幕消息根本就没有传出去呢？所以，迈克尔森希望通过再多监听一个月，从而在拉贾拉特南和古普塔之间的通话中获得更多的直接证据，能够为检察官提供直接证据来给古普塔这样的商界名流定案。毕竟，监听记录已经帮检察官撒下了一张大网。

法尔的背叛

在监听拉贾拉特南之前的助手阿里·法尔的电话的过程中，调查人员对于他与拉贾拉特南之间的通话感到很纠结。当法尔还在帆船集团工作时，他被称为拉贾拉特南的“管家”，因为他经常替拉贾拉特南下单。2009 年 1 月初，调查人员监听到法尔给他的前老板打电话，他告诉拉贾拉特南说，美国创锐讯公司（Atheros

Communications）第一季度的收入将会超过华尔街分析师的预期，大概做到“9 800 万～ 9 900 万美元”，他是从美国创锐讯公司的一位名叫阿里·哈里里（Ali Hariri）的高管那里获得这一消息的。

在截获了这么多拉贾拉特南与法尔通话记录的基础上，FBI 的康特工于 2009 年 4 月 1 日到法尔位于加利福尼亚州的家中找到了他。这次拜访差点让整个行动彻底曝光，倒不是康特工出了什么差错。尽管法尔早就进入了调查人员的视线中。2007 年夏天的时候，加拿大皇家银行资本市场部的一位名叫阿吉特·瓦利亚（Apjit Walia）的分析师，同时也是拉贾拉特南的朋友，他曾经写过分析报告推测 AMD-ATI 并购案很有可能发生，他告诉美国证券交易委员会，一年之前他曾经在一家名叫 Le Souk 的餐厅见过法尔，拉贾拉特南和他弟弟也参加了那次饭局。

在康特工跟法尔在他家里谈话后不久，法尔就把 FBI 出其不意地拜访他这个事情告诉了理查德·周朋·李（Richard Choo-Beng Lee），理查德·周朋·李是法尔的商业合作伙伴。从帆船集团离职后，法尔和来自马来西亚的理查德·周朋·李合伙成立了一家名为 Spherix 资本管理公司（Spherix Capital LLC）的对冲基金，两个人第一年的配合相当默契，两个人的基金规模已经增长了 10%。考虑到法尔已经将 FBI 找过他的消息告诉了理查德·周朋·李，执法部门面临的选择只有一个：他们必须接近并阻止周朋·李将调查的消息告诉其他人，导致整个调查事件被迫曝光。

拜访法尔不久后，康特工又敲开了理查德·周朋·李位于加利福尼亚州圣何塞市（San Jose）的家门。不过，当时理查德·周朋·李是拒绝回答康特工的问题的，但不久之后，理查德·周朋·李为自己找了一名律师，两人一起前往纽约曼哈顿区的美国联邦检察官办公室会见了迈克尔森和另外一名检察官乔舒亚·克莱因（Joshua Klein）。自从一年前加入犯罪部门以来，迈克尔森便越来越忙，他需要对成百上千个小时的监听进行过滤，筛选出那些直接能够对拉贾拉特南立案有作用的证据。调查进行到目前，立案的条件已经完全成熟，现在只需要一个触发点而已。

理查德·周朋·李和检察官之间的摊牌非常重要。如果检察官不能成功地让理查德·周朋·李配合调查，那么检察官就要承担这样的风险：整个调查活动被迫向公众公开，使多年的辛苦努力付之东流。还有一个更复杂的问题，就是调查活动的组织管理问题，理查德·周朋·李来到曼哈顿区的美国联邦检察官办公室的当天，他的合伙人法尔碰巧也来了。检察官们没有让理查德·周朋·李和法尔碰头，以防给他们俩机会，让其串供。

在跟纽约检察官会谈时，理查德·周朋·李的律师杰弗里·伯恩斯坦（Jeffrey Bornstein）没有拐弯抹角，他只是想知道，检察官有什么样的证据可以指控自己的委托人。克莱因和迈克尔森给伯恩斯坦播放了一些可以直接给理查德·周朋·李定罪的电话录音。如果没有证人的合作，即便是有电话录音，尽管有时候电话录音的效果还很明显，但这仍然不够。对于监听外行来说，比如某位陪审员，仅仅凭录音是很难搞清楚事情的真相到底是怎么回事的。

一开始，这位来自加利福尼亚州的律师伯恩斯坦，看起来还很淡定。“这些录音会提供给法庭？”伯恩斯坦这样问纽约的检察官。目前还不清楚伯恩斯坦是否知道这些电话录音是通过获得法院授权的监听得到的，检察官当然不会跟他说这些电话录音的来源。因此很难判断伯恩斯坦是在质疑这些电话的监听录音是否能被法院认可还是他只是问一下检察官是否打算使用这些录音。“是的，这些录音将会提交给法庭。”克莱因坚定地回复道。

随后，克莱因又播放了更多的录音，每放一段，伯恩斯坦的不安和焦虑就会加深一些。伯恩斯坦现在的状况很棘手。伯恩斯坦其实了解的信息并不是很多，但是又不得不为他的委托人出主意，而这个决定可能会是理查德·周朋·李这辈子最重要的决定：他的委托人理查德·周朋·李是应该跟政府部门合作呢，还是孤注一掷，跟政府部门死磕到底？

“你只有一次机会可以跟政府部门合作，”检察官克莱因眼睛直直地盯着理查德·周朋·李说，“如果你不合作，我们就会起诉你，证明你有罪，那么你将会被判入狱。”克莱因的姿态非常明确地表示纽约的检察官非常重视这个事情。几个星期后，理查德·周朋·李同意跟政府部门合作。理查德·周朋·李开始有意识地打电话给自己的前老板之一、对冲基金界的祖师爷、赛克资本管理公司的史蒂文·科恩，这些电话都是被录音的。理查德·周朋·李以想要回赛克资本管理公司工作为借口，给科恩打了好多次电话。在理查德・周朋・李和科恩的交流过程中，理查德・周朋・李曾经一口气说出了 20 只股票，大多数都是科技类公司股票，他告诉科恩自己能获得这些公司非公开的机密消息。对理查德・周朋・李的提议，科恩没有做出任何反应，而是以沉默应对。有一次通话时，科恩建议他和理查德・周朋・李两个人面谈，这一举动很有诱惑力，但并不会带来最终的指控。到 2009 年夏天，华尔街盛传政府正在调查一桩内幕交易案，而理查德・周朋・李和法尔已经答应跟政府部门合作。突然间，科恩就再也不接理查德・周朋・李的电话了。

然而，那个时候，检察官在想方设法掩盖法尔和理查德・周朋・李同意跟政府部门合作的消息，他们希望抢先一步避免将这一消息外漏。只不过，检察官并不知道，有时候消息外漏未必来自政府部门的调查。在与曼哈顿区的美国联邦检察官会谈后不久，法尔和理查德・周朋・李就注销了他们的对冲基金，他们也没有办法。一旦法尔和理查德・周朋・李同意跟 FBI 合作，如果还想继续管理投资者的资产，他们就有义务向投资者坦白，他们是犯罪调查的对象。为了能够守住法尔和理查德・周朋・李跟政府部门合作的消息，他们只能选择关闭 Spherix。很显然，无缘无故地关闭自己所管理的对冲基金肯定是有问题的。没有人在赚钱的时候，还愿意向华尔街认输。

2009 年 10 月的第一个星期，拉贾拉特南和库马尔，以及他们俩的妻子阿莎和马尔维卡一起前往特立尼达（Trinidad）参加某位女士的婚礼，这位女士曾为他们俩工作过。在他们返程的途中，来到了迈尔密的南湾瑟泰酒店（Setai hotel），这个酒店位于南海滩中心的海滨度假胜地，拉贾拉特南在这里有一个独立产权的豪华公寓。

10 月 7 日下午，拉贾拉特南和库马尔在海边休息处闲逛，在他们读书和聊天时，拉贾拉特南的手机突然响了。拉贾拉特南看了一下电话号码，然后起身说了句抱歉，就沿着海滩来到一个人少的地方接电话。当拉贾拉特南回来时，他看上去有些激动。拉贾拉特南告诉库马尔，刚才那个电话是思科公司的某位高管打给他的，说思科公司准备买下一家名为星运网络（Starent）的公司。

然后，拉贾拉特南又向库马尔吐露了一件让他很头疼的事情。“库马尔，你知道吗？我现在真的好失望。”拉贾拉特南说，“有一位曾经为我工作过、非常绅士的人，打给我的电话被监听了。我不得不万分小心……我不敢相信，他竟然会背叛我。”拉贾拉特南说，他怀疑背叛他的这个人就是自己之前的员工阿里·法尔。拉贾拉特南建议库马尔以后买预付费的电话跟他联系，这样的话通话就不会被追踪。

那天下午的晚些时候，库马尔回到房间，打开自己的笔记本，登录查尔斯·斯瓦布公司（Charles Schwab）的账户。然后，库马尔以大概 27.97 美元的价格买入了 300 股星运网络公司的股票，总额超过了 8 300 美元。“我想买一点儿星运网络公司的股票，看看这条消息到底是不是真的。”

这条消息确实是真的。在接下来的一个星期，10 月 13 日，思科公司对外公布以 29 亿美元的总价收购星运网络公司的消息，折合每股收购价为 35 美元。库马尔小试牛刀，一击即中，在短短 6 天的时间里就获利 2 000 美元。

第 32 章 戴上手铐吃早餐

2009 年 10 月 15 日，星期四，在 IBM 大楼 34 层的四面都是玻璃墙的办公室里，拉杰·拉贾拉特南坐在自己的弧型大办公桌前，陶醉在自己所取得的巨大成功里。2009 年，拉贾拉特南一手创建的帆船集团所管理的总资产规模高达 60 亿美元，这家著名的对冲基金公司雇用了将近 130 名专业的投资人员，其中有分析师，有投资基金经理。拉贾拉特南当然有理由自豪，他建立起来的投资王国，触角遍布全球，从加利福尼亚州的门洛帕克（Menlo Park）到印度孟买，甚至斯里兰卡都有他的投资项目。拉贾拉特南只要看看办公室外面的交易席位就会特别满足。一排排的交易员和分析师都被自己驾驭，全心全意地为自己赚钱。一旦拉贾拉特南有了内幕消息，他只需要移动一下玻璃面板，对交易席位上的交易员喊一声就够了。通常情况下，这些交易员听到拉贾拉特南给他们的指令后都会欢呼雀跃，因为他们知道，来自老板的消息一定是好消息。

很难相信，拉贾拉特南的很多朋友，有些甚至是偶像人物，比如佩克特资本公司（Pequot Capital）的阿特·桑贝里（Art Samberg），竟然都不在投资界工作了。这些偶像人物的陨落或源于常规的监管部门检查，或源于经济衰退。但帆船集团仍然存活着，这很大程度上是因为拉贾拉特南的坚韧不拔和顽强进取的精神。帆船集团经受住了自大萧条以来最严重的金融危机，在业界脱颖而出，跟帆船集团有业务往来的好几家顶级的投资银行或破产，或被其他机构兼并，其中就包括雷曼兄弟和美林证券。作为 21 世纪初的 3 家科技基金之一，拉贾拉特南的帆船集团是唯一一家仍在经营的。另外两家分别是由富达公司（Fidelity）前高管劳伦斯·鲍曼（Lawrence Bowman）运营的鲍曼科技基金（Bowman Technology）和高盛集团前科技行业分析师丹尼尔·本顿（Daniel Benton）创建的安道尔资本管理公司（Andor Capital Management），他们都倒闭了。鲍曼科技基金在 2001 年科技股泡沫行情中破产，而安道尔资本管理公司则在 2008 年的金融危机中倒闭，这一次金融危机带来的市场动荡，使 1 500 家公司关门，安道尔就是其中的一家。

尽管拉贾拉特南侥幸逃了出来，但他公司旗下的基金也遭遇了重创，大量资金撤退，亏损严重。即使这样，拉贾拉特南也没有破坏对冲基金行业里的老规矩：让他感到非常自豪的是，他没有给投资者设置任何撤资的“门槛”，没有想方设法阻止投资者从帆船撤资。“那是投资者的钱，他们有权利选择如何操作，即使这意味着从帆船集团撤出所有资金，甚至会摧毁我们的公司。”在 2008 年时，拉贾拉特南这样跟帆船的员工说。

对于像拉贾拉特南这样的股票投资者来说，2008 年的行情就像是坐过山车，不过，他还是很庆幸到最后自己能够活下来。2009 年，股票市场回暖，拉贾拉特南的帆船集团表现不错，业绩收入增长了 20%，这些丰厚的报酬将他送进了亿万富翁的行列。一些大型的投资者，也就是那些将钱投给对冲基金的资金，他们在 2008 年将资金大笔撤退之后，看到 2009 年的行情不错，又将钱投入基金。在这些大型投资机构考虑的 10 种不同类型的基金中，就有拉贾拉特南旗下的帆船集团的名字，拉贾拉特南知道，这些投资者都准备将钱投给自己。经过 2008 年的恐慌之后，2009 年应该是一个不错的投资年。

终于熬过最困难的那段时间，拉贾拉特南觉得世界是如此美好，自己的生活是如此惬意。第二天，拉贾拉特南和妻子阿莎准备前往伦敦参加电影《今日特餐》

（*Todays Special*）的首映式，这部电影还是他帮忙融资的。这是一部描述纽约大厨的生活喜剧片，电影主演有南亚明星阿契夫·曼德维（Aasif Mandvi），《每日秀》（*The Daily Show*）栏目的作者乔恩·斯图尔特（Jon Stewart），以及烹饪作家玛德赫·杰芙丽（Madhur Jaffrey）。

这次旅行让拉贾拉特南很兴奋。最近几年，拉贾拉特南开始涉足投资以外的领域，电影制作是他的新爱好之一，他的另外一个爱好就是慈善业。拉贾拉特南想在自己的投资王国之外再创造辉煌传奇。2004 年 12 月的海啸发生后，拉贾拉特南致力于帮助斯里兰卡进行灾后重建和恢复生计的工作，引起了大家的广泛关注。当 2005 年斯里兰卡领导人钱德里卡·班达拉奈克·库马拉通加（Chandrika Bandaranaike Kumaratunga）在美国亚洲协会（Asia Society）发表演讲时，拉贾拉特南向他提出了一个问题。"你是拉杰·拉贾拉特南吧？"当听到拉贾拉特南的名字时库马拉通加问道。然后，库马拉通加专门点到拉贾拉特南，称赞他是斯里兰卡人民的好朋友。

10 月的一个星期四的下午，拉贾拉特南以前的一个老部下专门来看他，拉贾拉特南看起来非常积极乐观。拉贾拉特南正在实施自己的雄伟计划，进一步做大做强帆船集团，想把帆船集团变成世界上最大的对冲基金之一。

"我是唯一没有被危机击倒的人！"拉贾拉特南舒服地躺在皮椅上，手轻轻地摸着自己的肚皮，对拜访他的老部下说，"我准备再融资 50 亿美元。未来 5 年之内，我要让帆船集团的规模再扩大一倍。"拉贾拉特南一点儿都不清楚，在 2008 年金融危机期间，政府相关部门收集了大量可以指控他的证据。

逮捕行动蓄势待发

同样也是 10 月 15 日，凌晨，FBI 的康特工还在处理帆船集团案，他正在跟美国联邦海关与边境保护局（Customs and Border Protection）办公室的一名职员谈话。像康特工这样的 FBI 工作人员，一般都跟边防警察的关系很好，因为如果 FBI 要逮捕的目标嫌疑人准备离境，边防警察都会及时告知 FBI 特工。康特工了解到了一些有趣的事情：10 月 14 日，星期三，拉贾拉特南买好了飞往伦敦希斯罗机场的机票，准备两天后离开。康特工还发现，星期四凌晨 3 点的时候，拉贾拉特南给女儿打了一个电话。尽管此时已不再监听拉贾拉特南的电话，但考虑到马上就要逮捕拉贾拉特南，FBI 特工们还是提前从法院获得了“笔记录数据”的授权。从本质上来讲，“笔记录数据”就是追踪嫌疑人会经常联系的一摞厚厚的电话清单，以此来了解嫌疑人的行踪。这个记录数据正好抓到了拉贾拉特南打给女儿的电话，时间上很奇怪，是半夜三更，这种电话肯定会引起办案人员的警觉。

最开始，FBI 对拉贾拉特南和他核心朋友圈的逮捕行动准备在月末实施。在执法部门的人看来，这次他们准备搞一个万圣节逮捕行动。通常情况下，FBI 都喜欢在星期二、星期三和星期四实施逮捕行动。FBI 总是尽量避开在星期一行动，因为他们在周末重新安排计划会很费劲；他们也会尽量避开星期五行动，因为如果保释工作没有及时跟上，犯罪嫌疑人就要在监狱里度过周末。

乔纳森·斯特里特（Jonathan Streeter）是有着 9 年工作经验的美国联邦检察官办公室的一名老检察官，他跟其他几个人一起全程紧盯帆船集团案。5 月份，斯特里特接到一份有罪答辩[①]任务，被告是曾经非常知名的纽约律师马克·德瑞尔（Marc Dreier），他曾经诈骗过对冲基金和其他投资者 7 亿美元，同事们都以为他会在这个案子上狠赚一笔，因为这是一份非常有油水的私人部门的工作，专门为那些富有的白领人士辩护。事实上，斯特里特的绝大多数时间都是待在公共部门工作。虽然很少有人知道，但斯特里特有一种使命感，感觉有传奇需要他继续书写。斯特里特的叔叔迈克尔·阿姆斯特朗（Michael Armstrong）在 1965 年到 1967 年间是曼哈顿区美国联邦检察官办公室证券欺诈部门的负责人，也是纳普委员会（Knapp Commission）的首席顾问，他负责立案调查的以弗兰克·塞尔皮科（Frank Serpico）为首的纽约警察局腐败案曾轰动一时。在斯特里特读八年级的时候，读到过塞尔皮科的读书笔记，其中最后 100 页里反复提到了他叔叔的名字。受其鼓舞，斯特里特最终也选择成为一名律师。

---

① 有罪答辩指的是被告人获得检察官降低指控或向法官提出减刑建议的承诺后所做出的认罪答辩。

10 月 15 日临近中午的时候，长着一张娃娃脸的斯特里特刚刚结束了一场工作会谈，顺便看了一眼自己的黑莓手机。办公室发来的一封邮件通知他明天准备拿下帆船集团案。整整一年，斯特里特收到过好几次这样的警报，他不知道这一次是否又是“狼来了”。斯特里特快速回到办公室。此时，克莱因和迈克尔森正在认真讨论逮捕的细节问题：FBI 准备抓 6 个人还是更多的人？所有的逮捕行动是同时进行还是依次进行？办理保释的办公室在哪儿？斯特里特立即加入讨论中。现在离逮捕行动已不到 18 个小时，还有一大堆的细节问题需要明确。

上午 11 点 27 分，桑杰・瓦德瓦给美国证券交易委员会纽约地区的副主任戴维・罗森菲尔德（David Rosenfeld）发了一封邮件。“突发新闻，”瓦德瓦写道，“FBI 刚刚获悉拉贾拉特南可能会离境，他们可能明天早上有机会逮捕拉贾拉特南、戈尔斯和库马尔。”瓦德瓦说的是英特尔的高管雷杰夫・戈尔斯和麦肯锡的合伙人阿尼尔・库马尔，瓦德瓦怀疑这两个人都跟拉贾拉特南的内幕交易案有关系。几分钟之前，瓦德瓦接到了 FBI 的康特工的电话，康特工向他简单通报了前一天晚上案情的进展情况。因为没有监听电话的权限，所以瓦德瓦和美国证券交易委员会的同事只能用传统的方式搜集证据。几个月以来，他们特别想针对拉贾拉特南和他的门徒来一场民事法律行动。调查人员已经搜集了很多有力的证据，能够证明拉贾拉特南和他的核心朋友圈在谷歌、宝利通、英特尔和希尔顿等公司的股票交易过程中存在内幕交易行为。不过，曼哈顿区的美国联邦检察官办公室还没有准备好打这场战争。

“相信我，我们正在准备更有力的证据。”克莱因告诉瓦德瓦。瓦德瓦很清楚，只有两样东西是美国联邦检察官办公室不能与美国证券交易委员会共享的，一个是电话监听，另一个是大陪审团的材料，瓦德瓦怀疑能够为检察官提供更有力证据的应该就是电话监听。还有不到 24 小时的时间，瓦德瓦就能确切地知道，这个更有说服力的证据到底是什么。

星期四下午，在美国联邦检察官办公室确定的最终方案里，FBI 特工一共分为 3 个行动小组，星期五一早在曼哈顿区实施逮捕行动。一组前往拉贾拉特南居住的萨顿酒店；第二组前往基耶西的居住地附近；第三组前往库马尔居住的时代华纳中心大厦。还有两组随时待命，视基耶西逮捕行动的结果再定；还有第六组，要等美国西部时间天亮，再对戈尔斯采取措施。

前一天，曼哈顿区的美国联邦检察官办公室将两份控诉书整理归档密封。一份控诉书针对的是拉杰·拉贾拉特南、雷杰夫·戈尔斯和阿尼尔·库马尔，编号为“CC-1”，其含义是1号共谋者。在另外一份控诉书中，是另外3个不在“CC-1”里的人，他们是达妮埃尔·基耶西和另外两名被告，罗伯特·莫法特（Robert Moffat）和马克·库兰德（Mark Kurland）。这两个新名字的出现有些奇怪：莫法特曾长期担任IBM的高级副总裁，库兰德是一家10亿美元规模的对冲基金的联合创始人。检察官之所以准备了两份控诉书，就是为了应对基耶西，看看在逮捕她的时候是否配合。如果基耶西配合，那么检察官就不会动用第二份控诉书，而将基耶西归到第一份控诉书中。这样的话，就不需要逮捕IBM的高级副总裁莫法特，他跟基耶西有染，而且给她提供了不少内幕消息；也不需要逮捕库兰德，他是基耶西的长期情人兼老板，通过基耶西从莫法特那里获得的内幕消息开展相应的投资交易。执法人员知道基耶西没有什么退路，所以她跟政府部门合作的概率会很大。

调查人员希望基耶西与窃听中听到的一位知名高管通话，并给她认识的几位对冲基金经理打电话，调查人员怀疑这些经理利用内幕消息进行交易。在拉贾拉特南被捕后不久，基耶西的名声很快就会变臭。在对冲基金行业，消息传播的速度飞快，交易员很快就会知道“CC-1”控诉书到底针对的是谁。

战斗打响

2009年10月16日，星期五，早上6点左右，FBI的特工凯瑟琳·奎利（Kathleen Queally）穿着一套商务正装，随身携带一把手枪，与其他4名特工一起来到东五十九大街418号，这是一座现代高层建筑，站在这座高楼上可以远眺皇后区大桥（Queensboro Bridge）。特工们找到门卫，并告诉他，他们是去找基耶西，但不让门卫像往常那样先通知基耶西。一名特工待在门卫身边，确保他不会给基耶西通风报信。其他特工来到基耶西所住的35层，奎利和另外一名特工站在基耶西的房门两边，黛安·维纳（Diane Wehner）负责敲门。维纳敲了好几次门，喊了好几声“FBI，FBI”，但门内没有任何反应，于是，她给公寓管理部门打电话，希望能够叫醒基耶西，但并没有起作用。另外一名 FBI 特工打电话给楼下看管门卫的同事，告诉他让门卫打电话呼叫基耶西。

当基耶西第一次听到门外有人喊“FBI，FBI”时，她还以为是有人跟她搞恶作剧。因为万圣节马上就要到了，或许门口这些人就是一帮爱搞恶作剧的人。当基耶西意识到外面站着的确实是警察时，她终于打开了门。基耶西看上去刚起床，平常梳理得整整齐齐的金发，此刻显得凌乱不堪。没有化妆的她，一点儿都不像为了获得内幕消息而勾引美国那些有权有势的大公司老板的职场靓女。

“我妈妈没事吧？”看到 FBI 特工时，基耶西问道，“我的家人呢？”

特工们告诉基耶西，他们有逮捕证。基耶西说能否去走廊说话，因为屋子里实在太乱了。事实上，基耶西是不想让特工知道，她前一天晚上在自己公寓里开派对的事情。但特工们坚持进入公寓，他们巡视各个房间，看看有没有武器或者其他人在里面。最后特工们只找到了基耶西养的一只名叫阿曼达的宠物猫和一条宠物鱼。与此同时，特工奎利和维纳与基耶西一起在她的卧室坐了下来，他们俩说她涉嫌内幕交易案，但现在她有一个特别的机会可以自救。如果基耶西跟特工们走，并且配合的话，她当天就可以不被逮捕，不过她必须一直待在某个指定地点。当基耶西问她是否还可以回到金融行业继续工作时，特工们告诉她最好还是换一个行业。

就在这组特工去找基耶西的同时，另外一组 FBI 特工正前往萨顿酒店拉贾拉特南的家中，拉贾拉特南跟自己的妻子、孩子还有父母一起生活在这里。警察封锁了整条街道，警察巡逻车和几辆没有任何标识的车停在拉贾拉特南的楼前。这个小组的流程跟另一组 FBI 特工一样，由康特工带领的这个小组在没有任何预告的情况下，来到拉贾拉特南公寓的门前，按响门铃。此时，拉贾拉特南正在家里骑车锻炼，眼睛远眺外面的东河，脑子里想着明天飞往伦敦应该带多少件 T 恤的问题。与逮捕基耶西的情况不一样，特工们清楚地知道拉贾拉特南就是整个内幕交易案的核心人物，他们就是来逮捕他的。在拉贾拉特南妻子和孩子的眼皮底下，特工们快速搜查了所有房间，然后将拉贾拉特南带出屋子。特工们将拉贾拉特南押解到停在外面的一辆车里，带往位于曼哈顿区 26 号联邦广场（Federal Plaza）的 FBI 总部，等待起诉。拉贾拉特南患有糖尿病，那天早上，他还没来得及吃早饭就被带走了。

当特工们押解拉贾拉特南抵达曼哈顿区下区时，拉贾拉特南先录了指纹，然后戴上手铐，沿着一条通道来到了审讯室。两位 FBI 特工，一个唱红脸，一个唱白脸，给拉贾拉特南施压，让他坦白罪行。康特工是拉贾拉特南案的负责人，他开始将这 9 个月的电话监听记录放给拉贾拉特南听。FBI 要传达的信息很清楚：拉贾拉特南的一切行为都在政府的掌控之中。没有任何悬疑，拉贾拉特南是条大鱼，政府是不会轻易让他溜走的。然而，康特工希望拉贾拉特南能够配合，给某些重量级的对冲基金经理打电话，这些人都是 FBI 怀疑的对象，很可能存在内幕交易的行为。但拉贾拉特南拒绝了。当康特工提到古普塔的名字时，拉贾拉特南更是拒绝提供任何信息。

与此同时，距离拉贾拉特南的公寓只有几个街区的地方，基耶西正与 FBI 特工一起坐在自己的卧室里，漫不经心地想着是否应该跟 FBI 合作的问题。于是，特工们向基耶西展示了政府已经掌握的证据资料。特工们告诉基耶西，FBI 一直都在监听她的手机通话，而且她的朋友拉贾拉特南已经被捕了。

在基耶西房间里的 FBI 特工要求基耶西在一张纸上写下一个电话号码。这个电话号码正是 AMD 的首席执行官赫克特·鲁伊斯的。FBI 特工希望基耶西能够给鲁伊斯打一个双方都认可的录音电话，尽管 FBI 掌握了所有基耶西与鲁伊斯的通话记录，但这还不足以对 AMD 的首席执行官立案。鲁伊斯的行为顶多只能算是疏忽大意，还够不上犯罪的标准。在帆船集团案中，鲁伊斯并没有受到任何指控，也没有证据表明他跟基耶西之间存在特殊关系。基耶西表现得不是很愿意打这个电话，不管怎么说，现在给鲁伊斯打电话还是太早了，因为他在加利福尼亚州，属于美国西部时区。

早上 7 点 30 分的时候，FBI 的特工们因为感受不到基耶西的合作诚意，便对她正式宣布逮捕令，并准备带她下楼，前往 FBI 总部进行审讯。特工们为基耶西找了一件运动衫，并且告诉她，不能穿连帽运动衫，也不能穿系鞋带的运动鞋。

当特工们和基耶西准备离开的时候，基耶西跟维纳特工说，她还没有穿胸罩。“我可以穿上吗？”基耶西问。“你这件运动衫够大够宽松，根本不需要穿胸罩。”基耶西记得维纳是这样回复她的。于是，在一个小时之后，维纳和其他特工一起押解着基耶西来到了联邦广场 26 号的 FBI 总部。当时基耶西并不知道，特工们给她设定的最后逮捕时限就是 7 点 30 分。如果基耶西不配合，FBI 另外两个行动小组就会逮捕莫法特和库兰德。特工们向这两个行动小组发出指令，让他们行动。当逮捕莫法特的小组成员刚刚到达他的住所时，莫法特正准备出门去上班，被捕后，他很快便投降了。

前一个晚上，瓦德瓦跟美国证券交易委员会的同事通宵准备了针对拉贾拉特南和他核心朋友圈的最终控诉书，到早上 7 点的时候，瓦德瓦接到了同事贾森·弗里德曼打来的电话。“他们准备起诉马克·库兰德。”弗里德曼告诉瓦德瓦，他已经看过控诉书。美国证券交易委员会已经收到了来自美国联邦检察官办公室发来的控诉书。“这个库兰德是谁啊？”筋疲力尽的瓦德瓦问。

在没有电话录音的情况下，美国证券交易委员会仅凭自己搜集的证据，就能够对拉贾拉特南、基耶西、戈尔斯、库马尔和莫法特进行民事立案，但他们漏掉了库兰德。现在，美国证券交易委员会得赶紧获得授权以准备指控库兰德的材料和证据。

就在 10 月的这个早晨，尽管隔着重洋万里，但麦肯锡的新任董事总经理多米尼克·巴顿（Dominic Barton）对他接下来的 3 年任期充满了期待。巴顿当时正在马德里与客户开会，但他内心期待着与家人每月一次的团聚。在当选麦肯锡董事总经理一职之前，巴顿是麦肯锡亚洲区的负责人。但是作为麦肯锡的新任董事总经理，他不得不花更多的时间待在伦敦，因为这里是麦肯锡的全球总部。巴顿的妻子仍然住在上海，而他的两个未成年的孩子却在新加坡的寄宿学校读书。

麦肯锡的工作，竞争异常残酷，巴顿的工作履历与麦肯锡“不进则退”的用人哲学高度吻合。麦肯锡的每个咨询师都有 3 次机会晋升为合伙人。巴顿第一次被提名为合伙人的时候，由于公司全球人事委员会的反对，没有成功。因为公司全球人事委员会质疑巴顿解决问题的能力，以及跟客户打交道时，缺乏足够的亲和力和说服力。第二次，巴顿也失败了，因为有一次，麦肯锡的一位大佬给他打电话时，“他竟然引用圣经里面的话来反驳我”，这位大佬因此反对提名巴顿。第三次，也是最后一次，巴顿终于成功地提升为合伙人。“我确信当我成功当选为合伙人时，一定是非常不容易的，背后的竞争肯定非常激烈，因为我们的票数相当接近……那个时候我跟自己说，‘你能行的，你的实力比麦肯锡要求的要更高’。”

当巴顿刚钻进汽车的时候，他的手机响了。巴顿得知，麦肯锡高级合伙人之一的阿尼尔·库马尔在自己纽约时代华纳中心的休息室里瘫倒了，已被紧急送往医院。巴顿和库马尔并不是很熟悉，但他们在亚洲共事过。巴顿感到非常惊讶，51 岁的库马尔怎么会突然被送到医院呢？当 FBI 的特工们找到库马尔，并告知他因为将麦肯锡客户的信息外泄而被捕时，库马尔一下子就晕倒了，然后头重重地撞在大理石地板上。库马尔将麦肯锡客户的信息泄露给拉贾拉特南，在拉贾拉特南被捕之后，作为在职被捕的麦肯锡咨询师第一人，库马尔的相关资料出现在彭博社在全球的每一块终端设备上，这种“游街示众”（Perp Walk）的行为给麦肯锡的声誉带来了极大的伤害。

THE

BILLIONAIRE'S APPRENTICE

THE RISE OF
THE INDIAN-AMERICAN ELITE
AND THE FALL OF
THE GALLEON
HEDGE FUND

第四部分

财富与权力远去

THE BILLIONAIRE'S APPRENTICE

第 33 章 帆船集团掌门人被捕

往常，每天清晨，帆船集团的交易大厅都会非常繁忙，为 8 点 30 分的例会做充分准备。但 10 月 16 日，星期五的早晨，帆船集团异常安静，犹如葬礼上的死寂气氛弥漫着整个交易大厅，让人情绪紧绷，陷入深深的恐惧之中。投资基金经理亚当·史密斯坐在自己的办公室，远眺 57 街，紧挨着几个办公室过去，在大厅的不远处就是拉贾拉特南的办公室。当一个同事进来的时候，亚当·史密斯正在琢磨着他刚刚听到的消息。

"周围为什么如此安静？"同事问道。史密斯关上门，走回自己的办公桌前。"你没听说吗？"史密斯用非常低沉的语调说，"拉贾拉特南被捕了。""真的假的？"同事惊讶道。

帆船集团的亚当·史密斯并没有将拉贾拉特南被捕的真实原因以及他面临内幕交易指控的情况告诉他的同事。一早，拉贾拉特南的司机，一个浅棕色头发的壮实男人，打电话告诉了史密斯这个糟糕的消息。美国证券交易委员会的律师很早之前就将调查的矛头对准了这个司机。随着帆船集团案的调查逐渐深入，律师们发现拉贾拉特南经常用自己的手机给他的司机打电话。同时，律师们还注意到，从他司机名下手机打出去的电话号码与从拉贾拉特南的手机拨出去的号码大致相同。这个线索很有价值。经过几个月的追踪，美国证券交易委员会的律师才搞清楚，这部注册在司机名下的电话其实是装在拉贾拉特南的豪华座驾里，每当拉贾拉特南坐车在城里转悠时，就是用这个号码跟别人联系。

早上 8 点 30 分，帆船集团的投资经理和分析师按照惯例，来到办公室中间最大的那间会议室，参加每天的例行晨会。16 天前晋升为帆船集团国内部门负责人的理查德·舒特（Richard Schutte）负责主持会议。在开会之前，舒特刚从帆船基金的交易员伊恩·霍洛维茨那里得到拉贾拉特南被捕的消息，不过，霍洛维茨也不清楚具体的细节。

舒特像平时一样主持会议，向分析师就他们所追踪研究的公司询问相关情况，然后对当天的市场新闻进行梳理和分析。没有人提到拉贾拉特南。平时这个点儿，拉贾拉特南经常会在路上，所以他没有出席会议也很正常。在会议进行的过程中，一个同事将舒特叫了出去，这个同事接到了来自拉贾拉特南的电话。随后，舒特便再也没有返回会议室。

上午 10 点过后，关于拉贾拉特南被捕的消息便迅速传播开来。10 点 18 分，美国消费者新闻与商业频道（CNBC）的记者戴维·费伯（David Faber）播报了这条消息。帆船集团所有员工的目光都从自己的交易屏幕上转移到 T 型交易桌上的平板电视屏幕上。这次荧屏上播放的不是市场新闻，而是他们的老板拉贾拉特南，只见他穿着一件蓝色的夹克外套，里面是一件绿色的羊毛衫和白色 T 恤，手上戴着手铐，被两名 FBI 特工带着往前走，这一画面充斥着整个屏幕。

舒特回到交易大厅，告诉大家说，律师会向帆船集团的员工简单介绍接下来的安排。然后，舒特向少数几个投资基金经理，包括里昂·邵多夫、亚当·史密斯及其他几个人，发出一些非常重要而又紧急的交易指令。

“我们必须清算一些基金。”舒特说。拉贾拉特南的被捕肯定会让很多焦急的投资者将钱从帆船集团赎回。尽管今天时间还早，但帆船集团的电话已经被打爆了。一位帆船集团的投资者正好跟拉贾拉特南住在同一幢楼，他一早就打来电话，说自己早上就看到帆船集团的老板拉贾拉特南，戴着手铐被 FBI 特工从高楼中带走。还要考虑其他的一些问题。拉贾拉特南是帆船集团的核心人物，这位明星交易员至关重要，现在不得不告诉投资者，他不能再继续为他们赚钱了。如果还有其他的基金经理替他管理这些钱，那么，投资者就要承担一定的法律风险。

交易大厅的每个人都知道，尽管华尔街其他的竞争对手都打来电话表示同情和慰问，但他们一定会疯狂传播拉贾拉特南被捕的消息。竞争对手们都能够想象得到，帆船集团一定会不计成本地卖出其持仓的股票，就像 1998 年陷入破产境地的长期资本管理公司所做的那样。竞争对手们将会打压帆船集团重仓持有的股票，因为帆船会不顾一切地甩卖，陷入死亡旋涡的境地，他们正好可以做空赚钱。2008 年的金融危机没有让帆船倒下，但掌门人的被捕必定会让帆船遭受致命一击。

当帆船投资基金公司的经理争相降低自己账面上的亏损时，他们真正品尝到了华尔街黑色幽默带来的苦果。就像一个人年轻的时候不懂事，总想着玩乐，最后还得自己吞下苦果。在彭博社发布拉贾拉特南等人被捕的新闻后不久，交易员开始通过邮件传送一首歌曲，这首歌是 1934 年秀兰·邓波儿的名为《在那美好的棒棒糖号船上》（*On the Good Ship Lollipop*）的合唱歌曲。

这艘帆船真不错
当华尔街已经开市
当交易员们开始交易
这里的每个人都有所收获
赚钱，赚钱
赚钱，赚钱

这首朗朗上口的歌神奇地与钱挂上钩了。在拉贾拉特南案中，连英特尔这样的公司都有涉及，“我们的第一笔交易就是买入 10 万份的英特尔权证”，这是政府部门对拉贾拉特南的重要指控。

“共谋者 1 号”指控书

在拉贾拉特南等人被捕的消息传遍市场后不久，纽约南区的美国联邦检察官办公室的两份控诉书启封了，其中一份是指控拉贾拉特南、库马尔和戈尔斯；另一份是指控基耶西、莫法特和库兰德，美国证券交易委员会的相关民事案件资料也归档了。尽管美国证券交易委员会和美国联邦检察官办公室的调查是各自进行的，但他们的指控书基本上是同时对外宣布的，只不过美国证券交易委员会涉及的是民事指控，而美国联邦检察官办公室涉及的是刑事指控。拉贾拉特南被指控在一系列公司股票交易上犯有内幕交易罪，这些公司包括阿卡迈、AMD、科维公司、谷歌和其他公司，其中科维公司是英特尔公司控股的公司。两名为拉贾拉特南提供内幕消息的线人已经证实，一个是英特尔财务部的高管戈尔斯，另外一个是麦肯锡公司的咨询师库马尔。

同时这份被称为“CC-1”或者“共谋者 1 号”的指控书，还包括一名合作证人（Cooperating Witness，简称 CW），这名证人既向拉贾拉特南提供内幕消息，也从拉贾拉特南那里获得过内幕消息。指控书中没有明确说明“CC-1”里面所指的合作证人就是达妮埃尔・基耶西，她自己还有一份单独的指控书。

对拉贾拉特南采取的法律行动也给帆船集团的员工带来了很多困惑，他们也想知道答案是什么。很明显，政府立案的依据来源于合作证人的电话录音，在美国证券交易委员会的案件资料里，这个合作证人被称为线人 A。尽管指控书里提到了一些线人 A 的具体细节，比如美国证券交易委员会的档案里就指明了这个人于 20 世纪 90 年代后期在帆船集团工作，但是谁也不敢确认这个线人到底是谁。但这个人应该是一个偏执狂，这一点确凿无疑。

当帆船集团的交易员和分析师看到关于拉贾拉特南的犯罪指控时，他们被拉贾拉特南和他宣称的共谋人之间那些未剪辑的通话记录所震惊。联邦检察官说，在拉贾拉特南的立案材料里，政府拦截了很多拉贾拉特南通过手机与固定电话同“CC-1”中的共谋人之间的通话记录。同时，档案材料里也有很多合作证人提供给政府的电话录音资料。帆船集团交易员的神经一下子紧张起来了，每个人都变得焦躁不安，他们怀疑他们的朋友都在监视自己，将电话录音，然后交给政府。

“我们想说，‘隔壁办公室的那个哥们儿会不会就是一个线人’？”那天在办公室的一位帆船集团的交易员这样回忆说。谨慎一点，总不是坏事。在拉贾拉特南被捕的那个周末，FBI 的特工开始拜访拉贾拉特南的手下，看看能不能说服他们跟政府合作。2009 年 11 月，特工们拜访了帆船集团的一名投资经理迈克尔·卡尔迪洛（Michael Cardillo），会谈的地点就在卡尔迪洛所在的大厦的门厅。

当卡尔迪洛听到拉贾拉特南被捕的消息时，他落泪了，不久后，他为了保护自己免遭麻烦，便答应跟政府部门合作。2010 年 1 月，在帆船集团的分析师迈克尔·费雪曼（Michael Fisherman）举行婚礼的前 10 天，卡尔迪洛给费雪曼打电话，卡尔迪洛偷偷地对这个电话进行录音，他想引诱费雪曼承认进行过内幕交易，但并没有成功。而 10 天后，卡尔迪洛还准备参加费雪曼的婚礼。还有一次，FBI 的特工们教卡尔迪洛如何骗他的朋友费雪曼，不过费雪曼并没有受到指控。

然而，逮捕拉贾拉特南的时候，帆船集团的纽约办公室里其实并没有线人。帆船集团真正的线人，也就是控诉书里所说的神秘合作证人，其实是在千里之外。这个人就是鲁米·可汗，她现在住的地方跟之前在加利福尼亚州阿瑟顿的豪宅没法相比，显得又小又破。在可汗与 FBI 合作的两年时间里，她并没有告诉她丈夫，她是联邦调查局的合作证人。在拉贾拉特南被捕后的某一天，可汗的丈夫在报纸上看到了关于拉贾拉特南案的相关报道，里面提到有一个合作证人帮助政府部门破了案。可汗的丈夫看了看妻子，然后说：“这个人就是你吧！”

掩盖证据

星期五的上午，帆船集团陷入一片慌乱，当公司的高管忙着应对投资者的电话并卖出股票时，他们注意到有一名员工非常专注于一件事情。这个人就是拉贾拉特南的弟弟伦甘，整个上午，他都在进出拉贾拉特南的办公室，搜集各种文件资料。

快到中午时，亚当·史密斯看见伦甘“快速”地进入他哥哥的办公室，收集了一捆笔记资料。在尼达姆公司工作的时候，拉杰·拉贾拉特南就特别喜欢记笔记，他会将自己与很多公司的交谈内容详细地记录下来，这些公司包括 AMD 和爱特梅尔。这么多年来，史密斯经常见拉贾拉特南带着这个写了一些股票信息的本子。拉贾拉特南所记录的这些笔记本与当天上午伦甘从他哥哥办公室里搬出去的笔记本非常相似。当天下午，有一名帆船集团的员工注意到，伦甘带走了一个大大的文件袋。拉贾拉特南的律师后来解释说，伦甘带走的这些文件资料只是“拉贾拉特南慈善捐赠的文件和一些不动产证明”，目的是“协助律师”在拉贾拉特南第一次开庭和保释的时候出示这些证据。然而，人们并不能确定伦甘拿走的材料到底是什么。

但这些文件被抢走的事实深深地印在史密斯的脑海中。在拉贾拉特南被捕一年之后，史密斯通过电话交流内幕消息被执法部门抓到。史密斯并不知道，在拉贾拉特南被捕的时候，他就已经进入了执法部门的视线。2008 年，当 FBI 监听拉贾拉特南的手机时，他们就发现，史密斯曾经向拉贾拉特南传送过内幕消息。2010 年夏天，执法部门获得法院授权，可以对史密斯的手机进行监听。7 月 28 日，史密斯收到线人的内幕消息，这名线人告诉他英伟达公司（Nvidia Corp.）的季度收入将会低于预期，而这一电话正好被执法部门记录了下来。就在同一天，史密斯卖出了 10 万股英伟达公司的股票，市场收盘后，英伟达公司对外宣布下调公司季度收入预期，与那名线人说的一样。

2010 年 12 月，史密斯向执法部门报告了文件的处理情况，以及他与伦甘随后见面的情形。那一年年初，大概是春天，伦甘给史密斯打电话，要求跟他见面。伦甘和史密斯的关系一般，所以伦甘的这个提议很让人奇怪。当两个人在曼哈顿区的星巴克见面时，史密斯很快就弄清楚了伦甘的真实目的。伦甘想从史密斯那里确认一件事情，就是他哥哥拉贾拉特南被捕的当天，史密斯并没有看到伦甘拿走了哥哥大量的笔记本。伦甘还想确认另外一件事情，那就是，2008 年 5 月，打给摩根士丹利的一位名字正好也是史密斯的人的监听电话里，所涉及的证明材料，并不是向史密斯透露两家科技公司并购消息的某位银行家，而这两家并购的公司名字都是字母 I 开头。伦甘想搞清楚，电话里面提到的这个史密斯，只是为华尔街某家投资银行工作的分析师，而不是在摩根士丹利工作的银行家，这个史密斯并不是内幕交易线人。这一点非常重要，因为史密斯的电话监听记录表明，他所收到的内幕消息就是来自摩根士丹利。但是，如果这个消息是来自分析师而不是银行家，那么，这就很难界定为内幕消息。很显然，伦甘就是希望当执法部门询问史密斯在监听电话中的这个内幕消息的来源时，史密斯可以借助同名的理由来帮助帆船掩盖证据。

在离开前，伦甘向史密斯转达了拉贾拉特南的问候，并且希望史密斯明白，他不需要担心什么。史密斯一直都非常尊敬年长的拉杰·拉贾拉特南。每次晨会的时候，史密斯都像老师的宠物一样，坐在靠拉贾拉特南很近的前排位置上。与老板拉贾拉特南的习惯类似，史密斯也有一个自己的笔记本，他也在尝试发展内幕线人。

自然而然，当得知拉贾拉特南被捕的消息后，史密斯比任何人都紧张。因为在史密斯的办公室里，有一堆笔记本，上面记录的都是公司消息和他与分析师对话的内容。当史密斯获悉拉贾拉特南被拘留后，他将一整本的记事本都扔到垃圾桶里去了。当天晚上下班后，史密斯将办公室使用的个人笔记本电脑带回了家。多年以来，同事们都告诫史密斯说，用个人笔记本电脑工作会后患无穷，这表明，他有必要将自己的个人通信记录与公司服务器分开。当回到纽约郊外的家中时，史密斯将自己的笔记本电脑扔到了垃圾堆。一段时间后，帆船集团的一位技术部门的员工问他要笔记本电脑，史密斯没有告诉他实话，只是说自己的笔记本电脑不见了。

申请保释

尽管帆船集团办公室的日子非常混乱，但没有人比拉贾拉特南更难过了。被捕时，拉贾拉特南没有任何防备，他从来也没有想过，如果有一天自己被抓了会怎么样。所以，他也没有准备任何预案。拉贾拉特南甚至都没有一个刑事辩护律师可以求救。于是，拉贾拉特南想到跟丹尼斯·弗里德曼（Dennis Friedman）联系，丹尼斯·弗里德曼是格信律师事务所（Gibson，Dunn & Crutcher）并购事务部门的联合主席。拉贾拉特南曾经和弗里德曼合作过，弗里德曼多年来已为多家科技公司的并购案提供过咨询服务。

弗里德曼招来公司白领犯罪与调查部门的联合主席吉姆·瓦尔登（Jim Walden），跟他一起去联邦广场26号的美国FBI总部，会见拉贾拉特南。星期五上午9点左右，瓦尔登来到了市中心的FBI总部，这时他看到拉贾拉特南的后援队伍已经形成。拉贾拉特南的妻子阿莎自然是最着急的那个。当然，队伍里还有拉贾拉特南的弟弟伦甘。在那一天里，后援队伍的其他人也陆续出现：拉贾拉特南的助手里克·舒特，帆船集团的首席执行官乔治·劳，拉贾拉特南的妹妹，哈莱姆儿童区（Harlem Children）的首席执行官杰弗里·卡纳达（Geoffrey Canada），以及其他的一些人。当天下午3点左右，拉贾拉特南被带到一名美国治安法官（magistrate judge）的面前，并宣布了一系列保释条件，此时，大概有20多名朋友和亲戚聚集在5A法庭，这是一间狭小、低矮的屋子，位于珍珠街（Pearl Street）500号联邦法院的5层。当天下午的审判是由美国治安法官道格拉斯·伊顿（Douglas F. Eaton）主持的。

下午3点过后，随着金属门那里传来的一阵响声，法庭的一扇门打开了，两名副执法官带着拉贾拉特南和库马尔并排出现在人们的面前。几分钟前，拉贾拉特南和库马尔才刚刚从外面的囚室里释放出来，他们俩是在进法庭前的几分钟才见了面。这是拉贾拉特南和库马尔一个星期前从婚礼上回来的第一次见面，当时他们正在拉贾拉特南位于南滩的豪华公寓里度假。

从那天早上的晕厥中恢复过来之后，库马尔看上去有些憔悴，脸色铁青。后来，库马尔责骂拉贾拉特南将他拖入麻烦的旋涡之中。拉贾拉特南的妻子阿莎承认自己在拉贾拉特南和库马尔被捕后，给库马尔的妻子马尔维卡写过道歉信。阿莎在信中写道："真的很对不起！"拉贾拉特南也感到很愤怒，他生气的是FBI特工们对待他的方式。自从拉贾拉特南第一次被捕并被带到市中心之后，他们竟然都不允许他使用淋浴间。

拉贾拉特南和库马尔都没有戴手铐，但当他们跟各自的律师一起坐在被告席时，他们的身后都站着一名联邦执法官，以防他们突然逃跑。

负责办理库马尔保释手续的是美国联邦助理检察官乔恩·斯特里特（Jon Streeter），他代表政府履行相关程序，提出库马尔需要缴纳500万美元的保证金。

库马尔的保释保证书上有库马尔妻子马尔维卡和儿子阿曼的签名。库马尔家的房子被拿来作为保证金的担保物，该房产的担保价值为 250 万美元，这个房子还剩下 50 万美元的贷款没有还清。库马尔的护照在被捕时也被特工没收了。

“如果你试图办理新护照，或者购买任何一张离境的汽车票、火车票或者飞机票，都将被视为违反保释条款。任何尝试这样做的举动，都会因为违反保释条款，而让你再次被捕。”在库马尔以被告的身份离开法庭从事文字工作之前，伊顿法官这样警告他。然后，伊顿转向拉贾拉特南。“考虑到潜逃风险，我们对这个案子非常重视。”负责办理拉贾拉特南保释手续的曼哈顿区的美国联邦检察官乔舒亚·克莱因这样说道。克莱因建议拒绝保释。因为拉贾拉特南不仅有潜逃的动机，他还有潜逃的手段。克莱因解释说：“拉贾拉特南是斯里兰卡国籍，同时，他还拥有美国国籍。他在斯里兰卡拥有房产，拥有经纪人账户。实际上，只要拉贾拉特南选择飞往斯里兰卡，他完全可以在那里重新开始新的生活。”

作为拉贾拉特南辩护律师团队中的一员，吉姆·瓦尔登提出了不同的意见，并向法庭描述了一个与克莱因所述的情况完全不一样的形象，他说自己的委托人一辈子都跟自己的妻子生活在一起，在最近的 5 年时间里，捐出了 2 000 万美元的善款，还要照顾自己年迈的双亲，“他父母的年纪，一个是 81 岁，一个是 77 岁，这两位老人没有住在离家较远的养老院，而是由他亲自照顾……在当今社会，拉贾拉特南是值得尊敬的人，他是我们这个社会不可缺少的一员。”瓦尔登还说，来自哈莱姆儿童区的负责人杰弗里·卡纳达这样告诉他：“瓦尔登先生，我并不想多说什么，但我可以肯定地告诉你，我敢打赌，不管哪天，只要有需要，拉贾拉特南就一定会出现在法庭上。”

在克莱因和瓦尔登争辩的过程中，瓦尔登同时还对政府的这件案子进行了抨击，在内幕交易方面，美国证券交易委员会的律师只会用他们拿不到消息这样的借口来定案。“检察官错误地理解了很多话，比如‘用你的通信录’‘保持沉默’‘我们需要优势’等，因为他们并不真正理解拉贾拉特南先生所从事的行业是如何运转的。”瓦尔登向法庭申述说。

瓦尔登建议 500 万美元的保释金用拉贾拉特南的房子做担保。但克莱因觉得保释金太低了。伊顿法官赞同克莱因的观点，将保释金的标准定在 1 亿美元。在拉贾拉特南及妻子，以及其他 4 个人在保释保证书上签字之后，伊顿法官当庭释放了拉贾拉特南，但要求拉贾拉特南保证，在任何时候，只要法庭要求，他就会立即回来。伊顿法官同时还限制拉贾拉特南的活动范围，以纽约为中心，活动半径不超过 50 千米。瓦尔登向伊顿法官请求再放宽一些活动范围的限制。

“告诉我原因是什么？”伊顿法官问。“拉贾拉特南先生的女儿在宾夕法尼亚大学，他经常会去那里看他女儿。”瓦尔登解释说。“所以，您看看，能不能将活动范围至少扩展到费城地区？”瓦尔登继续问道。“可以，那活动范围半径就设定为 150 千米。好吧？”伊顿法官同意了。“我们非常感谢您，阁下，谢谢！”瓦尔登表示。

那一天，拉贾拉特南原本准备飞往伦敦参加一部电影的首映式，结果，当这一天结束时，他竟然连去费城都需要申请。

荒谬的努力

在接下来的一个星期，回到帆船集团办公室的拉贾拉特南像是换了一个人。拉贾拉特南的眼睛里似乎看不到其他任何人的存在，跟以往充满活力的步伐不一样，他现在走过走廊的时候，步伐沉重，双肩无力。帆船的员工们对拉贾拉特南的这一步态感到很惊讶，因为他之前从来没有这样走路过。

晨会中，拉贾拉特南显得非常愤怒，肆无忌惮。拉贾拉特南宣称自己是无辜的，所有他交易过的股票，都是通过“拼花式”（mosaic）研究选出来的，这种投资方式就是通过分析某只股票各个方面的消息，最后形成一个明确的投资策略，根本不是依靠所谓的内幕消息。奇怪的是，回到办公室后，拉贾拉特南试图处理那些还没有做完的事情。在拉贾拉特南被捕的一个星期后，他为史密斯买了一台传真机，希望史密斯以后能够用传真机处理相关研究资料。有时候，这些研究资料里面夹带着一些机密消息。通过传真机传送消息比电子邮件传送消息要好，因为这样不会留下电子痕迹。史密斯并不知道传真机传送的内容是否也包含一些内幕消息，不过，他理解老板的意思：他最终还是把传真机扔到垃圾堆里去了。

拉贾拉特南知道自己不可能重振帆船集团，于是，他开始快速降低公司负债。拉贾拉特南解雇了很多员工，并将核心员工转移到一间破败的办公室，办理相关的清算业务。在一间狭小的没有窗户的房间里，拉贾拉特南重新建立自己的堡垒。拉贾拉特南告诉自己的同事，如何对各种各样的消息进行“拼接”，这一思路就是支撑他投资决策的关键。有时候，拉贾拉特南的亲信们觉得他的这种努力很荒谬。2008 年 9 月 23 日，拉贾拉特南将所有的钱都买了高盛集团的股票，豪赌政府出台的不良资产救助计划（Troubled Asset Relief Program，简称 TARP）。拉贾拉特南跟朋友们说，他给华盛顿特区的咨询师付费后，对方告诉他，TARP 将会很快实施。为了能够让市场休养生息，直到几个星期之后，TARP 看上去才像一个可行的建议。

与此同时，在保释听证会的背后是一群积极工作的检察官们，包括乔恩·斯特里特、乔舒亚·克莱因和从 2006 年就开始跟踪调查的美国证券交易委员会律师安德鲁·迈克尔森，他们将全部心血都倾注在这个案子上了。检察官们从另外一个重要的渠道获得了大量有价值的信息，这个信息渠道就是麦肯锡公司。

尽管麦肯锡的高级合伙人之一的库马尔被捕太出其不意，但麦肯锡还是迅速让库马尔停了职，库马尔后来在一个半月内彻底离开了公司，并且麦肯锡还在公司内部发起了针对库马尔罪行的调查活动。11 月，在库马尔被捕不到 1 个月的时间，来自 Cravath，Swaine & Moore 律师事务所的麦肯锡律师前往圣安德鲁广场的美国联邦检察官办公室，将他们发现的线索提交给斯特里特、克莱因和迈克尔森。

尽管指控书中并没有出现麦肯锡的名字，只是有对麦肯锡的高级合伙人库马尔的指控，但麦肯锡仍然面临因为公司员工犯罪而被连带起诉的可能。政府部门在决定是否对一家公司进行起诉时，要考虑的因素是多方面的，包括公司里谁应该对错误的行为负责，以及错误行为是否很严重。10 年前的案子让麦肯锡的律师记忆犹新，麦肯锡的客户安然公司的总审计官亚瑟·安德森（Arthur Andersen）被控从事分解与安然公司相关的重要文件。尽管后来最高法院撤销了这一指控，但安德森给安然公司造成的危害却是事实。亚瑟·安德森被停职。正是因为有亚瑟·安德森案这个先例，所以，聪明的公司都知道，早点跟政府部门配合没有坏处，尽管站在麦肯锡的角度来看，公司被起诉的风险很小，但早点合作还是最明智的选择。一般来说，当公司准备跟政府合作时，他们都会将那个被起诉的员工看成是公司管理层不曾想到的“坏苹果”。与检察官合作，也是麦肯锡的一贯策略。

克拉瓦斯律师所的律师们准备了厚厚一叠电子邮件和其他文件，将这些交给检察官，表明他们发现了很多重要的线索。这些发现让人感到震惊。麦肯锡的律师发现曼珠·达斯实际上是库马尔家的保姆，迈克尔森对曼珠·达斯这个名字的印象非常深刻，因为多年前她曾出现在帆船集团的投资者名单上。尽管库马尔曾经向摩根士丹利宣称达斯生活在印度，但麦肯锡的律师有证据可以证明他在撒谎。麦肯锡通过调阅达斯的入境卡，发现她正是以库马尔家保姆的身份来美国跟他们生活在一起的。

自从两年前开始关注库马尔以来，检察官们第一次清晰地掌握了拉贾拉特南通过库马尔家的保姆向库马尔汇钱的重要证据。这一证据可以给库马尔沉重的打击，让他彻底伏法认罪。

尽管库马尔非常小心，不会轻易用他的邮箱收发邮件，但总有些邮件是通过麦肯锡的账户收发的。在其他情况下，库马尔会借口向麦肯锡印度办事处发传真，将一些重要的信息传递给拉贾拉特南。现在，有这么多麦肯锡的邮件证据在手里，检察官们信心十足。

与此同时，阿尼尔·库马尔变得越来越焦急。当库马尔第一次被捕时，他就聘请查尔斯·克莱曼（Charles Clayman）作为自己的刑事辩护律师。事实上，库马尔根本可以不担心自己的律师费用。拉贾拉特南为他提供了联合抗辩，也就意味着拉贾拉特南可以把库马尔的律师费用一起承担下来。但当某个朋友问库马尔为什么不接受拉贾拉特南为他提供的联合抗辩时，库马尔含糊地回答说：“你不知道我到底知道什么。”

在征求最亲密朋友的建议之后，库马尔更换了律师。库马尔为自己找来了最大牌的律师，71岁的罗伯特·摩维尔卢（Robert Morvillo），白领证券欺诈辩护领域的王牌。当拉贾拉特南被保释出来后，他同样找到摩维尔卢，希望他能够成为自己的辩护律师，但那个时候，摩维尔卢不得不拒绝他。因为他们公司的一位合伙人，拉里·伊亚索（Larry Iason）已经将摩维尔卢派给了马克·库兰德，库兰德原来是贝尔斯登的高管，后来创建了自己的对冲基金，那一天，他正好也被捕了。当库兰德另找了一位新律师后，摩维尔卢正好有了空档，可以作为库马尔的辩护律师。

跟很多刑事辩护律师的出身一样，摩维尔卢最开始，也是在美国联邦检察官办公室工作，他的上司是传奇人物罗伯特·摩根索（Robert Morgenthau）。在摩根索的手下，摩维尔卢晋升为证券欺诈小组的负责人，后来，他又成为刑事部门的领导人。1973 年，摩维尔卢从政府部门辞职，选择到更能赚钱的私人部门工作。在当时，为白领罪犯辩护是被很多“白鞋公司”所不齿的，但摩维尔卢另辟蹊径，专门为政客和商业精英辩护，他们中就有 AIG 的首席执行官莫里斯·格林伯格（Maurice Greenberg）和玛莎·史都华（Martha Stewart）。

库马尔叛变

当斯特里特得知库马尔聘请了摩维尔卢作为自己的辩护律师，他就非常肯定库马尔会抗争到底。在斯特里特的印象中，一般人是请不起摩维尔卢的。11 月中旬，成为库马尔新辩护律师的摩维尔卢来到了他曾经非常熟悉的地方，曼哈顿区美国联邦检察官办公室，会见了斯特里特、克莱因和迈克尔森。

“我来这里就当是在玩追逐比赛，”摩维尔卢这样跟检察官们说，“你们需要告诉我，现在是一个什么情况。”

斯特里特和克莱因展示了检察官们已经搜集到的证据，包括电话录音，能够证明达斯是库马尔家保姆，以及帆船集团投资者的文件资料。从证据的证明效果来看，这并不是一个可以一锤定音的案子。调查人员所掌握的，最能够证明库马尔涉嫌内幕交易的电话录音，是关于阿拉伯投资基金与 AMD 合作，建立生产制造中心的通话。但这笔交易在陪审团那里又很难定性，因为根据这一内幕消息，拉贾拉特南和帆船集团的投资交易并没有赚钱，反而是赔钱的，因为 2008 年股票市场的狂跌让 AMD 公司的股价一路走低。

摩维尔卢觉得自己能够搞定这个电话录音。如果没有其他人帮忙将这些线索串联起来，仅靠陪审团自己，就要花很长一段时间来解密这些通话录音。而且，拉贾拉特南和帆船集团在 AMD 的投资交易上是亏钱的，这不是内幕交易应该出现的结果。然而，资金流问题却比较麻烦，现金的离岸支付，以及税收的规避，这些都比较难辩护。因为所有接触到这笔钱的人都不大可能会出庭做证，所以政府部门很难证明这些钱都是付给库马尔的。知道这笔钱具体情况的人大多数生活在瑞士。即便这样，这里还存在一个巨大的风险，陪审团可能会问，如果库马尔没有什么好隐藏的，为何要通过瑞士的账户转账呢？

为了这个案子，摩维尔卢将他的二儿子格雷格招致麾下。跟摩维尔卢与其他委托人打交道的方式一样，他向库马尔解释说，如果他想跟政府部门合作，并且达成交易的话，那他就必须在拉贾拉特南的案子上有立功表现，争取获得后面的宽大处理。这就是说，他需要向政府坦白所有的事情。如果只是蜻蜓点水地跟政府部门合作，通常不会有什么效果，而且很容易弄巧成拙。在库马尔这个案子里，坦白一切就意味着要告诉检察官们，早在 2006 年，他就事先告知拉贾拉特南 AMD 用 54 亿美元并购 ATI 公司的消息，让帆船集团从中大赚 2 300 万美元，正是这一内幕消息所起的作用，拉贾拉特南才将这笔巨款转给了库马尔。

库马尔处于抉择的关键时刻。对检察官来说，他可是一条大鱼：早在两年前，他就向拉贾拉特南提供过内幕消息，而那个时候，法院还没有授权调查部门对拉贾拉特南的手机实施监听。检察官们怀疑拉贾拉特南在 AMD 并购 ATI 公司的投资上获得过内幕消息，但他们没有证据指控拉贾拉特南。然而，全盘招供还是有很大风险的。库马尔没有向美国国家税务局（Internal Revenue Service，简称 IRS）申报他从拉贾拉特南这里获得的 100 万美元的收入。不过，如果他坦白交代的话，他可以免受长时间的牢狱之灾。

库马尔并不想经历旷日持久的法律战之后，再面临判决。库马尔是个聪明人，他清楚地知道，如果真的对簿法庭，他在财务上肯定会彻底垮塌，个人声誉也会遭遇严重损坏。因此库马尔授权摩维尔卢代表他就合作事项与政府部门进行谈判，

2009 年 12 月初，摩维尔卢打电话给克莱因，向他简单介绍了涉及曼珠·达斯的故事到底是怎么回事。

几个星期之后，库马尔亲自前往美国联邦检察官办公室，告诉检察官们他这半辈子的犯罪情况。在案子的早期阶段获得这些信息，对检察官的起诉来说，是一个巨大的突破。一下子，政府部门就找到了一个值得信赖、又能表述清楚的内幕人士，库马尔可以告诉陪审团电话录音是怎么回事，告诉他们拉贾拉特南是如何依靠 AMD 并购 ATI 公司的内幕消息赚得盆满钵满。在库马尔身上，检察官找到了瓦解拉贾拉特南的证据，这些证据可以将拉贾拉特南带进法庭加以审判。检察官们期待，这位麦肯锡的咨询师能够帮助他们，找到更多有希望的线索。在库马尔第一次向政府部门主动坦白后，政府部门的律师希望对电话录音里出现的其他人立案调查，于是，律师们向库马尔问起了拉贾特·古普塔的情况。“他不可能像我这样愚蠢，会做这些事情。”库马尔一边说一边摇头，表示否认。

有了库马尔的合作，政府部门就避免了让鲁米·可汗出庭做证的难题。检察官们得知，在鲁米·可汗同意跟政府部门合作之后，还在希尔顿酒店股票的交易上的存在内幕交易的可能，但他们并不是很清楚她的内幕消息来源。而且，可汗还用他们家园丁的名字购买了一个手机号码，这一点，可汗也没有向政府部门坦白。除此之外，政府部门刚刚获悉，可汗和她丈夫萨卡沃特在一起民事诉讼案件里，提交了一份博士工作计划，这起民事诉讼案件是由他们家前保姆和管家提起的。如果拉贾拉特南的案子对簿公堂，可汗的信用将会在自己所说的一堆谎言里消失殆尽。

检察官们只与库马尔进行了两次面对面的会谈，就决定将他列为合作者。与其他大多数合作者不一样，库马尔告诉检察官的是一个让人非常信服、还特别简单直接的故事。早在 2003 年，库马尔就向拉贾拉特南透露过内幕消息，一直到库马尔被捕的前一个星期，他们俩还在交流星运网络公司的内幕消息。库马尔既没有贬低，也没有夸张自己的犯罪活动。在这个案子里，库马尔是第一个合作者，最开始的时候，他的表现还很让人怀疑。但结果证明，库马尔应该是最好的合作者。对政府部门来说，库马尔是最有效的证人，因为他一直在为拉贾拉特南提供内幕消息。

第 34 章 古普塔身陷内幕交易案

作为高盛集团的首席律师，格雷格·帕姆自然可以获得他应该获得的好处。帕姆的办公室位置很好，不仅可以看到纽约湾的全景，还可以看到远处的自由女神像。当然，这个工作也有不如意的时候。2009 年 12 月 11 日的早上，帕姆不得不将一个突发新闻告诉高盛的首席执行官劳埃德·布兰克费恩：公司最受人尊敬的董事之一拉贾特·古普塔可能会卷入帆船集团内幕交易调查案。在跟布兰克费恩会谈后，帕姆又将这一消息简要地告诉了高盛的总裁加里·科恩。随后，科恩和布兰克费恩一起将这个消息告诉了约翰·布莱恩，布莱恩是高盛外部主持董事（presiding director），以及莎莉集团（Sara Lee）的前首席执行官。布莱恩同时也是高盛集团董事会成员中最了解古普塔的那个人。

布莱恩是古普塔的导师，是他帮助古普塔进入全球商业精英圈。正是布莱恩在 1995 年将古普塔带进芝加哥大学的董事会，他还将古普塔引荐至在瑞士达沃斯举行的世界经济论坛。20 世纪 90 年代，布莱恩曾经 3 次担任达沃斯美国分会的主席，他觉得让古普塔参加进来，对提升古普塔的国际视角非常有益。

帕姆告诉布莱恩，美国联邦检察官办公室有确切的证据表明，古普塔已经陷入帆船集团丑闻案。更糟糕的是，帕姆收到的消息显示，古普塔传送给拉贾拉特南的内幕消息正是高盛董事会上讨论的、关于是否同意巴菲特投资高盛集团 50 亿美元优先股的内容。布莱恩对这一消息倒不是特别担心，也没觉得有多严重。布莱恩非常了解古普塔这个人，他跟一般人不一样，他行事非常小心谨慎。布莱恩很难想象古普塔会将内幕消息泄露给拉贾拉特南。

“他们竟然试图把这个事情跟古普塔扯上关系，真的很遗憾。”布莱恩这样跟帕姆说。拉贾拉特南是一条大鱼，古普塔可能是一条更大的鱼，这些负责调查全球商业精英的检察官，似乎有点太着急了。

“给古普塔打电话，然后告诉他这个情况。”布莱恩敦促帕姆赶紧去做。布莱恩觉得这是一个很大的误会，很快就会弄清楚。帕姆却不这么想，他的心腹告诉他，事情没有那么简单。他得到的消息和高盛外部律师史蒂文·佩金（Steve Peikin）都表明，在参加完高盛集团董事会会议之后，古普塔用麦肯锡公司的电话直接拨通了拉贾拉特南的专线电话。

我怎么会帮助一个与我有争议的人呢

帕姆联系上古普塔时，古普塔正好在机场。2009 年 12 月 11 日，给古普塔打电话时，帕姆有两个非同寻常的预感，或者是警示：第一，他们电话交谈的内容可能会让人不舒服；第二，可能会引发高盛和古普塔的反感。帕姆告诉古普塔，他还安排了另外一名同事同时连线，这个人也能够听到他们俩之间的谈话内容。通常情况下，帕姆都喜欢一对一电话交流，但这次情况比较特殊。因为这次交谈的话题太敏感，为了公正处理，非常有必要让另外一个人加进来，同时，这个人还可以帮忙记录说了什么，以及说了之后古普塔的反应是什么。

如果古普塔还没有意识到这个电话跟他之前接到的高盛高管的电话有区别的话，帕姆就得说点儿其他的事情，引起古普塔的注意。“我们代表的是公司，而不是你个人的行为。”帕姆这样跟古普塔说。帕姆希望古普塔明白，他们的通话内容并不是什么特权对话，也就是说，不会受到特殊的保护和对待。如果案件越扯越大，正如帕姆担心的那样，那么，为了更好地调查整个案件，他跟古普塔的通话内容很有可能会提交给执法部门。

“你能跟我谈谈拉杰·拉贾拉特南吗？你之前是不是将我们公司下一步的行动告诉过他？”帕姆问，他在打电话之前，事先草拟了一份对话纲要。很显然，古普塔一下子被帕姆的问题惊到了，但他并不是很清楚，帕姆到底想要干什么。“你到底在说什么？”古普塔问。帕姆跟古普塔解释说，高盛集团刚得到消息，古普塔一直都跟拉贾拉特南保持密切联系，并且将公司的一些重要消息告诉拉贾拉特南。

古普塔既没有按捺不住回答也没有直接回避。古普塔对这个问题的反应，与帕姆和高盛其他同事预想的一样，非常地平静和理智，他拒绝承认自己曾经将高盛集团的机密消息透露给拉贾拉特南。然后，古普塔开始解释说，为什么这样的指控如此荒谬。古普塔告诉帕姆和另外一名也在听电话的高盛律师，他和拉贾拉特南有一阵子是商业合作伙伴，他们共同成立了一家名为新丝路的基金公司。但后来，两个人闹掰了，关系变得不再亲密。古普塔和拉贾拉特南之所以会闹掰，就是因为古普塔投给拉贾拉特南的一笔钱，至今都没有收回来。

古普塔说，他曾经给拉贾拉特南投资过 1 000 万美元，成立了一家航海家资本公司，这只基金是由拉贾拉特南负责运营的。古普塔后来才知道，拉贾拉特南竟然把自己投在基金里面的钱抽走了，而古普塔所投的 1 000 万美元却被他亏掉了。古普塔说，他正准备聘请会计和律师对拉贾拉特南的投资项目进行审计，然后起诉他，谁知道，这个时候，拉贾拉特南竟然被捕了。“我怎么会帮助这样一个跟我有矛盾的人呢？”古普塔的措辞非常讲究。古普塔说，他会很严肃地对待这个问题，而且也非常愿意同高盛集团的高管们做更深入的交流，但现在，他必须赶航班了。

当古普塔挂断电话之后，帕姆与他的同事又重新回顾了一下刚才的通话，他们俩都觉得古普塔值得信赖。在他们长达 15 分钟的通话过程中，古普塔毫不犹豫地跟他们说起自己被拉贾拉特南骗了 1 000 万美元的事情。同一天，帕姆跟古普塔进行了多次通话。在其中一次通话中，帕姆建议古普塔找一个专门的律师。当古普塔问帕姆有谁可以推荐时，帕姆提供了好几个名字。这其中就有安迪·吕文特尔（Andy Levander）和加里·纳夫塔利斯。不过，当时吕文特尔时间上有冲突，他是帆船集团案里另外一名被告的律师。而纳夫塔利斯是纽约著名的辩护律师，有着令人印象深刻的履历，而且在刑事案件方面有丰富的从业经验。

他是一个坏人

在帕姆和古普塔交流后两个星期，桑杰·瓦德瓦坐在纽约世界金融中心 16 层的办公室，在经过一年的疯狂忙碌之后，他试图让收尾工作轻松一些。瓦德瓦还有很多电话要回，有一些是在假期之前接到的。排在最前面的是史蒂文·佩金，他是在苏利文 & 克伦威尔律师事务所工作的高盛外部律师。这家律师事务所最近很忙，因为要帮助高盛集团应对来自美国证券交易委员会的正式通知，通知里面要求高盛集团要准备材料应对民事欺诈的指控。这项指控跟高盛动用 10 亿美元帮助对冲基金经理约翰·保尔森（John Paulson）做空抵押贷款证券相关。

圣诞节那天，佩金终于有时间可以和家人一起去巴塔哥尼亚度假了。尽管佩金极度渴望能够好好休息一下，但是这不现实。有一天，当佩金拿着冰镐站在冰川上，准备爬山的时候，他的黑莓手机响了。打电话的是高盛的律师帕姆。经过这一阵子的折腾，佩金对那些宣称由于手机出问题而没有接到电话的人，都表示怀疑。

与高盛律师帕姆用电话的方式找佩金不同，瓦德瓦和弗里德曼找佩金的方式更加直接：他们俩直接到巴塔哥尼亚的宾馆找他。佩金说，他有必要当面跟美国证券交易委员会的律师会谈，因为他的客户高盛集团已经得知，拉贾拉特南和他助手之间的电话已经被监听，录音电话表明，拉贾拉特南从高盛集团的某位董事那里获悉，巴菲特将会投资 50 亿美元的高盛优先股。这一消息对瓦德瓦和弗里德曼来说，可谓非常重要，能够让很多事情都变得简单起来。与曼哈顿区美国联邦检察官办公室的检察官的处境不同，美国证券交易委员会的律师，因为无法接触到电话录音，很多具体的情况都不了解。佩金说他已经跟犯罪部门讨论过这个问题，他告诉瓦德瓦和迈克尔森，高盛集团准备进行内部调查。不过，高盛能够做的并不多。高盛也没有权力获得电话录音，或者以传票的形式得到这些材料。公司对帆船集团是如何交易高盛股票的事情也没有一个完整的认识，是不是真的在高盛开完董事会会议之后，帆船集团就立刻着手交易高盛集团的股票，也不敢确认。

2010 年 1 月 4 日，已经是古普塔辩护律师的加里 · 纳夫塔利斯和他的搭档阿兰 · 弗里德曼（Alan Friedman）一同前往高盛集团开会，是为了会见帕姆、高盛的诉讼主管诺姆 · 费特（Norm Feit）、来自苏利文 & 克伦威尔律师事务所的高盛外部律师佩金和受人尊敬的刑事辩护律师甘道尔夫 · 文斯 · 迪布拉西（Gandolfo V. “Vince” DiBlasi）。在会谈的过程中，纳夫塔利斯坚持说古普塔是无辜的，他没有向拉贾拉特南透露过任何消息。认为古普塔会帮助拉贾拉特南传送内幕消息的想法简直就是无稽之谈。古普塔觉得这位帆船集团的经理从他那里偷走了 1 000 万美元。古普塔与拉贾拉特南的交往经历一直都很清晰。随后，政府调查人员将会获悉这样的一个对话，这个对话发生在高盛董事克拉斯 · 达贝克（Claes Dahlbäck）和古普塔之间，时间就在拉贾拉特南被捕后不久。达贝克看到一篇关于拉贾拉特南的新闻报道，看完后，他问古普塔，“你认识这个人吗？”“他是一个坏人。”古普塔回答说。

在纳夫塔利斯陈述完他的委托人是无辜的各种理由之后，帕姆突然想到一个问题，这个问题一直在他脑海里盘旋，他很委婉地提了出来。从一开始，帕姆就认为，如果古普塔继续坚持参选春季董事会，那么，向股东们告知古普塔因为帆船集团案而正在接受调查，便显得尤为重要。

“几个月后我们就要进行投票选举，”帕姆告诉纳夫塔利斯说，“我们希望‘在这之前’就把问题彻底搞清楚。”在接下来的几个星期里，帕姆不断地就投票选举问题同纳夫塔利斯沟通。

2 月，古普塔在他的辩护律师的陪同下，亲自来到高盛，接受佩金、迪布拉西和另外一名来自苏利文 & 克伦威尔律师事务所的律师亚当 · 菲尔（Adam Fee）的非正式问话。陪古普塔一起来的辩护律师有纳夫塔利斯、弗里德曼和罗宾 · 威尔科特斯（Robin Wilcox）。古普塔告诉高盛的律师说，他跟拉贾拉特南联系，一直都是在交流投资的事情，不过，他非常坚定地宣称，自己没有向拉贾拉特南泄露任何高盛的消息。古普塔的态度与第一天他同帕姆在电话中的沟通完全一致。当古普塔认为帆船集团的经理“偷了”自己的一笔巨款之后，他怎么可能还会向拉贾拉特南泄露内幕消息呢？在休会之前，佩金问古普塔，帮他起诉拉贾拉特南的律师叫什么名字，因为佩金从来没有听过这个人的名字。

声誉是我最重要的东西

2010 年 3 月，政府部门针对古普塔的调查还没有结束，事情不仅没有淡化，反而升温了。如果古普塔还想继续参加董事会的选举，那么，就必须将古普塔因为帆船集团案正在面临调查的事情在投票选举前对外披露，所以，古普塔最好还是不要参加这次选举，而把这个让人不爽的消息告诉古普塔的重任就只能落在约翰·布莱恩的身上。布莱恩是董事会的大佬，也是古普塔的恩人，只有他才是最合适的人选，其他人都不行。

3 月 3 日是高盛集团召开董事会会议的前一天，布莱恩在自己住的纽约四季酒店安排跟古普塔会面。一般情况下，如果布莱恩和古普塔都在同一个城市，他们俩会共进晚餐。但是，那天晚上古普塔因为事先跟别人约好了，所以，不能陪布莱恩共进晚餐。于是，布莱恩和古普塔选择在下午 5 点的时候碰面。

布莱恩告诉古普塔，如果古普塔继续参选的话，高盛便准备对外公布他正在接受调查的事情。古普塔非常难过。古普塔坚称自己是无辜而清白的，而高盛集团的建议则是让他不要把事情闹大，淡化处理。

古普塔抬头看着布莱恩，问他：“我该怎么办呢？声誉是我最重要的东西。”

“如果是我，我一刻也不会犹豫，我不会选择继续留在董事会。”布莱恩告诉古普塔说。在布莱恩看来，等调查让真相大白，这么做对古普塔来说，真不值得。即便控诉不真实，但曾经有过的传闻也会损坏古普塔的声誉，给他带来伤害。如果布莱恩处在古普塔的位置，他一定会体面地退出参选。

一开始，古普塔对这一建议还感到很困惑。古普塔认为自己并没有做错什么，他告诉布莱恩说，如果选择不再参选，他感觉就像是自己主动承认做错了事，越界了。古普塔和布莱恩的沟通交流持续了两个多小时。古普塔固执地认为，他实际上是拉贾拉特南诈骗案的受害者。古普塔极力想表现出自己是无辜的，布莱恩被他说服了。布莱恩觉得调查不会有任何结果，然而，高盛的首席律师帕姆还是坚持要把这一消息公布出去。现实情况就是，古普塔不得不两害相权取其轻。随后，布莱恩和古普塔就商量，在接下来的两天里，当公司治理委员会和董事会提名委员会问到这个事情时，他们应该如何回应。

3 月 5 日，星期五，还不到早上 8 点，布莱恩、古普塔和其他 7 名公司治理委员会成员便一起走进了布罗德大街 85 号高盛集团总部 30 层的董事会会议室。布兰克费恩是高盛集团管理层，但不是公司治理委员会的成员，因为公司治理委员会都是由公司的独立董事组成的，但那天早上，布兰克费恩也出席了会议。作为会议主席的布莱恩首先宣布，古普塔不再竞选公司董事会而是计划退休。其实，早在一年前，当古普塔准备去 KKR 公司任职时，他就考虑过退休的事情。随后，古普塔也讲话了，内容跟布莱恩所说的基本相同。“你们中的有些人可能知道，在金融危机爆发前，我曾考虑辞掉公司董事的职务，”古普塔说，“但那个时候，公司希望我能够留下来，我也确实这么做了，但现在，我觉得是辞职的好时机。”这一举动让其他的外部董事感到很惊讶。布兰克费恩对古普塔这 4 年来所做的贡献给予大力褒奖，尽可能缓解古普塔的难堪，毕竟他是在没有任何公开理由的情况下提出辞职的，这很容易引发董事会其他成员的联想。然而，当会议结束后，布兰克费恩和帕姆私底下向留下来的董事会成员，简要地介绍了古普塔离开的背景原因。

几小时之后，布兰克费恩的顾问约翰·罗杰斯，在机场碰到了古普塔，罗杰斯正准备乘飞机回华盛顿特区，他每个星期五都会这样。古普塔自从 2006 年进入高盛董事会以来，跟罗杰斯就走得很近，两个人的关系也非常不错。当古普塔看到罗杰斯的时候，他向罗杰斯保证说，那些指控完全是假的。

“我就是一个受害者，没办法。”古普塔告诉罗杰斯说，随后，他还就自己给高盛带来的不便向罗杰斯致歉。古普塔表现得很沮丧，他不知道该如何应对不断升级的调查，这已经严重影响到他作为公众人物的形象。罗杰斯并不是唯一一个，关注这个不断发酵的丑闻事件对古普塔造成不良影响的人。

第二天，古普塔来到哈佛商学院，就投资印度这一主题发表重要的演讲。莱因霍尔德·克里瓦尔（Alok "Rodinhood" Kejriwal）是孟买一名数字产业领域的企业家，对古普塔在哈佛商学院的演讲充满期待。然而，古普塔给克里瓦尔留下的唯一印象竟然是他"杀手般"的发型。"2010 年 3 月，在讲台上，我看到的是一个非常沮丧的男人，"克里瓦尔说，"他就像被打败了的样子，讲话听起来没有任何生机……他的声音里没有力量，也没有权威。"

与当天来听这场演讲的其他 200 名听众一样，克里瓦尔根本不知道，那段时间，古普塔的生活发生了怎样的变故。因为与帆船集团案有关联，监管部门对古普塔进行了调查，但这一消息在当时并没有对外宣布。所有跟克里瓦尔一样坐在观众席的人可能都在想同一个问题：拉贾特·古普塔到底碰上了什么倒霉事？"古普塔就像是杜莎夫人蜡像馆里面的蜡像。"

4 月中旬，古普塔正准备参加宝洁公司的董事会会议，《华尔街日报》报道了检察官正在核查古普塔是否将高盛集团的内幕消息泄露给拉贾拉特南。这一报道立刻让古普塔感到无助和挫败。千差万错，真的不该在那个错误的时间给拉贾拉特南打电话，质问他那消失的 1 000 万美元到底去哪儿了，他真的没有将高盛集团董事会里的机密消息泄露给拉贾拉特南。然而，就是那个电话，给古普塔带来了致命的灾难。

当古普塔的商业伙伴纷纷向他致电，表示对《华尔街日报》上的报道很关注时，他都是淡淡地告诉他们："根本没有的事，没什么大不了的。"古普塔在印度、欧洲和芝加哥等地的老朋友都感到震惊并为他难过，不过，古普塔还是注意到他来到纽约后新结交的那些朋友，正在慢慢疏远他。有一天，也就是《华尔街日报》的那篇报道登出来不久，一位在西港附近的好市多超市（Costco）购物的顾客，发现了情绪激动的古普塔正对着手机大声说话。

"基本上没有人会在这个时候给我打电话，"他对电话的另一端喊道，"至少，你还会给我打电话。"

第 35 章

没有直接证据可以证明

2010 年 6 月初，史蒂文·佩金来到美国证券交易委员会在纽约的办公室，随身携带着一堆材料，向桑杰·瓦德瓦和他的两位副手做陈述报告。从美国联邦检察官办公室辞职后，佩金跳槽到苏利文 & 克伦威尔律师事务所，并成为高盛集团的外部律师。在这个案子里，佩金所处的位置很有意思，基本上什么信息他都会知道。除了担任高盛集团的外部律师，佩金同时还是 AMD 的首席执行官赫克特·鲁伊斯的辩护律师，鲁伊斯曾经在电话里向达妮埃尔·基耶西透露过一些非公开消息，这些电话都被监听了。但基耶西向鲁伊斯保证，不会将这些消息泄露出去。

作为共同抗辩正式协议的一部分，律师之间可以互相分享信息，所以，成为鲁伊斯的辩护律师让佩金了解到，监听电话涉及古普塔。每次，当美国联邦检察官办公室希望"重启监听"时，也就是检察官向联邦法院的法官申请继续监听被告电话一个月，检察官都需要再次提交申请，而且在申请表里要重点标出已经监听过的电话记录。到 12 月时，这些申请表已经到了辩护律师手里。在征得委托人鲁伊斯的同意后，佩金给帕姆打电话，准备跟高盛一起分享相关的资料信息。

古普塔愿意来美国证券交易委员会做证

美国证券交易委员会的律师一直都想搞清楚拉贾特·古普塔在帆船集团内幕交易案中所起的作用到底是什么，在跟他们会谈的时候，佩金陈述了这样一个事实，那就是高盛集团对古普塔的了解要更深入，可以从高盛入手。佩金建议美国证券交易委员会的律师从高盛的董事会会议开始调查，看看哪些人，在什么时候，接触到了这些机密消息。更为重要的是，佩金提醒美国证券交易委员会的律师关注监听电话拦截。正是这些拦截电话引起了他的兴趣，并促使他打电话给高盛的总顾问格雷格·帕姆。在某个被监听的电话里，拉贾拉特南曾向人吹嘘，他从高盛的某位董事那里获得消息，巴菲特将投资50亿美元的高盛优先股。还有一次，当古普塔在俄罗斯的圣彼得堡参加高盛的董事会会议时，也向拉贾拉特南传递过消息。

古普塔和拉贾拉特南的电话交流不一定就是犯罪行为，但两个人之间信息的自由与随意传送应该是关注的焦点。美国证券交易委员会的律师认为佩金的提示很有价值，这也证实了瓦德瓦之前的猜想，有必要找到证据，证明古普塔也涉嫌帆船集团内幕交易案。在当时，美国证券交易委员会想要拿到长达14 000个小时的电话录音还是件非常困难的事情。因为美国的法律明确规定，诸如美国证券交易委员会这样的民事机构，一般情况下，并没有监听电话的资格。

当佩金离开美国证券交易委员会之后，贾森·弗里德曼从麦肯锡那里要来了古普塔的通话记录，同时也从手机运营商那里传唤来了古普塔的手机通话记录。在浏览古普塔的通话记录时，弗里德曼想起了自己曾经深挖鲁米·可汗电话记录的经历。古普塔的电话很多，至少有13个，而且他每一个电话都会用到。当弗里德曼将高盛集团董事会会议召开的时间与古普塔跟拉贾拉特南的通话记录联系起来时，他发现了一个非常特殊的现象，就连他自己都感到很震惊。每当古普塔开完董事会，他都会给拉贾拉特南打电话，而且每次都是这样。最明显的一次通话记录就是当董事会讨论完巴菲特投资高盛集团的事项后，古普塔便立刻打电话给拉贾拉特南。

2010 年 8 月 2 日，美国证券交易委员会向古普塔发出传票，让他提交相关的文件材料，这其中就包括他的投资活动、与拉贾拉特南在特定时间段的沟通交流信息、转账流水及通信录。最终结果表明，拿到古普塔通信录的难度远远超过美国证券交易委员会的律师一开始的设想。古普塔不愿意轻易提供自己的通信录，那是因为在他的通信录里，有很多非常有声望的名人，包括比尔·盖茨和比尔·克林顿，古普塔的律师就这个问题反复跟美国证券交易委员会沟通，一定要确保古普塔成百上千个联系人的信息不被泄露。

在美国证券交易委员会发出文件传票的第二天，贾森·弗里德曼给古普塔的辩护律师加里·纳夫塔利斯打电话说，一旦美国证券交易委员会的律师开始查验这些文件，他希望能够跟古普塔进行核实。“你能告诉我，古普塔一般什么时候比较方便吗？”弗里德曼问。不久之后，弗里德曼和约翰·亨德森又将这一问题抛给了纳夫塔利斯的副手罗宾·威尔科特斯，这位叫克莱默·莱文（Kramer Levin）的律师负责跟美国证券交易委员会接洽文件资料事宜。他们问威尔科特斯是否了解古普塔的行程安排，威尔科特斯说她不清楚，但她会问问是否有人了解这个事情。

11 月初，因为一直没有收到古普塔何时方便的信息，弗里德曼便直接传唤古普塔来美国证券交易委员会做证。美国证券交易委员会的律师怀疑这么做不一定会引起重视。但威尔科特斯立即给亨德森打来电话，质问说：“你们为什么发来这样一张传票？”威尔科特斯保证古普塔会来录证词，现在只是时间问题。美国证券交易委员会的律师一开始提出的时间是 11 月 30 日，但是这一天排不开，因为纳夫塔利斯有另外一个重要的案子要出席，那个案子的委托人是穆里尔·希伯特（Muriel Siebert）。于是，美国证券交易委员会的律师只能等纳夫塔利斯的消息。

11 月 16 日，星期六，纳夫塔利斯优哉游哉地来到美国证券交易委员会会见弗里德曼和亨德森。纳夫塔利斯告诉他们俩说，古普塔愿意来美国证券交易委员会做证，但是，“我们不希望牵扯进拉贾拉特南的案子里”。纳夫塔利斯解释说，他最担心的是，如果古普塔在美国证券交易委员会做证，而这些证词会传到美国联邦检察官办公室，这些证词就有可能分享给拉贾拉特南的律师，这样的话，他们可能会打电话给古普塔，让他出庭做拉贾拉特南案的辩护证人。想一想，古普塔的哪个辩护律师希望出现这种状况呢？

当然，这中间还有另外一个让人担心的问题。证词经过这么多人的手，外泄的风险也非常高。2010 年 4 月，《华尔街日报》的那篇报道就是相关信息的第一次泄露，当时已经给古普塔的声誉造成了严重的影响，不过，好在古普塔没有被击倒。宝洁公司和美国航空的母公司 AMR 在看到这篇报道之后，对古普塔进行了尽职调查，最终才决定让古普塔继续留任各自公司的董事会。如果哪一天，媒体再次曝光古普塔就帆船集团案去美国证券交易委员会做证，就很难保证这两家公司会如此慷慨大方，让古普塔继续留任董事会。就在一个月之前，《财富》杂志还发了一篇可能会给古普塔带来毁灭性打击的文章，标题是“拉贾特·古普塔：丑闻来袭”，这已经给他的董事头衔带来了不少麻烦。纳夫塔利斯很清楚，公司董事会最不愿意看到的情形就是他们的董事招惹是非。

纳夫塔利斯告诉美国证券交易委员会的律师说，他的委托人古普塔是“一个非常值得尊敬的好人。他哪儿都不会去，他没有离岸基金，他也没有受到任何法律限制。你们想听他的故事，我们也希望你们能够听听他的故事。那就等一等，这又有什么危害呢”？

“我们的调查已经水到渠成。”弗里德曼反驳道。弗里德曼说，美国证券交易委员会愿意考虑另找一天让古普塔来做证，但不能无限期地延后。美国证券交易委员会的律师担心的是，古普塔现在仍然是很多家公司的董事，而美国证券交易委员会的律师的职责就是为这些公司扮演好看守人的角色。如果现在有理由相信古普塔作为董事已经不称职的话，美国证券交易委员会是不会袖手旁观的。

纳夫塔利斯问美国证券交易委员会的两位律师，是否存在“获取指令”（access order），也就是说，如果古普塔来美国证券交易委员会做证，这个证词是否会与美国联邦检察官办公室共享。美国证券交易委员会两位律师并没有正面回答他。随后，纳夫塔利斯说，如果美国证券交易委员会不愿意一直保有证词直到拉贾拉特南案审判结束的话，他要求得到一个保证，那就是，至少应该在拉贾拉特南案审判结束之后，古普塔的证词才可以给其他人看。美国证券交易委员会的两位律师没有答应纳夫塔利斯的这个要求。在离开之前，纳夫塔利斯告诉这两位美国证券交易委员会律师，如果他没有得到充分的保证，他就只能跟这两位律师的上司联系。

“可以啊！”弗里德曼回答说。其实，纳夫塔利斯很清楚，弗里德曼和他的同事所做的一切，他们的上司都是会支持的。他们俩的上司是瓦德瓦和乔治·卡内洛斯（George Canellos），卡内洛斯今年夏天刚从纽约的一家律师事务所跳槽到美国证券交易委员会。纳夫塔利斯最终还是没有找卡内洛斯，他决定先保留这个权利，以后再说。最后，纳夫塔利斯与美国证券交易委员会的律师商定，古普塔会在 12 月 22 日来美国证券交易委员会做证。

在 2010 年还有 3 天就到圣诞节的时候，也就是弗里德曼提出这个要求后的第五个月，古普塔和他的辩护律师来到美国证券交易委员会做证。就像我们在最开始介绍的那样，在做证的过程中，古普塔运用了宪法第五修正案中反对自证其罪的特权，整个做证过程仅用了 42 分钟就结束了。

瓦德瓦很清楚，如果美国证券交易委员会想对古普塔立案就必须找到证人，能够证明古普塔确实掌握诸如高盛集团 2008 年第四季度的盈利状况和巴菲特准备投资高盛优先股这样的内幕消息。2010 年深秋的某天，美国证券交易委员会纽约地区办公室的负责人乔治·卡内洛斯、瓦德瓦，以及负责调查古普塔的其他律师，给佩金打电话，告知他们美国证券交易委员会希望与高盛的哪些高管进行谈判。在这些高管中，就有专门负责策划巴菲特投资高盛优先股的银行家拜伦·特罗特（Byron Trott）；非常清楚董事会成员职责的高盛集团董事会秘书约翰·罗杰斯；高盛集团的首席执行官劳埃德·布兰克费恩，他也是最重要的一个人。布兰克费恩是一个非常关键的角色，他能够告诉美国证券交易委员会的律师，在 2008 年 9 月巴菲特准备投资高盛之前，以及一个月之后召开的、向董事会成员通报高盛第四季度业绩的董事会会议之前，高盛都告诉了古普塔哪些相关消息。

“我之所以打电话，是因为我觉得，早点联系比晚点联系要强。”卡内洛斯说。“没错。”佩金回答说。

高盛律师最大的担忧就是美国证券交易委员会对布兰克费恩的访谈会被媒体关注。“如果有人发现布兰克费恩来到美国证券交易委员会接受问话，高盛集团的市值在当天下午就会下跌10%。”佩金这样跟美国证券交易委员会的律师说。佩金提供了其他几个建议。或许，美国证券交易委员会可以来高盛集团拜访布兰克费恩。这不可能！瓦德瓦立刻否决了这一提议。瓦德瓦并没有说出这句话，但是，他的意思已经表达得非常明确了。政府部门从来不会去拜访任何人。于是，佩金建议布兰克费恩可以轻松地通过安检，或者，根本就不需要对他进行安检。瓦德瓦再次拒绝，他指出，布兰克费恩不会享有任何特权。布兰克费恩跟任何其他来美国证券交易委员会接受问话的人一样，都要经过严格的安检程序。随后，佩金和瓦德瓦就布兰克费恩问话的各个环节商议了一整晚，最后两边达成一致意见，决定让布兰克费恩在2011年1月7日，星期五的上午10点30分来美国证券交易委员会接受问话。

最核心的证据

在美国检察官对拉杰·拉贾拉特南提起公诉之前，作为首席检察官的乔恩·斯特里特必须拿到预审前的重要保证：他必须保证让这些监听电话录音可以在法庭上展示。在拉贾拉特南被捕后不久，拉贾拉特南的律师就已经提示过美国检察官，他们可能会采取哪种行动方案。“政府不应该在这个案子中使用电子监听设备”，这样侵犯了拉贾拉特南的宪法权利，拉贾拉特南的新律师约翰·道得（John Dowd）写道。

在拉贾拉特南被玛莎·史都华的前律师罗伯特·摩维尔卢拒绝后，他找到了道得，道得是华盛顿地区阿金律师事务所（Akin Gump Strauss Hauer & Feld）的一名性格刚毅的律师，他做事情坚决果断，又懂得据理力争。道得非常明确地告诉拉贾拉特南：决不言败！这句话也正是拉贾拉特南希望听到的。很快，拉贾拉特南就聘请了道得，让他以非常中性客观的视角来审视这个案子。

2010年5月7日，拉贾拉特南的律师团队以实际行动阻止录音资料的使用，他们宣称法律并没有授权可以用电话监听录音的方式来调查内幕交易，他们提出这一点的理由是电话监听录音可能会存在虚假陈述，还有可能遗漏一些重要的信息。最典型的代表就是：鲁米·可汗之前的重罪定罪。此外，拉贾拉特南的律师们还说，涉及证据的“必要性”时，有些证人的证言有误导，或者故意遗漏关键事实，而这些“必要性”需要检察官向法庭展示。而且，在使用电话监听之前，应该事先考虑运用其他的调查手段和方式，或者，要证明这些调查手段和方式是无效的才行。拉贾拉特南的律师团队指的是美国证券交易委员会应该对帆船集团上百万的交易文件进行详细调查。

在这些经验丰富的律师们看来，横在美国政府与拉贾拉特南之间的这场审判的辩护成败的关键都在电话监听录音上。如果这些电话监听录音是合法的，那么，政府肯定会胜诉。如果这些电话监听录音是非法的，那么结局就会逆转。

2010 年 8 月 12 日，在听过双方争执的焦点之后，主持拉贾拉特南案的主审法官理查德·霍尔维尔（Richard J. Holwell）决定采纳被告方的请求，就电话监听录音一事展开一场听证会。这个程序就是我们所熟悉的弗兰克斯听证会（Franks hearing），这个名字最早来源于弗兰克斯诉特拉华州一案，在这个案子里，为了证明所获证人证词是否建立在虚假陈述的基础上，专门召开了一场听证会。拉贾拉特南案中的电话录音就是需要被证明是否合法的重要证据。

对于像斯特里特这样经常立案起诉且善于承担压力的检察官来说，在弗兰克斯听证会上，很容易就能扭转局势，反败为胜。与审判不一样，在弗兰克斯听证会上，压力其实是在被告方，他们需要举证调查人员在实施电话监听之前，没有使用过其他调查手段。被告方准备找的证人之一，不是其他人，正是安德鲁·迈克尔森，这位美国证券交易委员会律师被借调到美国联邦检察官办公室负责对拉贾拉特南立案调查。在审判前，从政府辩护律师队伍中选择一人作为听证会上的证人，是非同寻常的一件事。这让迈克尔森感到很尴尬，而斯特里特的位置则更加别扭，他还要在法庭上向迈克尔森询问。在听证会召开前的几个星期里，焦急的迈克尔森经常会挤兑斯特里特：“准备什么时候让我上听证会啊？”

10 月 4 日，联邦法官霍尔维尔主持召开了听证会，4 名证人都是拉贾拉特南的律师团队选择的。在被乔治·W. 布什总统任命为联邦法官之前，霍尔维尔是纽约伟凯律师事务所（White & Case）的一名诉讼合伙人，他能够轻松地掌控全局，在证券欺诈案方面非常知名。霍尔维尔身材消瘦、胡子齐整，所以他看上去特别像殖民地时代的一名英国军官。霍尔维尔拥有军人般的行事风格，他会专心致志聆听律师的争论，目的是在合适的时候打断他们的对话，他非常注意一点，就是要求律师措辞简练，而且直击主题。

第一个做证的是林迪·博德罗特（Lindi Beaudreault）律师，他先是代表塞德纳公司，后面又代表帆船集团，负责处理美国证券交易委员会要求的各种文件和资料。博德罗特在法庭上说，帆船集团和拉贾拉特南按照美国证券交易委员会传票的要求，将 2003 年 11 月 ~ 2007 年 7 月所有的文件资料都全部提交给了美国证券交易委员会。为了专门应对 2007 年 5 月 14 日和 6 月 8 日两次单独的传票，帆船集团和拉贾拉特南专门准备了 410 万份文件资料，这其中包括所有的电子邮件和短信记录。之所以让博德罗特出席听证会，道得就是想向法庭表明，帆船集团和拉贾拉特南为了满足美国证券交易委员会的各种严格调查，提交了所有的证明材料，完全符合要求，所以，他们根本不需要进行电话监听。但迈克尔森则描绘了一幅完全不同的景象，他向法庭表示，即使美国证券交易委员会前面做了大量的工作，即便各种文件资料堆积如山，但这些资料对于立案来说，分量还是不够。“我们一直都在做最艰难的工作，都想把最核心的证据给找出来，”迈克尔森说，“我们最终还是找到了。”在 2008 年 3 月开始电话录音之前，迈克尔森说，他从未想到，麦肯锡的阿尼尔·库马尔会是拉贾拉特南的重要内幕消息的来源渠道之一。

10 月 7 日，听证会结束。

当为拉贾拉特南案工作多年的美国证券交易委员会律师和联邦检察官们焦急地等待霍尔维尔法官的宣判时，曼哈顿区的美国联邦检察官办公室开始大肆渲染电话监听录音的重要作用和意义。10 月 20 日，站在 200 多名纽约市律师协会（New York City Bar Association）的律师面前，检察官普利特·巴哈拉拉（Preet Bharara）代表政府发声：“没有必要让一名火箭专家明白真实的交流记录是多么有用。通话记录绝对就是最佳的证据，我们不需要为使用它们而躲躲闪闪。”

有一次，巴哈拉拉含蓄地影射拉贾拉特南案，他说：“10 月 4 日，一位著名的刑事辩护律师曾经跟法官辩论，在某个广为人知的案件中，不应该使用电话录音，因为政府不符合在内幕交易案件里使用电话监听的‘必要性’的资格。”有些听众知道巴哈拉拉暗指拉贾拉特南案，他们觉得很惊讶，巴哈拉拉竟然会这样说。因为在当时，电话录音到底能不能在法庭上运用，还没有定论。一个月之后，也就是 11 月 24 日，霍尔维尔法官在严厉斥责政府遗漏了一些重要信息之后，最终还是同意在法庭上使用电话录音证据。

既然可以使用电话录音，事情就好办许多，乔恩·斯特里特和他的同事里德·布罗茨基（Reed Brodsky）开始集中整理将要提交的重要证据，这些证据能够证明拉贾拉特南及其团伙犯罪的事实。审判日期定在 2011 年 3 月 8 日。在圣诞假期及新年期间，斯特里特和布罗茨基都缩在自己的办公室里，两个人头戴耳机，粗略地听着 400 多个电话录音，这些录音都是从 1 000 多个电话录音中筛选出来的。他们的同事迈克尔森自然对这些电话录音特别熟悉，因为这个案子是他负责跟踪的，但斯特里特和布罗茨基则是代表政府部门参与审判，对他们俩来说，这是第一次接触这些电话录音。斯特里特和布罗茨基也为高盛集团的电话内容所震惊。最能够指证犯罪的电话来自 2008 年 10 月 24 日，前一天，布兰克费恩刚刚向高盛的董事会成员通报，高盛集团第四季度可能会出现亏损。

“我昨天听高盛集团的某位董事说，高盛估计每股会亏损 2 美元。”拉贾拉特南跟在新加坡的下属戴维·劳这样说。这个电话让检察官们非常有信心：因为拉贾拉特南在这种情况下没有必要撒谎，这意味着他获得的是内幕消息。

2009 年 12 月 15 日，美国联邦检察官办公室第一次对拉贾拉特南提起公诉，正式指控帆船集团的负责人在宝利通、希尔顿酒店、阿卡迈科技公司及其他公司的股票，存在内幕交易行为。最开始的时候，帆船集团成功投资高盛集团股票的交易并没有列在内幕交易的行列。尽管帆船集团交易高盛集团股票的行为已经在检察官们的调查范围内，但在当时，其他几只股票内幕交易的证据更为确凿。不需要再多的股票交易作为支撑。

除了电话录音之外，还有其他一些强有力的外界证据，这些证据大多数是由美国证券交易委员会提供的，表明古普塔每次在开完高盛的董事会会议之后，都会立刻给拉贾拉特南打电话，这都已经形成了固定模式。考虑到拉贾拉特南交易高盛集团的股票是对其进行犯罪定案的关键因素，而这个案子下一年春天就要开庭，斯特里特认为，非常有必要让检察官们参与对布兰克费恩的联合问话，尽管史蒂文·佩金曾经在美国证券交易委员会工作过一段时间，但也不能影响案件的侦查工作。

"我没做错任何事情"

当斯特里特给佩金打电话时，佩金正好在家里，斯特里特直截了当地向他的老上司提出了自己的想法。前面我们介绍过，佩金现在是高盛集团的外部律师，来自苏利文 & 克伦威尔律师事务所。

"不要太紧张，我们一共有 3 名美国助理检察官和一名 FBI 特工"会参与布兰克费恩的问话，斯特里特向佩金保证他们都不会参加问话，因为他们都是"大人物的灾星"。布兰克费恩是最佳证人，因为他非常清楚，他到底跟古普塔说了高盛集团的哪些重要消息。当斯特里特跟佩金打完电话后，他又立刻打给了瓦德瓦，告诉他检察官们准备在第二天早上加入对布兰克费恩的问话队伍中。"那你最好先告诉佩金。"瓦德瓦说。当斯特里特告诉瓦德瓦说，自己已经跟佩金谈过这个事情后，瓦德瓦很生气。这位印度出生的律师不会轻易对外人发脾气，但是，斯特里特还是能够在电话里感受到他的怒气。美国证券交易委员会好不容易才拿到可以针对古普塔立案的资料，现在，斯特里特和来自纽约南区的检察官们，凭什么在没有事先告知他的情况下，就闯入这个案子里最重要的人物的问话行动中来？

尽管斯特里特和瓦德瓦都不提这个事情，但他们俩都很清楚，巴哈拉拉的媒体攻势客观上造成了美国证券交易委员会的律师与来自美国联邦检察官办公室的检察官之间的紧张关系，这让美国证券交易委员会对很多事情都变得格外敏感，特别是一些正常环境下的异样行为。来自美国联邦检察官办公室的检察官通常会参加由美国证券交易委员会主导的谈话活动，相反，美国证券交易委员会的律师也会参加由检察官主持的谈话活动。

“你不能只是嘴上说些好听的话，你应该多为我们做点实际的事情，发挥出更大的作用。”瓦德瓦这样跟斯特里特说。瓦德瓦对自己的这种怠慢的态度是无意的，斯特里特说。“我很久以前就认识佩金。”斯特里特告诉瓦德瓦说。斯特里特能够非常明显地感觉到瓦德瓦真的很生气，所以，他没有给自己找任何理由，只是不停地向瓦德瓦表示歉意。

2011 年 1 月 7 日，劳埃德·布兰克费恩在一群律师的陪同下，来到了美国证券交易委员会。在经过一系列安检工作之后，他来到了 4 楼的证词室，在这里，他将会见到更多的律师。这些律师包括：瓦德瓦、弗里德曼，以及其他来自美国证券交易委员会的律师；来自美国联邦检察官办公室的斯特里特、布罗茨基和迈克尔森。FBI 的特工则充当记录员。在跟布兰克费恩寒暄过后，美国证券交易委员会的律师弗里德曼直奔主题，他问布兰克费恩在 10 月 23 日的高盛董事会会议上，都跟古普塔说了些什么。

“我应该是告诉高盛董事会成员说，那个季度高盛每股亏损 2 美元的事情。”布兰克费恩说。弗里德曼又用另外一种方式问了这个问题，布兰克费恩的回答依然没有变化。每一次，当弗里德曼问这个问题时，布兰克费恩的回答都是相同的。

弗里德曼和瓦德瓦同时发现了一个问题：布兰克费恩的措辞，高盛每股亏损 2 美元，这句话跟拉贾拉特南在监听电话里面所说的完全一致。

1 月 21 日，布兰克费恩接受问话的两个星期之后，美国联邦检察官办公室对外披露了一个新的指控，并且还罗列了另外 7 只股票，在这 7 只股票的交易上，拉贾拉特南都存在证券欺诈行为。这 7 只股票中就包括高盛。

当检察官们针对拉贾拉特南案提出更多的诉讼罪名时，瓦德瓦却只能通过手机跟他们交流，因为这段时间，他要在医院里陪老婆朱迪。朱迪刚刚为瓦德瓦生下第一个儿子，起名为基兰。在病房外面，瓦德瓦跟美国证券交易委员会纽约地区的负责人卡内洛斯和弗里德曼讨论，是否对古普塔提起民事诉讼。1 月 28 日，美国证券交易委员会向古普塔的律师纳夫塔利斯发了一份“韦尔斯通知”[①]（wells notice），告诉他，美国证券交易委员会准备立即对古普塔提起诉讼。在大多数情况下，当平行调查同时进行时，美国证券交易委员会一般不会给被告发“韦尔斯通知”，因为他们担心被告会有潜逃风险，或者让被告有机会充分准备，从而在未来可能出现的民事和刑事诉讼中，知道如何去应对。然而，乔治·卡内洛斯得知，美国联邦检察官办公室的同行们决定，如果后面对古普塔提起刑事诉讼，他们准备给古普塔的律师一个机会，可以对相关情况进行说明。于是，卡内洛斯决定，美国证券交易委员会也应该给古普塔一个机会，让他对美国证券交易委员会的民事指控进行辩护说明。

在收到“韦尔斯通知”后，纳夫塔利斯想跟卡内洛斯当面谈谈这个问题。纳夫塔利斯跟卡内洛斯很早就认识，那个时候，他们是同一个战壕里的辩护律师。在会面的过程中，纳夫塔利斯问卡内洛斯的问题，与他之前问卡内洛斯手下的问题是一样的，纳夫塔利斯反复强调说，他的辩护人古普塔向拉贾拉特南提供内幕消息的动机到底是什么？

“古普塔这一辈子都很正直、诚实，”纳夫塔利斯说，“为什么他到了快 70 岁的时候，还要做这样的事情呢？”美国证券交易委员会所关注的电话中，古普塔并没有给拉贾拉特南传递什么内幕消息，相反，他打给拉贾拉特南的电话，都是为了追回投给拉贾拉特南的 1 000 万美元。

与纳夫塔利斯的会谈持续了一整天，瓦德瓦，以及其他几个负责该案子的律师也参加了会谈，卡内洛斯一直都在听，最后，他告诉纳夫塔利斯说：“我们是否起诉古普塔并不仅仅取决于一个电话……”“加里，如果这个案子我们都不努力一下，那我们应该什么时候努力？”

---

① “韦尔斯通知”是美国证券交易委员会对在美上市公司进行民事诉讼前发出的非正式提醒，接到通知的上市公司可以在收到正式诉讼前跟美国证券交易委员会进行沟通和协商。而按照美国的相关法律，从公司接到“韦尔斯通知”时起，美国证券交易委员会就正式启动了一整套的调查及申诉程序，这一套程序也被称作韦尔斯程序。

事实上，纳夫塔利斯并不是唯一一个反对美国证券交易委员会向古普塔提起民事诉讼的人。准备对拉贾拉特南提起诉讼的美国联邦检察官办公室的检察官对此也很生气。检察官担心，在拉贾拉特南案审判前，向古普塔提起民事诉讼，会让他们面临干扰或影响陪审团的指控。对古普塔的民事指控意味着再次将拉贾拉特南拉回到公众的视野中，这会造成更恶劣的负面影响，并且会惹怒霍尔维尔法官。美国证券交易委员会的这种安排会被大家解读为政府实施的伎俩，目的是进一步搞臭拉贾拉特南。然而，这一次，美国证券交易委员会绝不妥协，因为之前在拉贾拉特南案中，他们就错过了在公众心目中树立良好形象的机会，而且，他们一直认为，自己的使命就是要为上市公司当好看门人。

“我们准备行动了。”瓦德瓦宣布。最后，美国证券交易委员会选择的方案是对古普塔提起行政诉讼，而不是之前所计划的民事诉讼，行政诉讼要比民事诉讼在程序上更简单，也无须对外披露太多的信息。这样安排，既是对执法部门的让步，也是对拉贾拉特南案审判的一种折中选择。

2 月下旬，古普塔和新丝路基金公司的合伙人布拉格 · 萨克斯纳正在班加罗尔观看英格兰和印度的板球世界杯比赛，此时，古普塔得知美国证券交易委员会对他提起了行政诉讼。古普塔不敢相信，这竟然是真的。就在不久前的 2 月 25 日，星期五晚上 10 点 45 分左右，古普塔的律师团队刚刚提交了对美国证券交易委员会“韦尔斯通知”的回复。美国证券交易委员会可能还没来得及阅读这些回复。板球比赛在精彩中落幕，现场欢呼声此起彼伏，但古普塔却无心观看，他的心思早就飞到了其他地方。

2011 年 3 月 1 日，星期二，距离古普塔在美国证券交易委员会总部引用第五修正案为自己辩护已经过去了 3 个月，距离拉贾拉特南案的审判还有一个星期，美国证券交易委员会对古普塔提起了行政诉讼，指控他将高盛集团（还有宝洁公司）的内幕消息泄露给帆船集团的负责人拉贾拉特南。

在纽约，桑杰 · 瓦德瓦的父亲听说美国证券交易委员会对古普塔提起了行政诉讼，便立刻给儿子打电话。“拉贾特 · 古普塔。真的吗？真的是拉贾特 · 古普塔？”阿俊 · 瓦德瓦问儿子，“我希望你们这些人知道自己在做什么。”阿俊 · 瓦德瓦是儿子的头号粉丝，他为儿子骄傲，同时也为儿子的行为感到担忧，他不希望自己的儿子遇到任何问题。古普塔如此有威望，在阿俊的印象中，古普塔是目前为止，美国证券交易委员会起诉的最有名的美籍南亚人，他希望自己的儿子和儿子的律师团队在这件事情上不要出现任何纰漏。

在美国证券交易委员会提起行政诉讼前的几个小时，古普塔向他事业上的助手、朋友和商业伙伴都发了一封邮件。“美国证券交易委员会的这一行动彻底让我懵了，我感到非常意外和震惊，”古普塔写道，“但我可以向你们保证，我没做错任何事。美国证券交易委员会的指控完全是无根据的。我的律师告诉我，这一指控完全是投机，不值得信赖，因为它都是建立在第三方传闻的基础上。”然后，古普塔又补充说：“有必要澄清一下：没有录音或者其他任何直接的证据表明我曾经给拉贾拉特南透露过内幕消息。”在接下来的两个星期里，他加上去的最后一句话给他带来了诸多麻烦。

THE BILLIONAIRE'S APPRENTICE

第 36 章

拉贾拉特南，有罪

"贪婪与腐败，就是这个案子的全部内容！"

2011 年 3 月 9 日，星期三的下午，太阳懒洋洋地照进曼哈顿区下城区的红木镶板的审判室里，一个长着娃娃脸、棕色头发的检察官站在一群陪审团成员面前，用朴素的话语，缓缓地描述着这一代人所遇到的、史上最大的内幕交易案。陪审团一共有 12 名成员，其中有 9 名女性，3 名男性。当纽约南区的美国联邦检察官办公室的鲁迪·朱利安尼（Rudolph Giuliani）对华尔街提起当时史无前例的犯罪制裁时，乔纳森·斯特里特还在读大学，朱利安尼对华尔街实施了高调无比的逮捕行动，让那个时代华尔街最著名的几个幕后大老板落马。当斯特里特来到位于圣安德鲁大厦的美国联邦检察官办公室工作的时候，这些人的名字已经很少出现在头版头条上了。但在金融发展史上，诸如伊万·博伊斯基（Ivan Boesky）这样的名字是不会缺席的，他们会为自己所犯下的金融罪行而被钉在历史的耻辱柱上，他们所犯的金融罪行，作为来自克利夫兰的斯特里特，自然非常清楚。斯特里特在曼哈顿区的美国联邦检察官办公室做过多年的检察官，他办理过很多证券欺诈方面的案件，现在，他代表美国政府，向联邦法院提起史上最大的一桩证券欺诈案，就是美国政府诉拉贾拉特南案。

几个星期以来，虽然民众对这一审判的预期不断高涨，但很少有人会想到，如此真实的激烈对抗竟然真的发生了。在法律界，大家认为美国政府诉拉贾拉特南案是一个不需要审判的案子，因为这一案件的名称在外行看来，有很大的误导性。一开始，政府的简要介绍中有明显的弱点，处于下风，但现实情况却刚好相反。在经验老到的律师看来，检察官搜集的证据非常充分，拉贾拉特南肯定会被判刑，顶多是看看，能够少判多少年。在审判一开始，政府指控的47名共谋者中，有23人明确表示自己有罪，在这些人中，最知名的就是阿尼尔·库马尔和达妮埃尔·基耶西。

犯罪的事实就摆在眼前

库马尔曾经是麦肯锡公司的明星人物，他跟拉贾拉特南在沃顿商学院读书时就认识，他是最早投降的。2010年1月7日，星期四的下午，库马尔承认自己犯有证券欺诈罪，而这一罪名一旦成立，其最高监禁将达25年。尽管库马尔当时正在看心理医生，而且还因为焦虑和抑郁在吃医生开的处方药，不过，库马尔告诉曼哈顿区的联邦法官美籍华人丹尼·陈（Denny Chin），自己的心智没有任何问题，并准备放弃申诉。库马尔承认收了拉贾拉特南给的170万美元的好处费，拉贾拉特南给他这么多钱，就是为了让库马尔提供重要的内幕消息，他还详细地陈述了自己的犯罪事实，他承认自己告诉了拉贾拉特南AMD并购ATI公司的内幕消息，在这个细节问题上，陈法官这样问库马尔：

“你跟拉贾拉特南之间达成了共识或者协议，是吗？”陈法官问。

“是的。”库马尔回答说。

“实施了证券欺诈行为？”陈法官问。

“是的。”库马尔回答说。

“你知道拉贾拉特南会利用你提供给他的这一消息进行相关的证券交易，对不对？”陈法官问。

“是的，阁下。”库马尔回答说。

“你清楚他这么做就是欺骗那些跟他交易的人？”陈法官问。

“是的，法官大人。”库马尔确认。

这么多年来，库马尔一直都在游说自己，让自己相信他和拉贾拉特南之间的这些交易并没有什么错。但是现在，库马尔再也不能这么想了：自己的行为触犯了法律，这一现实就摆在他眼前。

库马尔案审理结束了一年之后，在拉贾拉特南案准备开庭的几个星期前，那个曾经想在政府眼皮底下逃走的基耶西，也向法院承认自己有罪，她这个案子是所有案件里面最跌宕起伏的一个。即便可能要面临很多罪名，基耶西，这个曾经的美少女，在法庭上依然魅力十足。2010 年 11 月，在关于基耶西被捕时，其米兰达权利[①]是否被侵犯的听证会结束后，基耶西和她的律师阿兰·考夫曼（Alan Kaufman），以及她的母亲一起坐电梯下楼。电梯在某一层停住时，电梯门外正是在等电梯的安德鲁·迈克尔森。看见电梯里的基耶西，迈克尔森像个孩子一样天真，甚至还显得有些尴尬和拘谨，于是，他准备等下一部电梯再进去。此时，基耶西和她的母亲温柔地说道：“进来吧，我们不会吃了你的。”在进入电梯后，基耶西的母亲对迈克尔森说：“不要再干这个工作了，你这样下去会让我女儿进监狱的。”

迈克尔森并不是唯一迷恋基耶西的人。在斯特里特居住的纽约曼哈顿区上西区的某座公寓里，似乎每个人都知道，斯特里特就是那个将艾利克斯·基耶西（Alex Chiesi）的姐姐送进监狱的那个人，艾利克斯·基耶西是达妮埃尔·基耶西的弟弟，曾住在斯特里特的隔壁，艾利克斯甚至还邀请过斯特里特一家人去康涅狄格州的某个湖边度假别墅一起游玩，不过，斯特里特拒绝了这一邀请。艾利克斯准备去的那间湖边度假别墅正是 IBM 的高管罗伯特·莫法特买下来送给他姐姐的那套房子。

---

① 米兰达权利，也就是犯罪嫌疑人保持沉默的权利，是个具有特殊意义的法律制度。“你有权保持沉默。如果你不保持沉默，那么你所说的一切都将作为你的呈堂证供。你有权在受审时请一位律师。如果你付不起律师费的话，我们可以给你请一位。你是否完全了解你的上述权利？”这句话就是著名的“米兰达警告”，也称“米兰达告诫”，即犯罪嫌疑人、被告人在被讯问时，有保持沉默和拒绝回答的权利。

在美国政府诉拉贾拉特南案开庭的第一天，斯特里特开门见山，他说被告“今天就会知道第二天要公布的消息，然后依据此消息进行内幕交易”。斯特里特站的地方离拉贾拉特南仅有几米远，在拉贾拉特南被告席的一侧，坐着6位辩护律师。拉贾拉特南看上去跟自己以前的影子差不多瘦。身为对冲基金经理的拉贾拉特南，在辉煌时期是一个非常胖的家伙。拉贾拉特南的体重严重超标，微笑时总是露出自己的牙齿。在鼎盛时期，这位帆船集团的大老板在对冲基金界以自负和傲慢而出名。现在，在被捕一年半之后，拉贾拉特南看上去非常消瘦，简直让人不敢相信。

在斯特里特对拉贾拉特南提出一系列冗长而又枯燥的指控时，拉贾拉特南就一直面无表情地盯着斯特里特。

律师团对阵

对43岁的美国检察官斯特里特来说，这是他10年公诉人职业生涯中最有争议的一个案子。在斯特里特以前办理过的所有案件中，包括德药店（Duane Reade）的前高管安东尼·库蒂（Anthony Cuti）和马克·德瑞尔（Marc Dreier），这些经典的案件，似乎在跟拉贾拉特南的律师最终对决之前，都要重温一遍，才能更好地提升自己的战斗力。因为这一次，拉贾拉特南的辩护律师及帮手，在数量和从业经验方面都远超政府这边的律师力量。

拉贾拉特南的辩护律师中，领头的是约翰·道得，一位年近70岁、来自华盛顿特区的民间诉讼高手。道得之前是为政府服务的检察官，他的名声来自与暴力犯罪相关的案件，他有点儿双重性格。有时候，道得看上去像大家喜爱的大叔，喜欢给那些围在他身边的人讲他的战斗故事，哪怕有些故事让他伤痕累累，最典型的就是1974年指控有组织犯罪的犹太裔大佬梅耶·兰斯基（Meyer Lansky）[①]的案件。道得跟那些积极进取的检察官的做法完全不同，他通常都是在法庭上展示各种负面证据，以此反讽对手。与被告辩护律师所出示的那些证明被告是正直

① 犹太帮教父，电影《教父2》中犹太黑帮分子海曼罗斯的原型。——编者注

和善意的证据完全不同的是，道得所出示的证据都是一些展现被告阴暗面的证据，这比斯特里特的陈述要有趣得多。

通常情况下，肥胖而又秃头的道得脾气坏得很，而且还很小气。在审判过程中，道得曾给《华尔街日报》的记者扎德·布雷（Chad Bray）发过一封通篇都在骂对方的邮件，因为布雷曾写过一篇文章，认为被告被其中某个证人的突然袭击问得哑口无言。道得写道："这是我这么久以来读过的最差劲的一篇报道。你怎么这么无耻，你准备巴结普利特里德多久呢？"

在这个案子里，斯特里特是在前面直接发问的检察官，而坐在法庭后面专门为政府部门准备的木制椅子上的是斯特里特的上司，也是道得最喜欢嘲讽的对象：普利特里德·辛格·巴哈拉拉（Preetinder Singh Bharara），他一直都在认真地倾听法庭上的每一次辩论。借助拉贾拉特南案带来的影响，特别是在录音电话事件上取得的成功，巴哈拉拉很快就会获得"华尔街新警长"的称号，尽管这个案子并不是他一手主抓的，因为他来到美国联邦检察官办公室的时间并不长。不过，巴哈拉拉确实是来摘果子的，这是事实。为此，巴哈拉拉的那些老友们经常拿这件事来取笑他，没事就拿出来说一说。最终，公共关系的闪电战会让巴哈拉拉出现在主流杂志的封面上，比如《纽约客》和《时代周刊》（*Time*），而且，在 2012 年，巴哈拉拉很有可能会上榜"年度最有影响力 100 人"。

从事律师工作以来，普利特里德·辛格·巴哈拉拉一直梦想着有一天能够成为纽约南区的美国联邦检察官办公室的律师。这么多年来，巴哈拉拉的很多学法律的同学都在私人部门工作，他们都赚了不少钱。然而，巴哈拉拉却信念坚定，一心想成为纽约南区美国联邦检察官办公室的一员，这个美国联邦检察官办公室仅次于华盛顿特区的美国联邦检察官办公室，是全国第二大检察官办公室。华盛顿地区的美国联邦检察官办公室同时承担着联邦检察官和地方检察官两个层面的公诉职能。2005 年，巴哈拉拉有幸当选纽约参议员查尔斯·舒默（Charles Schumer）的首席顾问律师。直到 2006 年以前，巴哈拉拉都很低调神秘，随后，他领导参议院司法委员会调查布什总统一次性解雇 8 名联邦检察官是否受政治因素影响时，他才真正出名。经过两年的调查，最后，没有形成任何指控，巴哈拉拉在这次涉及政治事件的调查过程中表现突出，为他加分不少。

2009 年 8 月，巴哈拉拉被新任总统奥巴马看中，在参议院的批准下，他成了美国联邦检察官办公室的一名检察官。连巴哈拉拉的还不怎么明白事理的女儿都很清楚，成为联邦检察官对巴哈拉拉来说意义非凡。当巴哈拉拉的女儿来他的办公室参观时，她注意到爸爸的办公室真的“好大啊”!

10 月 13 日是巴哈拉拉就职宣誓的时间，在就职演讲中，他表达了自己对法律的敬畏，以及为什么会走上法律这条路。“我的母亲是一个非常善良和容易宽恕别人的人，如果她是一名联邦检察官，她肯定会对很多案子延缓起诉。”这就意味着，只要公司或者个人采取一些必要的行动，就可以被赦免。“从你们一贯的表现中，我可以想象得到，你们肯定在想我会不会也像我母亲那样延缓起诉，我的答案是：有时候会！另外一方面，我的父亲是一个非常严格的人。”巴哈拉拉的意思是，如果他父亲是一名联邦检察官的话，他的量刑可能会超越审判指导原则，对部分违法行为实行严厉的处罚。

在新岗位干了将近一年时间，经历过一些大人物的案件，比如将他推向舆论旋涡中心的拉贾拉特南案的历练之后，巴哈拉拉有了更加崇高的理想信念：“我想要的工作只有两个。”某一天晚上，在跟自己有 20 多年交情的老朋友一起聊天时，巴哈拉拉说有一个他喜欢的工作“从宪法的角度来看，是不可行的”。巴哈拉拉所说的工作是指美国总统，而美国宪法规定，只有在美国出生的公民才有资格竞选美国总统。巴哈拉拉出生在印度，大约 40 年前，他的父母移民到美国，于是，他也来到了美国。巴哈拉拉坦言，另外一个让他充满兴趣的工作就是成为美国最高法院神圣法庭上的一名法官。不过，巴哈拉拉通过自己的发言人，对自己的这一言论表示否认。

在巴哈拉拉奋斗的过程中，他需要一个标志性的案件来为自己正名，而美国政府诉拉贾拉特南案就是最佳机会。44 岁的巴哈拉拉曾经当过童子军（Boy Scout），他认为内幕交易罪非常严重。有一些法律界人士认为这只能算是无受害者犯罪，特别是考虑到涉案金额很小时，案件的性质就更加不严重。在帆船集团案中，政府部门宣称拉贾拉特南通过非法内幕交易，赚到了 7 500 万美元的利润。

但这个数字如果跟拉贾拉特南曾经高达 13 亿美元的净资产相比，根本算不得什么。巴哈拉拉的父亲是一个医生，母亲是一个专职的家庭主妇，这个案件让他感到苦恼的是，像拉贾拉特南这样的有钱人总是在跟体制较量，而这会带来更多更坏的影响。“令人不安的是，很多利用内幕消息进行交易的人，在现代金融体系里，往往都是那些掌握着资源、拥有特权和巨额财富的人。”2010 年 10 月，在纽约律师协会门前的聚会上，巴哈拉拉这样跟大家说。“对他们来说，这些内幕消息可以使他们的多巴胺急速分泌。”

被巴哈拉拉的办公室起诉的这批美籍南亚人是第一代大规模移民的代表，他们的出生和成长都不在美国。巴哈拉拉与第一代南亚裔移民的人生经历完全不同。巴哈拉拉是于 1968 年出生在印度的菲罗兹布尔（Ferozepur），这个地方离印度和巴基斯坦的边境不远，不过，他在幼儿时期就来到了美国。跟成百上千的印度移民的轨迹类似，他的父亲贾格迪什是一个锡克教徒，他的母亲德什是一个印度教徒，他们俩于 1970 年移民到美国新泽西州的伊滕顿（Eatontown）。当巴哈拉拉一家刚搬到伊滕顿时，那里还只有二十几户美籍南亚人。

贾格迪什·巴哈拉拉毕业于旁遮普省的阿姆利则医学院（Amritsar Medical College），成了一名儿科医生，他将全部精力都投入医学专业的学习中，这样的话，他就有机会来美国深造和就业了。贾格迪什一开始是在新泽西州艾斯博瑞公园市（Asbury Park）的蓝领诗人布鲁斯·斯普林斯汀（Bruce Springsteen）家工作，斯普林斯汀是巴哈拉拉一辈子的偶像。另一方面，斯普林斯汀曾经和其他人一起短暂经营过一家印度餐馆，普利特里德还在这个餐馆洗过盘子，做过服务生。每到周末的时候，巴哈拉拉一家就会跟伊滕顿的其他印度移民或者贾格迪什·巴哈拉拉在阿姆利则医学院的同学聚会聊天。跟巴哈拉拉一家类似，这些人也是来美国追求新生活的。

巴哈拉拉的父亲是早期印度移民的代表，他非常重视子女的教育。巴哈拉拉的父亲要求自己家的男孩子每次考试都要考出好成绩。“如果非要用什么词语来形容我父亲的话，那他就是一个‘虎爸’。”巴哈拉拉在采访中，这样对印度电视台 NDTV 说。尽管并不富裕，但巴哈拉拉家在教育投资上却十分肯花钱：巴哈拉拉及其来美国不久后出生的弟弟维尼特都是在新泽西州廷顿瀑布市（Tinton Falls）的兰尼私立学校（Ranney School）读书。维尼特后来成为在线零售商的联合创始人，他旗下的公司就包括 Diapers.com 网站，他和他的合伙人以 5.4 亿美元的价格将该网站卖给了亚马逊。

巴哈拉拉是兰尼学校的风云人物，从交谊舞到艺术史每个方面都特别突出。大概是读八年级的时候，有一次，艺术史的测试特别难，而巴哈拉拉只是简要地做了答卷，就拿到了 A+ 的成绩。"老师拿着巴哈拉拉的试卷对全班说，'看看巴哈拉拉是如何作答的。'"巴哈拉拉的同学克里斯汀·高斯沃克斯（Christine Gasiorowski）回忆说，"如果是其他人这么答，我估计老师会疯掉的。"但巴哈拉拉就不一样，他非常谦虚谨慎，而且很低调，不管他取得什么样的成绩，他都是这样，连老师都特别偏爱他。不管巴哈拉拉做得多么好，他总是耸耸肩，对朋友们说："哦，我可能只是运气比较好吧。"巴哈拉拉谦虚惹人爱，更重要的是，他除了谦虚以外，还抱有雄心壮志。

从兰尼学校毕业时，巴哈拉拉有幸成为致毕业辞的学生代表。1986 年秋天，巴哈拉拉来到哈佛大学攻读政府管理专业，同时，他还对政治理论特别感兴趣。巴哈拉拉是一个书呆子，他的女朋友是威尔斯利学院（Wellesley College）的学生，是个很正直的人，每个周末他基本都跟女朋友在一起度过。由于在高中的时候，巴哈拉拉的表现特别优秀，因此他进哈佛大学时，是直接从大二开始读的，所以，他只需要 3 年时间就可以从哈佛大学毕业。奇普·克拉克（Chip Clark）是巴哈拉拉刚入大学时的室友，他很快就为巴哈拉拉所折服，特别是当他们共同选修政治学教授约瑟夫·奈（Joseph Nye）的课时，巴哈拉拉的学习能力分分钟秒杀克拉克。"我们决定一起学习，便找了一个比较安静的地方，巴哈拉拉所做的事情就是看看课程大纲。"克拉克回忆说，"他的眼睛盯着大纲持续了 45 分钟，然后就说，'行了，我知道会从哪里出题了。'"考试的时候，巴哈拉拉和克拉克正好是邻座，当卷子发下来时，克拉克听见巴哈拉拉轻轻地说了一句"欢迎"。看来，巴哈拉拉基本上猜中了考试题目。

巴哈拉拉在哈佛大学读大二的时候，跟维亚特·丁（Viet Dinh）的关系不错，维亚特·丁是一位保守的法学家，曾任美国前总统小布什（George W. Bush）时期的助理总检察长。巴哈拉拉和维亚特·丁曾经就开国元勋们认为人生来是善良的还是邪恶的，争论了好久，他们的争论一直持续到第二天上午 9 点。“我真的觉得他们俩是智力相当的好朋友。”克拉克说。然而，巴哈拉拉和维亚特·丁的社会观和政治观的差别很大。维亚特·丁曾经邀请巴哈拉拉加入凤凰俱乐部（Phoenix Club），这是哈佛大学的一个只有 8 个男生组成的俱乐部，但巴哈拉拉拒绝了。“我确实认为他只是觉得这样做不对。”克拉克说。从哈佛大学毕业后，巴哈拉拉前往哥伦比亚大学攻读法学院研究生，在选修法律方法论这门课时，他遇到了自己的妻子。现在，巴哈拉拉夫妇与他们的 3 个孩子一起住在威斯特彻斯特县（Westchester County）。

库马尔的证词

巴哈拉拉注意到，拉贾拉特南的律师约翰·道得在公开陈述时，描绘的是完全不同的一幅景象。“证据将会证明政府是错的。政府之所以会错，其原因就在于政府相信了那些不值得信任的人。”其中“不值得信任的人”，道得的意思很明显，就是指麦肯锡的咨询师阿尼尔·库马尔。道得对库马尔的轻蔑直接来源于他的委托人拉贾拉特南。在审判之前，拉贾拉特南曾经幸灾乐祸地对朋友们说，有库马尔在，政府诉讼必败无疑。“他就是一个懦夫，”拉贾拉特南说，“巴哈拉拉肯定不会坚持自己的立场。”

库马尔是政府的明星证人，2011 年 3 月 10 日，他在出庭做证时，穿着一套木炭色的西服，西服里面是白色衬衫，脖子上系着蓝色领结。库马尔显得有些紧张不安，他很少微笑，或者看看他曾经的朋友拉贾拉特南。库马尔低着头，双手放在一起，身体有些僵硬。他决定按照政府的要求去做一个听话的证人，从读书时起，他就是一个乖学生。

随着斯特里特自传式的提问，特别是将重心转移到库马尔在麦肯锡作为咨询师的职业生涯时，库马尔变得越来越轻松自在。当斯特里特问库马尔一些基本问题时，他开始抬起头来解释。在解释对冲基金这个概念时，库马尔向陪审团成员做了非常专业的介绍，他说对冲基金这个名字是基于这类基金能够对冲他们所面临的风险，事实上，在今天的金融市场上，任何事情的风险都可以进行对冲。

即便库马尔现在的状态对他所作的证词有一定的影响，但他还是可以清晰地表达自己的观点。斯特里特知道被告方想把库马尔描述成一位说谎证人，因为库马尔跟政府部门签订了合作协议，希望通过出庭做证减轻自己的罪行。于是，为了确保库马尔所说的话都是真实的，斯特里特要求库马尔向陪审团说明，如果证人说谎，会面临什么样的结果。

“那就是一件非常糟糕的事情，会带来一团乱麻，”库马尔说，“那可能是更大程度上的犯罪，就是作伪证，或者类似的罪名。”这样的场景，库马尔的这种回答，就好像回到了他在杜恩学校读书时的情形，就像老师在问他，如果他“越界”了，他将会面临什么样的惩罚。

库马尔针对拉贾拉特南的证词非常有杀伤力。库马尔非常清晰地向陪审团描述了在 AMD 和 ATI 公司的并购案上，他是如何将内幕消息传递给拉贾拉特南的，当然，他也讲述了其他一些内幕消息的传递过程。库马尔的证词还提到了他作为兼职线人的工作报酬是如何支付的，以及当内幕消息不准确时，拉贾拉特南是如何训诫他的。库马尔对好几段电话录音的补充和详细描述，为陪审团更好地了解拉贾拉特南这样一位对冲基金经理是如何度过金融危机的那段日子，提供了更为丰富多彩的资料。在某段电话录音中，拉贾拉特南要求帆船集团的投资经理亚当·史密斯告诉他，当天的股票市场是如何发展的。“嗯……就像是给婴儿换尿布一样。”史密斯这样回答拉贾拉特南。

在长达两个月的漫长的审判期间，拉贾拉特南从来没有想到自己会以被告的身份站在法庭上。然而，拉贾拉特南不得不每天都在法庭上听着自己冷酷而又平静的声音从录音带中缓缓飘出。

尽管库马尔的证词非常有说服力，但他为什么这么做呢？库马尔原本生活就很富足，他根本不需要这样做啊。大家认为库马尔对自己这么做的理由的解释缺乏信服力。在政府部门看来，库马尔主动请罪就已经是对自己行为负责的表现。

不过，站在证人的立场上，库马尔看上去像是在责怪拉贾拉特南将他拖进了犯罪的深渊。在接受完政府部门律师的详细盘问之后，库马尔的行动似乎并没有受到任何特殊的干扰和影响。在收到法庭判决的处罚之后，库马尔拿回了自己的护照，重新开始了全球环游之旅。库马尔是英国航空公司德里到伦敦班机上的头等舱常客。当库马尔跟老朋友会面时，大家对他的印象是：他依然一如既往地保持着目空一切、高高在上的自负和傲慢。

大家对库马尔这种一如既往的表现的解释是，库马尔这么做可能只是精心的伪装而已，他刻意将自己在感情上受到的伤害隐藏起来。在库马尔被捕后的 6 个月中，他的母亲突然去世了，而在去世前，他的母亲一直在照顾他生病的父亲。库马尔跟朋友坦露，那一阵子他很难过。不管外界如何变化，他的母亲始终以一个母亲的情怀相信自己的儿子。库马尔很清楚，他的父亲因为病重，根本无法理解他所面临的一切，但母亲却完全明白他当时的状况有多么糟糕。库马尔非常聪明，他甚至怀疑，自己的母亲可能是因为不能承受这一切带来的打击，最后选择了自杀身亡。

其实，库马尔最难以面对的人是他的儿子阿曼。在库马尔被捕之后，阿曼曾经问他："为什么？"阿曼不需要多说什么，他的父亲库马尔自然理解他到底问的是什么。是啊，为什么呢？考虑到库马尔所拥有的一切，他真的有必要走到那一步吗？真的非要靠出卖公司的内幕消息才行吗？"或许有一天，我会跟阿曼解释清楚。"库马尔跟自己的一个心腹手下这样说，"但现在，我自己真的不知道为什么。"

3 月 15 日是库马尔做证的第三天，美国检察官乔恩·斯特里特投下了一枚重磅炸弹。两个星期前，古普塔向数百名朋友和商业伙伴发了一封邮件，说没有任何证据能够证明自己曾经向拉贾拉特南泄露过内幕消息。于是，斯特里特就公布了一段在 2008 年 7 月 29 日，古普塔与拉贾拉特南的电话录音，这个时候，离古普塔在俄罗斯的圣彼得堡参加高盛集团董事会会议已经过去一个多月的时间了。

从某种意义上来讲，古普塔告诉拉贾拉特南关于高盛集团的消息，在这个电话里，其实并不是那么重要。拉贾拉特南向古普塔求证，市场上传闻高盛集团准备并购一家商业银行，这条消息是否真实？古普塔回答拉贾拉特南说，高盛集团董事会的确讨论过这个问题，并购一家商业银行或者保险公司，并提供了几个公司名字。得到这样的消息，拉贾拉特南其实是无法进行交易的。不过，在拉贾拉特南和古普塔闲聊的过程中，拉贾拉特南证实，当库马尔还在麦肯锡工作时，他曾经给库马尔付过报酬，“一年 100 万美元，也不需要他做什么具体的事情”。“我觉得你太大方了吧……你知道吗？他应该向你表示感谢。”古普塔回答说。

过了一段时间，两个人又聊到库马尔其实很贪婪，他很有野心，还想在新丝路基金公司里面拿到一些股份。于是，拉贾拉特南又重提他给库马尔钱的事情，他告诉古普塔，他每年都给库马尔 100 万美元，给了四五年。拉贾拉特南说，这些钱都是“税后的，而且是离岸支付的”。

担任过 3 届麦肯锡董事总经理一职的古普塔并没有回避这一问题。“是啊，是啊！”他回复说，看上去，并没有对拉贾拉特南支付这么多钱给库马尔感到震惊或者意外，至少，站在库马尔的角度来看，接受拉贾拉特南的巨额支付其实是不合理的，因为他当时还是麦肯锡的全职员工。此外，尽管措辞有些模棱两可，但这被定性为逃税行为，却没有任何争议。

电话录音中，古普塔的这种冷淡处理的态度带来的影响是致命的，电话录音对外公布后，传播速度飞快，带来的后果也非常严重。在录音公布的前几天，古普塔便从他自己的私募股权基金，新丝路基金公司里撤资了。这个电话录音在法庭上播放之后不久，麦肯锡便切断了与这位前董事总经理的所有关系。到 3 月末的时候，古普塔同样也从比尔 – 梅琳达 · 盖茨基金委员会中退出，不再担任顾问一职，这是他曾经获得的、最有影响力的工作之一。对古普塔来说，遗憾的是，这并不是陪审团最后一次听到他的电话录音。

当反复盘问库马尔时，约翰 · 道得已经掩饰不住对库马尔的蔑视。就像一位上了年纪的重量型拳击手，道得虽然动作迟缓，但依然可以连击，而且每一击都非常有效。道得从库马尔家的保姆曼珠 · 达斯入手，这让库马尔感到很为难，因为达斯的身份信息显示是在印度，但实际上，她一直跟库马尔一家生活在加利福尼亚州。

“你在这里写明，说希琳所要的材料中，你是做假才拿到这些信息的，对吗？”道得用带有威吓的语调问库马尔，“之所以说你用了小伎俩做假，是因为帆船集团和摩根士丹利要求你提供证明，证明曼珠·达斯当时是生活在印度，而实际上，她是跟你们一家人生活在一起。这就是你所说的做假，对吧？”“没错，阁下。”库马尔表示同意。

不过，拉贾拉特南并没有崩溃。当拉贾拉特南从被告席上走下来时，他的朋友们能够感觉到他第一次有了失败的预感。拉贾拉特南在盘算，如果他被判入狱，自己的资产能否确保家人保持正常的生活，以及能否支撑如此昂贵的司法审判，这里的司法审判指的是最高联邦法院对他的审判。

2011 年 3 月 23 日，高盛的首席执行官劳埃德·布兰克费恩来到联邦法院为检方出庭做证。布兰克费恩是秃头，肥头大耳，但只要他一出现，他身边总会围着很多人，就像超级名模出场一样。参加日常审判的美国检察官普利特里德·辛格·巴哈拉拉，跟他的 4 名手下一起，已经在法庭等待布兰克费恩的出现。《纽约时报》的专栏作家安德鲁·罗斯·索尔金（Andrew Ross Sorkin）也来凑热闹了，他还是畅销书《大而不倒》（*Too Big to Fail*）[①] 的作者。对布兰克费恩出现在法庭丝毫没有感觉、泰然处之的是霍尔维尔法官，几个星期之前，当律师们为这个案子选择陪审团的时候，他曾经将布兰克费恩的名字读错。他在发第二个音节的时候，将“fine”读成了“bean”。

让布兰克费恩做证的重任落在安德鲁·迈克尔森的肩上，曾经一度，迈克尔森为美国证券交易委员会和美国联邦检察官办公室工作，因为他从美国证券交易委员会借调到了美国联邦检察官办公室。在快速做好了铺垫工作之后，迈克尔森便切到 7 月 29 日，古普塔与拉贾拉特南之间的电话录音上。在放过录音带之后，迈克尔森问布兰克费恩：“古普塔这么做，有没有违背董事会成员的职责？”布兰克费恩犹豫了一下，然后说：“我个人的感觉是，他违背了。”布兰克费恩没有多

---

① 《大而不倒》通过一幕幕生动的场景描述，向读者揭示了不曾公开的华尔街决策内幕，再现了从银行，到政府，再到整个美国处于金融危机时的第一现场反应。本书简体中文版已由湛庐策划出版。——编者注

说其他的事情。

随后，迈克尔森又重点跟布兰克费恩交流了高盛集团的两件大事：一件是2008年9月23日，伯克希尔－哈撒韦公司准备投资高盛集团50亿美元的优先股；另一件是巴菲特投资高盛一个月之后，布兰克费恩通过电话会议的方式召开董事会会议，向各位董事通报了第四季度高盛出现亏损的消息。迈克尔森向高盛的首席执行官求证这两件事情的重要性。布兰克费恩做证说，10月23日的电话会议确实非常重要，因为"我们竟然出现了亏损……通常情况下，我们是只会盈利，不会亏损的"。听到这句话，陪审团和检察官们都笑了起来。

与询问库马尔时不一样，当道得反复盘问高盛的首席执行官布兰克费恩的时候，他显得格外小心谨慎。道得问布兰克费恩，他是否知道拉贾拉特南是根据高盛集团的内幕消息进行交易的。布兰克费恩回答说他并不知道。道得还问了布兰克费恩有关不良资产救助计划（TARP）的问题，以及高盛是否在这个计划中获得了政府的资助。控辩双方争论的焦点之一就是，9月23日，拉贾拉特南大举买入高盛集团的股票，是否是因为他知道TARP肯定会推行这一重要消息。

当布兰克费恩做证结束准备离开法庭的时候，他专门走过来跟拉贾拉特南握手，毕竟拉贾拉特南的帆船集团曾经是高盛集团的客户。布兰克费恩和拉贾拉特南还简单地交流了几句，然后他才离开。此时，拉贾拉特南的脸上露出了得意的笑容。

案件的审理时间长达5个星期之久，直到4月6日才休庭，在漫长的审理过程中，政府方面出庭做证的证人有18个，其中就包括亚当·史密斯，这位帆船集团的投资经理在听过犯罪电话的录音之后，决定跟政府部门合作。在史密斯的证词里，他将库马尔没有讲完的故事补充上了，他向法庭详细描述了帆船集团是如何从事内幕交易的整个过程。史密斯告诉陪审团，帆船集团的典型做法就是"功课要做，但考试的时候，还是要作弊"。在交易的时候，帆船集团的投资经理都习惯"做两手准备"，一手是根据公开、合法的消息进行买卖交易，另一手就是根据内幕或者非法渠道获得的消息进行买卖。史密斯关于帆船集团交易流程的描述与帆船集团另外一位证人的描述完全不一样，这个人就是理查德·舒特，他是帆船集团的一位高管，每次出庭都特别注重自己的仪表，显得非常成熟稳重，看上去就值得让人信赖。

被告方证明

在史密斯出庭做证之后，帆船集团总裁舒特出庭做证的时间超过一个星期之久，舒特向法庭详细描述了对冲基金的成功投资都源于投资分析师做出的深入而又细致的研究报告。舒特说帆船集团的分析师都非常辛苦，工作非常投入，他们经常会坐车拜访上市公司的管理层，每个星期都要撰写投资分析研究报告，而且还必须在星期五的下午 5 点前提交。最重要的是，拉贾拉特南是帆船集团的总舵手，是准备充分的投资者。"拉贾拉特南很清楚，应该问哪些问题……哪些事情值得认真观察。"舒特在做证时如此说道。

然而，经过反复盘问，舒特的信用值得怀疑。在向舒特提问的时候，布罗茨基引用说，2010 年秋天的时候，拉贾拉特南向舒特新成立的毫无运作经验的名为点尾（SpotTail）的对冲基金投资了 1 000 万美元，在基金正式投资的 8 个星期前，拉贾拉特南又以家庭的名义向这只基金投资了 1 500 万美元。这只基金的总资产不足 3 500 万美元，而拉贾拉特南的投资就占了 2 500 万美元，是该基金最大的单一投资者。跟大多数对冲基金经理一样，舒特每年可以收取占管理资产总规模 2% 的管理费，以及 20% 的业绩表现费，也就是说如果拉贾拉特南投资到该基金的资产没有发生任何变化的话，舒特每年至少可以赚 50 万美元。这与史密斯的状况完全不是一回事，舒特每年能够赚这么多钱，他非常善于算计，跟拉贾拉特南可以说真正的合作伙伴。舒特对公众对于点尾对冲基金的诋毁感到震惊；在准备证词的过程中，他与拉贾拉特南的律师进行了讨论，并希望直接接受质疑。

被告方的证人数量比较少，与检方提供的证人的证词规模完全不能比。拉贾拉特南的律师团队仅传唤了 5 名证人。

拉贾拉特南这边最有分量的证人是来自哈莱姆儿童区的首席执行官杰弗里·卡纳达，虽然他只出庭做证了 10 分钟，但却深深震撼了由多种族人群构成的陪审团。卡纳达说他跟拉贾拉特南是 7 年前遇到的，但他们俩"一拍即合，拉贾拉特南的愿望很简单，就是希望我们能够改善一下孩子们的运动场所”。相比辩方的核心证人格雷格·贾雷尔（Gregg Jarrell）冗长乏味的证词，卡纳达关于他和拉贾拉特南关系的证词似乎更能吸引陪审团的注意，贾雷尔是罗切斯特大学商学院的教授，他是拉贾拉特南请来的专家证人。

到贾雷尔出庭做证时，拉贾拉特南已经支付了20万美元给他，到2011年2月，帮助他完成相关分析的公司也收到了73万美元的报酬。在拉贾拉特南案的辩护过程中，贾雷尔最大的作用是帮他发明了“拼花式”投资策略这一提法，这一投资策略的含义就是为了说明拉贾拉特南在选择投资股票时，都是对各种各样可获得的公开信息进行筛选、分析，然后找到值得投资的股票。为了更好地说明这一点，贾雷尔专门做了幻灯片来展示，不过，由于信息量太大，有些关键信息难免会遗漏。4月18日，星期一，也就是开庭后一个星期，在被告方5位出庭做证的证人都发表过证词之后，法院宣布休庭。

最后的总结陈词

前一天，也就是4月17日，星期天，里德·布罗茨基在威尔康奈尔大学医院（Weill Cornell Hospital）的产房外等待妻子生产，他的妻子是纽约布朗克斯（Bronx）公立学校的校长，布罗茨基在等待的过程中，还在忙着写总结。布罗茨基的妻子生下女儿后，看见他在忙，便质问他：“你到底在干吗呢？你的心根本不在这里啊！”下午5点左右，布罗茨基离开了医院，回到自己的办公室。4天后，布罗茨基和上司巴哈拉拉站在拥挤的法庭上，代表检方做最后的总结陈词。

布罗茨基指控拉贾拉特南，说他企图“以践踏法律为代价谋求战胜市场的成功……在未知的市场环境里，因为他可以事先获得别人第二天才知晓的内幕消息，所以，对他来说没有不确定性”。然后，布罗茨基用活动挂图向陪审团展示了拉贾拉特南的一系列内幕交易案例。布罗茨基不止一次地说道，“让我们来听电话录音”，通过电话录音这一强有力的证据，来证明检方对拉贾拉特南的指控。

作为拉贾拉特南的辩护律师，约翰·道得手里没有让人信服的电话录音作为支撑，所以，他能够采用的手段就只是用夸张的手法来表现拉贾拉特南的无辜。道得说阿尼尔·库马尔是“最贪婪的人”，整个做证过程中，就知道“傻乎乎地笑”。道得这样对陪审团说：“库马尔在作伪证，他的目的就是想栽赃陷害拉贾拉特南。”道得还说帆船集团的投资经理亚当·史密斯“所讲的故事来回不知道改了多少次了，根本就是前后矛盾”。

于是，考虑到本案中所说的消息来源值得商榷，道得向法庭作了简短的总结：“只要消息是公开的，你就肯定会知道。”道得这句话的意思是说，拉贾拉特南进行交易所依赖的消息都是公开的，所以，不存在任何犯罪指控。在法官大人的指导和主持下，拉贾拉特南案来到宣判阶段。

2011 年 5 月 11 日，星期四的上午，美国政府诉拉贾拉特南案的陪审团来到了美国联邦法院 17B 审判庭的接待室，站在这个接待室里，可以俯瞰曼哈顿区大都会惩教中心的屋顶。在天气不错的时候，甚至可以看到大都会惩教中心的病人在屋顶打篮球。

在 5 月的那个阳光明媚的早上，一部分陪审团成员由于地铁晚点，所以到达法院的时间晚了一些。在其他人等待这部分晚来者的过程中，陪审团主席要来了当天的午餐菜单。除了法院内部的自助餐厅之外，法院周围还有 7 家获得授权的餐馆为陪审团成员提供午餐。在陪审团成员选定饭店并确定菜谱之后，霍尔维尔法官的副手，威廉·唐纳德（William Donald）就会下楼前往饭店点餐，唐纳德在下楼的时候，还要经过非常严格的安检程序，进出法院的人都要经过 X 射线扫描才行。只要陪审团预订午餐，那就表明，他们的商议一定会持续到下午才会结束。

上午 10 点的时候，陪审团主席将菜单还给了法庭，他告诉法庭安保人员说，他们今天不需要点餐。20 分钟之后，陪审团主席给霍尔维尔法官写了一张便条。经过 11 天的共同商议之后，8 名女性陪审员和 4 名男性陪审员达成了一致的审判意见。在商议的过程中，因为一名陪审员生病，所以重新补了一名陪审员。经过两个月的漫长审理，陪审团成员已经疲惫不堪，他们拖着沉重的脚步进入法庭，5 名法警站在他们的身后。霍尔维尔法官问陪审团主席，陪审团成员是否达成了一致的审判意见。

"是的，我们达成一致意见了，法官大人。"陪审团主席这样回答。

于是，霍尔维尔法官让其副手唐纳德宣读记录在案的陪审意见。

第一条陪审意见，"有罪"，唐纳德说，随后他对判决表上第二条陪审意见进行宣读，依然是"有罪"。唐纳德一共宣布了12次，每一次都是相同的"有罪"两个字。每次，当唐纳德在读这两个字的时候，声音都是那么振聋发聩。坐在被告席上的拉贾拉特南，面无表情，只有目光在不断闪烁。

THE BILLIONAIRE'S APPRENTICE

第 37 章 人生最灰暗的时刻

曼哈顿的美国联邦检察官办公室，普利特·巴哈拉拉检察官在拉杰·拉贾拉特南案上取得了胜利，他敦促自己的手下，不要浪费时间，赶紧组建一个更大的陪审团，争取能够对拉贾特·古普塔提起公诉。“我们准备什么时候起诉古普塔？”巴哈拉拉会时不时地问自己的团队成员。

相比拉贾拉特南这样的边缘人物，拉贾特·古普塔才是社会上真正的基石式人物。在拉贾拉特南案中，古普塔扮演的是没被指控和起诉的共谋者，美国联邦检察官办公室经常被媒体追问，为什么到目前为止，古普塔都没有被提起公诉。自从 2008 年金融市场崩盘以来，并没有真正的华尔街大佬被判入狱，巴哈拉拉对媒体的批评声始终保持着敏锐的关注，但这些批评声，并没有对 20 世纪 30 年代大危机时代以来，爆发的最为严重的金融危机背后的根源做出实质性揭露。2011 年 6 月 27 日，乔治·帕克（George Packer）在《纽约客》杂志上发表了一篇文章，文章中提到，当帕克问巴哈拉拉，为什么没有针对金融危机的起诉时，巴哈拉拉说，“他的很多做法也得给空想家那些压抑许久的烦恼让位”。随后，巴哈拉拉又解释说：

“我也很苦恼，当人们建议我们应该做点什么事情时，他们根本不了解情况，而我们却一直都在努力。”组建一个大陪审团，然后对古普塔提起公诉，可能并不是对公众质疑的最佳回答。但如果不起诉古普塔，曼哈顿区的美国联邦检察官办公室面临的处境便会更加糟糕：批评家会炮轰他们在其位不谋其政。

古普塔案中的关键证人

在对拉贾拉特南的指控板上钉钉之后，美国联邦检察官办公室的每个人都希望乔恩·斯特里特能够退出公诉部门，转向私人部门，让位给里德·布罗茨基，让布罗茨基作古普塔案的首席检察官。在提起诉讼之前，布罗茨基希望进行一次彻底、全面的调查。他向高盛集团和宝洁公司求证，能否与公司董事会的每位成员进行会谈。一开始，宝洁问检察官是不是找某一个董事来进行问话就足够了。

“不行！”布罗茨基直接回绝了宝洁的要求，他是一个工作狂，而且精力无限。正是布罗茨基在拉贾拉特南案中发现理查德·舒特负责运营的新基金的线索，这个毫无投资经验的新基金主要是由拉贾拉特南及其家人投资成立，由舒特负责运营，而舒特是帆船集团的高管，而且还是拉贾拉特南案中的关键证人。在舒特准备出庭做证前的星期五，面对同事们的抱怨，布罗茨基开始加足马力，重新梳理案件资料。布罗茨基从与政府合作的证人亚当·史密斯那里得知舒特刚刚成立一家名为点尾的对冲基金。史密斯并不是很了解点尾对冲基金，只是将一个介绍点尾对冲基金的PPT文件发给了布罗茨基。在这个文件的封面，正好就有这只基金外部审计人员的联系方式。布罗茨基向这名外部审计人员发出传票，让他将这只基金的相关资料传过来，其中就包括这只基金的投资者信息。两天后，也就是星期天，布罗茨基让FBI的康特工去这位外部审计人员的家中拿来了资料。就这么一个额外的工作，最终让布罗茨基成功地动摇了拉贾拉特南案中最有分量的证人。

在内幕交易案中，除了要证明被告传递的是未公开的内幕消息之外，检察官还必须为两个重要的事情举证：第一，内幕消息线人传递消息的做法是违规的；第二，内幕消息的线人从内幕消息接收者那里获得了好处。在古普塔的案子里，古普塔获得的好处却模糊不清，很难界定。即便古普塔向拉贾拉特南传递了内幕消息，那么，古普塔又得到了什么回报呢？古普塔和拉贾拉特南之间并没有任何这方面金钱关系的往来，这与库马尔跟拉贾拉特南的关系又不一样，这一点没法证明。于是，布罗茨基准备通过古普塔与拉贾拉特南在商业往来上的关系来佐证古普塔还是从内幕消息的传递中获得了收益，只不过这种收益是换了一种表现方式而已。最可行的方式就是从帆船集团国际化的过程中，古普塔所发挥的作用入手。

在拉贾拉特南案审理结束后，布罗茨基休了两天假。2011 年 5 月 23 日，星期一，布罗茨基和迈克尔森又重新回到了一周工作 5 天，每天工作 8 小时的节奏上，准备对古普塔进行立案起诉。为了更好地搞清楚古普塔和拉贾拉特南之间的关系到底如何，布罗茨基对迈克尔森说："我们先从他们俩的秘书开始着手吧。"2011 年 7 月，布罗茨基和迈克尔森找到了拉贾拉特南的行政助理凯伦·艾森伯格，询问她是否记得 2008 年 9 月 23 日下午的事情，因为就在这一天，巴菲特决定投资高盛集团的优先股。

"那一天，我记得非常清楚。"艾森伯格回答说。随后，凯论向两位律师详细地讲述了当天下午发生的所有事情。在艾森伯格叙述的过程中，布罗茨基和迈克尔森都没有插话，但他们都明白，他们找到了古普塔案中的关键证人。

其他一些布罗茨基和迈克尔森希望能够拜访的证人，却很难搞定。帆船集团负责市场销售的高管阿亚德·哈迪总是在飞机上，基本不在家。直到 8 月某一天的早上 6 点 42 分，两名 FBI 特工才在阿亚德·哈迪的家里等到他，然后请他来到了美国联邦检察官办公室。哈迪的角色非常重要，因为他是帆船集团为数不多的可以证明古普塔为帆船集团国际化所做的工作都有哪些的人。哈迪告诉检察官，2008 年 3 月末的时候，他代表帆船集团前往中东进行会谈，古普塔同样也参加了当天的会议。

在接下来的几个星期里，为了能够对古普塔提起公诉，检察官们加倍努力工作。检察官们将注意力集中在库马尔身上，库马尔是拉贾拉特南案中的明星证人，配合政府调查了 10 多次，为了配合政府对古普塔案的调查，他 7 次往返加利福尼亚州和纽约市。古普塔一直跟库马尔保持联系，即便在库马尔被捕后，两人的关系也没有中断过，每当库马尔来到纽约的曼哈顿区时，他都需要一个地方歇脚，一般情况下，他都是待在古普塔在中央公园西区的房子里。检察官们认为，作为古普塔的门徒，库马尔比任何人都了解他的导师古普塔和拉贾拉特南之间的关系，而且他也能够说清楚，两人因帆船航海家基金投资失败带来的恩恩怨怨。通过库马尔，检察官了解到一些涉及帆船集团的未来，以及古普塔在帆船集团国际化的过程中所发挥的作用的会议和电话。古普塔在 2008 年 10 月中旬的时候，也找过几次库马尔，想了解帆船航海家基金投资失败的消息。古普塔找库马尔的时间节点对检察官来说非常关键，因为检察官想驳斥被告方律师，古普塔与拉贾拉特南关系交恶并不是在 2008 年 9 月末，而是 10 月。

8 月下旬，布罗茨基和乔恩·斯特里特与特伦斯·里南（Terence J. Lynam）和萨米达·古哈（Samidh Guha）会面，后面二人都是拉贾拉特南的律师。此时，距离拉贾拉特南案宣判还有两个月的时间，检察官要求法院判处拉贾拉特南 24 年 6 个月的监禁。里南和古哈力劝政府部门不要对拉贾拉特南判刑太久，因为太长的监禁期无异于谋杀拉贾拉特南。拉贾拉特南患有糖尿病，而且在接下来的几年时间里，他很有可能要做肾移植手术。

在会谈过程中，布罗茨基提出了一个不寻常的、即兴的要求。“拉贾拉特南为什么不现在就跟政府合作呢？”他问道。布罗茨基并没有透露他所寻求的合作类型是什么，不过，他也不需要把事情讲透。在拉贾拉特南被提起公诉之后，每个人都知道，美国联邦检察官办公室的下一个更高的目标就是起诉古普塔。在检察官眼中，“合作”是一个非常正式的用语，其含义很特别，任何与认罪犯人之间的合作都需要得到巴哈拉拉的允许才行，特别是像这种针对大人物的案件。因此，当布罗茨基说出合作这个词时，斯特里特瞪了他一眼。布罗茨基向拉贾拉特南的律师坦言，他没有权力同意合作，看上去，这一招似乎也不大好使。

“我们会把这一消息带给委托人。”里南说。里南和古哈之前跟拉贾拉特南谈过与政府合作的事情，只是拉贾拉特南对此并不感兴趣。在任何案子里，让巴哈拉拉考虑对诸如拉贾拉特南这样的犯人宽宏大量，这样的机会稍纵即逝，因为像拉贾拉特南这样的人，一直都是跟政府对着干的。

他的确这么做了，但不是犯罪

10 月 13 日，有 60 多个人挤在珍珠港大街 500 号的 17 层会议室里，大家都想看看霍尔维尔法官将会给对冲基金界的传奇人物拉贾拉特南一个什么样的判决。拉贾拉特南的妻子第一次走进法庭。拉贾拉特南拒绝在判决的时候为自己辩护，不过，霍尔维尔法官却为他说话了。霍尔维尔非常明确地表示，他认为，拉贾拉特南所犯的罪行是普遍存在的。

“这个案子反映出我们的商业环境里存在某种病毒，而这种病毒应该根除。”霍尔维尔法官说，“简单来说，为了公正起见，判决监禁的时间会比较长。”随着拉贾拉特南起立，法官宣布拉贾拉特南被判 11 年监禁，这是截至 2011 年，因内幕交易而判处的最长入狱时间。对这一判决，拉贾拉特南无动于衷，一如他在长达两个月的审判期间所表现的那样。

20 多天前，也就是 9 月 19 日，为了请求政府部门不要起诉古普塔，纳夫塔利斯专门拜见了巴哈拉拉。这一次，陪同纳夫塔利斯来的是玛丽·乔·怀特（Mary Jo White），她曾经是纽约南区曼哈顿区美国联邦检察官办公室的律师，也是 2000 年，巴哈拉拉刚参加工作时，碰到的第一个上司。纳夫塔利斯给出的理由与之前一致，古普塔“一生都很正直”，这也是 9 个月前，他与美国证券交易委员会的律师卡内洛斯会谈时提出来的理由，夏天时，他跟巴哈拉拉单独会面时，也是这样说的。

这一理由在法律上似乎非常有说服力，但是并没有动摇巴哈拉拉和他手下的决心。其中的一个电话录音，非常明显地表明，古普塔将内幕消息无偿地泄露给拉贾拉特南，此外，还有大量的证据表明，每当古普塔参加完董事会会议，他总会第一时间给拉贾拉特南打电话。这很难让人相信，其中没有猫腻。

房间里所有律师都特别尊敬的怀特女士基本上也同意政府对古普塔立案起诉。但怀特说了这样一句话，“从争论的角度来看，即便你所说的都是对的，他确实这么做了，但这也不是犯罪啊”。在内幕交易案中，除了要说明内幕交易的好处，以及违背了被告人自身的职责之外，检察官还必须向法庭出示犯罪的理由。这次会面大概持续了一个小时，随后，纳夫塔利斯、怀特及其他律师便离开了。

政府部门起诉

10 月 25 日，星期二的下午，纳夫塔利斯接到了布罗茨基的电话。检察官证实了纳夫塔利斯在早些时候从《纽约时报》的记者那里获得的消息。古普塔被提起公诉，政府部门准备第二天对外开启起诉书。“我们不准备把事情搞得人尽皆知，”布罗茨基跟纳夫塔利斯说，“但是你应该出庭，让他投案自首。”布罗茨基表示，如果纳夫塔利斯不出庭，那么，FBI 的特工就会行动，并且逮捕他。布罗茨基并没有告诉纳夫塔利斯，FBI 的特工已经藏在幕后，在必要的时候，一定会出现，将古普塔带到法庭。在公众面前逮捕这样一位德高望重的公众人物，并且给他戴上手铐，FBI 的特工其实很少做这样的事情。

当古普塔一家人得知政府部门对古普塔提起公诉时，他们彻底懵了，完全不敢相信这是真的，政府部门竟然真的起诉了。很长一段时间以来，古普塔的家人都很关注这个事情，他们一直认为，古普塔被提起公诉的概率非常低。那个夏天，唯一让古普塔的家人感到欣慰的消息就是在 8 月 4 日，美国证券交易委员会否决了对古普塔提起的行政诉讼。美国证券交易委员会之所以会放弃起诉，是因为古普塔针对美国证券交易委员会采取的调查行为提起了民事诉讼，针对古普塔的民事诉讼，美国证券交易委员会最终放弃了行政诉讼。在古普塔提起的民事诉讼中，古普塔指控美国证券交易委员会否决了他在陪审团审判中的权利，而且对他与拉贾拉特南案中的其他被告实行了差别化处置方案，其他被告都在联邦法院出庭做证。

2011 年 7 月，联邦法官杰德 · S. 拉科夫（Jed S. Rakoff）判决古普塔的诉讼有效，批评美国证券交易委员会不应该提起行政诉讼。纳夫塔利斯向新闻界表示：“古普塔先生对这一诉讼的结果非常满意，美国证券交易委员会撤回了行政诉讼，他再也不会被单独拎出来加以差别对待。”这个所谓的胜利其实是镜花水月，因为针对古普塔的犯罪调查正在逐渐升温。美国证券交易委员会的行动顶多只是让古普塔感到担忧，而美国联邦检察官办公室的起诉的效果则不一样。

真正让古普塔一家人感到难过的是，政府部门计划在印度教里最大的宗教节日排灯节这一天对他提起公诉。这让古普塔一家难以接受，特别是提起诉讼的美国联邦检察官竟然也是一名印度人。当拉贾特·古普塔打电话告诉弟弟坎钱·古普塔（Kanchan Gupta）这个消息时，坎钱刚刚下班，正在开车回家的路上。于是，坎钱迅速回到家中，载上他同是医生的妻子，一起赶往拉贾特·古普塔位于纽约西港的家中。当坎钱夫妇到达时，坎钱的嫂子安妮塔及几个侄女的情绪都非常低落。一家人都觉得政府这样对他们，实在是太残酷、太卑鄙了。政府最后采取的行动让他们极其愤怒。不过，拉贾特·古普塔倒是很平静。拉贾特·古普塔家里的电话不断地响着，他也在不停地安抚这些关心他的人。当后来巴哈拉拉风闻古普塔一家人及其他印度人，包括自己的父亲，都对拉贾特·古普塔在排灯节这一天被起诉感到十分难过时，他坦言，这真的不是刻意安排的。巴哈拉拉确实不知道，纳夫塔利斯并没有向布罗茨基特别强调，排灯节这一天最好不要有所行动。纳夫塔利斯也没有意识到那天是排灯节。

2011 年 10 月 26 日，星期三，天刚破晓，拉贾特·古普塔就离开了位于康涅狄格州西港的家。古普塔的妻子、女儿、兄弟及其他近亲陪同在他身边。他们一起来到了世纪大厦 22 层的某个房间里，这是古普塔的一个临时歇脚处，是他在 2000 年的时候，花了 165 万美元买下来的。这座装修朴素的世纪大厦比邻纽约最古老的建筑物——中央公园西 15 号建筑群。这个地方是很多对冲基金大佬的最爱，包括丹尼尔·勒布（Daniel Loeb），高盛的首席执行官劳埃德·布兰克费恩，以及花旗银行的前首席执行官桑迪·威尔。大概不到 8 点，古普塔便跟自己的家人拥抱、吻别。考虑到古普塔出现在法庭上将会引起媒体界的轩然大波，他要求自己的挚爱亲人都待在公寓里。纵观古普塔这一生，从年轻的时候开始，他一直都是将家庭放在第一位，即便现在是自己人生中最灰暗的时期，他也不想改变这一信念。

随后，古普塔穿着一套非常合身的蓝色西装，佩戴一条爱马仕领带，走出世纪大厦那幢像银行金库一样保险的房门，与他的律师一起上了车，前往市中心，向 FBI 自首。

THE BILLIONAIRE'S APPRENTICE

第 38 章

对古普塔的审判

2012 年 5 月 21 日，星期一的早上，刚刚下过一场大雨，拉贾特·古普塔抵达了珍珠街 500 号联邦法院的门口。古普塔从自己的黑色小汽车里钻出来，手里握着一把黑色的大伞，很显然，自从两年前高盛的总法律顾问给他打过那个电话之后，他的生活就陷入痛苦的折磨中，这一切让他的元气大伤，精气神远不如以前。在面临审判的几个月里，古普塔开始练习瑜伽。古普塔的体重降了 4.5 千克，使得他不得不买新衣服，但这一切都无法掩饰他所承担的压力。在古普塔的人生中，他第一次看上去有些苍老。曾经有一段时间，古普塔看上去还非常自信，非常平和，让人觉得很安心。而现在，写在古普塔脸上的只有深深的忧虑。唯一支撑古普塔的，就是洗清自己罪名的坚忍决心。

7 个月前，古普塔在法庭上被公诉机关指控犯有一项证券欺诈共谋罪和五项证券欺诈罪。这些罪名跟古普塔将一些内幕消息传递给拉贾拉特南有关，他所传递的内幕消息涉及高盛集团和宝洁公司两只股票。从那个时候开始，一些好心的朋友便建议古普塔主动向法官认罪，因为跟美国政府打官司的成本太高昂，而且一旦被判有罪的话，他还要面临比正常情况更长的刑期。但古普塔从来没有考虑过向法官认罪。他强烈地认为自己是无辜的，而且还非常乐观，认为自己一定会赢得官司。从一开始，古普塔的辩护律师纳夫塔利斯就说，他从来没有见过这样一个证据如此缺乏的案子。现在，在熬过长达两年的政府调查之后，古普塔终于有机会可以在法庭上为自己辩护了。

新的指控

2011 年 10 月，政府部门第一次向古普塔提起诉讼，到现在，案子越搞越大。2012 年 2 月，政府部门又披露了一项新的指控，内容是 2007 年 3 月，古普塔竟然是从帆船集团的办公室打出的电话，参加高盛审计委员会的电话会议。在这次电话会议上，审计委员会向各位董事预告了高盛集团当年第一季度的收入情况，这些信息是准备在第二天对外公布的。在古普塔挂断电话的 25 分钟之后，帆船集团便买入了总价值约 7 000 万美元的高盛集团股票。

这项新指控看上去似乎击中了古普塔防线的内核。那个时候，古普塔的律师一直在忙于应付美国检察官关于 2008 年秋天古普塔参与内幕交易的指控。古普塔的律师认为这个指控不成立，因为 2008 年秋天的时候，古普塔和拉贾拉特南因为 1 000 万美元的投资损失而争论不休。但在 2007 年 3 月的时候，古普塔却在用帆船集团的电话，优哉地参加高盛集团的电话会议，而且还在会议上听到了如此机密的内幕消息。这表明，古普塔和拉贾拉特南是关系非常亲密的商业合作伙伴。

从某种意义上说，新指控并不会带来多大的影响。早在 2011 年，当古普塔与拉贾拉特南讨论高盛集团董事会会议内容的录音电话公布出去后，麦肯锡及公司的合伙人便开始攻击古普塔。古普塔曾经在家里招待过的一些老朋友，甚至包括他曾经帮助过他们的孩子的老朋友，都跟他断了联系。

最让人伤心的背叛是阿迪尔·扎依努尔巴依（Adil Zainulbhai），他是麦肯锡印度办事处的负责人，当他们同在芝加哥的时候，古普塔还曾经教导过他。古普塔将扎依努尔巴依的每个孩子都推荐上了芝加哥大学，因为他曾经是芝加哥大学的校董，随后，他还帮助这些孩子在各自的研究领域找到了工作。然而，当古普塔与拉贾拉特南的电话录音公布后，扎依努尔巴依竟然迅速就给其客户打电话或者发邮件，声明古普塔与公司不再有任何关系，而且早在多年前他就不是参与管理的合伙人了。麦肯锡也很快对外表示，古普塔与曾经担任过 3 届公司全球董事总经理一职的古普塔没有关系。他与他的继任者伊恩·戴维斯有过一次会谈，但持续时间没有超过一个小时，在会谈中，古普塔得知，麦肯锡准备取消给他的所有福利，即不再为他提供秘书服务和手机。古普塔甚至被移出了麦肯锡公司的通信录。古普塔感到彻底绝望了，他跟朋友们说，他简直不敢相信，他为麦肯锡所付出的 30 年的辛苦努力，就在这样一个简短的会晤过后，全都烟消云散了。

“在那段时间里，你慢慢就会知道，谁才是你真正的朋友。”古普塔在邮件里面这样写道。古普塔最不喜欢的事情就是，他所有的前同事也同样有被他背叛的感觉。尽管古普塔的行为很糟糕，但更让人感到失望的是，他没有表现出任何悔过的意思。

在美籍印度人圈中，一开始，大家对古普塔的同情要比其他群体更加强烈，但随着时间的推移，情况也发生了变化，特别是那些有名望的人正在悄悄改变立场。2011 年年初，古普塔的朋友在网上发起了一场支持古普塔的签名运动，著名风险投资家维诺德·科斯拉，同时也是印度理工学院的知名校友，要求网站的组织者不要再用他的名字。因为科斯拉觉得古普塔的行为，给在美的印度人抹黑了，古普塔对此感到很难过。

除了专业人士让古普塔蒙羞之外，他在法律方面也遇到了不少挫折。5 月 16 日，主持古普塔一案审理工作的联邦法官杰德·拉科夫说，他准备让陪审团听一下拉贾拉特南和他手下之间的 3 条电话录音，这 3 条电话录音可能是指控他们犯罪的重要证据。古普塔的律师认为这些电话录音应该是不能被采纳的传闻性质的证据。不过，拉科夫法官支持政府部门的提议，他认为这些电话录音是可以采信的，因为它们反映的是共谋者在内幕交易计划中的沟通和交流。这一决定对古普塔而言，无疑是当头一棒。

虽然即将迎来人生中最大的挑战，但古普塔却显得格外平静与镇定。“今天是5月18日，星期五，对我的审判将从5月21日，即星期一开始。此刻，我坐在办公室，回顾过去一年所经历的事情，我思绪万千。这一次是对我的考验，我能做的，就是全力以赴，尽我最大的能力来应对挑战，不管最后的结果是什么，我都会坦然地面对和接受。我知道，我并没有做错任何事情，法庭最终会证明我是无辜的。”

就在同一个法庭，曾经审理过很多大佬的案件，他们的名字每一个都那么耀眼，这些人包括玛莎·史都华、伯纳德·麦道夫和伯纳德·埃伯斯（Bernie Ebbers），这一次，法庭审理的是美国政府诉拉贾特·古普塔案。在最近的审判记忆中，这是让人心里最难受的一次开庭。站在法庭上的双方是曾经亲密的战友，一个角落里站着的是古普塔，曾经担任过3届麦肯锡董事总经理，站在另一个角落里的是高盛集团。两者之间再也不存在任何的尊重。在审判前的几个月里，古普塔便再也不信任高盛集团，对布兰克费恩表示出极大的蔑视。2011年8月，美国证券交易委员会对古普塔提起行政诉讼，2011年10月26日，联邦法院驳回了这一行政诉讼，也就是在同一天，执法部门对古普塔提起了犯罪指控，2012年2月24日，布兰克费恩在他的律师的陪同下，来到克莱默·莱文（Kramer Levin）律师事务所，在纳夫塔利斯的主导下宣誓做证，做证的案子就是执法部门对古普塔提起的犯罪指控。当布兰克费恩来到会议室的时候，他感到非常惊讶，因为坐在他面前的就是高盛集团曾经的董事会成员，拉贾特·古普塔。两个人一句话都没有说，但不同寻常的是，古普塔在会议室坐了9个小时，一直倾听着布兰克费恩的证词。

尽管古普塔案是由12人组成的陪审团裁决，但从一开始，大家就都很清楚，不折不挠的联邦法官拉科夫才是法庭上真正的主宰者。谁也不可能回避争论，当律师的辩护偏离主题时，拉科夫法官会及时介入，让辩护回到中心事件上，如果证人做证时表达不清楚，或者结结巴巴，拉科夫法官就会把证人的意思清晰地重复一遍。看到法庭上的唇枪舌剑，他很享受，而且偶尔还会用他诙谐的方式对陪审团调侃一番。

在第一天开庭的时候，里德·布罗茨基站起来发言，作为主审法官的拉科夫调侃他说：“你看起来比拿破仑高不少啊。”法庭上顿时笑声一片。当天早上，《华尔街日报》将布罗茨基描述成面带稚气、满头黑发、身高近 1.8 米、来自纽约长岛的“拿破仑”，因为他在拉贾拉特南案中发挥了非常重要的作用，让法庭判决拉贾拉特南有罪。

拉科夫法官和古普塔的辩护律师纳夫塔利斯两人是老朋友，在法庭上，两人也会经常开玩笑，有些玩笑还很经典。在纳夫塔利斯开始辩护前，布罗茨基力图要求纳夫塔利斯的发言不要过多地强调古普塔所做的慈善活动。纳夫塔利斯原本是想留点余地，详细地向法庭解释一下古普塔所从事的慈善活动，化解检察官贴给古普塔的“假慈善的卫道士”这个标签。

“法官大人，有一点务必要说清楚，纳夫塔利斯不应该提到艾滋病、疟疾或者肺结核这样的字眼。”布罗茨基说。“或者黑死病？”拉科夫法官反问说。“或者坏血症？”纳夫塔利斯紧跟着反问。此刻，连之前一直面无表情的古普塔都笑了起来。

在人数规模庞大、俱乐部制的纽约律师协会，知名而又有能量的律师大都与法官的关系不错，这种现象很普遍，纳夫塔利斯与拉科夫法官相识多年，关系一直不错，这也不是什么秘密。1973 年，从哈佛法学院毕业后，拉科夫法官便进入曼哈顿区美国联邦检察官办公室工作，同时，他还从伦敦牛津大学贝利奥尔学院获得了印度历史专业的硕士学位。当时，纳夫塔利斯还是刑事犯罪部门的副主管，正好是拉科夫的上司。纳夫塔利斯和拉科夫在美国联邦检察官办公室共事过一年。1974 年，纳夫塔利斯离开了美国联邦检察官办公室，但是从那时起，他跟拉科夫法官就成为朋友了。2009 年，拉科夫法官还为纳夫塔利斯其中的一个儿子主持过婚礼，他的这个儿子正好在拉科夫手下工作。

69 岁的拉科夫法官头发雪白，还留着大胡子，他是审理内幕交易案件方面的行家里手。拉科夫法官会从法官、检察官和被告辩护律师等各个角度来审视案件。25 年前，拉科夫曾经担任过基德尔 – 皮博迪公司（Kidder，Peabody & Co.）并购部门银行家马丁·西格尔（Martin Siegel）的辩护律师，这桩内幕交易案也曾轰动一时。承认自己有罪的西格尔被指控为向投机交易者伊万·博伊斯基（Ivan Boesky）透露内幕消息，以获得丰厚回报。而在古普塔和拉贾拉特南内幕交易案中，古普塔从未收到拉贾拉特南给他的任何报酬，跟 25 年前的内幕交易案相比，这个案子显得很没劲。

下午 2 点的时候，由 4 名男性和 8 名女性组成的陪审团到位。这个决定古普塔命运的陪审团是一个非营利组织，其成员包括四年级的老师、护士，以及自由职业的美容咨询师。古普塔虽然对美国大公司的经营管理非常精通，但对法庭的流程并不是很清楚。当陪审团成员第一次走进法庭的时候，古普塔甚至都没有从椅子上起身。只有当纳夫塔利斯的同事阿兰·弗里德曼提醒他应该起身时，他才快速站立起来。当然，这样的错误，古普塔不可能再犯第二次。

在公开辩论阶段，律师们描绘出了两个大相径庭的古普塔。在古普塔的妻子安妮塔和他的 4 个女儿的注视下，里德·布罗茨基开始发言："这个案子就是一桩典型的非法内幕交易案。"然后，布罗茨基指着面无表情的古普塔说："在这个案子里，我们可以看到作为内幕交易线人的拉贾特·古普塔，是如何违背自己的工作职责，滥用职权，从而帮助他的朋友在金融危机时期都能赚到大钱的。"

为了让大家相信古普塔在与拉贾拉特南交往的过程中获得了不少好处，布罗茨基告诉陪审团说："帆船集团赚的钱越多，古普塔和拉贾拉特南的帆船航海家基金赚的钱也就越多。古普塔向拉贾拉特南泄露内幕消息，他欺骗了我们，违背了他本应承担的职责，他背叛了自己所任职的上市公司，以及上市公司的股东。这就是内幕交易。这就是证券欺诈。这就是严重的犯罪行为。"

在公开辩论的时候，纳夫塔利斯进行反击，他指责政府部门的这些辩护是向陪审团展示古普塔"特别修饰过的形象"。

"古普塔不是内幕交易者……他从没有过欺诈行为，他也没有欺骗过任何人。法庭关于他的描述并不符合事实。"纳夫塔利斯说，政府部门这次提起的诉讼案件最大的特点就是“缺乏真正有效直接的证据……实际上，这是一个非常奇怪的内幕交易案，因为没有证据表明，古普塔从事过内幕交易。让我再次强调一遍事实。古普塔并没有从事过任何内幕交易”。既没有电话录音，也没有证人提供的可以证明古普塔提供过内幕消息的第一手证词，或者能够证明古普塔向拉贾拉特南传递过内幕消息的文件资料。“什么都没有！”纳夫塔利斯强调说，“就好像所有的证据都罢工不见了似的！”相反，政府部门提起的公诉完全建立在“投机”和“猜想”的基础上。

“在美国，我们从来都不会猜想别人有罪。”纳夫塔利斯感叹说，“即便存在犯罪，但这跟古普塔也没有任何关系。你们在这里审判古普塔真的是找错人了。”

当布罗茨基和纳夫塔利斯在前面公开辩论时，美国证券交易委员会的律师桑杰·瓦德瓦坐在法庭的后面。虽然这一年瓦德瓦和他的团队比以前更加繁忙，但他还是背着双肩包，花了 15 分钟的时间，从纽约世界金融中心的办公室来到法庭。当检察官准备起诉古普塔时，瓦德瓦和他的同事正在准备材料，向赛克资本管理公司提起民事诉讼。在 5 月的时候，瓦德瓦和同事已经找过赛克资本管理公司的创始人史蒂文·科恩，录过 7 个小时的证词，这只是第一步，最终赛克资本管理公司因为两桩内幕交易案不得不支付高达 6.16 亿美元的罚款。当赛克资本管理公司在 2012 年得知其可能面临内幕交易的指控时，科恩说他做得没有错。

与曼哈顿区美国联邦检察官办公室的巴哈拉拉检察官不一样，瓦德瓦并不担心有人会注意到他，因为很少有人认识他，当他走进公众视野的时候，也并不会引起媒体的关注。不过，瓦德瓦想要在案件公开辩论阶段出场，因为他和他的同事搜集了大量的证据，在这个案件中，这些证据非常重要。在拉贾拉特南案中，政府部门只提供了一份电话录音，在那份电话录音里，古普塔可能将高盛集团董事会会议的内容泄露给了拉贾拉特南。本案的很多证据就来源于这个电话录音，在电话录音里，拉贾拉特南向他的手下吹嘘，他从某位高盛董事那里收到了非常重要的内幕消息。而古普塔的律师一直请求拉科夫法官不要采信这个“传闻式”的证据。

而巴哈拉拉在拉贾拉特南案中的开庭和闭庭的辩论环节都出现在现场，而且非常积极，但他缺席了古普塔案件的审理过程。有一次，在法庭审理的过程中，巴哈拉拉顺路过来。在休庭时，巴哈拉拉走到检察官席位，与其他检察官商量，此时，古普塔就一个人站在旁边。当古普塔瞟了他一眼后，巴哈拉拉又离开了检察官席位。

检方证词

5 月 22 日，星期二，是该案证人出场做证的第一天，政府部门首先传唤的是凯伦·艾森伯格，她是拉贾拉特南的行政助理。艾森伯格贴身穿一件黑色吊带，外面套着一件亮片羊毛开衫，她走向证人席宣誓。在艾森伯格开始做证不久，她就透露了一条爆炸性的消息。在审判开始的前几天，艾森伯格找到了一个红色的笔记本，上面记录着拉贾拉特南认为是特别重要的联系人，因为他们的身份特别，所以，一旦这些人给拉贾拉特南打电话，拉贾拉特南就要求艾森伯格务必要找到自己，并把电话切进来。

在这个联系人名单上，古普塔就排在第二位。排在第一位的是英特尔财务部的前高管雷杰夫·戈尔斯，他也是拉贾拉特南的重要线人，并且已经承认自己有罪。

这个名单上的人还包括：布拉格·萨克斯纳、阿尼尔·库马尔，以及斯坦利·德鲁肯米勒，德鲁肯米勒这个名字让艾森伯格印象尤为深刻，至于原因是什么，她也说不清楚；以及阿尼尔·库马尔。讽刺的是，这个笔记本是从艾森伯格那里获得的，原本是为被告方辩护服务的，最后却给政府部门帮了大忙，它向法庭证实了，古普塔与拉贾拉特南的关系远比古普塔自己宣称的要好得多。这让古普塔的处境更加艰难。

艾森伯格做证说，她记得 2008 年 9 月 23 日的下午，在市场收盘前 10 分钟，她接到了一个电话。打电话的是一个男人，那个男人对艾森伯格说，情况"非常紧急"，需要马上跟拉贾拉特南通话。艾森伯格说，她听出了这个人的声音，知道这个人就是拉贾拉特南重要联系人名单上的一位，而且经常给拉贾拉特南打电话，但是她不知道这个人的具体姓名。她放下电话，立刻去找拉贾拉特南。拉贾拉特南很快回到办公室，关上门，跟这个人有过一番简单的电话交流。

艾森伯格证实，隔了一小会，拉贾拉特南便让他的副手加里·罗森巴赫去自己的办公室。随后，拉贾拉特南办公室的门再次关上，艾森伯格听不见他们在里面谈论什么事情。但是，当罗森巴赫走出拉贾拉特南的办公室时，他对着所有的交易席位大声喊道："买入高盛！"艾森伯格说，她听到罗森巴赫喊了好几遍，为了强调罗森巴赫到底说的是什么，艾森伯格又说了两遍："买入高盛！买入高盛！"

在证人出庭做证的第一天，案件审理就达到了一个小高潮。在艾森伯格做证结束后的几分钟里，"买入高盛！买入高盛！"这个声音一直都在这个肃穆、宏大的法庭里回荡。拉贾拉特南接完这个电话，他"笑得非常开心"，艾森伯格又补充了一句。这个小细节似乎对艾森伯格的证词并没有什么帮助，反而使其失去了可信度。

在交叉讯问阶段，善于言辞的被告方辩护律师戴维·法兰克（David Frankel）试图诋毁艾森伯格的证词。法兰克在成为律师之前，曾经琢磨着攻读语言学博士学位。法兰克能够做的顶多就是抛出艾森伯格曾经在毕业后的 1 年时间里，做过晚会策划者的工作。不过，法兰克成功地引出了同样在拉贾拉特南重要联系人名单上的高盛销售人员戴维·勒布（David Loeb），同样也在拉贾拉特南重要联系人的名单上。勒布也在政府部门的调查范围之内，检察官怀疑他向拉贾拉特南传递过英特尔、苹果和惠普集团的内幕消息。但勒布并没有面临任何指控，因为在案件审理结束之后，针对勒布的调查旋即宣布停止。2013 年年初，勒布低调地从高盛集团离职。

为了证明政府部门可能"起诉错了对象"，被告方律师提出说，向拉贾拉特南泄露内幕消息的可能是勒布。但艾森伯格很快便否决了这一说法。如果勒布给艾森伯格打电话，"他都会先向我问好，而且他说话的语气非常友好"，艾森伯格回忆说。在市场收盘前，给艾森伯格打电话的这个人，说话的方式和风格跟勒布完全不一样。

戏剧性的变化仍然在继续。部分政府部门的证人，在长达3个星期的审理过程中，依次出现在法庭上。帆船集团的员工安南斯·穆尼亚柏提供了一份重要的证词，这位曾经狂妄自大的对冲基金交易员，在2008年9月23日市场快收盘时，接到拉贾拉特南的指令，买入高盛集团的股票。当穆尼亚柏出庭做证时，他穿的是一件格子呢衬衫，下身穿着名牌牛仔裤。而帮助巴菲特完成对高盛集团优先股投资的高盛银行家拜伦·特罗特则身材修长、长相英俊，而且口齿伶俐。当特罗特出庭做证时，里面是白衬衫，外面穿着黑色的西服套装，打着领带。在纳夫塔利斯和拉科夫法官两个人你来我往的诙谐对话中，有一段特别有趣还带点荒谬的题外话，就是纳夫塔利斯调侃特罗特对巴菲特投资特征的形容。

"我觉得这个证人及检察官将沃伦·巴菲特描述成这个世界上最受人尊敬的投资者，并不合适，我并不赞同。"纳夫塔利斯开玩笑说。"嗯，我们可以纠正这一说法，我知道你的经纪人会强烈反对。"拉科夫法官回应道。"我们都知道，巴菲特后来做得并不是那么成功，他有点筋疲力尽了。"纳夫塔利斯说。法庭上只有少数人清楚这其中的故事，但在20世纪90年代的时候，纳夫塔利斯正是所罗门兄弟公司的辩护律师，而所罗门兄弟公司正好陷入国债舞弊丑闻中，纳夫塔利斯曾经陪同巴菲特和另外两名所罗门兄弟公司的高管向曼哈顿区美国联邦检察官办公室的奥托·奥博迈耶（Otto Obermaier）做情况说明，他们成功地说服了奥博迈耶不起诉所罗门兄弟公司。

5月25日，审判第五天，代表政府出庭做证的证人是来自高盛董事会的威廉·乔治（William George）。因为约翰·布莱恩跟古普塔的私交特别好，所以，在审判开始的前几个星期，威廉·乔治代替约翰·布莱恩成为高盛董事会的证人代表。5月4日，作为古普塔案的主检察官，布罗茨基向纳夫塔利斯和他的律师团队发了一封邮件，他在邮件里面说，在4月30日的会议上，布莱恩说他"怎么也想不起来"在2008年10月23日的时候，通过高盛董事会电话会议，收到过高盛每股亏损2美元的消息。而在2011年的夏天，住在芝加哥的布莱恩在接受视频连线采访时，他还向布罗茨基表示，他记得在2008年秋天的高盛董事会电话会议上，布兰克费恩向他们说过高盛每股亏损2美元的事情。是布莱恩的记忆出现了偏差，还是他不愿意出庭指证他的好朋友古普塔呢？但这给公诉带来了麻烦。如果政府部门坚持让布莱恩出庭做证，那么被告方律师一定会就布莱恩前后两次不一样的回答，发起攻击。

为了避免这种情形的出现，检查机构决定让乔治代替布莱恩出庭做证，尽管乔治并不能证明他听到过布兰克费恩在董事会电话会议上，通报过高盛每股亏损2 美元的事实，但是检方还是决定让乔治代替布莱恩出庭做证。每股亏损 2 美元，这个很关键，因为，拉贾拉特南第二天向新加坡的同事吹嘘的时候，重点强调了这一数字。不过，让乔治出庭做证的最大好处就是，他确实知道 2008 年 10 月 23 日，董事会电话会议上传递的是高盛出现亏损的消息。

6 月 1 日，星期五，审判的第九天，案件中涉及的税务问题开始给古普塔的家人带来麻烦。这一天的审判，陪审团需要回避，审判是从讨论是否接受摩根大通集团的私人银行家希瑟・韦伯斯特（Heather Webster）的笔记开始的。韦伯斯特于 2008 年 4 月跟古普塔夫妇相识。韦伯斯特的笔记是在研究古普塔在西港的海边房产会议上提出来的，她的笔记让我们得以一窥古普塔的家庭财富之巨大。当时，古普塔和他妻子共有 1.34 亿美元的资产，其中，净资产 8 400 万美元，不可撤销的信托为 3 850 万美元，外加 1 120 万美元的现金和流动性较强的资产。在韦伯斯特的笔记下面是古普塔的财产规划方案，她记录道，古普塔夫妇准备将他们财产的 80% 捐给慈善机构。

检察机关决定采纳韦伯斯特的笔记，因为在她对古普塔家庭财务条理清晰的笔记中，她曾要求古普塔更新收入来源。在韦伯斯特当时记录的信息里，她这样写道，古普塔是“帆船国际基金的主席，帆船国际基金总规模为 13 亿美元，拥有 15% 的股份，主要投资长、短期亚洲权益类工具，可以凭借基金表现获得工资奖励”。对于检方来说，这个消息非常关键，它足以证明古普塔存在向拉贾拉特南泄露内幕消息的利益驱动，这是内幕交易案一个非常重要的构成要素，韦伯斯特的笔记至关重要。古普塔可能没有像马丁・西格尔那样收过大量现金，但帆船集团的成功，一定会为他带来既定利益。

纳夫塔利斯强烈建议法庭不要采纳韦伯斯特的笔记作为证据，因为它会误导陪审团，放大古普塔在帆船集团所发挥的作用。古普塔与帆船集团只是达成了一些非正式的合作安排，以帆船国际基金主席一职为例，他并没有跟拉贾拉特南签订任何正式的协议。“从来就不存在任何协议，什么事情都没有发生过。”纳夫塔利斯说。韦伯斯特笔记里面的内容，让纳夫塔利斯唯一认可的部分，就是古普塔关于财产的处置方式，他认同古普塔准备将大量的财产捐给慈善机构。

就这一点而言，拉科夫法官为了让韦伯斯特的证词能够更加清楚，便果断介入，他问检察官布罗茨基，古普塔就任帆船国际基金主席一职，以及为帆船国际基金工作的情况是否属实。

“这两个都是客观事实。”布罗茨基回答说。“你觉得这个情节像不像科幻小说里面的故事？像，还是不像？”拉科夫法官问。布罗茨基说，古普塔要求获得20% 的帆船国际基金的份额，这比拉贾拉特南一开始允诺的比例要高。这一比例问题并没有最后确认。最终，拉科夫法官裁决法庭可以采纳韦伯斯特的笔记，不过，拉科夫法官并不认同将古普塔关于财产捐献给慈善机构的记录加入证词的范畴。“从本地区白领犯罪的年度卷宗里，我们可以找到很多类似的案例，他们都希望通过向慈善机构捐款，把自己打造成受人尊敬、有权有势的社会名流。”

从审判以来，古普塔在法庭上都鲜有表情，但这一次，他流露出自己的真情实感，他摇摇头，握紧双手，表示顺从，并抬头向上看了看。安妮塔·古普塔在下面坐着，两个女儿坐在她身边，安妮塔低着头，然后，起身离开了法庭。

那天下午，阿尼尔·库马尔也出现在证人席上，他既是古普塔的朋友，又是跟随古普塔时间很久的门徒。这一次，库马尔是以政府部门证人的身份出庭的，他的律师格雷格·摩维尔卢（Greg Morvillo）并没有陪他一起出席，因为在 2011 年 12 月，摩维尔卢的父亲罗伯特去世了。当库马尔走上证人席的时候，他一直低着头，但古普塔的眼睛却一直盯着他。库马尔扬起眉毛，往后看了看自己的妻子，她正坐在观众席的第一排。在拉贾拉特南案中，库马尔是明星证人，为拉贾拉特南案的定罪立下了汗马功劳。然而，这一次，面对曾经的老板古普塔，库马尔又会做何表现呢？

法庭副审法官让库马尔宣誓，当他说出自己名字的时候，因为紧张或者其他原因，他几乎要破音了。在等待回答问题的过程中，库马尔内心的不安完全流露了出来。库马尔的眼睛四处张望，一会儿看法官的椅子，一会儿看看他面前的电脑屏幕，但就是不敢看古普塔，而此时古普塔就坐在他的正前方。古普塔的眼睛盯着前方，避免与库马尔的眼神交汇。

在对拉贾拉特南案中出现过的证词再次确认之后，库马尔做证的主要内容集中在拉贾拉特南与古普塔之间的商业往来，特别是他们俩之间是怎样开始新丝路基金公司的投资活动的。库马尔告诉陪审团说，大概是在 2008 年 10 月中下旬的时候，他从古普塔那里得知古普塔在帆船航海家基金投资上亏损了 1 000 万美元。布罗茨基想让库马尔再次明确拉贾拉特南和古普塔就帆船航海家基金发生争执的时间点到底是哪天。如果库马尔值得信任，那争执发生的时间，应该是在古普塔将高盛集团和宝洁公司的内幕消息泄露给拉贾拉特南之后。

6 月 4 日，星期一，被告方律师纳夫塔利斯在询问库马尔的时候，试图证明库马尔之前在接受政府部门采访时，所做的陈述与古普塔的陈述是一致的。“你是不是告诉过政府部门，古普塔先生觉得拉贾拉特南并没有按照原计划投资？”纳夫塔利斯问。“是的，先生。”库马尔回答。

在午餐休息时间，一辆窗户上贴有黑色车膜的黑色奔驰越野车停在联邦法院的入口处。一群手拿相机的记者立刻围了上去，因为车里面坐着的，正是高盛集团的首席执行官劳埃德・布兰克费恩，他准备在下午的案件审理中出庭做证。不过，当车门打开的时候安保人员赶紧赶过来，大声喊道：“退后，退后。”

从越野车上下来的是帕丽斯・希尔顿，她穿着一身蓝色的套装，蓝色的长袜，以及招牌式的特大号白色太阳镜，其实那一天是阴天，根本不需要戴太阳镜遮光。她来联邦法院是参加与一家意大利内衣公司举行的调解会。在帕丽斯进入法院大门之前，她微笑着跟媒体记者打招呼，并且摆出各种姿势，让记者拍照。

与此同时，穿着白色衬衣、蓝色西装还打着红色领带的布兰克费恩已经在楼梯上，准备出庭做证。布兰克费恩获准可以从联邦法院的地下停车场直接进来。在他宣誓之后，拉科夫法官忍不住要向布兰克费恩发问。在一系列常规性的人生履历问题之后，布罗茨基本想略过 30 多年前布兰克费恩从事律师职业的经历。但是，拉科夫法官及时中断，并纠正了布罗茨基的遗漏。“我确信你是想故意隐瞒证人曾经当过律师这一事实。”拉科夫法官说，随后，他转向布兰克费恩，并问道，“你上过法学院吗？”布兰克费恩回答说，他曾经在某家律师事务所做过 4 年半的公司税务律师。“于是，你皈依了宗教？”拉科夫法官问。“这是我们双方的决定。”布兰克费恩打趣说。

高盛集团的首席执行官是政府案件里的明星人物，他的到来让法庭审判变得更加有分量。不过，布兰克费恩在法庭上所作的证词，只是他在一年前拉贾拉特南案审判时所做证词的翻版。布兰克费恩待在律师和法官之间的侧边栏上，不时对陪审团微笑，有时，他会把头伸过去看看律师穿的是什么衣服，显得有些焦躁不安，他的眼睛到处张望，但就是不敢直视古普塔。

在布兰克费恩做证时，古普塔，这位曾经的高盛董事会成员，同样感觉不舒服。古普塔经常会回头看他的妻子安妮塔，他们都在同一侧，有时候，他会起身走向他妻子，跟她简单交流几句。安妮塔经常伸出双手，对古普塔表示坚定的支持和鼓励。

在谈到公司财务的时候，布兰克费恩甚至向陪审团做起了现场教学。当有人问高盛对外公布一季度的盈利报告意味着什么时，布兰克费恩回答说：“这意味着高盛的盈利状况比以前更好。”布兰克费恩在法庭上还提供了一个新消息，那就是，当古普塔准备前往私募股权公司 KKR 工作时，他跟古普塔之间的对话。

布兰克费恩做证说，当古普塔告诉自己，准备考虑接受 KKR 公司的工作邀请，他明确地向古普塔表示，这与他在高盛集团担任董事“存在某种程度上的冲突”。但古普塔不同意这一说法，古普塔觉得这两家公司所提供的职位是不一样的，两者的工作方式也不相同。不过，最终古普塔还是从高盛董事会离职了。高盛还专门为古普塔准备了一个新闻通稿，宣告他从董事会离职，并对此表示祝贺。为了纪念古普塔在高盛董事会的那段岁月，高盛还专门赠给他一些袖扣。

不过，总会有意外的事件发生。2008 年 9 月，当雷曼兄弟“突然宣布破产”时，布兰克费恩说，他请求古普塔撤回辞职申请，并继续留任高盛董事。当时，金融市场陷入动荡不安之中，很多私募股权公司的日子也不好过，私募股权公司与高盛集团之间的冲突似乎“并没有想象中的那么大”，布兰克费恩说。于是，古普塔便继续留在高盛董事会，同时在 KKR 公司从事咨询顾问的工作。

在这个问题上，布罗茨基问布兰克费恩，他是否知道古普塔在 KKR 公司拿多少工资。对这一提问，被告方表示反对，不过，正如拉科夫法官所说的那样，“你可以回答是或不是”。布兰克费恩最终说出了“5”这个数字，他的意思很明显，古普塔在 KKR 公司拿到的年薪是 500 万美元。听到这个答案，古普塔的下巴都惊到地上了。

布兰克费恩的证词时间不得不中断，中断时间超过一个星期，因为他在这个星期的中间某一天，要参加一个非常重要的典礼仪式：他的女儿在菲尔德斯通学院（Fieldston School）的毕业典礼，这是曼哈顿区北部一所绿树成荫的私立学校。布兰克费恩告诉拉科夫法官，由于距离比较远，当他结束典礼午餐赶过来时，可能会迟到，因为典礼午餐的地点是在杨科斯（Yonkers）。“我就住在杨科斯，我明白。”拉科夫法官说。“我们在杨科斯选择的午餐饭店，没准，你也知道。”布兰克费恩说。“如果你说的那家饭店正好是我所想的那一家，那我吃不起，太贵了。”拉科夫法官调侃说。但是饭店老板告诉布兰克费恩说，拉科夫法官是他们饭店的常客。

在布兰克费恩的交叉讯问阶段，纳夫塔利斯试图证明古普塔对高盛集团非常忠诚，因此，当金融危机来临时，布兰克费恩请求古普塔留在董事会，古普塔毫不犹豫地就答应了，这可是帮了高盛集团的大忙。“公司董事突然辞职肯定不是什么好事情，这容易引起外界的胡乱猜测，以为公司出了什么问题，实际上，公司根本就没什么问题。”对这一点，布兰克费恩表示认可。

纳夫塔利斯对布兰克费恩的交叉讯问很容易让人愤怒，这一点，从一开始就特别明显。纳夫塔利斯问布兰克费恩，他是不是董事会的一号人物。“一号人物并不是一个官方头衔，”布兰克费恩微笑着说，“董事长和首席执行官才是头衔。”虽然，纳夫塔利斯问布兰克费恩，他是不是接替名叫亨利·保尔森这个人的职位。"他的名字是汉克 · 保尔森。"爱说俏皮话的布兰克费恩这样更正纳夫塔利斯的答案。

纳夫塔利斯想尽可能否认指控中所提到的，2008 年 10 月 23 日是古普塔对外泄露了高盛集团第四季度出现亏损的内幕消息，他向法庭表明当天的《华尔街日报》刊登文章说，高盛集团准备裁员 10%。纳夫塔利斯说，这就是高盛集团股价走低的原因所在。不过，布兰克费恩说自己并不记得有这样一篇负面报道的文章。纳夫塔利斯准备抓住布兰克费恩的话柄，对这位高盛首席执行官在离任时的演讲发起罕见的攻击。当布兰克费恩离开法庭的时候，他冲古普塔笑了笑，想打个招呼。不过，古普塔没有给他任何回应。

被告方证词

6 月 8 日，星期五，在 12 天的时间里，政府部门传唤的证人已经有 20 人，于是，决定暂时停止传唤证人出庭做证。尽管被告方也提交了证人名单，准备让他们出庭为古普塔做证，但古普塔本人却没有发表任何意见。从本案一开始审理，纳夫塔利斯就一直试图让古普塔自己发声。当陪审团成员都准备去度周末时，纳夫塔利斯说，下个星期古普塔"非常有可能"在法庭上替自己说话。这是一个冒险的举动。大多数律师都会建议刑事被告不要轻易在法庭上发言，因为这会引起检察官对被告的轮番轰炸，提出各种各样的问题。古普塔原本是想向陪审团解释自己对所有问题的认识，不过，星期日的时候，他和他的律师团队又否决了原来的设想，他决定事后再发表意见。

相反，古普塔准备让自己的大女儿吉檀迦利替自己发声，她完全有能力和资格做这件事，她从哈佛学院获得应用数学专业学士学位之后，又拿到了哈佛法学院和哈佛商学院的双硕士学位，并且一直都在哈佛捐赠基金会工作，她完全可以代表父亲讲述他的人生故事。6 月 11 日，星期一，下午 4 点 30 分，吉檀迦利穿着一条简单的灰色裙子和夹克，脚踩黑色高跟鞋，一头长发自然地垂在背上，平静地走向证人席。以坦率而又引人注目的方式向大家讲述了 2008 年 9 月 20 日前后所发生的所有事情。那个周末对于吉檀迦利来说，尤为重要。因为那个周末是她

30 岁的生日，而她生日的第二天就是她母亲的生日。吉檀迦利告诉全神贯注听讲的陪审团说，那个周末，她的父亲看上去非常难过，因为他投给拉贾拉特南的钱亏损了。“他把双手插在头发里，只有当他非常悲痛的时候才会做这个动作。”吉檀迦利回忆说。

到感恩节的时候，当全家人都在父母位于西港的家中聚会时，吉檀迦利父亲的表现“与平时大不相同……他非常悲伤、难过，沉默寡言，跟以前简直是判若两人”。整个家庭都知道他投资失败的事情。吉檀迦利·古普塔的证词对被告方来说至关重要，它试图证明，古普塔传递内幕消息的时间点不合理，因为，那个时候，古普塔与拉贾拉特南的关系已经完全恶化了，在这样的情况下，他没有理由，也没有动机，会将内幕消息泄露给拉贾拉特南。

吉檀迦利沉着冷静，在做证的过程中泰然自若，这一点很像她的父亲。吉檀迦利非常清楚地向法庭表达了自己的观点，所作证词的可信度很高。

在交叉讯问阶段，在法庭上善于表现自己的检察官里德·布罗茨基，用非常低沉的声音，问了吉檀迦利两个问题：

“你爱你父亲吗？”

“我爱他！”吉檀迦利回答说。

“你愿意为你父亲做任何事吗？”

“我愿意为我父亲做任何事，但是，我绝不会撒谎。尽管，我站在证人席上，我也不会撒谎。”吉檀迦利这样回答布罗茨基。

当陪审团离开法庭的时候，吉檀迦利走向坐在被告席上的父亲，两个人相互拥抱。案件开庭审判已经有一个多月，这是古普塔第一次如此动容：他的双眼饱含泪水。

在吉檀迦利做证之前，是 34 岁的沙泊洛涕克·巴苏（Suprotik Basu）做证，巴苏是联合国的公共卫生专家，他正在致力于根除疟疾的项目。当有人问巴苏是何时与古普塔相识时，他回答，自己是在 2007 年 5 月从纽约的同事那里接到一个“紧急电话”，说有一位企业家“希望在 2025 年前，消除因为疟疾而导致的儿童死亡现象”，而这位企业家就是古普塔。一位检察官站了起来，表示反对。拉科夫法官同意检察官的意见，这个话题的证词结束。

随后，巴苏证实他在 2008 年 9 月 23 日下午跟古普塔会面了，那天正好就是巴菲特投资高盛集团优先股的日子。那天晚上，巴苏还陪古普塔一起，与埃塞俄比亚的卫生部部长共进晚餐，他没有跟古普塔谈论过高盛集团或者巴菲特。“我们谈论的内容都是集中在我们关心的问题上……如何解决疟疾项目所需要的资金缺口。”巴苏这样对法庭说。

当布罗茨基检察官问起古普塔打电话的事情时，巴苏说，当古普塔参加高盛集团董事会电话会议或古普塔用麦肯锡办公室的电话给拉贾拉特南的办公室拨打专线电话时，他不在房间，所以，这个事情他并不清楚。不过，巴苏说了另外一句话：古普塔会经常回电确认预约事项。这佐证了被告方的观点，那就是，古普塔给拉贾拉特南打电话只是一个简单的工作方式和习惯而已。“我印象中的古普塔，耳朵上总是戴着耳机，在会议期间，也经常需要回复电话。”巴苏补充说。

被告方证人做证的流程只进行了两天半。本来时间可以更久一些，因为做证的人数原本很多，但拉科夫法官对古普塔请来做证的人数做了限定。拉科夫法官还拒绝了被告方一直想推进的工作：透露内幕消息给拉贾拉特南的并不是古普塔，而是高盛集团亚洲权益销售部门的负责人戴维・勒布。在吉檀迦利・古普塔完成证词之后，古普塔的辩护律师努力到晚上，目的就是为了游说拉科夫法官允许他们播放两段电话录音，这两段录音是 2008 年 8 月，拉贾拉特南和戴维・勒布之间的通话。在这两个电话里，勒布说，他已经将英特尔和苹果公司的消息传递给了拉贾拉特南。而拉科夫法官则反对在法庭上播放勒布的电话录音。

6 月 12 日，星期二的早上，高盛外部律师史蒂文・佩金收到了勒布的律师发来的一封邮件。勒布准备前往法庭，因为被告方准备请他出庭做证。“是你给勒布打的电话？”佩金问纳夫塔利斯。纳夫塔利斯做事一向小心谨慎，严守秘密，他并没有回答佩金。在上午午休时，佩金又向布罗茨基检察官询问此事，但布罗茨基对此也不知情。但佩金再次遇到纳夫塔利斯时，纳夫塔利斯似乎有些恼火，并质问道：“你是政府的走狗吗？”高盛和古普塔之间的关系已经非常紧张了，一向和蔼的纳夫塔利斯错误地将佩金的举动视为向政府透露辩方策略。

就在被告方准备暂停传唤本案证人时，被告方播放了一段拉贾拉特南跟其手下的一个员工通话的录音，在录音里，拉贾拉特南好像对古普塔表示过他在航海家资本公司上作弊的事情。航海家资本公司是古普塔和拉贾拉特南两个人共同出资成立的，由拉贾拉特南负责运营。

“当你加杠杆的时候，你应该知道后果。我的问题是，我太天真了，我希望古普塔也能够跟我一样。你知道吗？”2008 年 10 月 2 日，拉贾拉特南在打给帆船集团的投资经理桑杰 · 桑塔南（Sanjay Santhanam）的电话里这样说道。“嗯，我不能……我，我，我不能告诉他，我已经把自己的股份撤出来了，对不对？”被告方在之前就出示过这一证据，目的是证明早在 2007 年 12 月的时候，拉贾拉特南就从帆船航海家基金里面撤出了自己所投的 2 520 万美元的投资本金。

陪审团的裁决

到 6 月 13 日的时候，检察机关和被告方两边都尽自己最大的可能，出示了所有的证据，向法庭展示了两个完全不一样的古普塔的形象。在总结陈词阶段，美国助理检察官理查德·塔尔劳（Richard Tarlowe）重新向法庭依次展示所有的证据。他说，在 2008 年 9 月 23 日这个交易日的最后 10 分钟，只有一个电话打给了拉贾拉特南的办公室专线电话，这个电话就来自古普塔。

“这个证据对被告方来说是致命的硬伤……如果你相信艾森伯格所说的话，这绝对没戏，真的绝对没戏，被告一定会因为传递内幕消息而被判有罪的。”随后，理查德 · 塔尔劳的同事里德 · 布罗茨基说，如果陪审团认可被告方的辩护意见，认为古普塔并没有向拉贾拉特南泄露内幕消息，那么古普塔“将是这个世界上最不幸的人”，即便证据表明，就是古普塔在高盛董事会会议之后给拉贾拉特南打的电话，而拉贾拉特南也正是在接完电话之后，才大举买入高盛集团的股票的。

纳夫塔利斯重申他在一开庭就表达过的观点。纳夫塔利斯说，古普塔与拉贾拉特南联系有合法的商业往来理由，“但他从来没有从事过内幕交易，从来没有过，一次都没有过！”如果拉贾拉特南如此依赖古普塔所提供的内幕消息，那么，他一定会极力劝说古普塔留在高盛集团董事会，而不是去 KKR 公司。拉贾拉特南应该这样说，“你在这里，我的投资就有保障”。纳夫塔利斯说。相反，拉贾拉特南并没有这样说，他告诉古普塔，听到古普塔要去 KKR 工作的消息，他“立刻感到很振奋”。

在向陪审团展示完证据之后，纳夫塔利斯的声音小了许多，用哀求的口吻请陪审团成员认真考虑一下这个伟大人物的一生，然后再做出裁决。纳夫塔利斯说："关于这个案子的审理，可能会在你们的记忆中慢慢淡化……但对拉贾特·古普塔来说，这是他一生中面对的唯一的诉讼，你们在这里所做的任何决定，将会影响他未来每一天的生活。”

2012 年 6 月 15 日，星期五，上午 11 点左右，陪审团成员递出一张便条给法官。一开始的时候，大家都没有在意这张便条。一个小时之前，陪审团还向拉科夫法官的副手传递了午餐的订单，这也就表明，下午陪审团还会继续留下来商议讨论。自从案件审理以来，陪审团一共递出了 25 张便条，内容包罗万象，从为了抽根烟而请求暂停休息到 6 号陪审员说她认识高盛集团总裁加里·科恩的女儿，因为她女儿就在她工作的特雷弗学校（Trevor Day School）读书。

里德·布罗茨基检察官看见一位个子高高、留着山羊胡的法警人员进入了陪审团的房间，隔了一会儿又出来了。法警的手上什么都没有拿。很显然，那些标有“裁决”字样的信封都在他的口袋里。随后，法警来到法庭。当他发现拉科夫法官的副手琳达·克托斯基（Linda Kotowski）不在法庭时，他就走到拉科夫法官办公室的门口等着。

那个时候，克托斯基正在和拉科夫法官，以及曼哈顿区美国联邦法院新闻发布官斯蒂芬妮·齐尔科维奇（Stephanie Cirkovich）讨论一旦陪审团的裁决意见出来，他们将如何对外发布的问题。他们一起商量了大概 20 多分钟，不过，有些问题，还是没有最终确定。

“我们要看陪审团的裁决意见什么时候到。”在齐尔科维奇准备离开拉科夫法官的办公室时，拉科夫法官这样对她说。当齐尔科维奇和克托斯基打开房门准备进入法庭的时候，她们俩看见法警拿着信封就站在门外。随后，法警将信封交给了克托斯基。

现在，一种紧张不安的情绪正在法庭里弥漫。古普塔穿着一身海军套装，白色的衬衫配着橘红色的领带，他已经回到了被告席上，坐在他之前常坐的被告席的第三张椅子上。半个小时之前，古普塔还在法庭的咖啡休息室里跟自己的两个女儿玩牌。没有人知道陪审团的便条上到底写的是什么，至少，陪审团成员是不会告诉别人的。不过，当法警出现的时候，有经验的法院观察人士应该知道，那可能就是陪审团的裁决意见。

还有一个重要的信号表明陪审团的这张便条非常关键，那就是纳夫塔利斯的克莱默·莱文律师事务所的阿兰·弗里德曼来到新闻席，并叫走了事务所的公共关系负责人。两个人来到了法庭的后墙那里，商量着什么事情。随后，纳夫塔利斯回到了法庭，他径直走向自己的辩护席，看上去异常严肃。如果那个信封里面装的就是陪审团裁决意见的话，那份裁决，对古普塔来说，肯定不是什么好消息。很明显，政府部门是欢迎陪审团的裁决意见早点出来的。纳夫塔利斯的同事，戴维·法兰克从被告席的第二张椅子上站起来，将这个位置让给了古普塔。看来，一定有非常严重的事情要发生。

11 点 30 分左右，拉科夫法官进入法庭，准备开始庭审的倒数第二个环节。拉科夫法官证实了大家所猜想的内容，陪审团的裁决意见出来了。古普塔坚定地坐在被告席上，跟往常一样。在古普塔的身后，是他的妻子安妮塔和 3 个女儿。之前出庭做证的大女儿吉檀迦利并不在场。此时，吉檀迦利正在星巴克，因为她有工作要做，需要找个能上网的地方。

11 点 28 分，正好也在星巴克的《纽约时代周刊》的记者皮特·拉特曼（Peter Lattman）通过黑莓手机收到一封邮件，里面说陪审团裁决意见已经出来了。他向同事大喊道：“陪审团已经达成一致裁决意见。”随后，拉特曼走向吉檀迦利，将这一消息告诉了她。吉檀迦利用自己的笔记本迅速上网，然后，便被结果惊到了。

拉特曼及同事和吉檀迦利从星巴克出来，快速跑向一条街之隔的联邦法院。吉檀迦利在陪审团进来前顺利来到法庭，坐在她母亲身旁，用手抚摸着她母亲的肩膀。

11点35分左右，陪审团成员进入法庭。拉科夫法官再次向陪审团确认陪审团的裁决意见是否达成一致。然后，拉科夫法官的副手开始履行其职责，向陪审团主席询问道："主席先生，请起立。你说你们已经达成了一致意见，是吗？""是的！第二号陪审团成员认为无罪。"陪审团主席回答道。

在那一刻，大家都以为陪审团裁决古普塔是无罪的。然而，在接下来的时间里，陪审团主席报出了一连串"有罪"的裁决。古普塔坐在被告席上一言不发，脸上的表情越来越凝重，就好比未来的日子越来越沉重一般。

在法庭的旁听走廊，古普塔的女儿在哭泣，其中小女儿哭的声音非常大，大女儿温柔地抚摸着妹妹的头发。古普塔的妻子安妮塔用双手抱住自己的头，俯下身来。当陪审团成员离开的时候，法庭上的所有人同时站立起来，只有古普塔的女儿们和她们的母亲没有动。

在拉科夫法官离开法庭之后，古普塔与他的律师团队相互拥抱。

随后，古普塔来到自己的家人身边。古普塔走出被告席，展开双臂，与自己的女儿和妻子紧紧地抱在一起。这一场景让人为之动容：在公众场合展示古普塔对家人深深的爱。在漫长的审判过程中，古普塔的妻子和女儿一直都在背后给他坚定的支持。每次，当古普塔从被告席转身，微笑地看着她们的时候，她们要么伸出温暖的双手，要么向他点头表示肯定。古普塔的家庭充满了爱，每个家庭成员都那么真诚，这让很多陪审团的成员深受感动，当他们离开法庭的时候，部分人的眼里还含着泪水。人们希望看到古普塔能够以无罪的身份走出法庭。现在，最痛苦的那个人无疑是古普塔，跟他父亲一样，他是整个家庭的坚强后盾。

古普塔将手伸向妻子，尽管她努力地控制着自己的感情，但悲愤之情还是难以抑制。当安妮塔最开始听到古普塔有罪的裁决意见时，她猛地抬起头，对这些意见表示愤慨。安妮塔了解自己的丈夫，连续4个星期的审判她都参加了，她知道这个漫长的审判过程并没有将古普塔所捍卫的立场和价值观真正地展现出来。古普塔用手轻轻地抚摸着最小的女儿的头，因为她是听到陪审团的裁决意见后，哭得最伤心的那一个。看到小女儿哭得如此难过，古普塔安慰她，鼓励她要坚强，这场景仿佛回到了古普塔年幼的时候，当古普塔的父母双双离世时，他就告诉自己，一定要坚强，要做家中的顶梁柱。

第 39 章

一生的声誉毁于一旦

2012 年的夏天，古普塔是在面对指控与等待判决之中度过的，为了避免被人指责他们事后诸葛亮，他和他的律师团队决定不在法庭上为自己辩护。古普塔让自己一直都处于忙碌的状态，与家人和朋友一起共度时光。他主持了一场婚礼，为孙辈们细心搭建树屋，给人脉关系广泛的朋友写信，告诉他们，自己对即将到来的判决有充分的准备。这些信件也成了考验朋友忠诚度的试剂。当麦肯锡的老同事来看望古普塔时，看似满不在乎的他，会跟他们详细地描述，他曾经在工作中为哪些人提供过帮助，包括他的老下属杰罗姆·瓦斯拉鲁（Jerome Vascellaro），以及来自斯堪的纳维亚的老同事，但是这些人至今都不愿意拿起笔来给他回信。古普塔觉得自己是华尔街的替罪羊，成为普通民众发泄愤怒的对象，他很怀疑，那些对他落井下石的朋友会不会现在也处于政府的完全监控之中。“你能想象吗？如果每个人的电话都被监听，那会是一种什么样的情形？”古普塔向一个朋友这样问道，这句话隐含的意思就是，他不是唯一被监听的那个。

比坐牢更痛苦的处罚

古普塔职业生涯的大多数时间，都生活在资本主义的中心城市纽约以外。纽约这座城市，对新进入的人来说，个人的净财富和工作头衔决定着哪些领域会为之敞开大门，而哪些领域则会大门紧闭。当古普塔担任麦肯锡全球董事总经理一职时，他才开始在纽约这座大都市生活，而要在纽约获得职业生涯上的成功，与他之前在芝加哥或者斯堪的纳维亚完全不一样。古普塔以前的工作履历告诉他，他跟纽约的精英阶层之间有一条很宽的鸿沟，这个精英阶层就是以拉贾拉特南为代表的金融大佬们，他们手中掌控着巨额财富，而这些财富正是古普塔所渴望拥有的。对于像古普塔这样积极追求成功的人来说，与拉贾拉特南这样的人保持良好的关系，便显得很有必要。有时候，为了能够跟他们维系关系，违背原则也是在所难免。

进入精英阶层的愿望，或许只是导致古普塔敢于违反法律的原因之一，因为一直以来，古普塔都是那种善于控制自己意念的人，所以，我们不大可能完全进入古普塔的内心世界，了解到他最真实的心理活动。将内幕消息传递给他人，与在原本限速 60 千米每小时的区域开到 70 千米的情形相比，前者是不是应该受到更严厉的谴责呢？古普塔的人生轨迹中，他第一次违背既定规则是在什么时候呢？这里并不是指哈佛商学院的学生手册或者麦肯锡公司的职业操守。或者，古普塔身边的其他人看上去都这样做过？毕竟，古普塔的一些好朋友，在看起来不可能发生的事故中，都存在着被监管部门抓到的违规行为的可能。

在古普塔被定罪后的几个星期里，古普塔的女儿成了他坚强的后盾，而在这之前，古普塔一直都是女儿们的坚强后盾。不管是安抚她们受伤的心灵，还是帮助她们制定自己的职业规划，她们的爸爸都是那个最值得信赖的人。那个夏天，在面对指控和最终定罪期间，古普塔的二女儿梅加，发现“他脸上经常露出让人非常陌生的恐惧”。每当这个时候，梅加都会用胳膊搂住他的肩膀，对他说：“不要担心，爸爸。”为了保护自己的家庭，让家人能够有尊严地生活，她们的父亲总是会快速地让自己平静下来。“我没事的，宝贝。”古普塔会这样说，“你还好吧？如果我的宝贝女儿没事，我肯定就没事。”这就是她父亲最大的特点：即便自己处于非常艰难的阶段，他关注的重心依然不是自己，而是身边的亲人。

与坚忍、善于克制自己的古普塔不一样，他的妻子安妮塔习惯于自由表达自己的情感，她对陪审团的裁决意见感到非常震惊。“每个律师都告诉我们说，这个案子不会出什么问题。”安妮塔向某位拜访者这样说。然而，“当法官给出暗示的结论时，我就知道，这下完了”。不是因为法官所说的话，而是法官说话时的语调让安妮塔感觉到，陪审团最终的意见可能还是认为古普塔有罪。即便古普塔妻子的情绪经常会波动，偶尔还会流泪，但古普塔始终努力让自己保持着平和的心态。“生命就像一场旅行！”古普塔以哲学家的口吻说道。“这样的旅行，我宁愿下车。”安妮塔回击道，她边说边抽泣。

在陪审团裁决之后，很多朋友对这一裁决意见表示怀疑，他们用麦肯锡分析师擅长的分析方法，对这一意见提出质疑。“当我在聆听这些证据的时候，特别是指控古普塔在 3 次董事会会议之后，向拉贾拉特南泄露内幕消息的证据，我就忍不住要问，那古普塔参加的其他 49 次董事会会议怎么不考虑？”这 49 次董事会会议也都是在讨论重要的事项，但并没有任何内幕交易的情形出现。麦肯锡的前分析师彭恩都·查特吉（Purnendu Chatterjee）在写给拉科夫法官的信中如此说道，他替古普塔鸣不平。“我在解读这一数字的时候，明显地感觉到这有偏差，我在博士阶段读的是统计学，在多元因素影响下，过分重视小概率事件，会对结论带来非常偏颇的影响，特别是还要面临舆论或者其他原因的干扰时，这一结论对‘华尔街’人来说，结果偏离得有些过于夸张。”查特吉的信只是 400 多封来信中的一封而已，在判决前，很多人替古普塔鸣不平，因而他们会给拉科夫法官写信表示不满。给拉科夫法官写信的人中，有全球精英人物，包括微软的创始人亿万富翁比尔·盖茨，他称古普塔为“为消灭贫困而顽强奋斗的人”，还有联合国前秘书长科菲·安南（Kofi Annan）。当然，大量真诚的、发自肺腑的感人信件是来自古普塔的朋友、表兄妹、外甥和外甥女、侄儿和侄女，其中，还包括他的妻子和女儿们。

连阿尼尔·库马尔的儿子阿曼·库马尔都觉得有必要替这个被他称为“古普塔叔叔”的人写信，尽管他父亲在法庭上做证指控古普塔。阿曼跟古普塔没有任何血缘关系，“叔叔”只是印度的年轻人对长者的尊称而已。阿曼·库马尔说，他“最宝贵的一些孩提时代的记忆就是跟古普塔叔叔一起玩飞蝇钓（fly fishing）时掉进科罗拉多河；还有古普塔叔叔告诉美国的前总统克林顿，我那个星期从布什总统手里获得了奖杯；我还跟古普塔叔叔一起在沙滩上惬意地散步，然后谈论中学的课程和我喜欢的人”。

在陪审团向法庭提交裁决意见后的一个星期，古普塔前往波士顿大女儿吉檀迦利的家中，帮助她重新设计房子，为她的双胞胎女儿米拉和妮萨安排一间游戏房。吉檀迦利的双胞胎女儿都非常崇拜她们的外公。正是她们的外公，在她们心情不好的时候，陪她们跳舞，让她们开心地笑出声来。尽管古普塔不能改变审判的结果，但他可以在离开家人之前，尽自己最大的努力为家庭多留下一些欢乐。古普塔把精力集中在自己的金融王国，想让一切变得更加有序。古普塔在新丝路基金的手下希望他能够加强与某家私募股权公司的联系，这家私募股权公司也是在他的帮助下建立起来的。不过，古普塔并不想在这家公司里面为了点儿股份而自贬身价。现在还无法知道古普塔可能会离开多久，或者为了这场官司，他最终要付出多少金钱上的代价。高盛集团事先替他预付了一部分诉讼费用，最终该案所有的诉讼费用总计为 3 000 万美元。不过，在宣判前一个星期，古普塔得知高盛集团准备向古普塔追回用于该案调查上近 700 万美元的费用。但古普塔对这一要求置之不理。

对于一个视名誉如生命的男人来说，公众的鄙视是最难以接受的事情。更让古普塔难以忍受的是，由于他的判断失误，给他的妻子和 4 个女儿带来了极大的痛苦，而她们又是他最挚爱的亲人，是他愿意用生命去照顾和保护的亲人。每一天，都会有新的悲伤出现，不仅仅是针对古普塔，还有他的亲人。

事后古普塔才知道，由于要忙于应对审判，三女儿阿迪蒂的毕业典礼他都没有去参加，而阿迪蒂毕业的学校正是他曾经就读的哈佛商学院。在古普塔的官司对外公布之后，很多讽刺他们的文章会“神奇地出现”在阿迪蒂学校的邮箱里面。其中有一封用心险恶的邮件，还劝说大家集体给哈佛商学院施压，切断学院跟她父亲的关系。因为古普塔一直都是哈佛商学院院长咨询委员会的成员，这是一群商人企业家组成的团体，并不是所有的人都是哈佛校友，每年院长都会跟咨询委员会的成员开一次正式的会议，商谈学院发展大事。古普塔同时还是哈佛商学院印度研究中心委员会的顾问，这个研究中心设在印度孟买。当阿迪蒂还在哈佛商学院读一年级的时候，有一次纽约南区美国联邦检察官办公室的普利特·巴哈拉拉给他们上课，阿迪蒂不得不耐着性子坐下来，让自己的内心努力保持平静。因为，巴哈拉拉正是代表美国联邦检察官办公室向他父亲提起公诉的人，而那天讲课的内容正是他如何跟白领罪犯斗智斗勇，且一讲就是一个多小时。

尽管古普塔努力试着接受陪审团的裁决意见，但真的让他完全接受，实在是太难了。7 月，也就是陪审团裁决后的一个月，古普塔组织了一个饭局，邀请了印度理工学院 1971 级机械工程专业的同学，以及他们的爱人，一共来了 24 个人。这个小集体每年都会组织一次聚会，但最近两年，他们聚会的氛围因古普塔在接受犯罪调查而遭到了严重破坏，因为古普塔是他们最尊敬的朋友，他们难以接受这样的现实。自然地，当他们聚会的时候，更多的都是在讨论裁决事项，因为裁决肯定是古普塔最在意的事情。即便是在陪审团裁决之后，古普塔仍然坚信自己是无辜的。古普塔总觉得，自己被拖到向拉贾拉特南泄露内幕消息的事件之中，是不公平的。因为即使古普塔是在开完董事会会议之后，给拉贾拉特南打的电话，但他真的不是有心要将内幕消息泄露给拉贾拉特南的，他从来没有想过拉贾拉特南会根据这些消息进行相应的投资活动。当然，这样做可能会引起争议。“我不可能为别人的某些行为承担责任。”古普塔向自己的好朋友表达自己的不满。毕竟，正如古普塔向他们说的那样，他并没有从中获得过一分钱的好处。

古普塔向他的好朋友们表达了对这个案子的主审法官的不满，因为主审法官并没有同意他的律师团队向法庭展示，拉贾拉特南可能会从其他渠道获得沃伦·巴菲特即将投资高盛集团优先股的消息。拉科夫法官阻止了古普塔辩护律师向法庭出示这方面的相关证据，这些证据可能会证明，高盛集团的一位高级管理人员疑似向拉贾拉特南泄露了这一重要的内幕消息。当古普塔把所有的希望都寄托在一场公正的听证会时，他突然发现这些陪审团成员可能并没有意识到这个事实的重要性，至少跟他所期望的完全不一样。陪审团成员的考虑和思量结束得太快、太突然，很难让人相信他们真的认真思索过摆在他们面前的证据。

2012 年 10 月 24 日，星期三，下午 2 点左右，古普塔回到了由尊敬的拉科夫法官主持的法庭，这个时候的他仿佛变了一个人，不再像案件审理期间那样非常坚忍地坐在被告席上。如果说古普塔曾经是受人尊敬的董事总经理和公司机密的保护者，而现在，这一切都离他远去，他站在被告席上。古普塔的妻子安妮塔也来到了法庭，她戴着黑色的太阳镜。在拥抱过自己的妻子和 4 个女儿之后，古普塔走上了被告席，等待法官的判决。

随着法庭副审法官的一声“全体起立”，拉科夫法官进入法庭。在说完开场白之后，拉科夫法官转向纳夫塔利斯，准备倾听他的发言，了解他为什么主张缓刑而不是监禁。

“我想，古普塔的一生是非凡的，他的生活非常优越，他一生致力于回馈社会，这么说，应该很公平，没有异议。”纳夫塔利斯说。纳夫塔利斯重点提到一份缓刑监督官的报告，这份报告分析说古普塔先生的慈善工作完全出自其真情实感，而不是出于“因为自己是一个社会名流”而应该承担的义务。在纳夫塔利斯说这些话的时候，审判期间曾经出庭做证的古普塔的大女儿吉檀迦利非常动情地看着他，不停地用纸巾擦拭自己的眼泪。紧挨着吉檀迦利的是她母亲，安妮塔穿着一套简洁大方的黑色套装，衣服上面镶有两排珍珠。“这是我唯一见过的，在维护法庭公平正义的过程中，对被告赞美性的描述。”纳夫塔利斯说。

拉科夫法官对此表示认同，不过，对这些充满反差、比较强烈的争论，他需要仔细权衡，随后，他又抛出了另外一番话。“我还听到一些其他的建议，说这样一个有着广泛社会关系网的富人，很容易就能够找到很多人替他写赞美信。我觉得这样想，完全是错误的。”拉科夫法官说，“证明他是一个好人并不能解决任何问题。在美国历史上，乃至世界历史上，恐怕随处可见好人干坏事的例子。所以，古普拉是一个好人，不能证明他没有犯罪。”

纳夫塔利斯对此表示不同意见，他反驳说犯罪“是一个整体行为，是一个带来更多麻烦和问题的整体行为”。而这顶多只能算是“不当行为”。拉科夫法官对此表示赞同，但他很快又提出了另外一个问题。“如果在某些情况下，这些不当行为或许就是谋杀，可能整个实施谋杀行为的人还过着无可指责的、或者说完全合法的生活，但这并不意味着，我们就可以不对这桩谋杀案实行严重的惩罚。”他解释说。

在这个案子里，法官倾向于判处古普塔入狱受刑，只是为了起到判决的震慑效应，纳夫塔利斯很快提出：“在案件审理的过程中，古普塔所受的惩罚远比坐牢带来的影响还要糟糕。他的完美声誉不复存在，这种痛苦的经历给他带来的伤害，是我从业那么多年来，从来没有遇到过的事情。不管我是干检察官工作，还是当辩护律师，没有哪一个案子给当事人造成的伤害，会比这个案子给古普塔造成的伤害更严重。我的意思是，古普塔是一位标志性的人物，为全球数不清的民众树立了标杆……他的这种经历就好比希腊式悲剧里面的桥段。”法庭里的其他人可能并不知道，古普塔的陨落，与其说是一场悲剧，不如说是古普塔未能成功逃脱家族秘密的影响。

家族秘密

“报纸上大幅报道的这个案子，给人最大的感受……这并不是一个有过很多犯罪前科的人再次犯盗窃案。相反，这个案子涉及的是一个才华横溢的知识分子、一个年轻人的事业……哪怕只罚他一块卢比，那么，他的职业、人生乃至所有的一切都将被毁灭，永远地毁灭。”

这段话是 1935 年 11 月 25 日，星期一，加尔各答最优秀的辩护律师之一 S. K. 森（S. K. Sen），在当时备受瞩目的一件案子上的总结陈词时所说的，这起案件的当事人是拉贾特·古普塔的父亲阿什维尼·古普塔。当时的阿什维尼·古普塔还不到 30 岁，摆在眼前的学术生涯，前途一片光明。但 1935 年 4 月 9 日星期二开始的这个案子，永远地改变了他的人生轨迹。

下午 2 点左右，300 多名学生，其中主要是男生，穿着衬衫和腰布，排队进入加尔各答大学阿休托许教学楼（Ashutosh Building）二楼的大厅，这座教学楼是一幢典型的、带有殖民时代味道的宏伟大厦。那天下午，如此多的学生来到这座大厦是为了参加最后的经济学考试，通过之后，他们就可以获得艺术专业的学士学位。

这是让人筋疲力尽的一天！从早上开始，在超过 37.8 摄氏度的高温条件下，学生们开始了第一场考试。除了几个空位以外，整个大厅都挤满了人。大约有 30 ~ 40 名安保人员和少数学监人员在房间里巡视。

在考试开始后不久，一名学监发现有些事情比较奇怪。一名学号为 160 的学生所坐的位置跟指派给他的位置不一致，整个上午他都坐在同一个位置。到下午考试的环节，他又坐到了另外一个缺席当天考试的应试者的位置上。这个位置与原本给他安排好的位置离得比较远。这个学生穿的腰布质量很好，边上还绣着花纹。这名学监发现不对劲之后，便一直盯着这名学生，学监怀疑他的胡子是假的，还故意戴了一副太阳镜。当学监询问这个学生为什么换位置时，他回答说他不能忍受刺眼的太阳光，所以他换了一个位置。学监要求他回到自己的位置上去，这名学生便按照学监的要求去做了。

在向另外一名同事咨询过后，这名学监决定让这个学生签名，准备检查看看这名学生与登记在册的学生签名是否一致。为了防止学生作弊和减少学生替考的风险，大学里一般都会要求学生在考试前先签名，这样的话，在必要的时候，可以进行核对验证。这名学监发现这个学生的签名与之前的签名不符。学监们都认为这名学生并不是真正的应试者，而是一名替考者。当这名学生在下午 4 点钟交卷时，一名学监要求他填写一张空白表格。当这名学生在填写这张空白表格的时候，两名学监要求他在下午离开前，去办公室找一下这场考试的主考官。但这名学生并没有听话，而是快速下楼，然后混进了街上繁忙的人群中。

当这名学生跑出教学楼时，学监们随即开始追他，其中一名学监喊道："抓小偷，抓小偷。"学监们一直跟着他，直到他滑倒在人行道外。当 3 名学监将他按倒在地时，他们发现他的胡子和太阳镜都不见了。学监们将这名学生带回了校长办公室，并向校长详细讲述了事情的经过，随后，校长问这位年轻人的名字叫什么。"阿什维尼 · 库马尔 · 古普塔。"这名学生回答说。

在询问之后，阿什维尼承认他是来帮学号为 160 的那名学生替考的，替考的科目就是经济学的两门课程，考试通过之后，被替考的学生就可以获得艺术专业的学士学位。当校长问阿什维尼为什么这么做时，他回答说，他私底下在帮这个学生辅导经济学课程，这个学生要求他这么做。随后，阿什维尼被遣送回家，等待处理。

几天之后，警察来到阿什维尼位于加尔各答北部的家里，并逮捕了他。在搜查的过程中，警察发现了一块腰布和一张加尔各答大学的准考证，上面的学号是160，这张准考证属于当天本来应该参加考试的那名学生。为了方便，印度的洗衣工都会在不同的衣服上留下不同的标识，而阿什维尼那天所穿衣服上的"腰布标识"与他替考的那名学生的衣服标识相同，几天后，那个学生也证实这块腰布就是他自己的。将衣服借给阿什维尼，只是为了让他穿上这块腰布后，看上去更像自己一点。当警察继续深挖这个案件的时候，他们发现，当天早上，阿什维尼向他工作的里邦学院的领导请假，说自己得了痢疾。在这之前，阿什维尼还先去理了一个头发，故意将头发染色、剪短并烫了一个鬈发，这样还能够起到一点化妆的作用，跟他原来的样子有了一些区别。

这个案子后来在加尔各答闹得满城风雨、轰动一时。在两个星期里，大家每天都跟着报纸上的新闻报道，了解法庭上的审理情况，报纸上的新闻标题也特别醒目，用的是"正在接受审判的教授和学生"这样的字眼。

阿什维尼否认所有的指控，认为自己是被人骗了。不管怎样，1935 年 12 月 4 日，加尔各答法官认为阿什维尼犯有两项罪名：欺骗别人将自己伪装成加尔各答大学的学生和在经济学考试时作弊。阿什维尼被判处 6 个月的劳动惩戒。阿什维尼上诉，但 1936 年 4 月，加尔各答高等法院维持原判。法院判决，上诉人完全是"一个彻彻底底的骗子，而且在社会上也是一个不值得信任的人"。

法庭和公众所不知道的是，对这个值得尊敬的人来说，自我辩护是阿什维尼唯一可以选择的方式。阿什维尼是为这个他替考的加尔各答大学学生站在法庭上的，这个学生向他支付了一个月 50 卢比的家教工资。阿什维尼之所以要挣这笔钱，是为了给社会党筹资。看上去，阿什维尼似乎干了一件非常不光彩的事情，但只有他身边最亲近的人才知道，他之所以这么做，背后其实是非常高尚的原因，他深爱着自己的祖国。而 75 年之后，阿什维尼的儿子却是因为不光彩的原因而将自己崇高的声望毁于一旦。

最后的发言

在拉科夫法官准备对案件做出最终判决前，古普塔换到被告席上的第二张椅子上，开始在法庭上做最后的发言。“从我少年时失去父母之后，过去的18个月是我人生中最煎熬、最具挑战性的一段时光，”古普塔说话的时候稍显紧张，“我一辈子辛辛苦苦积累起来的声誉就这样毁于一旦。陪审团的裁决对我的家人、朋友还有我自己来说，真的是毁灭性的打击。它对我生活的各个方面，无论是个人的、职业的还是财务的影响都极其深远……让安妮塔和我的女儿们快乐幸福是我一辈子最重要的事情……我们是亲密而又彼此深爱着的一家人。然而，她们却不得不因为自己的丈夫和父亲而承受各方面的压力，她们的同事和同学会非议她们，她们未来的职业生涯也会受到牵连，还有一些其他的负面影响。看到她们遭遇这样的痛苦，我真的是于心不忍，特别愧疚。我认为是我让她们陷入这样的境地，我真的很难过。”

在法庭宣判前，来到这里，古普塔就是要表达这样的情感。古普塔继续说：“不管发生什么，我内心都表示完全接受，对我的家人和朋友，我表示深深的感激，也期待得到他们的宽恕。”

在短暂的停顿之后，拉科夫法官开始发言。政府部门希望判处古普塔10年刑期。而古普塔不希望去监狱服刑，他希望自己可以被判去卢旺达服刑，这样的话，他就能“在农村地区工作，帮助他们消灭艾滋病（HIV）、疟疾和消除贫穷，确保食物安全”。

对这两条意见，拉科夫法官都否决了。古普塔的声誉已经受到了严重的伤害，所以，没有必要采取严厉的处罚来防止古普塔再犯类似罪行；然而，如果只是判缓期执行的话，这对未来可能犯同样罪行的人的惩戒效果又不够。尽管在判决的时候，拉科夫法官不需要证明自己做出如此判决的理由，但针对这一案件，他还是表达了自己的观点。他说，尽管古普塔做了很多慈善事业，“但或许是因为没有找到这个世界上还有其他事情可以征服，所以可能会有某种失落感”。在拉科夫法官看来，“尽管目前古普塔并没有从泄露内幕消息给拉贾拉特南的行为中获利，但毫无疑问，这种行为会带来未来的盈利、机会，甚至某种兴奋的感觉”。

终于要到判决的时候了，面对站在自己眼前的被告人，法官大人的心情很复杂，这个人的一生充满了太多的矛盾之处和复杂多变的情形。

“可以毫不夸张地说，联邦法院之前从来没有遇到过这样一位被告，他在过去的岁月里取得过如此辉煌的成就，不仅从整个社会的角度来看成绩斐然，而且从个人的角度来看，他也是当代社会的精英代表。”拉科夫法官陈述道，“但从被告所实施的违法行为来看，不管是行为本身，还是行为带来的社会影响，其危害又是非常明显的。在法庭看来，被告人的犯罪事实清楚，证据确凿。古普塔先生很清楚，他应该对高盛集团担负起相应的受托责任，在 2008 年 9 月和 10 月，也就是金融市场处于动荡不安的时期，这个时候，我们大多数人都希望市场稳定，可是古普塔先生却在这样的时刻，鲁莽地将高盛集团的内幕消息泄露给拉贾拉特南。”古普塔将沃伦·巴菲特购入价值 50 亿美元的高盛优先股的消息告诉拉贾拉特南，这“无疑是在背后捅了高盛集团一刀”。

下午 4 点左右，距离古普塔进入法庭已经过去了 2 个小时，拉科夫法官做出了判决：两年监狱刑期！随后，拉科夫法官拿起一堆材料，风度十足地离开了法官席，而古普塔和他的辉煌成就：印度理工学院、哈佛商学院和麦肯锡公司则永远地失去了光泽。古普塔面无表情地坐在首席律师纳夫塔利斯的旁边，他当时的表情跟他在 15 岁时他父亲火化一样失落和茫然。因为帮学生作弊替考，所以，阿什维尼·古普塔是带着耻辱开始自己的职业生涯的，但当他去世的时候，他已经成为印度第一任总理的亲密伙伴。而 55 年之后，远在 5 000 千米之外的美国，阿什维尼·古普塔的儿子却正好相反，他之前是受人尊敬的董事总经理，属于社会的精英阶层，却以这种耻辱的方式结束了自己的职业生涯。之前，古普塔是美籍印度人的精神领袖和人生楷模，而今天，他却成了这个群体的耻辱，很容易让带有偏见的美国人，将这种道德堕落的行为看成是美籍印度人的普遍特性。作为经历过“双重好运”的一代人，这样的判决，无疑会让古普塔的余生在悔恨与自责中度过，就像被诅咒了一样，这样的惩罚，远比法官在法庭上的判决，要残忍得多。

从人生巅峰的位置陨落

2011年12月5日，下午12点30分，拉杰·拉贾拉特南在波士顿以西40千米的迪文斯联邦医疗中心（Federal Medical Center Devens）向当局承认自己有罪。随后，执法部门的相关人员抵达医疗中心，对拉贾拉特南进行指纹录入、图像采集、光身搜查，并给了他一个新代号，这个代号就是他监狱生活的身份。拉贾拉特南被带往监狱，关他的那个单间只有大约10平方米，屋子里有一张桌子、一把椅子、卫生间、水槽、墙柜和一张床。在拉贾拉特南最终被判决前的7个月时间里，监狱生活给他带来的最大影响就是：成年后就一直肥胖的他，在监狱里面体重倒是下降了许多。这句话来自一位去监狱探望过拉贾拉特南的人。

当拉贾拉特南还是对冲基金界的大佬时，在那些如日中天的岁月里，拉贾拉特南每天都被各种各样的电话和登门拜访者所围绕。而现在，拉贾拉特南待在监狱里，喟叹那些曾经的财富和权力都离他远去，那些原来热衷于跟他联系的人也不会再来这里拜访他。他们的销声匿迹也正是华尔街这种利益至上的现实世界的真实写照，他们同样害怕这样倒霉的事情会落到自己身上。

拉贾拉特南的朋友和家人都很清楚，政府部门关于对冲基金内幕交易的调查远没有结束。2013 年 3 月，检察官对拉贾拉特南的弟弟伦甘提起诉讼，之前，正是对伦甘的塞德纳公司的调查才引发了美国证券交易委员会对帆船集团的调查。美国证券交易委员会两边同时行动。伦甘现在在巴西定居，他被指控在很多只股票上存在内幕交易行为，包括 AMD 公司和科维公司，而在 2011 年 5 月，伦甘的哥哥拉贾拉特南也被指控在这两家公司上存在内幕交易行为。曾几何时，能够成为拉贾拉特南的朋友，是多么风光的一件事情，而今天，却变成了一种沉重的负担。拉贾拉特南在对冲基金界的很多竞争对手，都纷纷给媒体打电话，撇清他们跟拉贾拉特南的关系。当然，讽刺的是，这并不是拉贾拉特南一个人独享的“荣誉”，他们中的很多人，后面也都来到了拉贾拉特南的新住所——单间监狱。即便自己的未来肯定不好过，但拉贾拉特南还是坚决拒绝与政府合作。在拉贾拉特南被捕后接受的一次采访中，他指责政府部门的这个案子是专门针对南亚人，将南亚人一扫而尽，缺乏对他们应有的尊重。

“美国人只会考虑自己的立场。每一个残忍对待同胞的印度人才会选择跟政府部门合作，其中就包括戈尔斯、可汗和库马尔。”拉贾拉特南向《新闻周刊》(*Newsweek*)杂志这样抱怨说。拉贾拉特南的说法并不完全正确，他原来栽培的门徒之一，亚当·史密斯虽然也跟政府合作，并在拉贾拉特南的审判过程中出庭做证，但他却没有为了让做证结果有利于自己，就罔顾事实。

在拉贾拉特南案判决一年后，他的律师团队中新进的重要成员，帕特里夏·安·米莱特（Patricia Ann Millett）站在珍珠街 500 号联邦法院的庄严法庭上，试图替拉贾拉特南翻案。米莱特思维敏捷，令人印象深刻。针对电话录音宣誓书，米莱特对政府部门说：“在这个案子里，你们犯了级联错误。”最明显的一点，也是拉贾拉特南辩护律师借以翻案的中心支撑，就是美国证券交易委员会针对帆船集团的调查，以及侦查的结果出现了“大规模的遗漏”。正如曼哈顿区美国联邦检察官办公室的鲁迪·朱利安尼首次运用敲诈勒索法令追查银行家和交易员，拉贾拉特南案中，检察官们也是第一次用电话录音的方式设套获得白领犯罪的证据。自从拉贾拉特南被捕之后，政府部门通过一次又一次的电话录音，向对冲基金领域的很多新的和威望更高的人提起诉讼。如果没有电话录音，政府部门就不可能在古普塔案中获胜。如果没有电话录音，古普塔就会在两项指控上被判无罪。

在米莱特质疑的过程中，那些积极建议政府部门运用电话录音对拉贾拉特南立案调查的律师就坐在法庭的后面，而且认真地听着米莱特的发言。到 2012 年 10 月的时候，乔恩·斯特里特已经换了身份，不再是美国联邦检察官办公室的律师，而是美国德杰律师事务所（Dechert LLP）的一名白领辩护律师。不过，他们 3 人组成的检察官团队提出来的这一规则，得到了当时法庭主审法官的重视，而这一规则对斯特里特的新职业生涯来说，非常重要。帆船集团案为美国调查白领犯罪案带来了革命性的调查方式。如果电话录音有力地支持了指控，这将给诸如斯特里特这样的律师一个可以随心所欲表达自己意见的机会。同时，电话录音也让检察官在应对此类案件时，有了更多的选择和方法。有了电话录音这样非常有说服力的证据，而不是其他的证据，这样的案件审判起来就更有吸引力，但对实施犯罪的白领被告人来说，情况可能正好相反，他们或许最不愿意的就是在法庭上出示电话录音证据。尽管当拉贾拉特南的辩护律师米莱特在法庭上发言的时候，他本人并不在场，但他绝对反对运用电话录音进行调查取证。除非拉贾拉特南上诉成功，并且在新一轮审判的过程中，被判无罪，否则，他短时间内不可能会见到这么有战斗力的队友。拉贾拉特南将在那个 10 平方米的囚室里一直住到 2021 年。

2012 年，阿尼尔·库马尔被判缓刑，他曾经在法庭上提供了强有力的证词，让拉贾拉特南被判重刑。库马尔之所以能够获得非监禁刑，用检察官的话说，就是他在跟政府部门合作的过程中，表现“特别突出”，为拉贾拉特南案和他的前导师拉贾特·古普塔案立下了汗马功劳。

在判决过后，库马尔以自由人的身份走出位于珍珠街 500 号的联邦法院，嘴角挂有笑容，手挽着他妻子马尔维卡的胳膊。即便脸上露出笑容，但库马尔的生活轨迹却发生了彻底的改变，他不可能再回到以前的那种生活中。“让我能够回归原来职业生涯中的那些能力彻底消失了，”库马尔说，“在原来的工作领域中，我已经成了一个贱民，各种各样的质疑声和嘘声会随之而来。正直、声誉和信任是我所有生活的基石，而现在，我和我的家人都失去了这美好的一切。”

当库马尔还是麦肯锡的咨询师时，很多称赞过他的专业服务的组织和机构，现在都忙着跟他撇清关系。库马尔主动提出想要帮助硅谷地区处于劣势的学校，但这个提议直接被学校否决了，原来答应过他的各种承诺，也在最后一刻化为泡影。

2010 年，库马尔主动为陷入财务困境的得克萨斯州休斯敦贝勒医学院提供无偿的志愿咨询服务。贝勒医学院的校长和首席执行官保罗・科特曼（Paul Klotman）告诉库马尔说，他将会在审判的时候，向法庭写信，告知法庭库马尔无偿地为他们医学院所做的工作。但当写信的机会真的来到时，律师阻止了科特曼在信上签名，因为这可能会给贝勒医学院带来太多负面影响。

在印度，库马尔依然受到热烈欢迎。在这里，库马尔有机会东山再起，开启一段全新的生活。库马尔在杜恩学校读书时的老朋友阿南吉特・辛格（Analjit Singh）建议他从事一些医疗培训教育方面的工作，将自己的公司和贝勒医学院的优势资源联合起来。辛格的公司名为 Max India，主要提供医疗健康服务和保险服务。2012 年秋季的某一天，也就是古普塔案被宣判的前几日，库马尔来到新德里的一位朋友家中做客。库马尔似乎找回了原来的自己，用心与这位朋友及其他客人相处，弥补之前因为辛勤工作而忽略的情感交流。

雷杰夫・戈尔斯是在加利福尼亚州的家中被捕的，在他被捕 3 年后，也就是 2012 年 9 月 24 日，才最终被判缓刑。为了支付打官司所欠的账单，戈尔斯用尽了自己所有的积蓄，他被迫出售加利福尼亚州斯阿尔托斯的房产，之后他便居无定所了。戈尔斯被捕后，英特尔就开除了他，戈尔斯费了好大的劲才找到了一份新工作。与此同时，依靠在印度的家人申请到的贷款，戈尔斯才有钱让自己的两个孩子，根据自己的意愿选择想上的大学。

英特尔公司的前员工鲁米・可汗，在跟 FBI 特工合作时，也是费了很大的力气才说出了全部真相。2012 年，可汗花了很多时间和功夫，来挽救一塌糊涂的生活和声名狼藉的信誉。从 2008 年年初开始，可汗就选择跟政府部门合作，这个 54 岁的女人也发生了很多变化。2009 年，可汗亏本卖掉了阿瑟顿的房产，然后搬到佛罗里达州。尽管中间有过起起伏伏，但她仍跟自己的丈夫萨卡沃特在一起，没有离婚。由于过去的生活太过紧张，为了目的不择手段，过度追求娱乐活动，可汗的体重下降得很厉害。跟戈尔斯一样，她也迫切地想找到一份新工作，可遗憾的是，现在只有联邦检察官才需要她的帮助，而且还不会付给她一分钱。

8 月，可汗首次出现在美国政府诉道格・惠特曼（Doug Whitman）一案的证人席上。可汗的这次做证表现非常好，给政府帮了大忙。惠特曼是可汗在阿瑟顿的邻居，他面临两项共谋罪和两项证券欺诈罪指控。不过，即便可汗在这次行动中表现突出，但依然没能逃脱牢狱之灾。2013 年 1 月 31 日，拉科夫法官判她一年期的监禁，拉科夫法官说："你的情况非常严重。你不可能什么都得到，前面选择合作，后面又做出妨碍司法公正的事情。"

2012 年 11 月 20 日，星期二，曼哈顿区美国联邦检察官办公室和美国证券交易委员会向赛克资本管理公司的前投资经理马修・马托玛（Mathew Martoma）提起刑事和民事指控。赛克资本管理公司是著名的投资大师史蒂文・科恩创建的一家对冲基金公司。在美籍南亚人群体中，大家对这一指控都表示惋惜。这 3 年来，媒体不断地报道南亚裔群体中走出来的精英人士的负面新闻，似乎美国检察官已经"改过自新"。从马修・马托玛的名字来看，好像美国检察官最新设定的目标已经是美国主流社会的某个精英人物。不过，这种抓到大鱼的快感没持续多久就消失了。到周末的时候，彭博社报道说马托玛是印度移民的儿子，2003 年的时候，才改成现在的名字。

拉杰・拉贾拉特南、阿尼尔・库马尔和更为重要的拉贾特・古普塔，他们从人生巅峰的位置陨落，不仅仅是他们三个人和他们的家庭生活遭遇至关重要的转折点，同时也是印度经历"双重好运"的那一代人面临的沉重打击。40 年来，美籍南亚人在美国社会获得了无与伦比的成功。他们中的有些人被认为是当今社会"模范的少数裔民族"，虽然来到美国的人数并不是很多，但在短短 20 年的时间里，他们就成功地进入了美国社会的最高层。

当拉贾特・古普塔在 2011 年 10 月被起诉时，印度宝洁公司的前首席执行官古尔恰兰・达斯（Gurchuran Das）表示了自己的担忧，那些在纽约西港取得成功的美籍印度高管虽然人数很多，但却没有发声。古尔恰兰还是《解脱束缚的印度》（*India Unbound*）一书的作者，这本书是首批向世人展示印度崛起的众多书籍中的一本。"古普塔是印度崛起和发展过程中的污点人物。"古尔恰兰说。

多年以来，很多印度人凭借高效的管理才能，已经在西方世界获得了很高的荣誉。他们的领导才能也成为学术研究的前沿阵地。4 名沃顿商学院的教授曾共同合作过一本书，名字叫《印度之路》（*The Indian Way*），向我们讲述了“美籍印度高管如何引领管理界的革新”。现在，最受印度人民尊敬和爱戴的偶像人物，竟然被指控犯罪，未来人们又将如何看待印度人呢？印度人对此有些绝望。什么时候，人们看印度人时才会真正摘掉有色眼镜呢？

1965 年，美国颁布了《哈特－塞勒法案》，从那之后，来自南亚的移民便开始进入美国，而且数量越来越多，他们有着本能的爱国情怀，喜欢在特殊的时刻，挥舞自己的国旗。像《海外印度》（*India Abroad*）这样的新闻报纸也乐意报道在国外取得成就的印度人。在美籍亚洲人群体中，印度人的力量最大。

今天，经过 40 多年源源不断的移民，来到美国的印度人群体数量变得非常庞大，各种各样的人都有，他们充满活力。美籍印度人集中的城市，最有代表性的地方就是新泽西州的爱迪生市，而桑杰・瓦德瓦的父母亲，阿俊和拉什米正好就生活在爱迪生市。爱迪生市的中央大道是橡树路，它被称为“小印度”。街道两边的每一家店铺，甚至包括汽车修理店，都属于美籍印度人。

与 20 世纪前半叶的美籍以色列人和美籍意大利人是美国社会不可忽视的一股重要力量类似，到 21 世纪初，美籍印度人成为美国社会不可忽视的一股新生势力。美籍印度人不再只是被限制在美国公司的走廊里跑来跑去地干杂活的了，他们的活动范围已经渗透到司法领域。40 多年前，即 1971 年，当拉贾特・古普塔刚来美国时，甚至只是在 20 年前，即 1994 年，当古普塔刚刚执掌麦肯锡公司的时候，美籍印度人的数量还比较少，在社会上还显示不出他们的重要性和存在感。而今天，随着古普塔从高位跌落，引发如此强烈的社会反响，这是一个非常重要的信号，与之前的移民类似，印度移民在美国已经获得了某种安全感，甚至在美国历史上，达到了一种前所未有的高度。美籍印度人的数量已经大到不容忽视了，更为重要的是，他们的人员组成结构非常复杂，各种各样的人都有。美籍印度人也不再害怕站出来，经历“双重好运”的那一代人的后代们，已经迫不及待地想要站出来，表达他们的观点。

书，名字叫《印度之路》(*The Indian Way*)，向我们讲述了"美籍印度高管如何引领管理界的革新"。现在，最受印度人民尊敬和爱戴的偶像人物，竟然被指控犯罪，未来人们又将如何看待印度人呢？印度人对此有些绝望。什么时候，人们看印度人时才会真正摘掉有色眼镜呢？

1965 年，美国颁布了《哈特 – 塞勒法案》，从那之后，来自南亚的移民便开始进入美国，而且数量越来越多，他们有着本能的爱国情怀，喜欢在特殊的时刻，挥舞自己的国旗。像《海外印度》(*India Abroad*) 这样的新闻报纸也乐意报道在国外取得成就的印度人。在美籍亚洲人群体中，印度人的力量最大。

今天，经过 40 多年源源不断的移民，来到美国的印度人群体数量变得非常庞大，各种各样的人都有，他们充满活力。美籍印度人集中的城市，最有代表性的地方就是新泽西州的爱迪生市，而桑杰・瓦德瓦的父母亲，阿俊和拉什米正好就生活在爱迪生市。爱迪生市的中央大道是橡树路，它被称为"小印度"。街道两边的每一家店铺，甚至包括汽车修理店，都属于美籍印度人。

与 20 世纪前半叶的美籍以色列人和美籍意大利人是美国社会不可忽视的一股重要力量类似，到 21 世纪初，美籍印度人成为美国社会不可忽视的一股新生势力。美籍印度人不再只是被限制在美国公司的走廊里跑来跑去地干杂活的了，他们的活动范围已经渗透到司法领域。40 多年前，即 1971 年，当拉贾特・古普塔刚来美国时，甚至只是在 20 年前，即 1994 年，当古普塔刚刚执掌麦肯锡公司的时候，美籍印度人的数量还比较少，在社会上还显示不出他们的重要性和存在感。而今天，随着古普塔从高位跌落，引发如此强烈的社会反响，这是一个非常重要的信号，与之前的移民类似，印度移民在美国已经获得了某种安全感，甚至在美国历史上，达到了一种前所未有的高度。美籍印度人的数量已经大到不容忽视了，更为重要的是，他们的人员组成结构非常复杂，各种各样的人都有。美籍印度人也不再害怕站出来，经历"双重好运"的那一代人的后代们，已经迫不及待地想要站出来，表达他们的观点。

8 月，可汗首次出现在美国政府诉道格·惠特曼（Doug Whitman）一案的证人席上。可汗的这次做证表现非常好，给政府帮了大忙。惠特曼是可汗在阿瑟顿的邻居，他面临两项共谋罪和两项证券欺诈罪指控。不过，即便可汗在这次行动中表现突出，但依然没能逃脱牢狱之灾。2013 年 1 月 31 日，拉科夫法官判她一年期的监禁，拉科夫法官说：“你的情况非常严重。你不可能什么都得到，前面选择合作，后面又做出妨碍司法公正的事情。”

2012 年 11 月 20 日，星期二，曼哈顿区美国联邦检察官办公室和美国证券交易委员会向赛克资本管理公司的前投资经理马修·马托玛（Mathew Martoma）提起刑事和民事指控。赛克资本管理公司是著名的投资大师史蒂文·科恩创建的一家对冲基金公司。在美籍南亚人群体中，大家对这一指控都表示惋惜。这 3 年来，媒体不断地报道南亚裔群体中走出来的精英人士的负面新闻，似乎美国检察官已经“改过自新”。从马修·马托玛的名字来看，好像美国检察官最新设定的目标已经是美国主流社会的某个精英人物。不过，这种抓到大鱼的快感没持续多久就消失了。到周末的时候，彭博社报道说马托玛是印度移民的儿子，2003 年的时候，才改成现在的名字。

拉杰·拉贾拉特南、阿尼尔·库马尔和更为重要的拉贾特·古普塔，他们从人生巅峰的位置陨落，不仅仅是他们三个人和他们的家庭生活遭遇至关重要的转折点，同时也是印度经历“双重好运”的那一代人面临的沉重打击。40 年来，美籍南亚人在美国社会获得了无与伦比的成功。他们中的有些人被认为是当今社会“模范的少数裔民族”，虽然来到美国的人数并不是很多，但在短短 20 年的时间里，他们就成功地进入了美国社会的最高层。

当拉贾特·古普塔在 2011 年 10 月被起诉时，印度宝洁公司的前首席执行官古尔恰兰·达斯（Gurchuran Das）表示了自己的担忧，那些在纽约西港取得成功的美籍印度高管虽然人数很多，但却没有发声。古尔恰兰还是《解脱束缚的印度》（*India Unbound*）一书的作者，这本书是首批向世人展示印度崛起的众多书籍中的一本。“古普塔是印度崛起和发展过程中的污点人物。”古尔恰兰说。

多年以来，很多印度人凭借高效的管理才能，已经在西方世界获得了很高的荣誉。他们的领导才能也成为学术研究的前沿阵地。4 名沃顿商学院的教授曾共同合作过一本

帆船集团内幕交易案的真实面貌

1965年，美国通过了《哈特－塞勒法案》，这一法案为南亚移民大规模迁徙到美国打开了幸福之门。本书中的两位重要人物拉杰·拉贾拉特南和拉贾特·古普塔都是这一法案的受益者，他们通过自己的辛勤努力，成功跻身美国的上流社会，成为时代精英。

拉杰·拉贾拉特南是位于纽约的帆船集团的创始人。他的名字“拉杰”，在印地语里是“王者”的意思，加上姓氏“拉贾拉特南”，就成了“王中之王”。

拉贾拉特南出生于斯里兰卡一个泰米尔族家庭，后移居美国，加入美国国籍。拉贾拉特南喜欢向同行描述儿时在战乱的斯里兰卡躲子弹的经历，但实际上他的童年生活过得挺不错。拉贾拉特南的父亲是一名缝纫机制造公司的经理，拉贾拉特南在英国上的大学，只是那段大学生活给他留下的印象并不好。后来，拉贾拉特南申请进入美国宾夕法尼亚大学沃顿商学院，获得了MBA学位。毕业后，拉贾拉特南先是在美国大通银行工作。1985年，拉贾拉特南成为华尔街尼达姆公司的一名分析师。当时没有人预料到拉贾拉特南后来会成为华尔街大佬。凭着肯吃苦的专业精神，拉贾拉特南给尼达姆公司拉来了不少生意。拉贾拉特南也懂得如何为自己谋求更多利益，不断向老板尼达姆透露华尔街大银行想挖他的消息。几年后，尼达姆提升他为研究部主任，1991 年又提升他为总裁。尽管拉贾拉特南的内幕消息为尼达姆赚了不少钱，拉贾拉特南的行为最终还是引起了公司的不满。1996 年，针对拉贾拉特南的内部争议白热化，同时，由于尼达姆不允许拉贾拉特南过快扩张对冲基金的规模，而拉贾拉特南一直想撇开尼达姆，他私下筹集资金，并成立了帆船集团。帆船集团最初只是一间小小的办公室，距离老东家尼达姆公司仅有一个街区而已。拉贾拉特南从尼达姆公司挖来几位前手下，包括尼达姆的首席证券交易员加里・罗森巴赫，同时从硅谷的熟人那里筹募投资。借着科技产业方兴未艾，以及自己善用的内幕交易套路，帆船集团的规模在不断扩大。

身为华尔街帆船集团的创始人，拉贾拉特南有理由自诩为“王中之王”。然而，2009 年 10 月，拉贾拉特南因涉嫌内幕交易牟取暴利在纽约遭到联邦法院的起诉，成为美国政府打击金融犯罪的巨大收获。最后拉贾拉特南被判处 11 年刑期，也是由于内幕交易而受到的最严厉的惩罚。

拉贾特・古普塔于 1948 年 12 月 2 日生于加尔各答，在 4 个孩子中排行第二。古普塔和家人于 1953 年搬到了德里。古普塔的父亲是一名记者，致力于印度的独立，曾不止一次坐过英国人的牢。古普塔的父亲与印度独立后的第一任总理的关系非常不错。而古普塔的母亲是一家蒙台梭利学校的校长。古普塔 19 岁时，他的父母双双去世。

古普塔从印度著名的印度理工学院德里分校机械工程学专业毕业之后，申请哈佛商学院并被录取，读书期间，他非常用功，成绩优秀。1973 年从哈佛商学院毕业时，古普塔参加了麦肯锡公司的一次求职面试，但一开始并没有成功。不过古普塔最终让哈佛商学院市场营销系主任沃尔特・萨蒙教授，为他说了几句好话。因为萨蒙教授跟麦肯锡公司高层的关系不错。经过一整天的进一步面试后，古普塔最终被麦肯锡录取，并在麦肯锡逐渐成长起来。古普塔在麦肯锡工作了 34 年，并在此期间成为美国公民。1994 年，麦肯锡的 148 位高级合伙人投票选举古普塔为董事总经理，这个职位任期 3 年，最多可两次连任。由于古普塔的表现特别优异，他便干满了 3 个任期。在古普塔掌舵麦肯锡的 9 年时间里，他将麦肯锡打造成了全球知名的咨询管理公司。古普塔从麦肯锡公司退休后，成为多家知名公司的董事，其中就包括高盛集团。在高盛集团任董事期间，古普塔多次将集团的内幕消息泄露给拉贾拉特南，为拉贾拉特南的内幕交易提供方便之门，由此，他也被告上了法庭，并最终被判处 2 年徒刑。

本书讲述了一个很有影响力的股票内幕交易案的交易、调查和审判始末。该案以帆船集团的掌门人拉杰・拉贾拉特南为中心，最终把一个重量级人物拉贾特・古普塔拉下马。本书资料丰富，涉猎广泛，情节环环相扣，非常紧凑，向我们展示了一个真实的华尔街内幕交易所涉及的方方面面。

本书最后还对以拉贾特・古普塔和拉杰・拉贾拉特南为代表的美籍南亚人在美国的崛起带来的各种影响进行了浅尝辄止的讨论，今天，这个问题已经引起美国各阶层民众的反思和重视。

本书由浙大城市学院的汪涛、郭宁，以及上海财经大学金融学院金融博士研究生杨刚翻译，在本书的翻译过程中，浙大城市学院 UW 学院的金融学专业学生徐淑仪、徐嘉璐、许淑瑜、吴懿和吕舒蓉等帮忙搜集了相关资料，程雪柯完成了部分校对任务，在此一并表示感谢。全书最后由汪涛通读定稿。因时间紧张，文中的不足之处欢迎读者批评指正。

最后，我们要特别感谢湛庐团队，他们在翻译过程中提供了大量帮助，并为本书做了大量细致、具体的工作。

未来，属于终身学习者

我这辈子遇到的聪明人（来自各行各业的聪明人）没有不每天阅读的——没有，一个都没有。巴菲特读书之多，我读书之多，可能会让你感到吃惊。孩子们都笑话我。他们觉得我是一本长了两条腿的书。

——查理·芒格

互联网改变了信息连接的方式；指数型技术在迅速颠覆着现有的商业世界；人工智能已经开始抢占人类的工作岗位……

未来，到底需要什么样的人才？

改变命运唯一的策略是你要变成终身学习者。未来世界将不再需要单一的技能型人才，而是需要具备完善的知识结构、极强逻辑思考力和高感知力的复合型人才。优秀的人往往通过阅读建立足够强大的抽象思维能力，获得异于众人的思考和整合能力。未来，将属于终身学习者！而阅读必定和终身学习形影不离。

很多人读书，追求的是干货，寻求的是立刻行之有效的解决方案。其实这是一种留在舒适区的阅读方法。在这个充满不确定性的年代，答案不会简单地出现在书里，因为生活根本就没有标准确切的答案，你也不能期望过去的经验能解决未来的问题。

而真正的阅读，应该在书中与智者同行思考，借他们的视角看到世界的多元性，提出比答案更重要的好问题，在不确定的时代中领先起跑。

湛庐阅读 App：与最聪明的人共同进化

有人常常把成本支出的焦点放在书价上，把读完一本书当作阅读的终结。其实不然。

时间是读者付出的最大阅读成本

怎么读是读者面临的最大阅读障碍

“读书破万卷”不仅仅在“万”，更重要的是在“破”！

现在，我们构建了全新的“湛庐阅读”App。它将成为你“破万卷”的新居所。在这里：

- 不用考虑读什么，你可以便捷找到纸书、电子书、有声书和各种声音产品；
- 你可以学会怎么读，你将发现集泛读、通读、精读于一体的阅读解决方案；
- 你会与作者、译者、专家、推荐人和阅读教练相遇，他们是优质思想的发源地；
- 你会与优秀的读者和终身学习者为伍，他们对阅读和学习有着持久的热情和源源不绝的内驱力。

下载湛庐阅读 App，
坚持亲自阅读，
有声书、电子书、阅读服务，
一站获得。

北京市版权局著作权合同登记号　图字：01-2022-2489

图书在版编目（CIP）数据

华尔街史上最大的对冲基金交易案 /（马来西亚）安妮塔·拉加万著；汪涛，郭宁，杨刚译. -- 北京：中国财政经济出版社，2022.6

书名原文：The Billionaire's Apprentice

ISBN 978-7-5223-1447-1

Ⅰ. ①华…　Ⅱ. ①安…　②汪…　③郭…　④杨…　Ⅲ. ①对冲基金－投资－案例－美国　Ⅳ. ① F837.125

中国版本图书馆 CIP 数据核字（2022）第 095541 号

责任编辑：郁东敏　　责任校对：胡永立
封面设计：ablackcover.com　　责任印制：张　健

华尔街史上最大的对冲基金交易案
HUAERJIE SHISHANG ZUIDA DE DUICHONG JIJIN JIAOYIAN

中国财政经济出版社 出版
URL：http://www.cfeph.cn
E-mail:cfeph@cfemg.cn
（版权所有 翻印必究）
社址：北京市海淀区阜成路甲 28 号　　邮政编码：100142
营销中心电话：010-88191522
天猫网店：中国财政经济出版社旗舰店
网址：https://zgczjjcbs.tmall.com
天津中印联印务有限公司印装　　各地新华书店经销
成品尺寸：170mm×230mm　16 开　28.00 印张　442 000 字
2022 年 6 月第 1 版　2022 年 6 月天津第 1 次印刷
定价：129.90 元
ISBN 978-7-5223-1447-1
（图书出现印装问题，本社负责调换，电话：010-88190548）
本社图书质量投诉电话：010-88190744
打击盗版举报热线：010-88191661　QQ：2242791300